U0567661

本书为国家社科基金西部项目
"国家考古公园视域下统万城遗址价值及规划策略研究"（项目编号：17XKG009）成果

王新文——著

价值再现

统万城国家考古遗址公园规划研究

Value Reproduction
Study of
Tongwancheng National Archaeological Site Park Planning

社会科学文献出版社
SOCIAL SCIENCES ACADEMIC PRESS (CHINA)

统万城东西城遗址

外城现状环境

东西城南垣遗址

西北角隅台

西南角隅台

永安台遗址

外郭城夯土墩台及护坡

东垣遗址

西门瓮城

北垣遗址

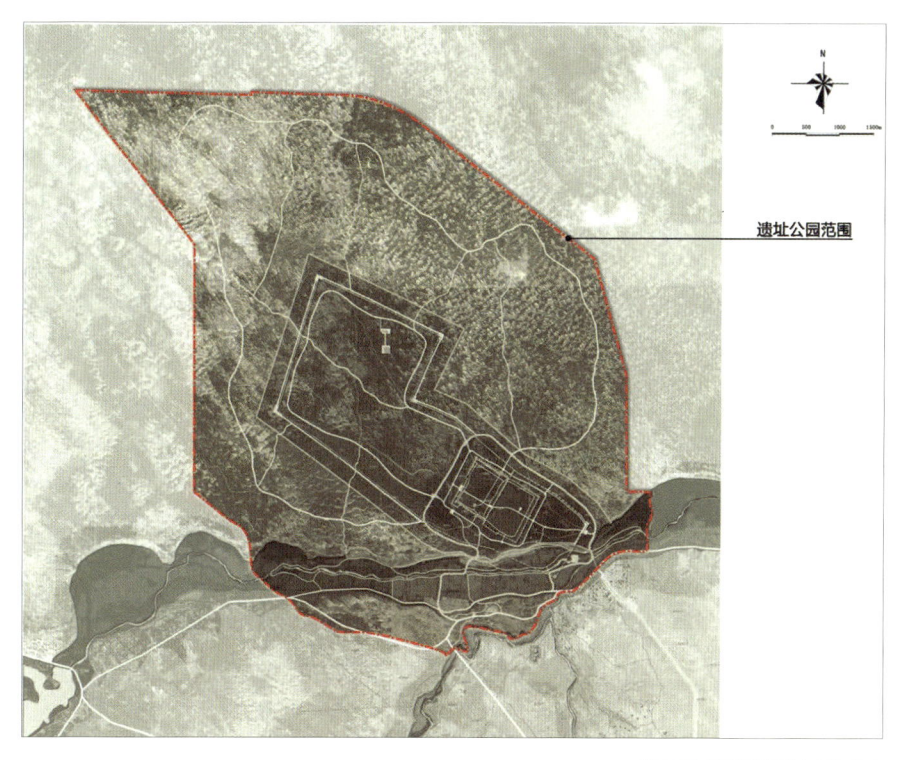

统万城规划范围图（改绘）

统万城景观线路图

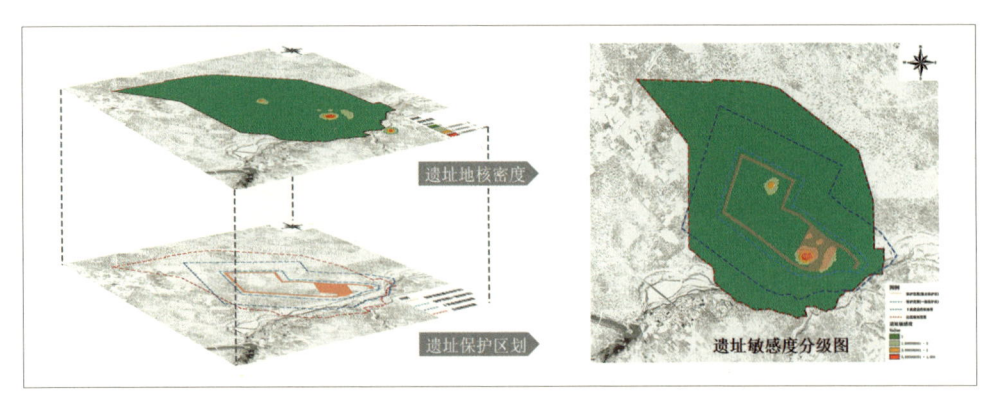

统万城遗址敏感度分级图

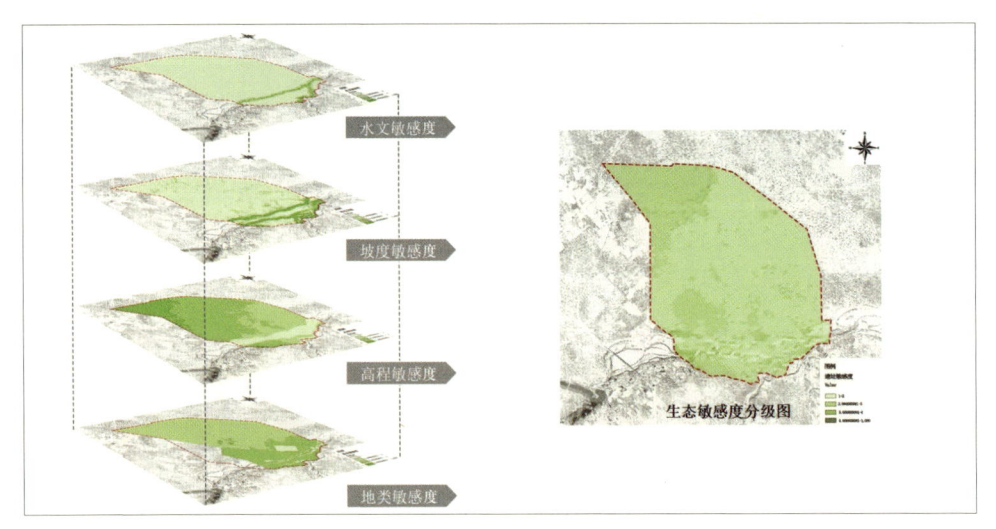

统万城生态敏感度分级图

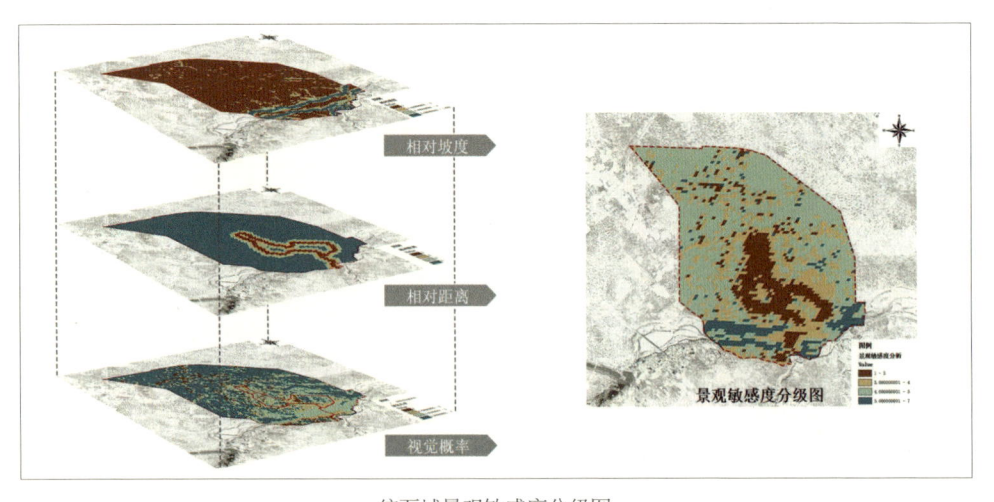

统万城景观敏感度分级图

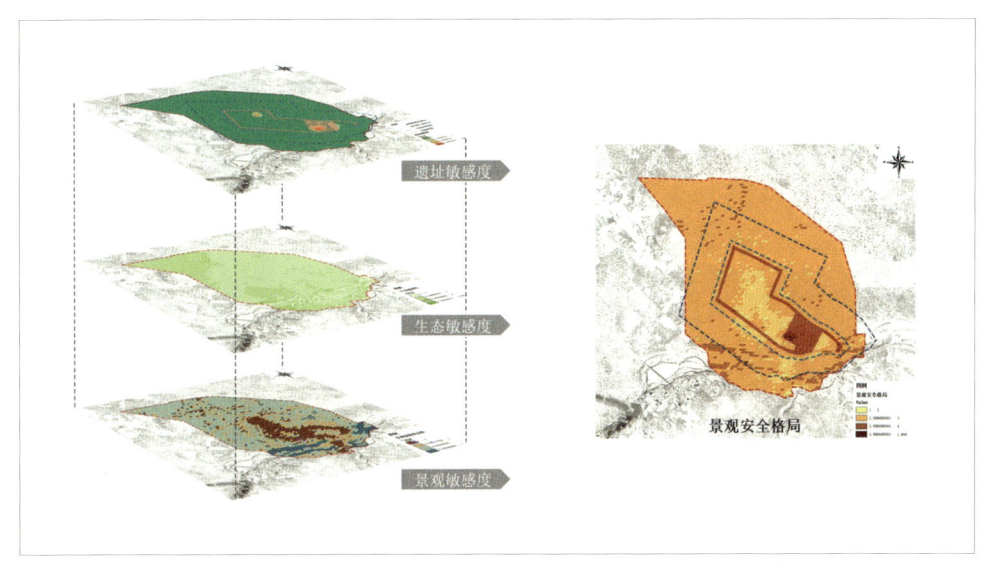

统万城遗址景观安全格局图

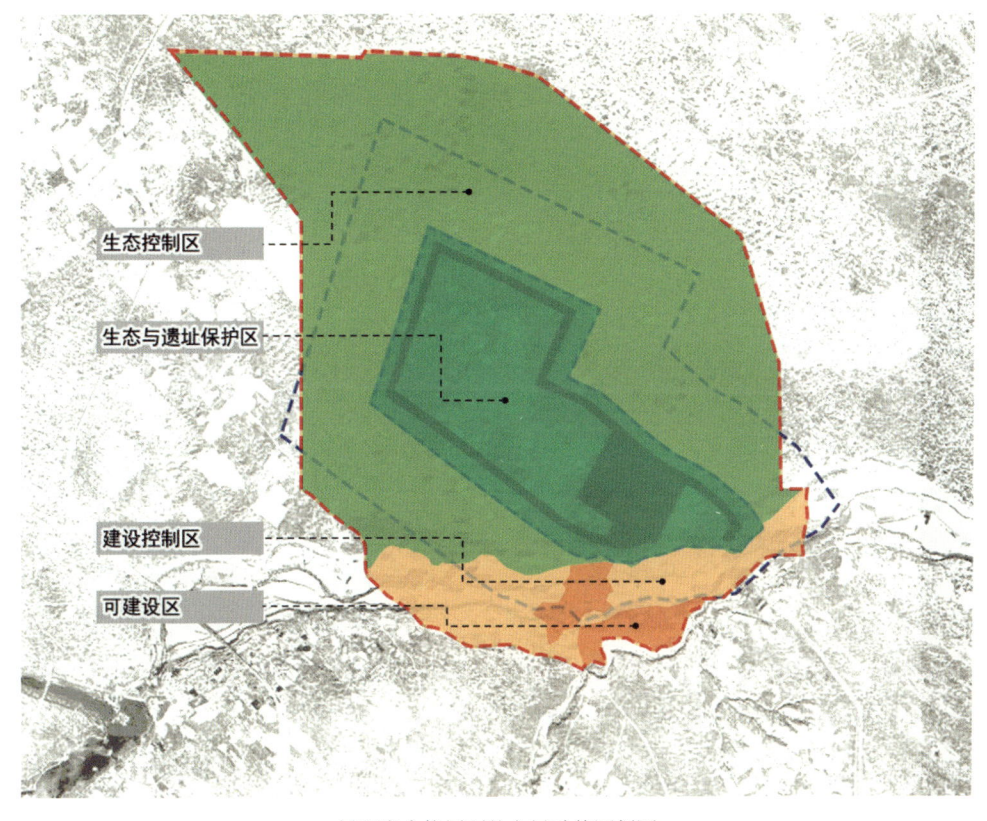

景观安全格局下的主导功能区划图

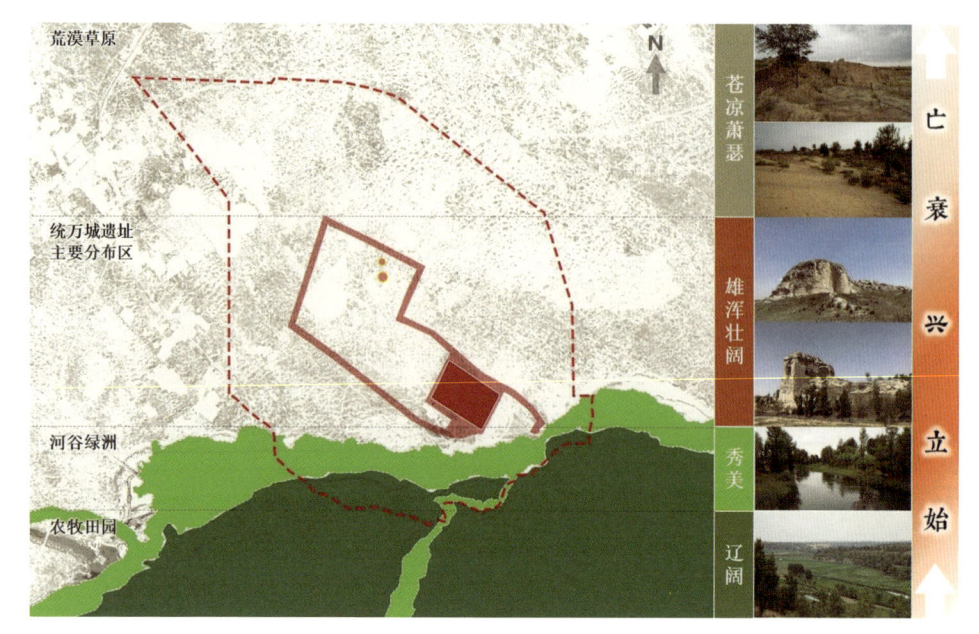

叙事线索时空关系图

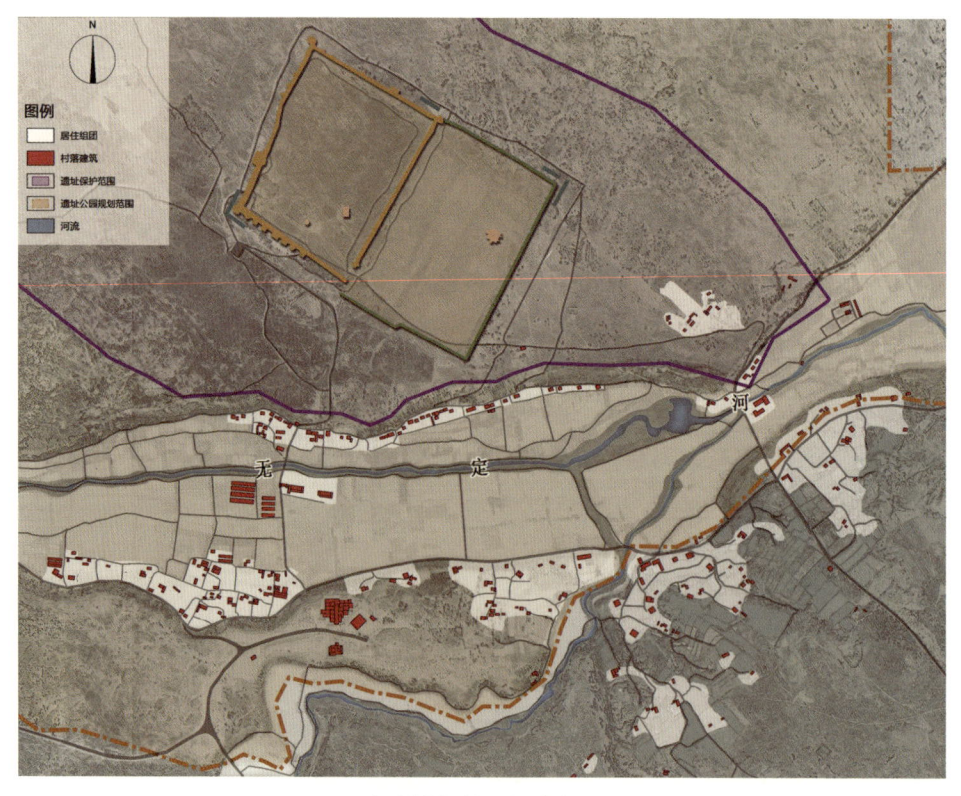

白城则村居住组团分布图

序

最早吸引我去统万城是赫连勃勃的一句话："吾行地多矣，未有若斯之美。"我想要多美的地方才能让这个心怀大志、见多识广的一代枭雄发出这样的感叹。

20世纪90年代借去榆林开会之际，我请求主办方送我去统万城。从榆林城出发，汽车穿越城镇、村落和田野，越走越荒凉。下了高速公路，已经见不到农田和村舍，到处都是连片的沙丘，还有一丛丛红绿相间的沙棘……汽车从河谷跃上一面高坡，突然间一座近三十米高的土墙白晃晃地矗立在我的面前，让人目瞪口呆……那是地平线上唯一的凸起物，夯层清晰可见，并且还有一排排的柱洞整齐排列其上。即使见过了汉长安城绵长的城墙遗址，以及唐长安城大明宫含元殿宏伟的殿基，我依旧被统万城那高大无双的西南角城台所震撼。那一天我始终处于一种莫名的亢奋之中，不停地在墙上墙下，一个遗址又一个遗址之间行走、穿梭及拍照，既走访了几个寄居在城墙下窑洞里放羊的牧民，也看到了盘踞在高台遗址上晒太阳的蛇……一直到太阳在沙漠西落，我才与繁星下寂静无声的统万城告别。

第一次与统万城接触，我未见到赫连勃勃描绘的"临广泽而带清流"的秀丽，却领略了"大漠孤烟直，长河落日圆"的荒凉和壮美，同时也埋藏了更多对统万城的兴趣和疑问。

为什么一个本姓"刘"，且用中华起始国号"夏"为国名的大能，却是匈奴人？

为什么在这个农耕文明与草原文明交汇的荒凉之地，会产生"统一天下，君临万邦"的豪情？

为什么在将天府之国关中纳入囊中以后，却依旧要舍千古之都长安不顾，而立都统万城？

为什么"高隅隐日，崇墉际云，石郭天池，周绵千里"的统万城最后会被戈壁黄沙所吞没？

为什么曾经强大无比的匈奴最后会远走欧洲？

2012年，统万城被列入中国世界文化遗产预备名单，受陕西省白阿莹副省长相邀，我有幸再次来到统万城，主持统万城考古遗址公园规划及遗址博物馆设计，新文即是规划团队的一员。我们查阅了无数统万城历史文献，走访了诸多史学大家，实地勘察了统万城遗址及其周边的广袤土地……对统万城的研究极大地拓展了自己对中华民族的理解，也加深了对陕北这片土地的认识。作为匈奴民族遗存于世的唯一都城，作为古代丝绸之路的重要节点，作为长城边关重镇，统万城见证了一千多年以来中国多民族相互交流的历史，见证了中国古代北方游牧文化与中原农耕文化相互融合的过程，同时它也成为从绿洲到沙漠生态环境变迁的一个独特样本。

时至今日，虽然统万城的绝大部分还掩埋在黄沙之下，统万城的考古工作还在继续，我对统万城的诸多疑问依旧没有得到完全解答，但统万城已经不是20世纪90年代那个无人看管的废墟。在我们与负责统万城考古的陕西省考古研究院的考古学家，以及负责统万城考古遗址公园建设的陕文投榆林公司和靖边县委县政府的共同努力下，2014年规划顺利通过了陕西省文物局和国家文物局组织的专家评审，2017年统万城被纳入第三批国家考古遗址公园立项名单。2022年5月，我主持设计的统万城博物馆正式开馆迎客。2022年11月，经国家文物局专家验收，统万城也正式纳入第四批国家考古遗址公园。至此，统万城这座淹没在戈壁沙海中的古城焕发出新的活力，统万城遗址的保护、展示与利用迈上了一个新的台阶。

无独有偶，新文的新著《价值再现：统万城国家考古遗址公园规划研究》也在2022年岁末正式出版了。新文曾在西北大学学习历史地理学，又跟随我在西安建筑科技大学攻读建筑史学博士学位，集中于文化遗产保护研究，成为文化遗产保护领域一位不可多得、建树颇丰的青年学者。这部新著不是我们过去所做统万城考古遗址公园规划的翻版，而是新文在以往考古遗址公园规划基础上的新思考，著作不仅着眼于统万城遗址本身，并对中国大遗址保护的历程，以及考古遗址公园建设的探索，进行了较为全面的回顾，对统万城的历史演变及考古发现进行了系统总结，并对统万城的历史空间结构进行了新的解读。著作站在当代文化遗产保护的视角，汲取了统万城近十年新的考古成果、遗址保护经验以及考古遗址公园建设成就，对统万城考古遗址公园建设进行了新的和独立的研究。

序

　　这部著作的出版如同一个献礼,祝贺统万城国家考古遗址公园正式挂牌。

　　这部著作的出版也像一个预言,预祝统万城在中华文明标识体系建设中扮演更重要的角色。

　　这部著作的出版也是一个里程碑,希望新文在文化遗产保护的征程上未来有更大的作为。

刘克成

西安建筑科技大学建筑学院教授

陕西省古迹遗址保护工程技术研究中心主任

国际建协建筑遗产与文化特征委员会首任主席

亚澳区建筑遗产工作组首任主任

2022 年 12 月 25 日

摘　要

　　陕北高原位于我国农牧过渡地带的中心，在中国历史发展的进程中，由于该区域周边不同的经济形态、多元的文化表现、复杂的民族进退过程，陕北地区成为古代游牧民族与农耕民族文化交流、融合、整合的主要地区。统万城遗址是陕北地区城址类大遗址中保存较为完整、价值极为珍贵的文物典范，其位于陕蒙交界处的榆林市靖边县，自然地理环境条件较差，属生态脆弱地带，遗址保护管理与遗址地社会经济发展受区位条件限制。以科学保护为基础，推动统万城考古遗址公园建设，将为中国西北地区城址类大遗址保护与利用工作探索新的发展思路。

　　本书对统万城历史演变、考古工作及空间布局相关成果进行了回顾总结，为统万城遗址价值认识及考古遗址公园规划策略奠定了坚实的基础。研究认为大遗址作为一种活态的空间型遗产，考古遗址公园建设将使人们对大遗址的价值认识，从历史价值、科学价值向审美和生态价值以及文化资本价值、社会价值等维度逐渐拓展。大遗址价值体系具有明确的层次性，可划分为基本价值和衍生价值两大类。在考古遗址公园语境下，大遗址的衍生价值主要指考古遗址公园建设背景下大遗址被赋予或扩展的当代意义。此外，结合考古遗址公园的空间及功能特性，可将衍生价值进一步分解为直接应用价值和区域整合价值。因此，基于系统论的视角，可将考古遗址公园视域下的大遗址价值体系逐层分解为基本价值、直接应用价值和区域整合价值三个层级，基于此分析框架初步构建了大遗址价值评价指标体系，并对统万城遗址进行了系统评估。规划是保障考古遗址公园建设的主要技术手段与政策工具。本书针对考古遗址公园边界划定、空间结构布局、遗址展示、管理运营等关键问题进行了深入探讨，并针对统万城遗址实际状况重点提出了考古遗址公园弹性应对发展不确定性、景观安全格局建构、空间叙事遗址展示、景村协同等规划策略。

　　本书运用考古学、历史学、城乡规划学、文化遗产学多学科融贯的研究思路，实现了文献整理及现场调研相结合、定性与定量相结合，以图文结合的形式，系统探究了生态脆弱地带国家考古遗址公园规划策略，本书还系统梳理了考古遗址公园研究进展，对当前考古遗址公园研究与实践具有一定的推动意义。

Abstract

The Loess Plateau in north Shaanxi is located in the center of China's agricultural and pastoral transition zone. In the course of China's historical development, due to the different economic forms, diverse cultural manifestations, and complex evolution processes of ethnic group around the region, the northern Shaanxi region became a major area of cultural exchange, integration, and consolidation between ancient nomads and farming peoples. The Tongwancheng site is an example of a relatively well-preserved and valuable cultural relic in the northern Shaanxi region. It located in Jingbian County, Yulin City, at the junction of Shaanxi and Inner Mongolia, with poor natural geographic conditions and a fragile ecological zone. The protection and management of the site and the socio-economic development of the site are restricted by the location condition. Based on scientific protection, promoting the construction of Tongwancheng Archaeological Site Park will explore new development ideas for the protection and enhancement of large sites of city sites in northwest China.

This book reviews and summarizes the results related to the historical evolution, archaeological work and spatial layout of Tongwancheng, and lays a solid foundation for the understanding of the value of the Tongwancheng site and the planning strategy of the archaeological site park. The study concludes that as a living spatial heritage, the construction of the archaeological site park has gradually expanded the understanding of the value of the large-scale archaeological site from historical value and scientific value to aesthetic and ecological value, as well as cultural capital value and social value. The value system of large sites has a clear hierarchy and can be divided into two categories: basic values and derived values. In the context of archaeological heritage park, the derived value of the the large-scale archaeological site mainly refers to the contemporary meaning given to or expanded by the large-scale archaeological site in the context of archaeological heritage park construction. In addition, the derived value can be further decomposed into direct application value and regional integration value by taking into account the spatial and functional characteristics of the archaeological heritage park. Therefore, based on the perspective of system theory, the value system of the large-scale archaeological site in the perspective of archaeological site parks can be decomposed into three levels: basic value, application value and regional integration value, and based on this analytical framework, a large-scale archaeological site value evaluation index system is initially constructed and the Tongwancheng site is systematically evaluated. Planning is the main technical means and policy tool to guarantee the construction of archaeological heritage parks. This book discusses in depth the key issues of archaeological site park boundary delineation, spatial structure layout, site display, management and operation, and focuses on the planning strategies of archaeological site park resilience to development uncertainty, landscape safety pattern construction, spatial narrative site display, and scenic village synergy in response to the actual situation of the Tongwancheng site.

This book uses the multidisciplinary research ideas of archaeology, history, urban-rural planning, and cultural heritage to systematically explore the planning strategies of national archaeological site parks in ecologically fragile zones through a combination of literature and field research, qualitative and quantitative, and illustrations. This book also systematically composes the progress of archaeological site park research, which has a certain significance in promoting the current research and practice of archaeological site parks.

目 录

第一章 大遗址保护传承的现状与探索 ·· 001
    第一节 大遗址保护的时代要求 ·· 001
    第二节 考古遗址公园理念的提出与实践 ································ 005
    第三节 国内外研究进展 ·· 016
    第四节 研究对象与内容 ·· 034
    本章小结 ·· 038

第二章 遗址保护利用相关理论与案例解析 ································ 040
    第一节 遗址保护相关理论 ·· 040
    第二节 考古遗址公园建设案例分析 ···································· 046
    本章小结 ·· 059

第三章 统万城历史演变与考古发现 ·· 062
    第一节 统万城历史演变研究 ·· 062
    第二节 统万城遗址考古发现及附属文物 ···························· 082
    本章小结 ·· 108

第四章 统万城的空间布局及其内部功能 ···································· 109
    第一节 研究对象概述 ·· 110
    第二节 统万城总体空间布局研究 ·· 111
    第三节 统万城内部功能布局研究 ·· 132
    本章小结 ·· 139

第五章　考古遗址公园视域下统万城遗址价值评估 ……………… 140
第一节　考古遗址公园视域下大遗址价值的认知 …………… 141
第二节　考古遗址公园视域下大遗址价值评估体系建构 …… 154
第三节　基于价值评估的统万城遗址价值再认识 …………… 168
本章小结 …………………………………………………………… 194

第六章　考古遗址公园诸问题探讨 …………………………………… 195
第一节　考古遗址公园边界划定问题 ………………………… 195
第二节　考古遗址公园空间布局问题 ………………………… 208
第三节　考古遗址公园展示利用问题 ………………………… 227
第四节　考古遗址公园管理运营问题 ………………………… 237
本章小结 …………………………………………………………… 253

第七章　统万城国家考古遗址公园规划策略 ………………………… 255
第一节　文物影响最小化策略 ………………………………… 255
第二节　考古遗址公园边界划定策略 ………………………… 264
第三节　考古遗址公园弹性规划策略 ………………………… 271
第四节　景观文化安全格局约束下的空间规划策略 ………… 288
第五节　空间叙事视角下的遗址展示策略 …………………… 305
第六节　考古遗址公园周边村落集聚发展策略 ……………… 320
本章小结 …………………………………………………………… 335

结　论 ……………………………………………………………………… 337

参考文献 …………………………………………………………………… 339

附　录 ……………………………………………………………………… 356
附件Ⅰ　考古遗址公园视域下统万城遗址价值评估调查问卷 … 356
附件Ⅱ　统万城遗址价值评估指标因子权重计算过程 ……… 362
附件Ⅲ　已有研究对统万城遗址价值的认知 ………………… 370

后　记 ……………………………………………………………………… 373

Contents

Chapter1　The Current Situation and Exporation of the Conservation and Inheritance of Large-scale Archaeological Site ·············· 001

　Section i　Requirements of the Times for the Conservation of Large-scale Archaeological Site ························ 001

　Section ii　The Proposal and Practice of Archaeological Site Park Concept ·· 005

　Section iii　Progress of Domestic and International Research ········ 016

　Section iv　Research Object and Content ······························ 034

　Summary of This Chapter ·· 038

Chapter 2　Theories and Case Studies Related to Site Protection and Enhancement ·· 040

　Section i　Theories Related to Site Conservation ························ 040

　Section ii　Case Study of Archaeological Site Park Construction ······ 046

　Summary of This Chapter ·· 059

Chapter 3　Historical Evolution and Archaeological Discoveries of Tongwancheng ·· 062

　Section i　Study of the Historical Evolution of Tongwancheng ·········· 062

　Section ii　Archaeological Discoveries and Accessory Artifacts at the Tongwancheng Site ·· 082

　Summary of This Chapter ·· 108

Chapter 4 The Spatial Layout of Tongwancheng and Its Internal Functions ································ 109

 Section i Overview of the Research Object ················ 110

 ection ii Study on the General Spatial Layout of Tongwancheng ······ 111

 Section iii Study on the Internal Functional Layout of Tongwancheng ································ 132

 Summary of This Chapter ································ 139

Chapter 5 Evaluation of the Value of Tongwancheng Site in the Perspective of the Archaeological Site Park ················ 140

 Section i The Cognition of the Value of the Large-scale Archaeological Site from the Perspective of the Archaeological Site Park ································ 141

 Section ii Construction of the Value Evaluation System of Large-scale Archaeological Sites from the Perspective of Archaeological Site Park ································ 154

 Section iii Recognition of the Value of Tongwancheng Site Based on Value Assessment ················ 168

 Summary of This Chapter ································ 194

Chapter 6 Discussion on Issues of Archaeological Site Park ············ 195

 Section i Boundary Delimitation of Archaeological Site Park ········ 195

 Section ii Spatial Layout of Archaeological Site Parks ············ 208

 Section iii Display and Enhancement of Archaeological Site Park ······ 227

 Section iv Management and Operation of Archaeological Site Parks ································ 237

 Summary of This Chapter ································ 253

Chapter 7 Planning Strategy of Tongwancheng National Archaeological Site Park ································ 255

 Section i Strategy to Minimize the Impact of Cultural Heritage ······ 255

 Section ii Boundary Delimitation Strategy of Archaeological Site Park ································ 264

 Section iii Resilient Planning Strategies for Archaeological Site Parks ································ 271

Section iv Spatial Planning Strategies Constrained by Landscape Cultural Security Patterns ·· 288
Section v Strategies of Site Display from the Perspective of Spatial Narrative ·· 305
Section vi Development Strategy of Villages around Archaeological Site Park ·· 320
Summary of This Chapter ·· 335

Conclusion ··· 337

References ··· 339

Appendix ·· 356
Questionnaire on the Valuation of the Sites of Tongwancheng under the Perspective of the Archaeological Site Park ························ 356
Calculation Process of Factor Weights of the Value Assessment Index of Tongwancheng Site ·· 362
Cognition of the Value of Tongwancheng Site from Existing Studies ······ 370

Postscript ·· 373

第一章
大遗址保护传承的现状与探索

第一节　大遗址保护的时代要求

我国历史底蕴深厚、文化遗存丰富，《中华人民共和国文物保护法》明确了我国文物保护单位包括古遗址、古墓葬、古建筑等类型。从20世纪50年代开始至今，国家文物局先后公布了八批全国重点文物保护单位，共5054处，其中古代遗址共1188处，约占总数的23.5%，可见，大遗址是中国文化遗产保护利用的重要内容。2005年8月，财政部与国家文物局联合印发了《大遗址保护专项经费管理办法》，设立了大遗址保护专项支持资金，明确了大遗址的概念内涵①。"十二五"时期，国家文物局启动了"大遗址保护"计划，逐步形成了以"六片、四线、一圈"为核心，以150处大遗址为支撑的大遗址保护格局②。

一　文物保护事业发展进入了新阶段

文物在其"本质上是文化实践过程，在一国内部乃至全世界都在扮演重要的角色，它不仅是社会资源，还是一种政治资源，有助于一个国家现在和未来文化特质的持续传承发展及'民族—国家'身份象征的建构，以增进民族、国家认同"③。进入21世纪以来，党和国家对文物保护事业重要性的认识有了更大的提升，党的十八大以来，以习近平同志为核心的党中央从国情出发，站在实现中华民族伟大复兴中国梦的战略高度①，就加

---

① 王京传：《国家考古遗址公园：文物保护创新模式》，《中国社会科学报》2019年1月10日，第8版。
② 国家文物局：《大遗址保护"十三五"专项规划》，2016。
③ 〔澳〕劳拉简·史密斯：《遗产本质上都是非物质的：遗产批判研究和博物馆研究》，张煜译，《文化遗产》2018年第3期。

强文物保护利用工作多次做出重要指示和批示，要求统筹好文物保护与经济社会发展，切实加大文物保护力度，推进文物合理适度利用，努力走出一条符合国情的文物保护利用之路①。进入新时代，党和国家将文化置于国家和民族灵魂的高度来认识，文化繁荣同国运兴旺、民族强盛息息相关，中华民族伟大复兴离不开文化的繁盛。党的二十大报告特别指出："全面建设社会主义现代化国家，必须坚持中国特色社会主义文化发展道路，增强文化自信，围绕举旗帜、聚民心、育新人、兴文化、展形象建设社会主义文化强国，发展面向现代化、面向世界、面向未来的，民族的科学的大众的社会主义文化，激发全民族文化创新创造活力，增强实现中华民族伟大复兴的精神力量。"② 作为文化承载体的文物，是弘扬中华优秀传统文化的珍贵财富，更是促进经济社会发展的优势资源，是培育社会主义核心价值观、凝聚共筑中国梦磅礴力量的深厚滋养③。同时，习近平总书记结合新时代社会主要矛盾变化，提出应该在保证"文物安全"的基础上"合理适度利用"文物，让文物"活起来"，多次强调要统筹好文物保护与经济社会发展，统筹推进文物保护利用传承，在保护中发展、在发展中保护，以满足人民群众对美好生活的需求。2020年9月，习近平总书记在中央政治局第二十三次集体学习时进一步强调："必须高度重视考古工作，用事实回击对中华民族历史的各种歪曲污蔑，为弘扬中华优秀传统文化、增强文化自信提供坚强支撑。"④

在新的时代背景下，我国文物保护工作必须以习近平新时代中国特色社会主义思想为指引，深刻分析、全面认识当前基本国情和文物保护利用现状，自觉探索新时代符合国情的文物保护利用之路。

二 大遗址展示利用工作取得新进展

中国大遗址"地上遗迹甚少、地下气象万千"的存在状态使其在价值

---

① 刘玉珠：《努力探索符合国情的文物保护利用之路——学习贯彻习近平总书记关于文物工作的重要论述》，《求是》2016年第18期。

② 习近平：《高举中国特色社会主义伟大旗帜 为全面建设社会主义现代化国家而团结奋斗——在中国共产党第二十次全国代表大会上的报告》，上海市人民政府网站，https://www.shanghai.gov.cn/nw4411/20221026/aa65753a0ac94ff291245a47d460a3ce.html。

③ 中共中央办公厅、国务院办公厅：《关于加强文物保护利用改革的若干意见》，2018。

④ 《习近平谈治国理政》第4卷，外文出版社，2022，第312页。

认识与保护方面存在特殊的困难。20 世纪 80 年代以来，中国大遗址保护事业在城市化加速发展，文物保护与城市建设、经济发展矛盾越发突出的时代背景下，经长期探索逐渐形成了考古遗址整体保护思想，人们认识到：大遗址是一种特定的体系，其保护对象包括了遗址本体和所依托的环境，通过对遗址本体与周边环境以及孕育其文化生态的整体保护，可实现文物保护与城乡发展双赢[①]。

进入 21 世纪以来，考古遗址公园建设作为大遗址保护与利用的创新方式，在传承弘扬中华优秀传统文化、促进遗址区环境改善等方面均发挥了积极的作用，进而成为区域发展的重要动力，西安大明宫国家考古遗址公园、杭州良渚国家考古遗址公园等首批立项建设的国家考古遗址公园在协调遗址保护与城市发展的问题上发挥了重要的作用。近年来，在较大的资金投入下，各国家考古遗址公园对所在区域经济社会发展均产生了明显的推动作用[②]。

国家考古遗址公园的公共文化服务功能和公益性特色突出。在一定意义上，国家考古遗址公园建设运营已成为承接国家"文化自信"战略，建设国家文化标识地体系的重要载体。"十三五"期间，我国大遗址保护工作不仅有效保护了本体和环境的安全，而且有效提升了大遗址保护展示利用水平[③]。在最新编制的《大遗址保护利用"十四五"专项规划》中也明确提出了"提升大遗址展示利用水平""推动国家考古遗址公园高质量发展"两项主要任务，促进大遗址展示利用从强调开放数量，转变为重视开放服务质量和效果[④]。

---

① 王京传：《国家考古遗址公园：文物保护创新模式》，《中国社会科学报》2019 年 1 月 10 日，第 8 版。
② 吴冲等：《资本循环视角下大遗址区乡村社会空间生产机制研究——以秦始皇陵为例》，《地理科学进展》2020 年第 5 期。
③ 数据显示，2014~2016 年国家考古遗址公园累计资金收入 59 亿元，其中政府投入专项资金 15 亿元，经营性收入与其他收入达 44 亿元。2014~2016 年，24 家国家考古遗址公园共接待游客累计超过 8000 万人次，其中免费游客近 4472 万人次。国家文物局：《国家考古遗址公园发展报告》，2018。
④ 《关于〈大遗址保护利用"十四五"专项规划〉的解读》，中国政府网，http://www.gov.cn/zhengce/2021-11/19/content_ 5651846.htm。

三　统万城考古遗址公园建设的必要性和迫切性

统万城遗址位于陕西省榆林市靖边县，自然地理环境条件较差，属生态脆弱地带，遗址保护管理与遗址地社会经济发展受区位条件限制。一方面，遗址本体深受风吹、日晒、雨淋、冻融等自然因素的破坏性影响，同时也受到日益增加的人类生产生活活动的影响，遗址保护管理较为困难；另一方面，遗址地受环境条件制约，整体社会经济发展水平较为落后，人们多从事简单的农牧业生产，脱贫攻坚的任务还很艰巨，亟须将遗址保护利用与乡村振兴相结合，探索出一条能充分展示遗产价值并推动乡村可持续发展的路径。

统万城遗址发现的大量附属文物，是对遗址文化价值的重要见证。目前，统万城文管所等机构收藏的文物，主要来源于考古发掘、私人收藏、民间征集、博物馆藏等。其中考古发掘56件，占总数的32%；私人收藏100件，占总数的57.2%；民间征集4件，占总数的2.3%；博物馆藏15件，占总数的8.5%[①]。从文物收藏来源的角度分析，文物大部分来自于私人收藏，在尚未建设考古遗址公园的背景下，对遗址区的保护管理难度极大，文物流失较为严重，周边墓穴也"十室九空"，这对进一步研究统万城历史、地区少数民族史、地理变迁以及丝绸之路发展史造成了极大的困难。因此，建设统万城国家考古遗址公园，加强遗址及其周边地区文物保护工作迫在眉睫。

与此同时，进入21世纪以来，榆林市依托丰富的煤炭石油等矿产资源，大力发展煤电产业，社会、经济各项事业快速发展，据统计，2019年榆林市GDP总值超过4000亿元，居西北地区第五位，经济实力雄厚。在这样的背景下，榆林为加快城市转型发展，在文化强市战略指引下，积极探索可持续发展的文化路径，加强历史文化资源的保护与利用，统万城遗址已成为榆林市重要的文化遗产保护利用对象。统万城遗址地上文物体量较大，城址较为完整，与苍凉的毛乌素沙漠形成了一种奇特的大地景观，并且遗址中已发现大量附属文物，具有极高的旅游开发价值，建设统万城国家考古遗址公园的时机日益成熟（见表1-1）。2013年，统万城遗址正

---

① 石小龙等编著《广泽清流：匈奴故都统万城文物辑录》，文物出版社，2019。

式获批成为第二批国家考古遗址公园立项建设单位①，2014年，国家考古遗址公园正式启动建设。

表 1-1 统万城遗址公园建设大事记

阶段	时间	事件
萌芽	1996 年	该遗址被国务院公布为第四批全国重点文物保护单位
初步发展	2003 年	靖边县政府铺设了靖边红墩界至统万城的专用油路
	2004 年	开始实施统万城绿色都市恢复行动
	2005 年	被国家发改委、财政部、国家文物局列入国家100处重要大遗址目录
	2008 年	靖边县政府成立了"统万城保护与旅游筹建处"
	2010 年	靖边县政府研究决定：新修统万城遗址入境道路1.7公里
快速发展	2011 年 4 月	国家文物局通过了《统万城西南墩台保护工程设计方案》（文物保函〔2011〕863号）。确定工程费用437万元（文物保函〔2011〕1133号）
	2011 年 6 月	《统万城遗址保护总体规划》（2012~2025年）通过国家文物局审批
	2011 年 8 月	根据国家文物局下发的《关于更新〈中国世界文化遗产预备名单〉的通知》（文物保函〔2011〕922号），靖边县政府确定统万城申报世界文化遗产，并成立了领导小组
	2011 年	榆林市人民政府和靖边县人民政府启动了统万城遗址保护规划工作，并将统万城国家考古遗址公园项目列入榆林市"十二五"重点文化遗产保护项目和重点旅游开发项目。靖边县也从人力、物力、财力等方面全力支持与保障统万城的保护与开发工作，统万城国家考古遗址公园的建设条件逐渐成熟
趋于完善	2012 年 9 月	被列入《中国世界文化遗产预备名单》
	2013 年 10 月	陕西省人民政府正式审议并通过统万城遗址编制规划，意味着统万城遗址的保护利用从此走上制度化道路
	2013 年 12 月	统万城考古遗址公园被列为国家文物局公布的第二批国家考古遗址公园立项名单
	2014 年 11 月	陕西省靖边县启动匈奴故都统万城国家考古遗址公园建设项目

资料来源：笔者根据公开信息整理，本书图表如无特殊说明，均如此。

第二节 考古遗址公园理念的提出与实践

基于对遗址价值的认识，我国历来重视大遗址的保护与利用工作。早

---

① 目前统万城考古遗址公园已进入第二批国家考古遗址公园立项名单，但还未"转正"，因此，本书在谈到相关规划工作时用"统万城国家考古遗址公园"，其他统一为"统万城考古遗址公园"。

在20世纪30年代，西安陪都建设计划即已明确提出要通过建设公园的形式来保护汉唐时期的文化遗址①，这一提议可被视为遗址公园理念的雏形。20世纪50年代，西安兴庆宫公园的建设方案较早地将遗址保护与利用相结合，一方面通过建设公园的形式为遗址保存提供了较好的空间环境；另一方面，在公园建设中较多考虑了唐文化的展示，成为遗址公园建设的早期探索②（见图1-1）。

图 1-1 兴庆宫公园 1957 年最终建成方案

资料来源：《西安日报》（1957年）。

20世纪80年代之后，随着我国城市化进程的快速推进，大遗址保护面临着诸多挑战。其中，遗址区人地矛盾突出、保护与利用矛盾突出是这一时期大遗址保护的核心问题。在这样的背景下，各城市中"遗址公园"与"历史文化遗址公园"的建设逐渐增多。1980年编制的《西安城市总体规划（1980—2000年）》提出要"结合文物遗址开辟大面积遗址公园

---

① 《民国陪都西京，近代西安的历史起点，都城级的城市规划！》，搜狐网，2017年11月4日，https：//www.sohu.com/a/202255951_735537。
② 王新文等：《考古遗址公园研究进展与趋势》，《中国园林》2019年第7期。

和风景区"，这是国内首次明确提出"遗址公园"这一概念①。1983年7月，北京市政府召开专题会议，研讨圆明园遗址保护问题，同意圆明园学会和圆明园管理处的意见，计划将圆明园遗址建设为遗址公园，并成立了"圆明园遗址整修委员会"，以便更加有效地保护遗址②。1986年，倪士毅提出将"南宋故宫"遗址建设成为遗址公园③。1988年，李百进和徐振江在西安兴庆宫公园初阳门的建筑设计中，进一步分析研究了唐兴庆宫遗址建设文化遗址公园，在景区规划与建筑设计时需注意的几个问题④。1990年，在党的十一届三中全会中关于将园林建设事业列为现代化城市重要组成部分的指示精神下，清华大学师生与园林设计人员一起将近春园旧址建设成为遗址公园⑤。这个时期，我国先后建设了南宋皇城遗址公园，南京东陵遗址公园，皇城根遗址公园，北京东便门明城墙遗址公园，安阳殷墟国家考古遗址公园，侯马晋国庙寝遗址公园，永宁古卫城遗址公园等。1995年，针对不断加快的中国现代化、城镇化进程，国家文物局提出要进一步加强大遗址保护工作，西安率先开始大遗址保护利用探索。这个时期，西安建筑科技大学所完成的汉阳陵保护规划以及遗址公园规划是中国较早开展的大遗址保护利用实践。

考古遗址公园理念的提出，始于新时期大遗址保护面临的困境。进入21世纪以来，随着城市化的快速扩张，大遗址区域囿于传统保护理论，往往沦落为城市脏乱差的典型区域，如何将遗址保护与城市转型发展相结合，实现大遗址保护与城市可持续发展的双赢，成为大遗址保护理论创新发展的关键。随着城市发展思想的转变，文化遗产成为城市可持续发展的重要资源⑥，通过科学的利用方式推动大遗址保护成为遗产学界与城市管

---

① 张超：《大遗址保护与旅游事业融合发展——以圆明园为中心的观察》，大遗址保护与旅游融合高峰论坛暨国家考古遗址公园联盟第五届联席会议论文，桂林，2015年11月。
② 王利：《圆明园遗址公园筹备委员会成立》，《圆明园》学刊第三期，中国圆明园学会，1984，第1页。
③ 倪士毅：《浅谈"南宋故宫遗址公园"的建设问题》，中国古都学会第四届年会会议论文，杭州，1986年，第319~324页。
④ 李百进、徐振江：《兴庆宫文化遗址公园"初阳门"的设计》，《古建园林技术》1988年第2期。
⑤ 郑宗和、黄延复：《古址新貌清华大学修建近春园遗址公园》，《北京园林》1990年第4期。
⑥ 王新文等：《考古遗址公园研究进展与趋势》，《中国园林》2019年第7期。

理者的共识，建设考古遗址公园保护大遗址，成为新时期大遗址保护的创新形式。与此同时，随着我国文化遗产保护事业与国外学术交流的日渐增多，"真实性""完整性""可识别性""可逆性"等遗产保护准则逐渐与中国文化遗产保护事业的实际相结合。基于此，在大遗址保护领域，为了化解遗址保护与城市发展之间的矛盾，学界提出了"大遗址保护展示示范园区"与"考古遗址公园"等概念，以期通过利用来加强大遗址保护。2001年，孟宪民阐述了考古遗址展示园区的设想，他认为将西安的几大遗址建设成为遗址公园、历史文化公园等规划目标和设想，实际上都是遗址展示的一种方式，为避免产生狭义公园的误解，可以暂时用大遗址保护展示园区的概念。并进而指出，这种基于遗址保护的园区建设、管理可以协调经济发展、城乡建设、生态环境保护，防止有关建设和盗掠的破坏与威胁[1]。2010年，时任国家文物局局长单霁翔在《大型考古遗址公园的探索与实践》一文中率先明确提出了考古遗址公园的概念，文章指出，考古遗址公园理念主要基于考古遗址与一般意义上的公园之间存在相互契合的可能；通过努力可以化解考古遗址保护与公园建设在特性和需求方面存在的矛盾[2]。几乎与此同时，杜金鹏也提出考古遗址公园通过遗址展示和文物展览可以揭示遗址的内涵、价值，在服务持续考古工作的基础上，通过强化遗址环境绿化美化可推动教育和旅游事业的发展，是一种方便群众休闲游憩的公益性活动地域空间[3]。2012年，赵文斌和褚天骄提出考古遗址公园是将遗址本体及其周边的自然环境妥善保存并有效展示的特定公共空间[4]。

在学术探索不断推进的同时，相关的政策文件也逐渐明晰了考古遗址公园的发展方向。2006年，国家文物局在组织编制的《"十一五"期间大遗址保护总体规划》中明确提出"建设大遗址保护展示示范园区（遗址公园）"。结合2008年国家文物局通过的《西安唐大明宫国家大遗址保护展示示范园区暨遗址公园总体规划》来看，一定程度上已表明大遗址保护展

---

[1] 孟宪民：《梦想辉煌：建设我们的大遗址保护展示体系和园区——关于我国大遗址保护思路的探讨》，《东南文化》2001年第1期。
[2] 单霁翔：《大型考古遗址公园的探索与实践》，《中国文物科学研究》2010年第1期。
[3] 杜金鹏：《大遗址保护与考古遗址公园建设》，《东南文化》2010年第1期。
[4] 赵文斌、褚天骄：《大遗址保护与展示规划初探》，2012国际风景园林师联合会（IFLA）亚太区会议暨中国风景园林学会2012年会会议论文，上海，2012年10月，第159~163页。

示示范园区与遗址公园的概念可相互指代。2009年是我国大遗址保护利用备受关注的年份，这一年6月，在杭州举行的大遗址保护良渚论坛上，单霁翔发表了《让大遗址如公园般美丽》的主题报告，就建设考古遗址公园的意义和发展方向提出了具体意见[1]，会议形成了《关于建设考古遗址公园的良渚共识》[2]。同年10月，在洛阳举行的大遗址保护高峰论坛通过了《大遗址保护洛阳宣言》，明确了国家考古遗址公园的建设方向[3]。同年12月，国家文物局颁布了《国家考古遗址公园管理办法（试行）》和《国家考古遗址公园评定细则（试行）》，从政策层面指导了国家考古遗址公园实践。此后，考古遗址公园理论研究与创新实践都进入了快速发展时期[4]。2010年，国家文物局公布了第一批国家考古遗址公园名单，并为大明宫国家考古遗址公园、良渚国家考古遗址公园等首批国家考古遗址公园挂牌，在实践中进一步加深了人们对考古遗址公园的认识。此后，国家文物局先后于2013年和2017年，两次公布国家考古遗址公园名单，三个批次的立项建设使得国家考古遗址公园成为我国大遗址保护利用的重要形式。为了进一步规范国家考古遗址公园的创建工作，2018年，国家文物局颁发了《国家考古遗址公园创建及运行管理指南（试行）》，强调国家考古遗址公园在遗址保护展示方面应具有全国示范意义，以整体保护与传承创新的工作思路促进中华优秀传统文化的创造性转化与创新性发展，从而协调文物保护与地方经济社会发展、民生改善的关系[5]。2019年，文旅部部长雒树刚指出要充分发挥国家考古遗址公园的中国特色，丰富遗址展示利用方式，将遗址价值具象化、可视化，通过文旅融合搞活文物IP，让每一处国家考古遗址公园都成为人民群众的精神家园[6]。

从国际范围来看，2015年2月，国际古迹遗址理事会在阿曼苏丹国塞

---

[1] 王京传：《国家考古遗址公园：文物保护创新模式》，《中国社会科学报》2019年1月10日，第8版。
[2] 国家文物局：《关于建设考古遗址公园的良渚共识》，2009年。
[3] 滕磊：《国家考古遗址公园的实践与思考》，《博物院》2018年第5期。
[4] 王新文等：《考古遗址公园研究进展与趋势》，《中国园林》2019年第7期。
[5] 王京传：《国家考古遗址公园：文物保护创新模式》，《中国社会科学报》2019年1月10日，第8版。
[6] 《国家文物局：全面总结、推广良渚古城遗址申遗成功经验》，中国青年网百度百家号，https://baijiahao.baidu.com/s? id=1638982186644393487&wfr=spider&for=pc。

拉莱召开了关于考古遗址公园的第一次国际会议，会议形成的《塞拉莱建议》指出考古遗址公园应纳入国际古迹遗址理事会官方通用术语中，并对考古遗址公园进行了定义。至此，这一形成于中国文化遗产保护利用实践中的创新性概念被国际社会所认可[①]。2017年，在印度德里召开的第19届国际古迹遗址理事会全体会议正式审议通过了《公共考古遗址管理的塞拉莱（Salalah）指南》[②]，该指南为考古遗址开放提供了管理建议，进一步推动了考古遗址公园在国际社会的发展[③]。

从考古遗址公园建设实践来看，截至2018年，国家文物局已先后评定公布20个省（区、市）36处国家考古遗址公园，总面积达61万公顷；另外还有67处遗址先后获批立项建设国家考古遗址公园（见表1-2、表1-3）。与此同时，各级地方政府也在积极推动地方性考古遗址公园的建设（见表1-4）。

表1-2　国家考古遗址公园名录（截至2018年）

序号	公园名称	批次	所在区域	年代属性	遗址类型
1	圆明园国家考古遗址公园	第一批	北京市海淀区	清	园林遗址
2	周口店国家考古遗址公园	第一批	北京市房山区	旧石器时代	古文明遗址
3	集安高句丽国家考古遗址公园	第一批	吉林省集安市	西汉至唐	陵墓遗址
4	鸿山国家考古遗址公园	第一批	江苏省无锡市	春秋战国	陵墓遗址
5	良渚国家考古遗址公园	第一批	浙江省杭州市	新石器时代	城市遗址
6	殷墟国家考古遗址公园	第一批	河南省安阳市	商	城市遗址
7	隋唐洛阳城国家考古遗址公园	第一批	河南省洛阳市	隋唐	城市遗址
8	三星堆国家考古遗址公园	第一批	四川省广汉市	新石器时代至周	古文明遗址
9	金沙国家考古遗址公园	第一批	四川省成都市	商周	城市遗址
10	阳陵国家考古遗址公园	第一批	陕西省西安市	汉	陵墓遗址
11	秦始皇陵国家考古遗址公园	第一批	陕西省西安市	秦	陵墓遗址
12	大明宫国家考古遗址公园	第一批	陕西省西安市	唐	宫殿遗址
13	牛河梁国家考古遗址公园	第二批	辽宁省朝阳市	新石器时代	古文明遗址
14	渤海中京国家考古遗址公园	第二批	吉林省和龙市	唐	城市遗址
15	渤海上京国家考古遗址公园	第二批	黑龙江省宁安市	唐	城市遗址

[①] 王新文等：《考古遗址公园研究进展与趋势》，《中国园林》2019年第7期。
[②] ICOMOS考古遗产管理科学委员会：《公共考古遗址管理的塞拉莱（Salalah）指南》，2017。
[③] 王洋：《文旅融合让沉睡千年古遗址"活"起来》，《中国旅游报》2019年8月14日，第2版。

续表

序号	公园名称	批次	所在区域	年代属性	遗址类型
16	御窑厂国家考古遗址公园	第二批	江西省景德镇市	新石器时代	古文明遗址
17	曲阜鲁国故城国家考古遗址公园	第二批	山东省济宁市	周至西汉	城市遗址
18	大运河南旺枢纽国家考古遗址公园	第二批	山东省济宁市	明清	工程遗址
19	汉魏洛阳故城国家考古遗址公园	第二批	河南省洛阳市	西周至南北朝	城市遗址
20	熊家冢国家考古遗址公园	第二批	湖北省荆州市	周	陵墓遗址
21	长沙铜官窑国家考古遗址公园	第二批	湖南省长沙市	唐至五代	手工业遗址
22	甑皮岩国家考古遗址公园	第二批	广西壮族自治区桂林市	新石器时代	古文明遗址
23	钓鱼城国家考古遗址公园	第二批	重庆市	南宋	城市遗址
24	北庭故城国家考古遗址公园	第二批	新疆维吾尔自治区吉木萨尔县	南北朝	城市遗址
25	元中都国家考古遗址公园	第三批	河北省张北县	元	城市遗址
26	上林湖越窑国家考古遗址公园	第三批	浙江省慈溪市	唐宋	手工业遗址
27	大窑龙泉窑国家考古遗址公园	第三批	浙江省龙泉市	宋至明	手工业遗址
28	明中都皇故城国家考古遗址公园	第三批	安徽省凤阳县	明	城市遗址
29	万寿岩国家考古遗址公园	第三批	福建省三明市	旧石器时代	古文明遗址
30	城子崖国家考古遗址公园	第三批	山东省济南市	新石器时代	古文明遗址
31	吉州窑国家考古遗址公园	第三批	江西省吉安县	唐至元	手工业遗址
32	郑韩故城国家考古遗址公园	第三批	河南省新郑市	春秋战国	城市遗址
33	盘龙城国家考古遗址公园	第三批	湖北省武汉市	商	城市遗址
34	城头山国家考古遗址公园	第三批	湖南省澧县	新石器时代	城市遗址
35	汉长安城未央宫国家考古遗址公园	第三批	陕西省西安市	汉	城市遗址
36	西夏陵国家考古遗址公园	第三批	宁夏回族自治区银川市	北宋至南宋	陵墓遗址

表1-3 国家考古遗址公园立项名录（截至2018年）

序号	公园名称	批次	所在区域	年代属性	遗址类型
1	晋阳古城考古遗址公园	第一批	山西省太原市	春秋晚期至宋太平兴国年间	城市遗址
2	牛河梁考古遗址公园	第一批	辽宁省朝阳市	新石器时代	古文明遗址
3	渤海中京考古遗址公园	第一批	吉林省和龙市	唐	城市遗址
4	扬州城考古遗址公园	第一批	江苏省扬州市	隋、唐、宋	城市遗址

续表

序号	公园名称	批次	所在区域	年代属性	遗址类型
5	御窑厂考古遗址公园	第一批	江西省景德镇市	新石器时代	古文明遗址
6	南旺枢纽考古遗址公园	第一批	山东省济宁市	明清	工程遗址
7	曲阜鲁国故城考古遗址公园	第一批	山东省济宁市	西周至西汉	城市遗址
8	大汶口考古遗址公园	第一批	山东省泰安市	新石器时代	古文明遗址
9	汉魏洛阳故城考古遗址公园	第一批	河南省洛阳市	西周至南北朝	城市遗址
10	郑州商城考古遗址公园	第一批	河南省郑州市	商代	城市遗址
11	三杨庄考古遗址公园	第一批	河南省安阳市	西汉晚期	村落遗址
12	楚纪南城（含八岭山、熊家冢）考古遗址公园	第一批	湖北省江陵县	春秋战国	城市遗址
13	长沙铜官窑考古遗址公园	第一批	湖南省长沙市	唐至五代	手工业遗址
14	里耶古城考古遗址公园	第一批	湖南省湘西土家族苗族自治州	秦汉时期	城市遗址
15	老司城考古遗址公园	第一批	湖南省湘西土家族苗族自治州	南宋时期	城市遗址
16	靖江王府及王陵考古遗址公园	第一批	广西壮族自治区桂林市	明	城市遗址
17	甑皮岩考古遗址公园	第一批	广西壮族自治区桂林市	新石器时代	古文明遗址
18	可乐考古遗址公园	第一批	贵州赫章县可乐彝族苗族乡	战国至秦汉	陵墓遗址
19	汉长安城考古遗址公园	第一批	陕西省西安市	西汉	城市遗址
20	秦咸阳城考古遗址公园	第一批	陕西省咸阳市	战国后期	城市遗址
21	锁阳城考古遗址公园	第一批	甘肃省瓜州县	汉、唐	城市遗址
22	北庭故城考古遗址公园	第一批	新疆维吾尔自治区吉木萨尔县	南北朝时期	城市遗址
23	钓鱼城考古遗址公园	第一批	重庆市	北宋至南宋	城市遗址
24	元中都考古遗址公园	第二批	河北省张北县	元	城市遗址
25	泥河湾考古遗址公园	第二批	河北省阳原县	旧石器时代	古文明遗址
26	赵王城考古遗址公园	第二批	河北省邯郸市	战国时期	城市遗址
27	蒲津渡与蒲州故城考古遗址公园	第二批	山西省永济市	唐至明代	城市遗址
28	辽上京考古遗址公园	第二批	内蒙古自治区巴林左旗	辽	城市遗址
29	萨拉乌苏考古遗址公园	第二批	内蒙古鄂尔多斯市乌审旗	旧石器时代	古文明遗址
30	金牛山考古遗址公园	第二批	辽宁省营口市大石桥市	旧石器时代	古文明遗址

第一章 大遗址保护传承的现状与探索

续表

序号	公园名称	批次	所在区域	年代属性	遗址类型
31	罗通山城考古遗址公园	第二批	吉林省柳河县	魏晋时期	城市遗址
32	金上京考古遗址公园	第二批	黑龙江省哈尔滨市	金	城市遗址
33	阖闾城考古遗址公园	第二批	江苏省无锡市	春秋时期	城市遗址
34	凌家滩考古遗址公园	第二批	安徽省含山县	新石器时代晚期	古文明遗址
35	明中都皇故城考古遗址公园	第二批	安徽省凤阳县	明	城市遗址
36	城村汉城考古遗址公园	第二批	福建省武夷山市	汉	城市遗址
37	万寿岩考古遗址公园	第二批	福建省三明市	旧石器时代	古文明遗址
38	吉州窑考古遗址公园	第二批	江西省吉安县	唐至元	手工业遗址
39	临淄齐国故城考古遗址公园	第二批	山东省淄博市	周	城市遗址
40	城子崖考古遗址公园	第二批	山东省济南市	新石器时代	古文明遗址
41	郑韩故城考古遗址公园	第二批	河南省新郑市	春秋战国	城市遗址
42	偃师商城考古遗址公园	第二批	河南省洛阳市	商代	城市遗址
43	城阳城址考古遗址公园	第二批	河南省信阳市	春秋时期	城市遗址
44	铜绿山考古遗址公园	第二批	湖北省大冶市	商代至汉代	工业遗址
45	龙湾考古遗址公园	第二批	湖北省潜江市	春秋时期	城市遗址
46	盘龙城考古遗址公园	第二批	湖北省武汉市	商	城市遗址
47	炭河里考古遗址公园	第二批	湖南省宁乡市	西周时期	城市遗址
48	城头山考古遗址公园	第二批	湖南省澧县	新石器时代	城市遗址
49	太和城考古遗址公园	第二批	云南省大理市	唐	城市遗址
50	统万城考古遗址公园	第二批	陕西省靖边县	东晋、十六国时期	城市遗址
51	龙岗寺考古遗址公园	第二批	陕西省汉中市	旧石器时代和新石器时代	古文明遗址
52	大地湾考古遗址公园	第二批	甘肃省天水市	新石器早期及仰韶文化早、中、晚各期	古文明遗址
53	西夏陵考古遗址公园	第二批	宁夏回族自治区银川市	宋	陵墓遗址
54	喇家考古遗址公园	第二批	青海省海东市	新石器时代	古文明遗址
55	中山古城考古遗址公园	第三批	河北省石家庄市	战国	城市遗址
56	邺城考古遗址公园	第三批	河北省邯郸市	三国时期	城市遗址
57	陶寺考古遗址公园	第三批	山西省临汾市	尧舜时代	城市遗址
58	和林格尔土城子考古遗址公园	第三批	内蒙古自治区和林格尔县	汉至唐代	城市遗址

续表

序号	公园名称	批次	所在区域	年代属性	遗址类型
59	磨盘村山城考古遗址公园	第三批	吉林省延边朝鲜族自治州图们市	唐至金	城市遗址
60	龙虬庄考古遗址公园	第三批	江苏省高邮市	新石器时代	古文明遗址
61	马家浜考古遗址公园	第三批	浙江省嘉兴市	新石器时代	古文明遗址
62	安吉古城和龙山越国贵族墓群考古遗址公园	第三批	浙江省安吉县	春秋战国	城市遗址与陵墓遗址
63	寿春城考古遗址公园	第三批	安徽省寿县	战国时期	城市遗址
64	蚌埠双墩考古遗址公园	第三批	安徽省蚌埠市	新石器时代	古文明遗址
65	禹会村考古遗址公园	第三批	安徽省蚌埠市	新石器时代	古文明遗址
66	吴城考古遗址公园	第三批	江西省樟树市	新石器时代至汉	城市遗址
67	汉代海昏侯国考古遗址公园	第三批	江西省南昌市	西汉	陵墓遗址
68	两城镇考古遗址公园	第三批	山东省日照市	新石器时代	古文明遗址
69	仰韶村考古遗址公园	第三批	河南省三门峡市	新石器时代	古文明遗址
70	二里头考古遗址公园	第三批	河南省洛阳市	夏中晚期和商初期	城市遗址
71	贾湖考古遗址公园	第三批	河南省舞阳县	新石器时代	古文明遗址
72	庙底沟考古遗址公园	第三批	河南省三门峡市	新石器时代	古文明遗址
73	大河村考古遗址公园	第三批	河南省郑州市	新石器时代	古文明遗址
74	屈家岭考古遗址公园	第三批	湖北省京山市	新石器时代	古文明遗址
75	石家河考古遗址公园	第三批	湖北省天门市	新石器时代	古文明遗址
76	苏家垄墓群考古遗址公园	第三批	湖北省京山市	西周中晚期	陵墓遗址
77	笔架山潮州窑考古遗址公园	第三批	广东省潮州市	宋	手工业遗址
78	方济各沙勿略墓园及大洲湾考古遗址公园	第三批	广东省台山市	明清	城市遗址
79	合浦汉墓群与汉城考古遗址公园	第三批	广西壮族自治区北海市	汉	陵墓遗址
80	邛窑考古遗址公园	第三批	四川省成都市邛崃市	南朝、唐、五代	手工业遗址
81	乾陵考古遗址公园	第三批	陕西省咸阳市	唐	陵墓遗址
82	阿房宫考古遗址公园	第三批	陕西省西安市	秦	城市遗址
83	周原考古遗址公园	第三批	陕西省宝鸡市	周	城市遗址
84	杜陵考古遗址公园	第三批	陕西省西安市	西汉	陵墓遗址
85	石峁考古遗址公园	第三批	陕西省榆林市	龙山文化晚期、夏	城市遗址
86	苏巴什佛寺考古遗址公园	第三批	新疆维吾尔自治区库车县（现为库车市）	东汉时期	佛寺遗址

注：国家文物局先后三次确定国家考古遗址公园立项建设名单，共86处，其中19处已正式挂牌成为国家考古遗址公园，本文不再重复统计。

从空间分布上来看，我国西北地区已建成国家考古遗址公园 6 处，占总数的 17%，立项建设国家考古遗址公园 13 处，占比为 19%，可见，西北地区是我国国家考古遗址公园建设的重点区域，打造国家考古遗址公园已成为西北地区保护历史文化遗产、展现秀美山川的重要形式。从已建成的国家考古遗址公园建设效果来看，公园在为遗址保护提供基本保障的同时，也为持续开展考古和科学研究提供了有利条件，为遗址精细化管理提供了平台，有效促进了遗址保护、研究和展示[①]。公园的建成开放改善了遗址区环境，增加了就业，在开放和服务方面体现了显著的公益性特征[②]。国家考古遗址公园为遗址保护利用、阐释展示、利益相关者权益的实现、旅游发展、民生改善等问题提供了基于考古学研究的新模式[③]，为文化遗产保护和经济社会协同发展探索了新方案，既实现了考古遗产健康可持续发展，维护了文化多样性，又使大遗址保护成果真正与地方、民众紧密相连，产生了良好的社会效益。国家考古遗址公园建设有效实现了中央财政带动地方及社会资金参与遗址保护，带动了当地相关文化和经济产业链的发展，充分发挥了大遗址保护对地方区域经济社会发展的促进作用，体现了"服务社会，惠及民生"的大遗址保护理念。

表 1-4　2009~2017 年以"国家考古遗址公园"为主题或标题的相关事件与文件

序号	时间	相关事件与文件	类别
1	2009 年 6 月	《关于建设考古遗址公园的良渚共识》	会议论坛
2	2014 年 11 月	国家考古遗址公园联盟第四届联席会议暨新型城镇化与大遗址保护研讨会召开	会议论坛
3	2015 年 11 月	大遗址保护与旅游融合高峰论坛暨国家考古遗址公园联盟第五届联席会议召开，主题为"大遗址保护与旅游融合"	会议论坛
4	2016 年 7 月	国家考古遗址公园联盟第六届联席会议召开，与会的国家考古遗址公园和考古遗址公园立项单位代表发表了《安阳共识》	会议论坛
5	2017 年 10 月	国家考古遗址公园联盟第七届联席会议召开，主题为"国家考古遗址公园的运营与管理"	会议论坛

---

① 《国家文物局完成首批 12 家国家考古遗址公园运行评估》，人民政协网，http://www.rmzxb.com.cn/c/2015-04-02/475816.shtml?n2m=1。
② 滕磊：《国家考古遗址公园的实践与思考》，《博物院》2018 年第 5 期。
③ 王宇：《大遗址保护利用探讨——郑州商城遗址保护与利用》，郑州大学硕士学位论文，2017。

续表

序号	时间	相关事件与文件	类别
6	2018年12月	国家考古遗址公园联盟第八届联席会召开,大会形成了《武汉共识》	会议论坛
7	2019年10月	首届国家考古遗址公园文化艺术周暨国家考古遗址公园十周年庆典、第九届国家考古遗址公园联盟联席会召开,大会宣读了《关于新时代国家考古遗址公园可持续发展的良渚共识》	会议论坛
8	2009年7月	《国家考古遗址公园管理办法》和《国家考古遗址公园评定细则》征求意见稿	政策法规
9	2009年12月	《国家考古遗址公园管理办法(试行)》《国家考古遗址公园评定细则(试行)》	政策法规
10	2012年12月	《国家考古遗址公园规划编制要求(试行)》	政策法规
11	2014年4月	《国家考古遗址公园评估导则(试行)》	政策法规
12	2017年10月	《国家考古遗址公园创建及运行管理指南(试行)》	政策法规
13	2018年9月	《国家考古遗址公园发展报告》印发	政策法规
14	2010年6月	第一批国家考古遗址公园评定启动	保护实践
15	2010年10月	第一批国家考古遗址公园挂牌和立项	保护实践
16	2011年6月	首批12家国家考古遗址公园联盟成立	保护实践
17	2012年11月	第二批国家考古遗址公园评定工作启动	保护实践
18	2013年12月	第二批国家考古遗址公园挂牌和立项	保护实践
19	2014年4月	首批12家国家考古遗址公园评估启动	保护实践
20	2015年3月	首批12家国家考古遗址公园评估完成	保护实践
21	2017年3月	对首批挂牌的国家考古遗址公园开展资料评估,对第二批挂牌的国家考古遗址公园同时开展资料评估和现场评估	保护实践
22	2017年3月	第三批国家考古遗址公园评定工作启动	保护实践
23	2017年12月	第三批国家考古遗址公园挂牌和立项	保护实践

第三节 国内外研究进展

国际学术界对考古遗址公园的研究并不多见。阙维民指出:"没有发现由西方学者撰写发表的题名包含'考古遗址公园'的文章。"[①] 即使在中

---

① 阙维民:《"考古遗址公园"的名称悖论——以"圆明园遗址公园"为案例》,《中国文化遗产》2015年第5期。

国，由于考古遗址公园理念提出时间较短，相关研究论著也较为少见①。因而，借助中国知网数据库可较为全面分析考古遗址公园研究的进展。笔者分别以"遗址公园"与"考古遗址公园"为主题词进行检索（语言为中文）②，截至2021年7月17日，共检索到5760篇文献。其中，遗址公园类文章检索到4755篇，最早发文时间是1984年，时间跨度为37年；考古遗址公园类文章检索到1005篇，最早出现在2004年，时间跨度为17年，下面借助文献计量学方法对考古遗址公园研究进展进行多角度分析，结合聚类分析结果以及文献分类阅读，并运用知网计量可视化分析与指数分析方法进行制图，归纳总结我国考古遗址公园研究进展与趋势③。

一　考古遗址公园总体研究概况

对文献进行可视化分析后可发现，20世纪80年代，学界多围绕"遗址公园"展开学术研究。进入21世纪，"考古遗址公园"逐渐成为研究热点。2005年，国家设立大遗址保护专项基金④，激发了地方政府对于遗址保护利用的重视，也催生了考古遗址公园研究成果的快速涌现。2010年，杜金鹏发表《大遗址保护与考古遗址公园建设》⑤一文，"考古遗址公园"首次出现在论文标题中，表明"考古遗址公园"概念已为学界所认可（见图1-2、图1-3）。

从发文期刊来看，截至2021年7月，考古遗址公园领域研究成果刊文量最多的期刊是《中国文物报》。此外，《中国文化遗产》《东南文化》《江汉考古》《中国园林》《考古》等极具影响力的学术期刊也发表了大量相关学术文章（见表1-5）。

---

① 目前，关于考古遗址公园研究的专著仅有安磊编著《国家考古遗址公园实用手册》，文物出版社，2015；刘宝山：《考古遗址公园建设与文化民生研究》，科学出版社，2015；王学荣等：《扬州城国家考古遗址公园：唐子城·宋宝城城垣及护城河保护展示总则》，中国建筑工业出版社，2015。
② 王新文等：《考古遗址公园研究进展与趋势》，《中国园林》2019年第7期。
③ 王新文等：《考古遗址公园研究进展与趋势》，《中国园林》2019年第7期。
④ 滕磊：《国家考古遗址公园的实践与思考》，《博物院》2018年第5期。
⑤ 杜金鹏：《大遗址保护与考古遗址公园建设》，《东南文化》2010年第1期。

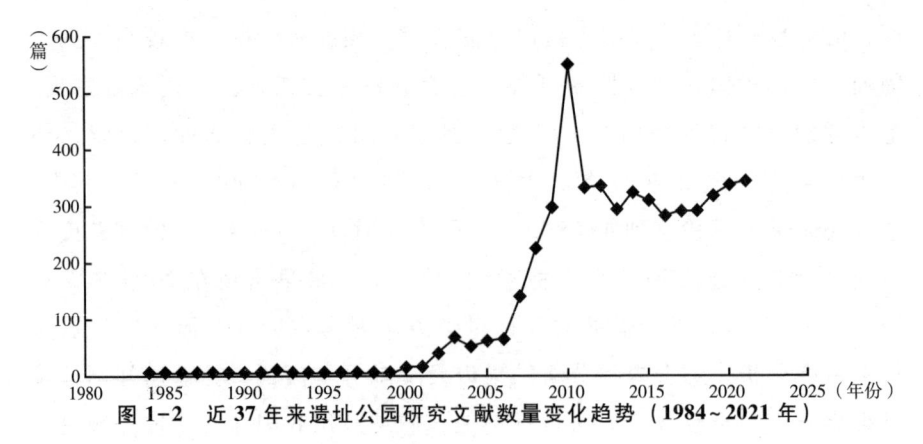

图 1-2　近 37 年来遗址公园研究文献数量变化趋势（1984~2021 年）

资料来源：知网计量可视化分析（知网自动生成）。

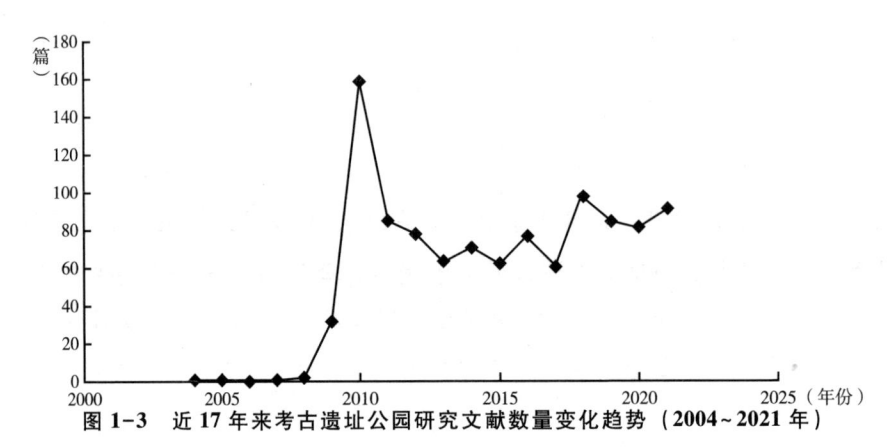

图 1-3　近 17 年来考古遗址公园研究文献数量变化趋势（2004~2021 年）

资料来源：知网计量可视化分析（知网自动生成）。

表 1-5　近 17 年来考古遗址公园研究主要刊文期刊（2004~2021 年）

排名	期刊名称	等级	文献数量（篇）
1	《文物鉴定与鉴赏》	/	21
2	《史前研究》	/	19
3	《中国文化遗产》	/	17
4	《遗产与保护研究》	/	13
5	《丝绸之路》	/	12
6	《建筑与文化》	/	9
7	《东南文化》	核心期刊、CSSCI	9
8	《大众考古》	/	8
9	《中国园林》	核心期刊	8
10	《博物院》	/	7

第一章 大遗址保护传承的现状与探索

从研究者所属学术机构类型和空间分布来看,近年来,此类研究发文量超过10篇的机构共有4个,以高校与科研院所为主要阵地。这些学术机构主要分布于遗址众多、历史文化底蕴深厚的陕西省、北京市等地,学者们基于各自工作基础,对区域内乃至全国的遗址进行研究,推进了研究的深入发展。特别是作为国内较早开展考古遗址公园规划的西安建筑科技大学是国内考古遗址公园研究的重镇,其发文数量遥遥领先于国内其他学术机构(见图1-4)。

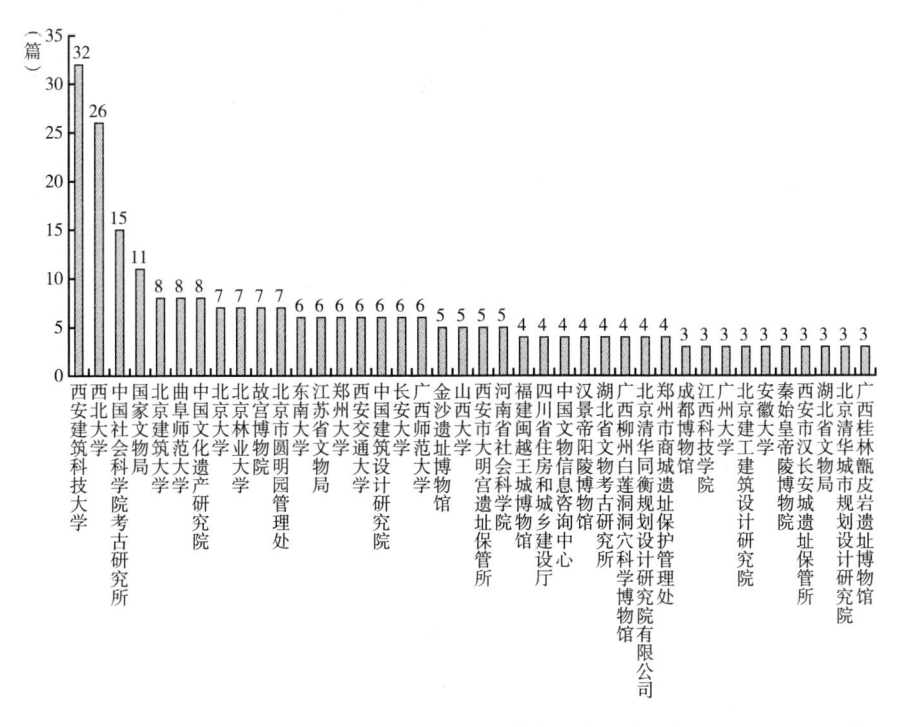

图 1-4 近 17 年来考古遗址公园研究文献的主要发表机构及发文数量(2004~2021年)

对知网的10篇以"考古遗址公园"为主题词的高共引文献进行统计分析后发现,其研究主题主要涉及考古遗址公园理论研究与规划建设等方面(见表1-6)。单霁翔通过分析考古遗址保护公园化利用的可行性,指出建设考古遗址公园对于大遗址保护工作的创新性作用[①]。赵文斌结合无

---
① 单霁翔:《大型考古遗址公园的探索与实践》,《中国文物科学研究》2010年第1期。

锡鸿山国家考古遗址公园规划设计项目，从国家考古遗址公园规划设计的现状分析、价值评估、规划理论、技术支撑、工作模式、范围划定、分区布局、保护展示、法制建设和运营管理等各方面提出各阶段规划内容相应的工作原则和解决办法[①]。郑育林指出遗址公园具有科学化、技术化、生态化、休闲化的特点。其中技术化要求遗址展示要不断创新、借鉴新的理念才能最终实现文化遗产的社会效益；生态化是指遗址公园环境展示通常要通过绿化的形式来实现，而方法上一定要优先考虑历史记载和历史环境风貌的恢复，再结合现实城市绿化的需要进行[②]。

表1-6 近17年来考古遗址公园研究高共引文献（2004~2021年）

排名	题目	作者	文献来源	类型	发表时间
1	《大型考古遗址公园的探索与实践》	单霁翔	《中国文物科学研究》	期刊	2010年
2	《国家考古遗址公园规划设计模式研究》	赵文斌	北京林业大学	博士学位论文	2012年
3	《大遗址保护与考古遗址公园建设》	杜金鹏	《东南文化》	期刊	2010年
4	《遗址公园：大遗址保护和城市建设的有效结合》	郑育林	《中国文化遗产》	期刊	2009年
5	《大遗址保护与考古遗址公园建设初探——以大明宫遗址保护为例》	张关心	《东南文化》	期刊	2011年
6	《国家考古遗址公园绿化的原则与方法研究》	王璐艳	西安建筑科技大学	博士学位论文	2013年
7	《考古与遗址公园——国家考古遗址公园建设中的两个定位》	夏晓伟	《东南文化》	期刊	2011年
8	《基于Amos的环境地方性与游客地方感之间的关系机理分析——以西安大明宫国家考古遗址公园为例》	张中华、段瀚	《旅游科学》	期刊	2014年
9	《关于建设国家考古遗址公园的一些意见——在"2009大遗址保护·良渚论坛"上的发言》	张忠培	《东南文化》	期刊	2010年

---

① 赵文斌：《国家考古遗址公园规划设计模式研究》，北京林业大学博士学位论文，2012。
② 郑育林：《遗址公园：大遗址保护和城市建设的有效结合》，《中国文化遗产》2009年第4期。

第一章 大遗址保护传承的现状与探索

续表

排名	题目	作者	文献来源	类型	发表时间
10	《城市建成区内大遗址保护与城市建设之间的关系——以大辛庄遗址保护为例》	曹楠	西北大学	硕士学位论文	2010年

利用知网文献计量可视化工具进行分析，结合考古遗址公园研究关键词聚类分析结果，可以发现考古遗址公园领域的当前研究与大遗址保护和考古工作研究结合密切。这表明研究者普遍认同考古遗址公园建设对于大遗址保护的重要性，考古遗址公园建设促进了大遗址考古工作的科学开展；考古遗址公园建设为持续开展考古工作提供了良好的环境，同时，考古工作现场也成为遗址文化展示的重要方面，从这一点来看，考古工作与公园发展彼此相互促进①。此外，关于考古遗址公园的规划也是当前研究中重要的方向，重点是考古遗址公园景观风貌设计与园林景观设计之间的区别与联系（见图1-5、图1-6）。

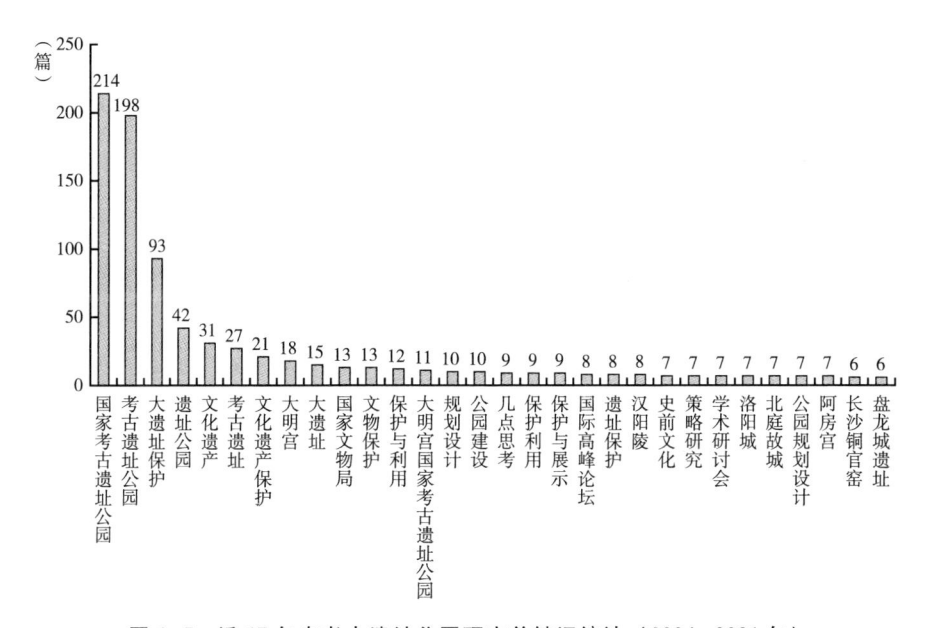

图1-5 近17年来考古遗址公园研究关键词统计（2004~2021年）

---

① 王新文等：《考古遗址公园研究进展与趋势》，《中国园林》2019年第7期。

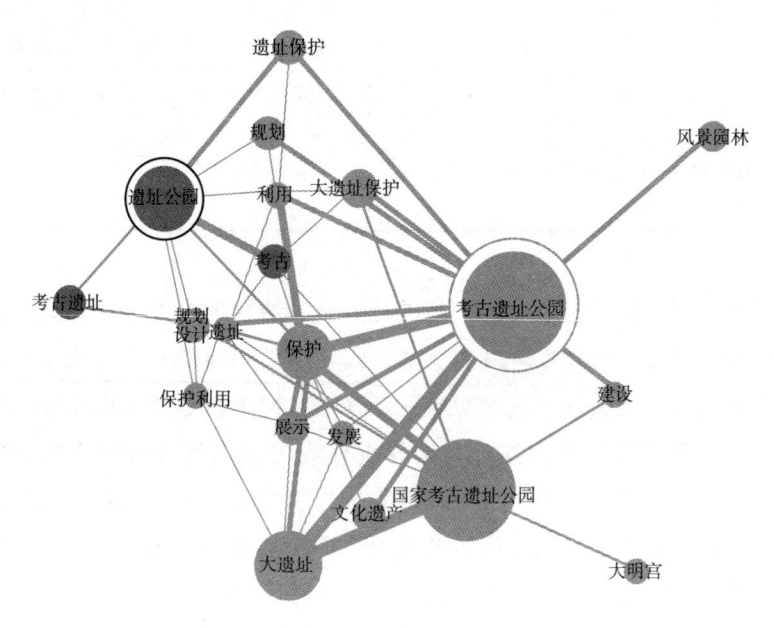

图 1-6　近 17 年来考古遗址公园研究关键词共现网络（2004~2021 年）

资料来源：知网计量可视化分析（知网自动生成）。

考古遗址公园本质上是基于遗址保护与展示的公共文化场所，其遗址展示及相关文化教育活动阐释和传播了遗址价值，使公众了解、欣赏、热爱文化遗产[①]。因而，研究者多关注遗址展示、遗址旅游等问题。

二　考古遗址展示研究

展示与阐释是考古遗址公园传达遗址价值与信息的重要手段，也是考古遗址公园规划设计的关键内容。2008 年之后，关于考古遗址展示的研究成果逐渐增多，主要涉及遗址展示方式、展示原则、展示对象与新技术应用等方面（见图 1-7、图 1-8）。

在遗址展示理论建构方面，刘克成基于大明宫国家考古遗址公园的实践，强调应将考古工作现场进行展示[②]，这就突破了以往仅关注遗址

---

① 王新文等：《考古遗址公园研究进展与趋势》，《中国园林》2019 年第 7 期。
② 刘克成：《解说大明宫国家大遗址保护展示示范园区暨遗址公园总体规划》，《中国文化遗产》2009 年第 4 期。

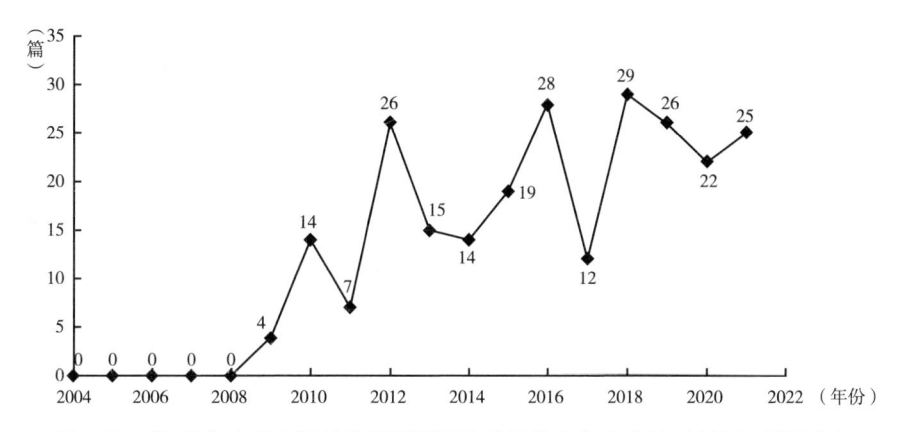

图 1-7 近 17 年来考古遗址公园展示研究成果发表年度趋势（2004~2021 年）

资料来源：知网关键词指数分析（知网自动生成）。

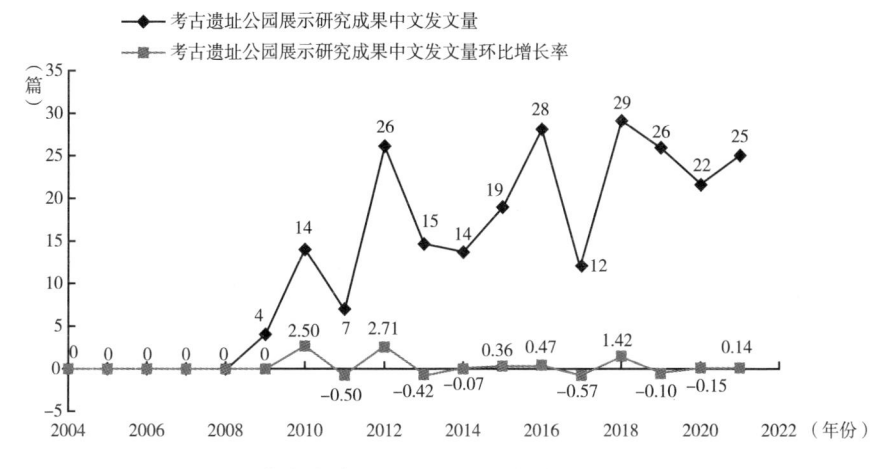

图 1-8 近 17 年来考古遗址公园展示研究学术关注度（2004~2021 年）

资料来源：知网关键词指数分析（知网自动生成）。

本体展示的局限。其后，王璐、刘克成系统总结了考古遗址公园遗址展示原则，强调遗址信息的真实性与完整性；重视遗址信息传播的有效性和包容性；兼顾利益相关者利益及公平性；激发遗址在当代社会生活中的活力；促进遗址保护及环境的可持续发展①。展示的本质是传播遗址

---

① 王璐、刘克成：《中国考古遗址公园中遗址展示的问题与原则》，《建筑学报》2016 年第 10 期。

价值与历史信息。张成渝和谢凝高以圆明园遗址为例，指出保护展示工作应以遗址价值和历史信息为基础①。鉴于遗址考古工作的渐进性，遗址信息展示需留有余地，并非所有信息都需展示，展示工作也非一次就可完成。柴晓明和刘爱河指出由于大遗址有诸多未知因素，因此展示和阐释需要随着考古学及相关科学研究的深入而不断调整和完善②。王新文和孔黎明基于信息传播的视角提出遗址展示设计应充分调动公众全感官体验，创造能激发公众思考的遗址环境，以及使用符号化的展示设计手法等③。

遗址展示方法既是实践中迫切需要解决的技术问题，也是学界关注的理论问题④。刘卫红提出了保护陈列展示法、意象展示法、地脉强化法、文脉延伸法、文化展示法等展示设计方法④。杨昌鸣等从真实性的视角将遗址展示分为直接展现与间接再现两类，并以曲阜鲁国故城城墙遗址展示为例，通过采取直接与间接的不同方式，以达到保护、展示与利用的平衡⑤。宋莹关注人的体验，引入"情境"理论研究遗址公园"情"的营造和"境"的营造，并对营造情境氛围的手法以及游客对遗址公园的感知、需求和满意度等内容进行了分析⑥。当代社会，运用数字技术对遗址进行虚拟展示有助于向公众传达信息，同时不会对遗址产生任何物理性影响，孔黎明梳理了增强现实（AR）技术应用于遗址展示的发展过程，并论述了相关信息设计方法及开发流程⑦，建立了多要素、多层级建筑遗址增强

---

① 张成渝、谢凝高：《世纪之交中国文化和自然遗产保护与利用的关系》，《人文地理》2002年第1期。
② 柴晓明、刘爱河：《大遗址历史文化内涵的展示与阐释》，《中国文物科学研究》2014年第1期。
③ 王新文、孔黎明：《信息传播视角下的考古遗址展示初论》，《中国文物科学研究》2015年第4期。
④ 刘卫红：《大遗址展示理念方法问题的探讨》，《地域研究与开发》2013年第2期。
⑤ 杨昌鸣等：《直接展现与间接再现——国家考古遗址公园城墙遗址展示模式的比较》，《中国园林》2013年第5期。
⑥ 宋莹：《国家考古遗址公园情境化设计策略研究——以大明宫国家遗址公园为例》，西北大学硕士学位论文，2017。
⑦ 孔黎明：《移动增强现实技术在建筑遗址展示中的应用》，2016年全国建筑院系建筑数字技术教学研讨会会议论文，沈阳，2016年9月，第120~125页。

现实应用开发评估方法及待验证关联度模型[①]。何力[②]、王航宇[③]等以具体考古遗址公园为研究对象，强调应将新技术应用于遗址展示当中。

在大数据与人工智能高速发展的今天，遗址展示方式应更加突出技术创新、理念创新、方式创新，加强人工智能在遗址展示领域的应用[④]。此外，随着叙事理论在空间设计领域的提出与发展，应加强空间叙事在遗址展示方面的研究[④]。

三 考古遗址公园规划研究

科学规划是一切保护工作开展的前提，考古遗址公园规划是对公园建设项目及时序安排进行控制与引导的技术工具，考古遗址公园规划从功能定位、空间布局、展示分区、考古计划、管理运营等方面保障了遗址公园的科学性与可实施性。2010年之后，关于考古遗址公园规划研究的发文量与关注度有了明显提升（见图1-9、图1-10）。

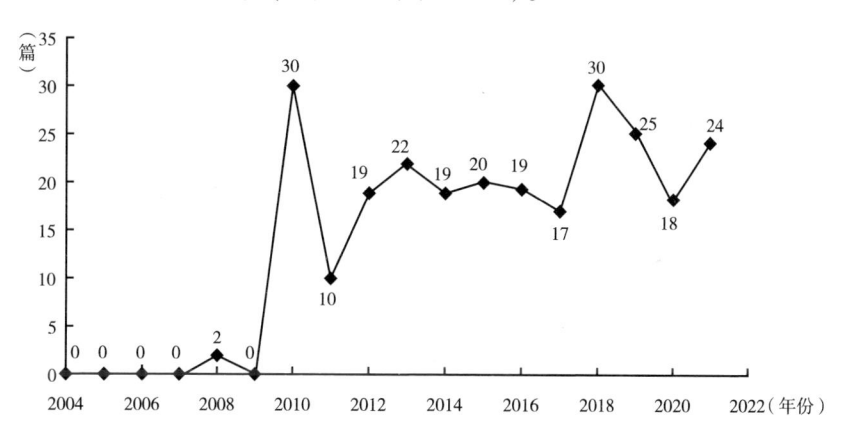

图1-9 近17年来考古遗址公园规划研究成果发表年度趋势（2004~2021年）

资料来源：知网关键词指数分析（知网自动生成）。

---

① 孔黎明、康健：《基于移动增强现实的建筑遗址展示评估》，《中国文化遗产》2017年第1期。
② 何力：《当代圆明园文化遗产3D数字化漫游的价值和意义》，《圆明园》学刊第十四期，"纪念圆明园罹劫152周年暨世界遗产视野中的中国圆明园遗址"学术讨论会专刊，中国圆明园学会，2013，第8页。
③ 王航宇等：《虚拟现实技术在世界文化遗产保护中的应用——以秦始皇陵为例》，《数字技术与应用》2012年第6期。
④ 王新文等：《考古遗址公园研究进展与趋势》，《中国园林》2019年第7期。

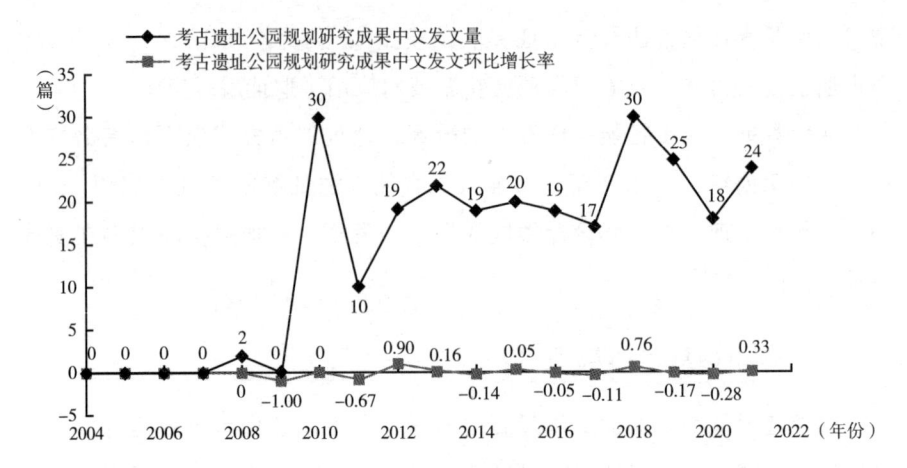

图1-10　近17年来考古遗址公园规划研究学术关注度（2004~2021年）

资料来源：知网关键词指数分析（知网自动生成）。

与考古遗址公园规划编制相关的内容与要求在不断探索实践中逐渐成熟。2009年，刘克成在为良渚论坛准备的发言稿中系统分析了考古遗址公园规划编制中的公园范围确定、规划原则、遗址展示内容等问题。他指出文物保护规划重点在于明确不能干什么，以及必须干什么。而考古遗址公园规划则重点在于提高文物遗址对公众的吸引力和亲和力[①]。此后，作为大明宫国家考古遗址公园的总规划师，刘克成在不同刊物总结了考古遗址公园规划的经验，对于我国考古遗址公园规划技术体系的建立与完善做出了突出贡献[②]。赵文斌在其博士学位论文中，系统探讨了考古遗址公园规划编制技术，提出了动态保护规划编制方法，重点探讨了考古遗址公园的范围与分区、环境整治、土地利用、社会调控、展示利用和运营管理等问题[③]。此外，汤倩颖[④]、骆志平[⑤]等指出考古遗址公园建设项目可行性研究的重要性及方法。冯铁宏等探索了GIS技术在考古遗址公园规划中的应用，

---

① 国家文物局编《大遗址保护良渚论坛文集》，浙江古籍出版社，2009。
② 刘克成等：《大明宫国家遗址公园：总体规划设计》，《建筑创作》2012年第1期。
③ 赵文斌：《国家考古遗址公园规划设计模式研究》，北京林业大学博士学位论文，2012。
④ 汤倩颖：《考古遗址公园建设项目可行性研究报告的编制》，《中国文物科学研究》2016年第1期。
⑤ 骆志平：《铜官窑国家考古遗址公园建设项目可行性研究》，中南大学硕士学位论文，2011。

为考古遗址公园规划提供了新的技术平台①。2009年,国家文物局发布的《国家考古遗址公园规划编制要求(试行)》②,明确了规划编制的内容和深度,指出考古遗址公园规划必须以文物保护规划为依据,符合文物保护规划中展示规划的原则和要求,并与地方国民经济与社会发展规划、土地利用总体规划等相关规划相协调③。

遗址环境整治是考古遗址公园建设的重要方面,因而,绿化问题也是考古遗址公园规划领域的关键问题。王璐艳从历史、现状与未来三个层面探讨了遗址公园绿化的原则,指出:对历史绿化的研究应遵循客观性与延续性的原则;对现状绿化的评估应遵循遗址本体与环境并重、生态安全第一兼顾文化安全、重视历史格局和现状风貌的关系、现有问题的解决应权衡当前技术条件的原则;未来绿化规划设计应遵循真实性与完整性原则、最小干预原则、可逆性原则、可持续的生态保护原则和功能多样化原则④。邱建和张毅指出国家考古遗址公园与植物景观营造,不仅仅关注遗址在历史积淀中形成的特定文化,还在于利用现有的环境条件与植物材料,揭示遗址当时的社会情形,令现代人能身临其境⑤。

总的来看,现有考古遗址公园规划研究已初步建构了该类型规划编制的理论体系,然而,由于相关研究多集中于具体案例的规划设计手法探讨,实践中对遗址所在的环境区位考虑不多,对于生态脆弱地区考古遗址公园建设如何兼顾遗址本体价值保护和文化及生态服务功能实现,相关规划策略亟待深入研究。

四 考古遗址公园管理运营研究

管理运营是目前考古遗址公园研究领域的薄弱环节,相关研究成果数量较少(见图1-11、图1-12)。从管理角度来看,我国大遗址保护管理沿

---

① 冯铁宏等:《GIS技术在萨拉乌苏考古遗址公园规划设计中的应用》,《文物保护与考古科学》2014年第4期。
② 国家文物局:《国家考古遗址公园规划编制要求(试行)》,2012年。
③ 王新文等:《考古遗址公园研究进展与趋势》,《中国园林》2019年第7期。
④ 王璐艳:《国家考古遗址公园绿化的原则与方法研究》,西安建筑科技大学博士学位论文,2013年。
⑤ 邱建、张毅:《国家考古遗址公园及其植物景观设计:以金沙遗址为例》,《中国园林》2013年第4期。

用文物保护单位制度，一般依托地方文物部门进行业务管理。鉴于考古遗址公园的职能不限于传统的保护，更重要的是如何展示和传播遗址价值，同时要协调好持续开展考古工作与旅游业发展之间的关系，其综合职能决定了考古遗址公园管理体制、机制、人员构成、经费来源、权责分配等与传统的文管所管理机制不同。赵文斌提出建立考古遗址公园运营管理体系，包括行政管理专项体制、法律法规执行体制、土地管理专项体制、经济产业发展体制、人才教育培养体制，对考古遗址公园管理体制创新做了很好的探索①。李文静以殷墟遗址为例，从地方与国家两个层面对殷墟遗址管理体制进行分析，建议建立国家补偿机制及成立大遗址管委会统筹区域经济社会发展②。马建昌和张颖对大遗址管理问题进行了述评，他认为大部分研究者对于遗址管理问题都借鉴了西方政治和社会管理中的分权和制衡思想，但我们必须根植于中国实际，与现行体制相结合③。

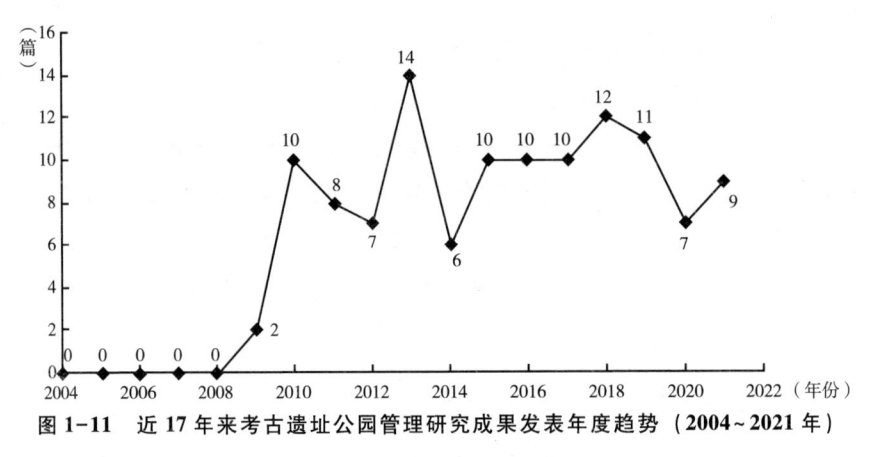

图 1-11　近 17 年来考古遗址公园管理研究成果发表年度趋势（2004~2021 年）

资料来源：知网关键词指数分析（知网自动生成）。

国家文物局出台的相关管理办法也促进了国家考古遗址公园管理工作的规范化。2009 年，国家文物局在发布的《国家考古遗址公园管理办法（试行）》中明确了各级文物主管部门对考古遗址公园管理运营的监督、检查权

---

① 赵文斌：《国家考古遗址公园规划设计模式研究》，北京林业大学博士学位论文，2012。
② 李文静：《殷墟国家考古遗址公园建设与运营管理研究》，《殷都学刊》2016 年第 2 期。
③ 马建昌、张颖：《近年来国内大遗址保护与管理运营问题研究述评》，《江汉考古》2014 年第 5 期。

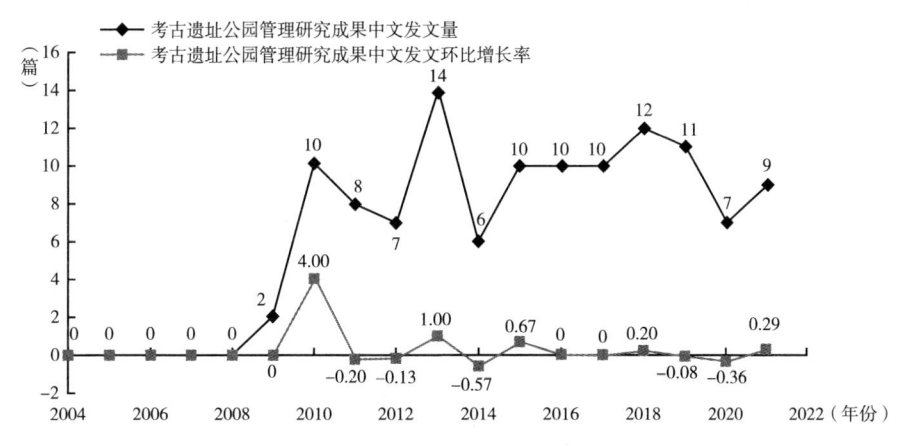

图 1-12　近 17 年来考古遗址公园管理研究学术关注度（2004~2021 年）

资料来源：知网关键词指数分析（知网自动生成）。

力，明确了国家考古遗址公园立项建设的程序与申请条件，以及国家考古遗址公园管理机构的职责。2018 年国家文物局在发布的《国家考古遗址公园创建及运行管理指南（试行）》中指出国家考古遗址公园运行管理是指国家考古遗址公园正式对外开放后，其专门管理机构围绕遗址日常维护与监测、考古与研究、文化传播与公众服务等所开展的一系列日常活动[①]。

总体上，当前对于考古遗址公园管理方面的研究由一般意义上的遗产资源管理和旅游事业发展关系的协调，发展到分析国家考古遗址公园管理条例进而研究其管理体制方面的问题，为考古遗址公园科学管理提供了扎实的基础[②]。

文化旅游是考古遗址公园重要的功能之一，如何实现遗产旅游事业的高质量发展是考古遗址公园运营中的重要课题，2010 年以来，关于该问题的研究成果趋于快速增长状态（见图 1-13、图 1-14）。

关于考古遗址公园旅游的研究，当前学界关注点主要在于遗址保护与利用之间的协调关系。王京传提出大遗址旅游有遗址博物馆、遗址旅游区、遗址公园、创意产业、考古活动参与等多种发展模式[③]。燕连福和申

---

① 韩晓红：《一种考古遗址公园的环境整治管理系统及管理方法》（发明专利），2020。
② 王新文等：《考古遗址公园研究进展与趋势》，《中国园林》2019 年第 7 期。
③ 王京传：《大遗址旅游：保护与开发的协同实现》，《社会科学家》2009 年第 1 期。

价值再现：统万城国家考古遗址公园规划研究

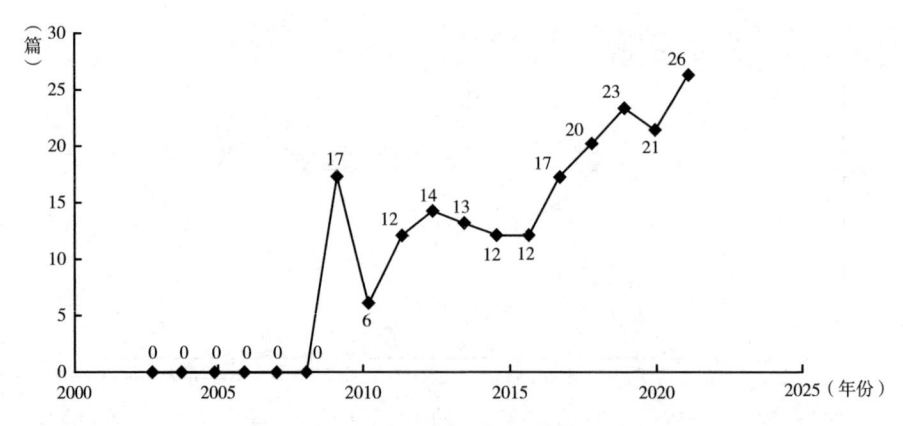

图 1-13　近 17 年来考古遗址公园旅游研究成果发表年度趋势（2004~2021 年）

资料来源：知网关键词指数分析（知网自动生成）。

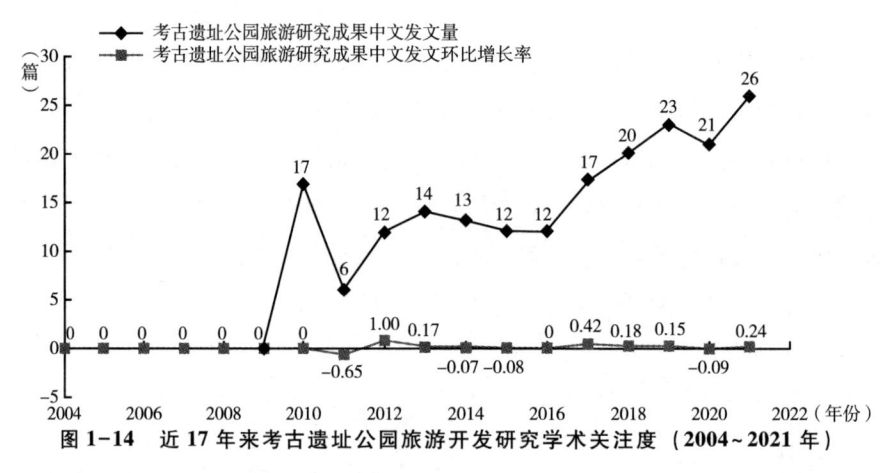

图 1-14　近 17 年来考古遗址公园旅游开发研究学术关注度（2004~2021 年）

资料来源：知网关键词指数分析（知网自动生成）。

丽娟针对大明宫旅游发展过程中存在的问题，对大明宫遗址旅游参观类文化产业提出了五条建议[①]。王新文等提出尽管考古遗址公园旅游产品设计方法多种多样，但其核心应当是遗址文化景观的修复与再现，同时应当强调游客的参与性及产品的持续性[②]。郑文俊提出考古遗址公园旅游开发应

---

① 燕连福、申丽娟：《大明宫遗址物质文化资源产业开发探析》，《西安建筑科技大学学报》（社会科学版）2011 年第 4 期。
② 王新文等：《基于保护的考古遗址公园旅游产品设计初探》，《西北大学学报》（自然科学版）2012 年第 4 期。

以保护、研究、展示考古遗址及其背景环境为主，紧紧围绕考古遗址这一主题展开、延伸[①]。张中华和段瀚基于地方感与 Amos 平台，考察了考古遗址公园环境营造的地方性特征与游客的地方感之间的关系路径及其运行机理[②]。蔡静将景观生态学思想引入遗址旅游的研究当中，从景观格局特征及景观生态系统稳定性两方面入手探讨遗址旅游可持续发展问题[③]。近年来，关于遗址公园旅游的研究成果逐年增长，研究方向由关注遗址本体旅游开发转向了遗址本体及其周围环境的综合开发，针对遗址脆弱性及真实性要求，今后应加强游客承载量、游憩冲击效应等问题的研究[④]。

五 考古遗址公园领域研究趋势

考古遗址公园建设不仅是遗产保护领域的重要内容，也与建筑、规划、风景园林乃至于旅游学研究都有着密切的联系，因而，考古遗址公园的研究具有多样化的特点。总体来看，考古遗址展示研究出现最早，数量最多；管理类研究虽出现较晚，但却发展迅速；近年来，关于遗址公园规划建设类文章增速较快（见表1-7、表1-8，图1-15至1-17）。考古遗址公园领域研究工作已经取得了较多的学术成果，未来的研究工作应更加强调多学科融合，突出应用性。

表1-7　近17年来考古遗址公园研究热点发文总量汇总（2004~2021年）

单位：篇

研究主题	报纸	期刊	硕士学位论文	博士学位论文	国内会议论文	国际会议论文	学术辑刊	特色期刊	总计
保护研究	260	236	77	3	25	1	26	54	682
展示研究	26	102	65	3	8	1	8	10	223
规划建设	39	102	58	4	18	1	8	10	240
管理运营	12	43	42	3	9	0	4	3	116
旅游开发	34	74	47	3	3	0	6	12	179

---

① 郑文俊：《考古遗址公园旅游开发研究——以广西柳州白莲洞为例》，《沈阳大学学报》（社会科学版）2013年第2期。
② 张中华、段瀚：《基于Amos的环境地方性与游客地方感之间的关系机理分析——以西安大明宫国家考古遗址公园为例》，《旅游科学》2014年第4期。
③ 蔡静：《遗址旅游对区域景观格局及景观生态质量影响研究——以陕西省礼泉县为例》，西北大学硕士学位论文，2016。
④ 王新文等：《考古遗址公园研究进展与趋势》，《中国园林》2019年第7期。

表1-8　近17年来考古遗址公园研究热点各阶段环比增速一览（2004~2021年）

单位：%

年份	保护研究	展示研究	规划建设	管理运营	旅游开发
2001~2005	100	0	0	0	0
2006~2010	231	250	100	400	0
2011~2015	-12	42	6	15	7
2016~2020	6	21	3	-5	13

注：尽管2004年才有第一次发文，但为方便统计环比增速，取2001~2005年为第一阶段，下同。

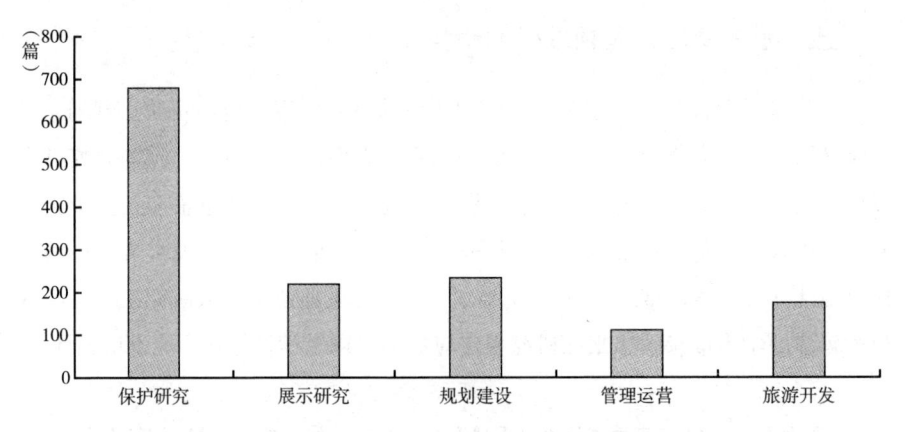

图1-15　近17年来考古遗址公园研究热点发文总量统计（2004~2021年）

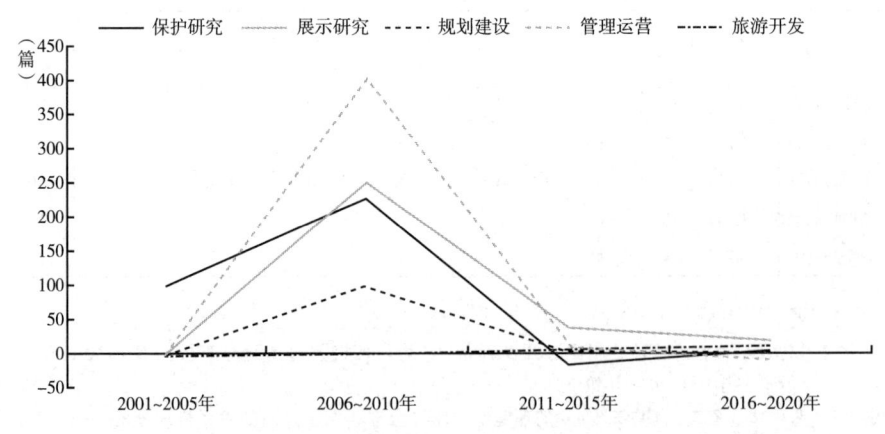

图1-16　考古遗址公园研究热点各阶段发文环比增速统计（2004~2021年）

注：同表1-8。

图 1-17　考古遗址公园研究学术关注度变化趋势（2004~2021 年）

资料来源：知网关键词指数分析（知网自动生成）。

从考古遗址公园规划建设及运营管理的实际需求来看，对考古遗址公园领域的相关研究应关注以下四个方面。

（1）土遗址展示理论与方法的研究。考古遗址地上遗迹较少，缺乏形象化、可感知的物质载体，其内含的历史文化信息与价值需要通过适当的展示手段传达给公众，然而，在当前遗址公园建设实践中，仍然存在遗址展示不足或展示过度等问题，反映出当前大遗址展示手法较为单一、模式化现象突出的问题，遗址展示理念仍有待提升，因而有必要加强遗址展示理论与方法的研究，将遗址展示与现场考古工作进一步结合①。此外，考古遗址作为讲好中国故事的重要载体，亟须探索新的展示理念与方法，在考古遗址公园中通过遗址展示设计讲述好中国故事。

（2）考古遗址公园规划策略研究。规划是一切保护利用工作开展的前提，现有研究已初步建构了考古遗址公园领域的规划理论体系，然而，当前的规划实践也存在对遗址环境考虑不周，遗存本体安全和遗址文化与生态服务功能不能很好兼顾，公园边界划定缺乏科学依据等问题。我们应深入研究考古遗址公园规划策略，以形成在功能定位、空间布局、展示分区、管理运营等方面科学合理并具备良好实施性的规划方案。

（3）考古遗址公园管理运营研究。在旅游业及文化产业大发展的背

---

① 王新文等：《考古遗址公园研究进展与趋势》，《中国园林》2019 年第 7 期。

景下，考古遗址公园不仅要探索遗址旅游方式的多样性，使遗址与旅游更好地融合，还应加强遗址旅游对遗址本体及其环境的冲击研究，强化遗址旅游开发中的保护研究，推进遗址周边社区与遗址保护协同发展，形成一套完善的考古遗址公园管理运营模式，科学推动大遗址保护与利用工作。

（4）考古遗址公园与考古工作相关研究。考古遗址公园建设客观上为遗址考古提供了良好的工作场所，同时提供了保护与展示同步进行的可能，今天的遗址公园更为重视考古工作的持续开展。通过对2015年以来的文献关键词进行梳理，可发现：考古工作、考古挖掘、遗址保护等词出现频次最高，说明了新时期考古遗址公园的规划与考古工作密不可分。

第四节 研究对象与内容

一 研究对象

陕北高原位于我国农牧过渡地带的中心，在中国历史发展的进程中，由于该区域周边不同的经济形态、多元的文化表现、复杂的民族进退过程，陕北地区成为古代游牧民族与农耕民族文化交流、融合、整合的主要地区。统万城遗址是陕北地区城址类大遗址中保存较为完整、价值极为珍贵的文物典范。以科学保护为基础，推动统万城考古遗址公园建设，将为中国西北地区城址类大遗址的保护与利用工作探索新的发展思路。本书从统万城遗址、统万城考古遗址公园和统万城遗址区三个层面展开研究。

历史上的统万城不仅是区域性行政区划中心，还在贸易、交通、文化交流等方面发挥着至关重要的作用，其影响和辐射力远远超出河套地区，还渗透到周边广大区域①。留存至今的统万城遗址由城址、附属文物、相关遗址环境以及城址周边古墓葬四部分共同构成，遗存分布范围约955公顷。遗址地处陕北黄土高原和内蒙古东南部毛乌素沙漠的交界地带，大体上位于毛乌素沙漠的边缘，无定河北岸流沙之中，城址所在地西北高东南

---

① 杨蕤：《河套之都：作为区域中心城市的统万城——兼论河套地区中心城市的形成与转移》，《宁夏社会科学》2015年第5期。

第一章 大遗址保护传承的现状与探索

低，海拔高度为 1152~1162m，最大高差为 6m。遗址地理坐标为东经 108°10′~109°12′，北纬 36°34′48″~38°1′48″。今天我们看到的统万城东城与西城城墙遗址保存较为完整，外郭城遗址断续分布，整体城市空间结构尚存。城址中包含城垣、墩台、护城壕、夯土台址等建筑遗存，具有较高的展示利用价值。此外，统万城遗址出土文物较为丰富，主要有铺地砖、瓦当、琉璃构件、壁画残片等建筑材料，以及生活用陶器、瓷器等器物，此外，还发现有铜制佛像、印章、石碑等遗物。

按照正在实施中的《统万城考古遗址公园详细规划》(2015—2025年)，统万城考古遗址公园的边界为：东、西、北均至陕蒙省界，南至白城则村村界。公园规划建设统筹考虑统万城遗址全部历史文化信息以及遗址保存状况，结合遗址价值研究，划分为六大展示景区和四条展示游线(见图1-18)。目前统万城考古遗址公园尚未建设完成，但已初具影响力，节假日吸引了全国各地的游客前来学习参观。

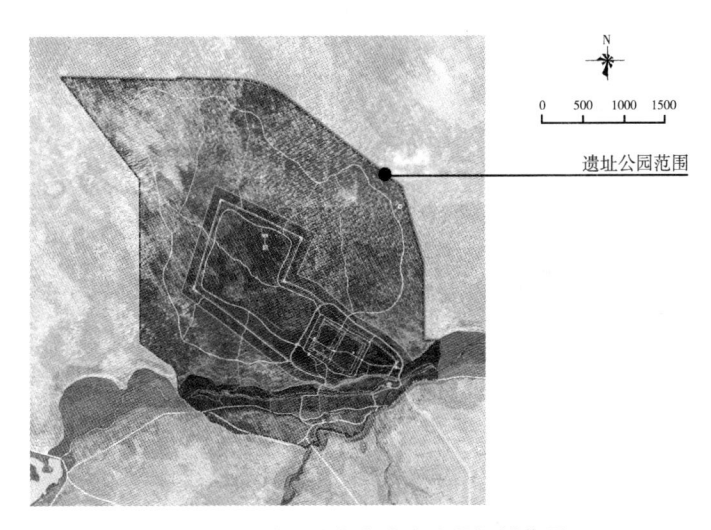

图 1-18 统万城考古遗址公园规划范围

资料来源：改绘自《统万城考古遗址公园详细规划》(2015—2025年)①

本书所指统万城遗址区，是遗址所在的地理区域，不仅包含遗址所在的白城则村，还涵盖了广大的遗址周边环境，大体上是《统万城遗址

---

① 该规划由刘克成教授主持，陕西省古迹遗址保护工程技术研究中心编制。

保护总体规划》中划定的遗址区二类建设控制地带全部范围（见图1-19）。目前，遗址区沙漠化现象仍然很严重，地表植被稀疏，多为灌木。实地调查发现，遗址东城和西城的北、西、南三面，现被固定、半固定的沙丘所环绕，遗址东部也可见零散的流沙分布①。西城遗址的西半部，东城遗址西墙、南墙之下，亦堆积有大量流沙；遗址区植被类型以耐旱沙生乔木、灌木为主（多为杨树、樟子松、新疆杨、臭柏、柠条、旱柳、沙蒿）。

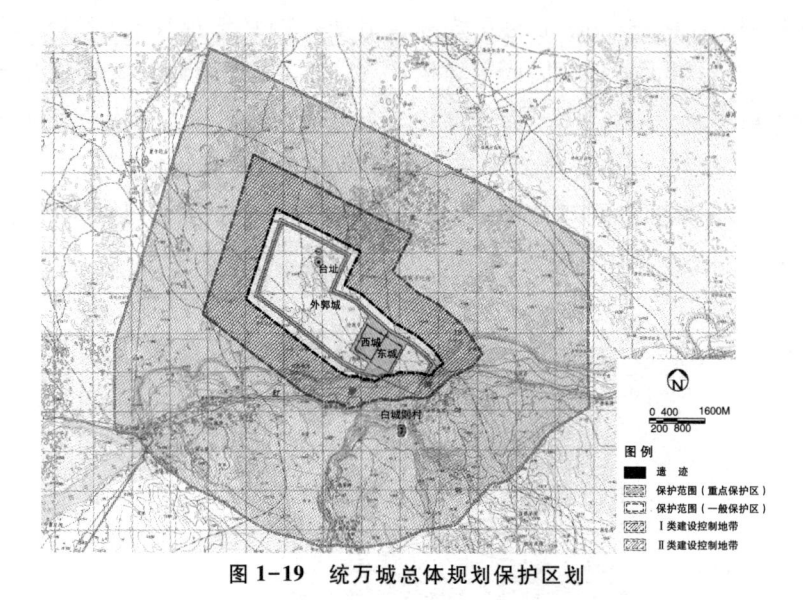

图1-19 统万城总体规划保护区划

资料来源：《统万城遗址保护总体规划》（2012—2025年）。

统万城遗址区交通条件较为便利，可达性较高。遗址南距靖边县城58公里，东距榆林市142公里，西北与内蒙古自治区乌审旗、鄂托克旗相邻。遗址区内白城则村由6个沿无定河两岸分布的居民组团组成，人口密度较低，村南有苦巴公路与靖边县城公路相连，榆靖高速公路在离统万城遗址最近处留有出口，并建设了统万城到县城的专用旅游环线，总体上可满足统万城遗址旅游发展需求（见图1-20）。

---

① 尹宁：《基于多源遥感数据的中国西部典型区域生态环境和考古研究》，中国科学院研究生院（遥感应用研究所）硕士学位论文，2004年。

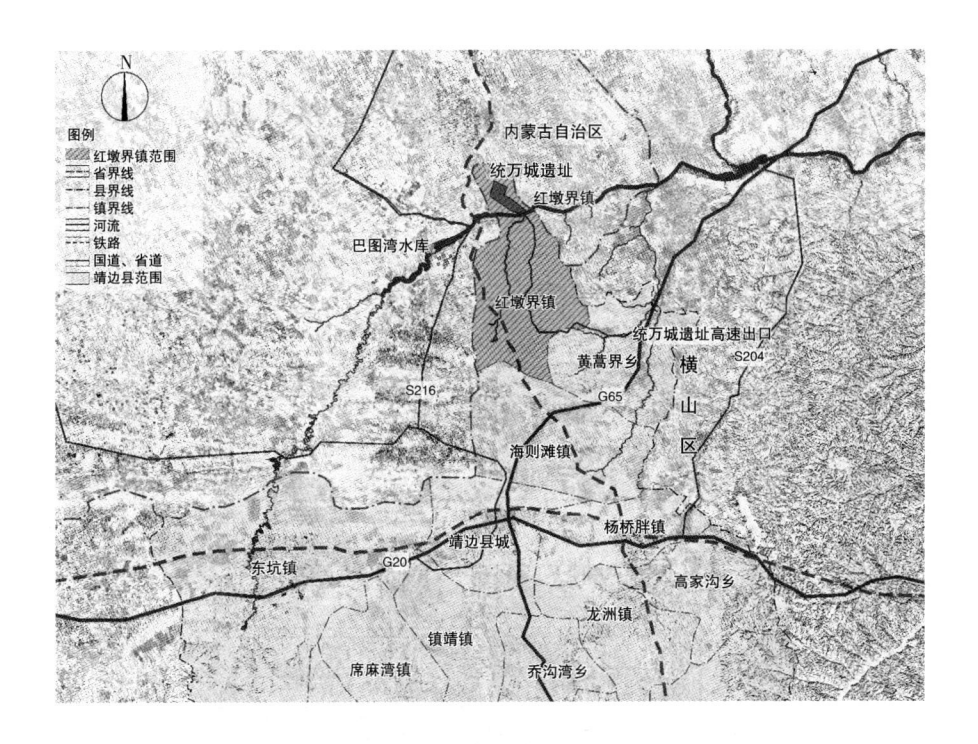

图 1-20　统万城遗址区位状况

二　研究内容

本书在梳理分析国内外考古遗址公园相关研究的基础上，借鉴考古学理论、遗址保护利用规划相关理论及国内优秀实践案例，系统研究统万城的历史演变与考古发现、总体空间布局及其内部功能布局。通过构建考古遗址公园视域下大遗址价值评估体系，对统万城遗址价值进行再认知，明确统万城遗址价值载体，即具体保护展示对象。进而探讨考古遗址公园建设中的公园边界划定、空间布局、遗址展示利用、公园管理运营等关键性问题，有针对性地提出"文物影响最小化""双层边界划定""弹性规划""景观文化安全格局约束下的空间布局""空间叙事视角下的遗址展示""遗址区周边村落集聚发展"等统万城国家考古遗址公园规划策略，以有效提升其公园规划实施的科学性、可操作性。具体内容结构框架见图1-21。

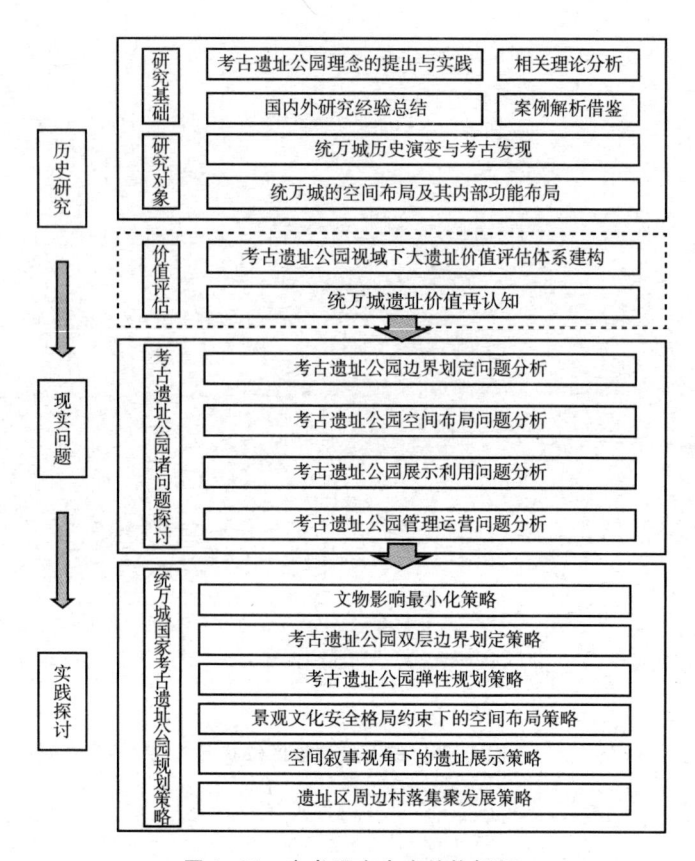

图 1-21　本书研究内容结构框架

本章小结

本章在文物保护事业发展进入了新阶段、建设统万城国家考古遗址公园时机日益成熟的背景下，通过梳理国内外考古遗址公园相关文献并进行综述，进一步明确了考古遗址公园规划设计领域的关键学术问题，并确定以统万城遗址为研究对象展开进一步研究。本章的核心结论有以下两点。

第一，当前国内外对于考古遗址公园的研究已经取得较多学术成果，主要集中在保护展示、规划建设、管理运营等方面。虽然近年来考古遗址公园相关研究发展已处于稳定状态，并呈现多学科融合趋势，但在考古遗址公园规划适应性策略方面仍然有待展开更为深入的研究，特别是在考古遗址公园建设中的文物影响、边界划定、布局规划、遗址展示以及周边村落协同发展等问题上有待进一步探究。

第二，统万城遗址地理位置特殊，城址较为完整、文物体量也较大，且对研究北方地区民族史、地理变迁以及丝绸之路发展史具有重要意义，是荒野型大遗址的典型代表，因此应确立以统万城遗址为研究对象，进一步对大遗址价值与规划策略展开研究。

第二章
遗址保护利用相关理论与案例解析

跨学科的理论分析和案例解析是研究工作的基础，有助于本研究在更宏观的视野下开展，本章将梳理研究考古学及规划学的相关理论基础并对国内典型案例进行分析，旨在了解各相关理论的内涵及应用现状，并研究反思国家考古遗址公园规划建设的典型策略措施，为统万城国家考古遗址公园的规划策略研究提供一定的指导、借鉴和参考。

第一节 遗址保护相关理论

一 考古学相关理论

城市是人类聚落发展的高级形式，城市的历史细节常常遗存于地下的文物遗迹中。考古学通过地层学和类型学方法来解读地下文物遗存信息，对古代城市开展的系统考古工作表明，世界上凡是曾经出现过的古代城市，无论是昙花一现的断代型古城，还是久盛不衰的延续型古城，它们在一定空间范围内所创造、形成的城市文明，包括巨大的物质文化和无数的人文信息，作为古代城市的历史特征和文化过程，大都仍被保存和堆积在地上与地下[①]。城市考古工作为探讨古代城市的发展演变和人文活动提供了翔实的物质资料，成为城市研究的物化史料。

城市考古学的任务，主要是对古代城市的全部遗存进行调查、勘探及考古发掘，并运用各种科技手段以及多学科融贯研究的方法来获取和破译考古遗存及其人文信息，努力去复原古代城市的历史和文化面貌，剖析城市演进中的个性特征及一般规律，进而探索和研究古代城市中人的思想和行为模式。其首要目标是弄清城址年代和整体空间布局；其次是梳理清

---

① 刘建国：《城市考古学导论》，《南方文物》1995年第4期。

第二章 遗址保护利用相关理论与案例解析

楚城市的发展脉络,由对城市结构、布局及其演化过程的研究揭示其性质与特征;最后,总结城市规划布局和演变发展的规律与经验教训,了解城市产生兴起与社会发展之间的关系,为未来城市的发展提供有益的启示和借鉴①,并促进城市经济社会发展等。

城市的复杂性和多元性决定了城市考古工作需要历史学、考古学、城乡规划学、社会学等领域多学科、多技术融贯。城市考古工作的基本原则需要从城市的整体性进行思考和把握,通过对城市空间信息的解读与阐述分析城市社会组织形式与社会生活方式,其基本工作方法包括田野考古调查、考古勘探、GIS空间分析及考古学解释等,工作重点则是通过城址考古勘探工作,探索城址的规模、形状、主要构成要素、空间布局等物质空间特征,进而研究城市中人们的社会生活及组织秩序。由于城市具有历史发展延续性特征,对城市内部结构和空间布局探讨的关键在于确定城址遗存的共时性,这就需要通过考古地层学和类型学方法确定同时代遗存,而对具有共时、共事、共格(城市统一的规划格局)特征的城市考古遗存,可以从整体推测局部或从局部揭示整体特征②。

理论方法方面,聚落考古是城市考古的重要理论指导,聚落考古学依据考古材料与社会对应的思路,为城市考古学理论提供了较为直接的经验和借鉴。1953年,美国学者戈登·威利在《聚落与历史重建——秘鲁维鲁河谷的史前聚落形态》一文中将聚落定义为"人们在其生活的景观中安置自己的方式",并指出聚落考古的目的是:"对遗址的自身结构、位置和遗址间的空间关系做出分析,并期望以此为基础,发现建设并生活在这些聚落中的社会的信息。" 也即聚落考古是从遗址和遗存的空间关系中获取人类行为和社会组织的信息的③,阐明了聚落考古学的研究重点。张光直先生在《论聚落形态考古》一文中对聚落布局进行研究时指出,聚落内部的布局可称作"社区形态",是研究古代社会组织关系的一条重要线索。这种长期不断的对应关系,是由考古学上的稳定状态与社会的稳定状态之间

---

① 许佳:《从淹城遗址看大遗址保护与城市文化复兴》,江苏省博物馆学会2015学术年会会议论文,镇江,2015年11月。
② 刘建国:《城市考古学导论》,《南方文物》1995年第4期。
③ 〔加〕布鲁斯·炊格尔等:《时间与传统》,蒋祖棣、刘英译,生活·读书·新知三联书店,1991。

的一致性所决定的"①。

景观考古学的发展进一步扩展了城市考古的学术视野,将城市遗址关注城址建筑本身扩展到遗址之外的周边环境,将城市遗址视为一处景观遗址,考察景观构成要素的空间分布特征与城市社会生活及文化特征之间的关系;研究一个区域内的地理、生态、资源、社会、经济、文化等的综合特征,并对这些特征进行系统的整合,从而形成对特定区域阶段性历史发展的整体认识。所以,对景观的历史演变、复原及社会学研究也是景观考古学的主要内容②。

统万城遗址是中国历史上一处遗存至今的古代城市遗址,其三重城的空间格局仍然清晰可见,延续近千年的使用历史为这座城市废墟增加了更为丰富的物质信息,遗址区地表与地下埋藏着这座城市的建设遗迹,城市考古工作的开展已初步揭示了这座伟大都城的若干内容,不断开展的考古调查勘探工作必将极大推动对于统万城空间及社会生活等内容的研究。通过对相关考古资料及历史文献的整理甄别,本书运用城市考古学理论方法对十六国时期统万城的选址、城市空间布局等方面进行了较为深入的分析研究,并借助景观考古学思想将研究视角延伸至统万城遗址所在的大的地域景观环境中,从而为统万城遗址价值的评估工作提出新的认识角度。

二 规划相关理论

1. 弹性规划理论

在物理学中,"弹性"一词被用来阐述物质抵抗外来冲击的稳定性,随着系统论思维的兴起,弹性也被生态学家所运用③。之后,基于不同学科背景的弹性概念得以发展,弗洛克总结了弹性概念由工程学和生态学到更广阔的社会生态系统研究的演进过程(表2-1)④。

---

① 中国历史博物馆考古部编《当代国外考古学理论与方法》,三秦出版社,1991。
② 张海:《景观考古学——理论、方法与实践》,《南方文物》2010年第4期。
③ C. S. Holling, "Resilience and Stability of Ecological Systems", *Annual Review of Ecological Systems* 4, 1973, pp.1-23.
④ C. Folke, "Resilience: The Emergence of a Perspective for Social-Ecological Systems Analyses", *Global Environmental Change* 16, 2006, pp.253-267.

表 2-1 弗洛克对弹性概念内涵演变的阐述

弹性概念	特性	关注点	语境
工程弹性	恢复时间,效率	恢复,守恒	临近稳定平衡状态
生态弹性、社会弹性	缓冲能力,抗打击,保持功能不变	持久性,鲁棒性	多重平衡,稳定状态
社会—生态弹性	干扰和再组织,保持和发展之间的相互作用	适应能力、转换、学习和创新	集成系统反馈,跨尺度的动态互动

不同学科的弹性视角均反映了思维范式的转变,即世界不再被看作有序的、能够合理被预测的,而是混乱的、复杂的、不确定和不可预测的。从这个意义来看,弹性理论建立在不确定性思想和非理性思想的基础上①。在不确定的环境下,"即便环境相似,系统过去的行为也不再是对未来进行可靠预测的参考"②。在规划领域,人们也不再视规划蓝图为一个终极不变的状态和目标,相反,人们认为随着时间的推移和事件的发生,规划蓝图将不得不随之而调整③。为了应对社会经济发展的不确定性,增强规划前瞻性与稳定性,适应外部环境复杂变化,解决城乡发展动态性问题和纾解城市发展带来的空间建设压力,弹性规划早已成为城市规划领域内重要的研究课题。

弹性规划是一种以未来导向、有限理性和社会公共性为基础,在一定技术条件支持下,通过制定多个供选择的弹性方案和有保障地动态实施政策的过程来解决不确定问题的设计方案④。其工作方法是以在整个规划过程或规划某一环节具有比较大的灵活性来弹性应对确定性,从而保障规划既可在系统正常发展中保持相对的稳定性,又能在系统未来面临的某些突

---

① 吴次芳、邵霞珍:《土地利用规划的非理性、不确定性和弹性理论研究》,《浙江大学学报》(人文社会科学版)2005年第4期。
② A. Duit, V. Galaza, K. Eckerberga et al., "Governance, Complexity, and Resilience", *Global Environmental Change* 20 (3), 2010, pp. 363-368.
③ 刘丹等:《弹性视角下的可持续城市化与规划创新》,城市时代,协同规划——2013中国城市规划年会会议论文,青岛,2013年11月,第171~183页。
④ 尹奇等:《土地利用的弹性规划研究》,《农业工程学报》2006年第1期。

发事件中显现出"维系其整体稳定"的可调节性①。简言之，一是弹性规划是一种动态生长性规划；二是弹性规划是一种协调的思想。弹性规划具有很强的可塑性，能跨越学术、政策和实践讨论的灰色地带，应对城市系统社会、经济和环境等因素之间的复杂性和多变性，并为规划的编制与有效实施提供科学的理论依据②。刘传明、曾菊新在宏观区域规划中引入弹性理念等创新探索都市区、城市群大区域规划编制③，曾新春在实际操作层面就弹性规划在控制性详细规划中的实践方法探索④，以及微观建筑设计中的弹性规划与乡土精神等结合进行研究⑤；从"城市人口规模预测、建设用地布局、土地利用管理、生态环境整治、灾害预防与事故应急等"专项研究到"城市中心区、产业园区、大学校园、小城镇、乡村、街区等"案例分析，弹性思路都发挥了关键作用。回顾以上理论与实践研究可以发现，弹性规划在战略层面上主要表现为动态的、与时俱进的规划，包括规划目标体系、规划管理、时序及期限弹性化；在实际操作层面上主要表现为功能兼容性、预留用地、容量指标的浮动以及多预案的弹性设计等。

2. 景观安全格局理论

"景观"是一个内涵复杂且应用广泛的概念，19世纪末以来，人文地理学对"景观"一词进行了系统的阐释和广泛的应用，景观被认为是地表可见地理现象的综合，即"地域综合体"，包括各种自然地理和人文地理要素相互联系而组成的复合地域系统；20世纪中后期，景观在社会学和人类学中有了新的理解和诠释，强调人类参与在景观概念构成中的主体性和能动性。景观在旅游学、建筑学、文化遗产管理学等其他学科也有着不同的内涵，旅游学将其作为一种资源；建筑学中将景观作为建筑设计的环境背景⑥；遗产学

---

① 陈稳亮：《大遗址保护中的弹性规划策略研究——基于雍城遗址保护的思考》，《城市发展研究》2009年第8期。
② G. Bristow, "Resilient Regions: Re-'Place'ing Regional Competitiveness", *Cambridge Journal of Regions* 3 (1), 2010, pp.1-15.
③ 刘传明、曾菊新：《新一轮区域规划若干问题探讨》，《地理与地理信息科学》2006年第4期。
④ 曾新春：《土地利用弹性规划在控制性详细规划中的实践——以南京市浦口中心地区为例》，2007中国城市规划年会会议论文，哈尔滨，2007年9月，第923~928页。
⑤ 金灿等：《乡土精神与规划弹性的结合》，《规划师》2003年第7期。
⑥ 俞孔坚：《景观的含义》，《时代建筑》2002年第1期。

将其看作文化遗产构成的整体并加以保护[1]。

景观安全格局（Security Patterns）是指景观系统中对于维护自然过程安全稳定具有决定意义的景观要素、战略位置和空间联系所构成的格局[2]。俞孔坚等认为景观安全格局从本质上说是"反规划"在景观规划设计上的应用，是一种逆向的规划设计手法。其方法是从景观格局分析入手，把景观过程（生态过程、生物过程、人文过程）作为克服空间阻力以实现景观控制的过程，从而确定不同层次的安全格局，控制不建设区域，保护建设活动开展前的自然景观风貌、山水生态系统[3]。之后决策者便可依据这些安全格局开展有针对性的生态保护和开发利用活动，进而确保生态安全，实现合理利用土地资源，构建安全、健康的人居环境以及有效防止生态环境恶化的目标[4]。关于景观安全格局构建，学界认可的核心研究方法是俞孔坚在广东丹霞山风景名胜区的实践研究中提出的最小阻力模型[5]。其构建步骤包括"源的确定—建立阻力面—根据阻力面来构建安全格局"三步。首先是源的确定，"源"即对生态过程起关键作用的斑块，即保护的对象，如把文化遗产点作为文化景观保护和展示利用的"源"，一般通过土地利用和资源的现状分布及适宜性分析来确定。其次是建立阻力面。阻力面反映人类建设活动对生态影响的范围与趋势，阻力因子主要包括地形地貌（坡度、坡向和高程等）、水文条件和土地条件等。一般用最小阻力模型（Minimum Cumulative Resistance）建立阻力面。最后，根据实际情况（如重要程度、影响大小等）赋予不同阻力因子权重，叠加不同阻力面来构建综合安全格局。

景观安全格局理论引发学界的热烈讨论并应用在多项研究实践中。俞孔坚在广东丹霞山风景名胜区生物保护规划中通过 GIS 绘制出不同安全等级水平的野生生物保护格局图，为缓冲区划分提供了一种新的技术方法[6]；其后其以北京香山滑雪场为例，系统研究了景观生态安全格局、视觉安全

---

[1] 张海：《景观考古学——理论、方法与实践》，《南方文物》2010 年第 4 期。
[2] 王根绪等：《生态安全评价研究中的若干问题》，《应用生态学报》2003 年第 9 期。
[3] 俞孔坚等：《论"反规划"》，《城市规划》2005 年第 9 期。
[4] 俞孔坚、李迪华：《论反规划与城市生态基础设施建设》，中国科协 2002 年学术年会会议论文，成都，2002 年 9 月，第 29~37 页。
[5] 俞孔坚：《生物保护的景观生态安全格局》，《生态学报》1999 年第 1 期。
[6] 俞孔坚：《生物保护的景观生态安全格局》，《生态学报》1999 年第 1 期。

格局和文化安全格局的判别以及敏感地段的场地规划方法，为敏感地段景观安全格局的规划设计提供了方法论的指导①；熊文和邱凉探索通过景观生态恢复和重建，构建城市景观生态安全格局，以实现城市生态持续发展②；冯淑华等以场论为基础，提出了古村落场理论，并尝试建构了古村落景观安全格局判别模式③。景观安全格局理论应用十分广泛，在各个领域的实践中都起到了一定的作用，而目前我国文化遗产保护领域也存在着安全问题，迫切需要寻求一种方法加强对文化遗产环境安全的保护。

第二节　考古遗址公园建设案例分析

一般来说，根据遗址地理区位可以将考古遗址公园大致分为城市型遗址公园、城郊型遗址公园和荒野型遗址公园，不同类型的考古遗址公园在规划、建设及运营管理中均会直面不同的发展环境，十多年来，我国考古遗址公园建设在诸多方面探索了科学有效的方法，形成了考古遗址公园建设运营的经验与智慧，本书通过对国内具有较大影响力的大明宫国家考古遗址公园和元中都国家考古遗址公园进行案例研究，可以为统万城国家考古遗址公园规划策略研究提供借鉴意义（见图2-1）。

一　大明宫国家考古遗址公园

大明宫是唐都长安"三大内"之一，作为唐朝的国家政令中心使用长达270年，其"规模最大、制度完备、皇帝朝寝时间最长"，是唐帝国的统治中心和国家象征。1961年，唐大明宫遗址被公布为首批全国重点文物保护单位，2014年，唐大明宫遗址作为丝绸之路系列遗产重要内容成功入选世界文化遗产名录。大明宫国家考古遗址公园可被视为我国考古遗址公

---

① 俞孔坚等：《敏感地段的景观安全格局设计及地理信息系统应用——以北京香山滑雪场为例》，《中国园林》2001年第1期。
② 熊文、邱凉：《城乡一体化景观生态安全格局研究初探——广州市城乡一体生态安全格局分析》，《水利渔业》2006年第2期。
③ 冯淑华、沙润：《古村落场理论及景观安全格局探讨》，《地理与地理信息科学》2006年第5期；蒋桂娟、徐天蜀：《景观安全格局研究综述》，《内蒙古林业调查设计》2008年第4期。

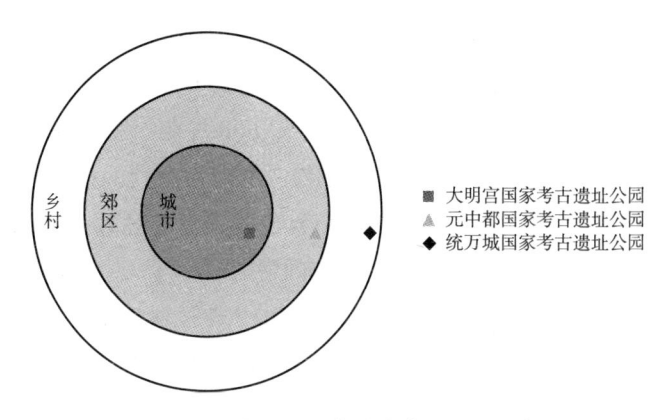

第二章　遗址保护利用相关理论与案例解析

图 2-1　遗址公园类型按地理位置分类

园领域的标杆，对其建设运营进行分析有助于统万城国家考古遗址公园规划策略的提出。

1. 创新的遗址展示理念

唐大明宫遗址位于今陕西省西安市明城墙以北、北二环以南，占据城市发展核心区位。2010 年 10 月，大明宫国家考古遗址公园作为首批挂牌成立的国家考古遗址公园建成开放，该遗址公园的建设被誉为中国文物保护与利用领域一次综合性、大规模探索①。

《西安唐大明宫国家大遗址保护展示示范园区暨遗址公园总体规划》是我国在考古遗址公园规划领域的重要探索，该规划将文物保护与现代生活相融合，城市文化建设与生态环境建设相互推动，通过合理确定公园边界，将考古工作已发掘、未发掘的历史遗迹完整保存在考古遗址公园范围之内，并对有效保护下来的文物遗迹探索了一系列全新的、符合国际遗产保护理念的遗址展示方式，在向公众开放展示遗址文化价值的过程中，间接实现了对城市景观的塑造、历史文脉的传承，并对周边市民生活环境的改善和旅游业的发展起到积极的作用，纵观大明宫国家考古遗址公园十余年的发展历程，其经验可概括为如下几方面。

（1）历史格局的保护与展示

遗址展示是考古遗址公园的关键内容。由陕西省古迹遗址保护工程技

---

① 刘克成等：《大明宫国家遗址公园：总体规划设计》，《建筑创作》2012 年第 1 期。

术研究中心编制的《西安唐大明宫国家大遗址保护展示示范园区暨遗址公园总体规划》在宏观层面通过对遗址及其依存环境的全面保护，凸显了唐大明宫前朝后寝和中轴对称的历史格局、历史规模、历史环境和地形地势，同时也为后期持续的考古发掘工作创造了最为有利的条件。

在管理运营方面，为了强化遗址安全管理、将游客数量控制在合理数值内，以及为逐步开展的漫长而又复杂的考古工作提供良好的场所环境，该规划方案对考古遗存集中的区域采取了封闭式管理措施，对遗址公园与城市接壤的区域则以积极开放的面貌融入城市，向市民开放，承载市民的日常活动。

（2）空间边界的形象展示

大明宫国家考古遗址公园以周边道路为界限，通过宽阔的绿化带与周边城市建成区相隔离。公园边界不仅是遗址保护管理的边界，同时也是展示遗址空间格局的重要内容，经过考古发掘的宫门、宫墙遗址，既是唐代大明宫重要的格局要素，同时也具有较强的展示价值，通过形象化展示可向公众科学传播遗产价值。同时，宫门遗址也可以设置为考古遗址公园出入口，延续其历史功能。在遗址公园与城市各个方向连接界面上，通过建设保护性设施与入口标识，保护展示了宫门遗址，形成了统一的城市形象界面与各具特色的入口空间。宫墙遗址作为大明宫遗址的边界标识，也是遗址公园重要的边界空间，通过连续的宫墙展示设计方式，将北宫墙遗址—东宫墙遗址—南宫墙遗址—西宫墙遗址联系起来，在对已探明遗址本体进行科学保护的基础上，以唐代宫墙相关研究成果为依据，遵循唐代的形制与尺度，建设了具有展示功能的保护性建筑，其外墙采用塑木材质拼装幕墙来示意唐代宫墙的夯土肌理，从而向公众连续呈现完整的遗址信息。宫门、宫墙遗址展示设施作为遗址公园重要的边界空间，是公园与外部城市空间联系的重要界面，也是唐大明宫最具气魄的内容①。

（3）创新保护与展示方式

大明宫国家考古遗址公园遗址保护展示方式类型多样，价值传播效果较好，是东方大遗址保护展示的典范。公园设计方案积极探索适合中国土

---

① 张苗苗：《大明宫国家考古遗址公园遗址展示方式类型化研究》，西安建筑科技大学硕士学位论文，2018。

木结构建筑遗址保护的理论、方法和材料①。遗产保护展示方案严格遵循国际遗产学界对于遗产真实性、完整性、最低限度、可逆性、可识别性、全面保护的基本原则，针对不同遗址的考古研究情况、保存现状、环境现状、历史功能的不同，采取了不同的保护措施，以保护唐大明宫遗址历史空间和功能结构的真实性。其主要保护措施有加固、锚固、填缝、补齐、覆盖、回填和设置保护大棚七种方式，根据实际情况，还可以进行组合运用（见表 2-2）。

表 2-2 大明宫遗址保护措施

保护方式	具体内容
加固	指在文物本体不受到损伤的前提下，提高本体的强度
锚固	主要解决遗址的整体稳定性。锚杆材料主要有钢筋、木锚杆和楠竹加筋复合锚杆
填缝	采用灌浆材料对土遗址裂缝灌浆填充，对破碎块进行粘连。土遗址残存的裂缝对遗址破坏最大
补齐	对一些遗址本体悬空或基础掏蚀凹进的土遗址，主要采用夯土补砌、土坯和土块砌补的方式进行修补
覆盖	通过隔离材料分隔遗址与外部环境，避免各种人为与自然因素对遗址造成的破坏
回填	对已经发掘或未发掘的地下遗址采用自然土或人工材料覆盖保护，将遗迹原封不动地埋在地下
设置保护大棚	采用对遗址本体安全无影响的构筑物将遗址覆罩保护

根据《西安唐大明宫国家大遗址保护展示示范园区暨遗址公园总体规划》方案内容，公园共运用了 11 种遗址展示方式，分别为：原貌展示、玻璃覆罩展示、地面标识展示、台基标识展示、基址复原展示、基址+柱、基址+柱+梁架、基址+柱+梁架+局部屋顶、基址+柱+梁架+完整屋顶②、模型展示以及遗址保护展示厅，并针对遗址保存的实际情况进行分析研判，形成组合保护展示的模式（见表 2-3）。

---

① 刘克成等：《大明宫国家遗址公园：总体规划设计》，《建筑创作》2012 年第 1 期。
② 杨晓青：《结合圆明园遗址展示与利用规划的大遗址展示研究》，天津大学硕士学位论文，2012。

表 2-3　大明宫国家考古遗址公园遗址点展示方式

展示方式	具体措施
原貌展示	在遗址有效保护的前提下,将遗址的原貌向公众展示。此方式适合于地上有大型遗存的遗址
玻璃覆罩展示	玻璃罩覆盖使遗址不受自然风雨的侵袭,参观层与遗址层立体分离,亦可让人近距离观赏遗址
地面标识展示	在遗址现状考古调查及研究的基础上,用标识的方式,在地面上显示遗址的格局等信息用于展示。标识可适当采用新材料,以区别于真实遗址,起到提示遗址存在及显示遗址信息的作用
台基标识展示	遗址上部覆土(可以局部揭露),并将台基修复到其原有高度;依据考古获得的信息,使用不同材料在地面之上标识建筑遗址的台基的体量、材质等信息,显示遗址整体格局及形式
基址复原展示	在回填覆盖保护遗址的基础上,依据充分的考古资料、历史信息和科学研究,整体复原建筑遗址的台基部分
基址+柱	在建筑遗址台基标识展示或基址复原的基础上,依据考古资料、历史信息和科学研究,标识建筑遗址原有结构——柱网布局、柱的体量、柱的材质等信息
基址+柱+梁架	在建筑遗址台基标识展示或基址复原的基础上,依据考古资料、历史信息和科学研究,标识建筑遗址原有结构——柱与梁架的信息。标识可适当采用新材料,以区别于真实遗址,起到提示遗址存在及显示遗址信息的作用
基址+柱+梁架+局部屋顶	在建筑遗址台基标识展示或基址复原的基础上,依据考古资料、历史信息和科学研究,标识建筑遗址原有结构——柱与梁架的信息,同时标识出建筑遗址的局部屋顶形式
基址+柱+梁架、完整屋顶	在建筑遗址台基标识展示或基址复原的基础上,依据考古资料、历史信息和科学研究,标识建筑遗址原有结构——柱与梁架的信息,同时标识出建筑遗址的完整屋顶形式
模型展示	在建筑遗址回填或覆盖的基础上,在遗址周边,依据考古资料、历史信息和科学研究,以缩小比例或同等比例的遗址原建筑模型进行展示
遗址保护展示厅	遗址上部覆盖遗址保护展示厅,室内结合遗址本体的保护展示,创造出良好的人工展示环境。遗址保护展示厅的外部形式可以在具有充分历史依据和深入科学研究的基础上,局部模仿遗址原有建筑轮廓、формы制、外观修建,但总体应具有可逆性,并与原遗址有适当的区分

2. 寓教于乐的旅游产品设计

2019 年,大明宫国家考古遗址公园晋升为国家 5A 级景区,成为西安市一处重要的文化旅游目的地，寓教于乐的旅游产品是其重要特色。遗产旅游是基于对遗产的欣赏、体验而形成的一种文化生活方式。考古遗址公园是开展遗产旅游的重要场所，丰富的、具有强烈体验感的遗产旅游产品有利于遗产文化价值的再现与传播[①]，较好实现了在游玩中感悟历史的初衷。

多年来，大明宫国家考古遗址公园在做好遗址保护展示工作的同时，持续发力遗址旅游产品体系的研发，其开发的旅游产品主要有五种类型（见表2-4）。其中，观光类旅游产品主要有：园区绿化景观、太液池等自然观光产品。依托遗址遗迹、历史文献及推测而打造的微缩景观、文化雕塑、展示构筑物、遗址复原景观等人文观光产品。文化类旅游产品主要有大明宫遗址博物馆和丹凤门遗址博物馆，这两个博物馆分别展示了唐大明宫的整体布局、建筑形制、营造历史、使用功能、遗址保护等部分内容[②]，近年来，大明宫国家考古遗址公园不断开发新的文化类旅游产品，利用各种展示空间增加了书法博物馆、道北文化记忆馆等；节庆活动类旅游产品主要包括每年不同时间节点举办的系列活动，如《唐·戏》、牡丹节、大型唐文化主题演出系列活动、唐人节活动等，为游客提供了深度文化体验，有助于传承弘扬唐文化。专项类旅游产品包括考古科普主题文化研学综合体——大明宫考古探索中心，游客在这里通过沉浸式体验、AR体验等科技互动手段，将考古知识转化为立体场景，提高游客游览的参与性、体验性、趣味性与探索性；自行车、逍遥车、电动车、小火车等特色体验享受型旅游产品也为游客带来了较好的文化体验。这些旅游产品一方面为大明宫国家考古遗址公园开展旅游活动提供了支持，提升了遗址公园游客满意度；另一方面也对唐文化的展示与传播客观上起到了重要的推动作用。可以说，考古遗址公园中充满文化内涵的旅游产品对考古遗址公园的可持续发展发挥了重要的作用。

---

① 王新文等：《基于保护的考古遗址公园旅游产品设计初探》，《西北大学学报》（自然科学版）2012年第4期。
② 葛萍：《大明宫遗址公园旅游产品设计及实施策略研究》，西安建筑科技大学硕士学位论文，2014。

表 2-4　大明宫国家考古遗址公园旅游产品一览

类别	内容
观光类旅游产品	展示的历史遗迹、自然景观、人造景观等
文化类旅游产品	博物馆、地方民俗、历史事件、研究书籍、文创产品等
节庆活动类旅游产品	丝路电影节、《唐·戏》体验剧、五一系列节庆活动、十一系列节庆活动、春节系列节庆活动等
专项类旅游产品	考古探索中心等
特色类旅游产品	IMAX 影院、唐文化主题酒店、特色交通体验等

3. 经验借鉴

大明宫国家考古遗址公园在遗址展示方面的探索与实践具有示范性与前瞻性，同时，其在旅游产品开发方面的探索对其他考古遗址公园建设运营同样具有借鉴意义（见图 2-2）。

	中国首批挂牌成立的国家考古遗址公园，价值极高，规划内容十分成熟典范		
	整体格局展示	遗址展示方式	旅游产品设计
大明宫国家考古遗址公园	宏观层面通过对遗址及其依存环境的全面保护，显现了唐大明宫前朝后寝、中轴布局的整体历史格局、历史规模、地形地势和历史环境	大明宫国家考古遗址公园保护模式之多，是东方大遗址保护的典范。采用了11种展示方式：原貌展示、玻璃覆罩展示、地面标识展示、台基标识展示、基址复原展示、基址+柱、基址+柱+梁架、基址+柱+梁架+局部屋顶、基址+柱+梁架+完整屋顶、模型展示以及遗址保护展示厅	大明宫国家考古遗址公园设计了观光类旅游产品、文化类旅游产品、节庆活动类旅游产品、专项类旅游产品、特色类旅游产品，推动了唐大明宫国家考古遗址公园的宣传，并且带来一定的收入
	↓借鉴		
统万城国家考古遗址公园	统万城国家考古遗址公园应在整体展示规划上，以凸现大遗址的历史格局、历史环境为展示设计思路	根据遗址本体具备的资源条件进行综合分析，分层次、分类型展示，突出能体现统万遗址核心历史文化价值的展示对象；此外展示设施、材质、色彩根据遗址的自身历史功能、历史环境来布置，真实、准确地展示统万遗址价值内涵	统万城国家考古遗址公园作为荒野型遗址公园，与城市型遗址公园相比具有自然环境和地理空间优势，能够提供更为丰富更贴近真实场景的体验类旅游产品

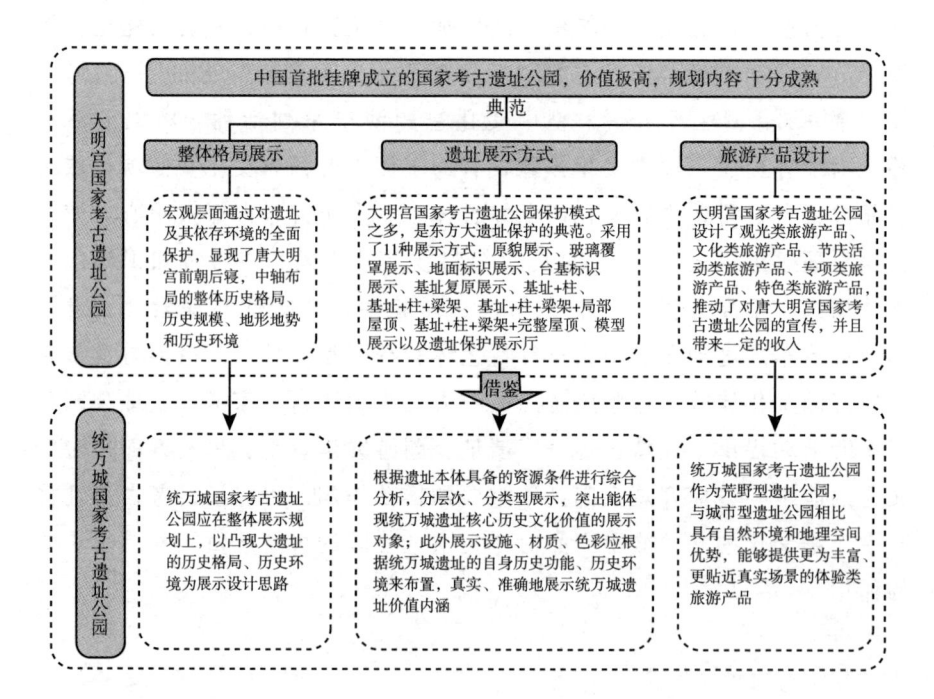

图 2-2　大明宫国家考古遗址公园对统万城国家考古遗址公园建设的启示

统万城遗址与唐大明宫遗址相比，虽然地理区位差异较大，但在遗址类型上比较相似，都是土遗址类型的城址。统万城国家考古遗址公园整体规划必须坚持凸显大遗址历史格局的规划理念，以强化历史环境展示为设计原则。根据遗址本体保存状况进行综合分析评估，通过分层次、分类型的方式展示遗址价值，全面传达统万城遗址信息，同时，应根据考古工作及研究进展，动态调整遗址展示方案。

考古遗址公园对历史遗迹及其环境所进行的保护和展示，既满足了公众利益诉求，是一种具有观赏性和传播性的遗产保护模式，同时也适应了旅游业发展的需要，创新了以遗产价值为基础的旅游产品，有利于遗产文化的展示与传播。唐大明宫国家考古遗址公园的主题化和系列化旅游产品设计，不但增强了遗址的可读性、观赏性和可游性，还推动了唐大明宫国家考古遗址公园公共文化活动的繁荣，产生了较为突出的社会效益与经济效益。随着考古遗址公园的持续发展以及遗址展示阐释技术的进步，基于遗址资源所构建的遗产旅游产品体系，不再局限于提供让游客被动接受的产品，还为游客提供了可以主动参与的产品，唐大明宫国家考古遗址公园中的寓教于乐的考古探索中心就是非常成功的案例。游客在观赏遗址展示设施的过程中更加深入体验遗址的文化价值和意义，从这一点来看，地处荒野的统万城考古遗址公园与城市型遗址公园相比具有更为广阔的自然环境和地理空间优势，从而能够为游客提供更为丰富、更贴近真实场景的体验类旅游产品。

二 元中都国家考古遗址公园

元中都是历史上著名的元帝国时期四都（和林、上都、大都、中都）之一，地处草原文明与中原文明的交汇处。21世纪以来，元中都遗址先后入选"全国十大考古新发现"和全国重点文物保护单位。2018年，元中都国家考古遗址公园正式挂牌对外开放。

1. 全局意识下的空间结构设计

元中都国家考古遗址公园位于河北省张北县城西北约12公里处，属于城郊型遗址公园。公园地处农牧交错地带的张北坝上草原，生态环境良好，自然风光独特，张北地区丰富的历史文化资源、多样的民族文化、风景独特的草原风光、富有坝上特色的农耕美景为元中都国家考古遗址公园的建设提供了良好的背景环境条件。遗址公园规划不仅要充分考虑遗址保护展示的要求，而且应注重与张北县良好的生态景观、快速发展的旅游业协同互动发展。依托周围连片的花草、山水、度假村等旅游资源，遗址公园将元中都遗址的保护展示融入极具地方特色的环境之中，凸显独具特色的遗址景观环境，发展以"听风、看草、观林、赏云"为主的生态自驾游和以农家采摘、观光、体验为主的民俗接待游[①]。

在遗址展示方面，由于元中都遗址遗存分布广泛，在全面展示都城空间格局的同时，应尽可能保障各遗址点展示设施的可达性与可观赏性，其具体做法有如下特点。

(1) 规划主题景观线路

元中都国家考古遗址公园以元中都遗址主体为核心，以草原生态和山水环境为基础，通过精巧的游览路线设计，联系遗址主体周边的自然环境要素，利用东、中、西三条不同主题景观线路，共同构建元中都国家考古遗址公园生态、文化、景观大格局（见图2-3）。

草原生态主题线路为东线：以海子洼水库为起点，黑城子遗址为节点，沿着安固里河、黑水河，到达安固里淖，一路水草丰美，辽阔的草原一览无余；中都文化线路为中线：以海子洼水库为起点，元中都遗址为核心，串联狼尾巴山、淖沿子遗址等多个节点，中都文化脉络清晰可见；山水生态主题为西线：自海子洼水库向西环绕野狐岭，以安固里淖为核心，沿山脚串联二吃塄淖、北公沟、海流图水库、马鞍桥，一路山峦连绵、水草相伴。

(2) 构建区域山水格局

元中都城遗址西为狼尾巴山，该山相对高度约130m，山脚淖泊连片，东南北三面地势平坦，水草丰美，远处隐约可见山岭或缓丘[②]。狼尾巴山、新地湾淖、元中都遗址沿东西向轴线排列，构成了完整的"山—水—城—草原"的空间架构。处于山环水抱中的元中都国家考古遗址公园充分展现了其自然形胜及回龙之势的宏大格局（见图2-4）。

---

① 张涛：《元中都考古遗址公园规划设计研究》，西安建筑科技大学硕士学位论文，2014。
② 宁倩：《探索国家考古遗址公园在元中都大遗址保护方面的应用》，《人类文化遗产保护》2012年第00期。

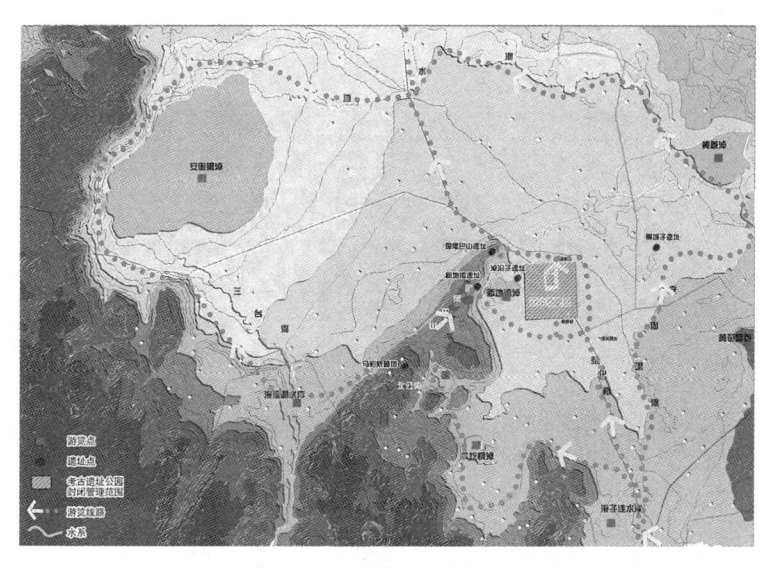

图 2-3　元中都国家考古遗址公园宏观层面规划布局

资料来源：张涛《元中都考古遗址公园规划设计研究》，西安建筑科技大学硕士学位论文，2014。

（3）展示元中都完整空间格局

为了让游客更好地体验感知元中都城由三圈城墙而建构的空间格局，深度感悟中国古代都城营建思想，元中都国家考古遗址公园的核心区域以一号殿址为核心，南北中轴线为主干，依托三圈城墙和封闭围栏，建构了"一心两轴三城"的平面格局。在中观层面，宫城城墙、皇城城墙、郭城城墙围绕一号殿址层层相套，在郭城外侧设置有保护绿地，这样就形成了"一核四环"的空间结构。

元中都国家考古遗址公园在复原元中都营城尺度"元16丈"（约50m）的基础上，将其作为公园规划的基本尺度控制模数，构建了公园的车行、步行交通系统，让游客在欣赏遗址的同时，也能感受元代都城的营建思想。

2. 基于弹性思考的规划策略

（1）弹性策略下的规划分期

经过多年的考古工作，元中都遗址整体空间布局已较为清晰地被揭示出来，其宫城内部的考古成果较为丰硕，而皇城、外郭城区域还存在许多

价值再现：统万城国家考古遗址公园规划研究

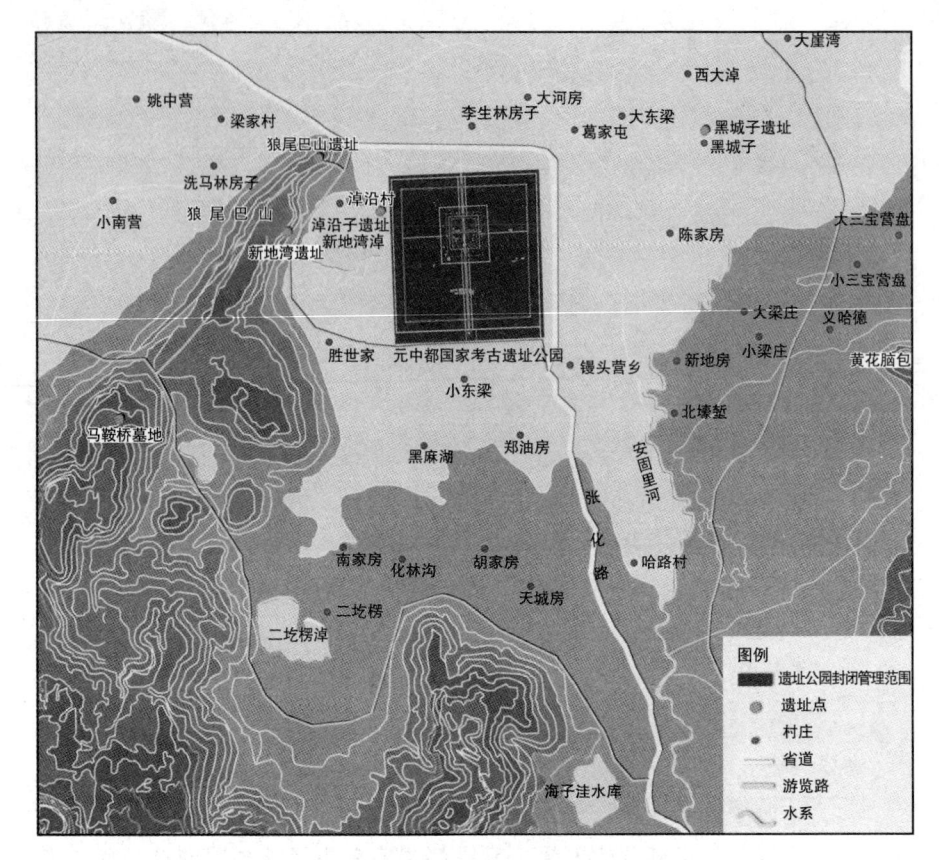

图 2-4　元中都国家考古遗址公园区域山水格局

资料来源：张涛《元中都考古遗址公园规划设计研究》，西安建筑科技大学硕士学位论文，2014。

未知因素。此外，元中都国家考古遗址公园规划建设还受到多种不确定因素的制约，因此，考古遗址公园规划方案根据元中都遗址考古状况与计划、地区社会和经济发展以及遗址保护展示的紧迫性来合理进行规划时效的弹性安排①，以保障考古遗址公园建设顺利实施。规划分期实施主要根据考古工作计划安排，同时也考虑到遗址展示工作及经济状况等因素。规划确定了以宫城区域为重点，逐步向整个都城区域扩展的方案（见图2-5）。近期以已挖掘的都城中轴线为主要展示核心，重点展示元中都宫城内部的结构；中远期结合详细考古勘探并逐步展示都城的三重城空间结构形

---

① 张涛：《元中都考古遗址公园规划设计研究》，西安建筑科技大学硕士学位论文，2014。

制以及丧葬习俗，同时对相关遗迹进行选择性发掘展示，全面展示传播元中都遗址文化内涵。

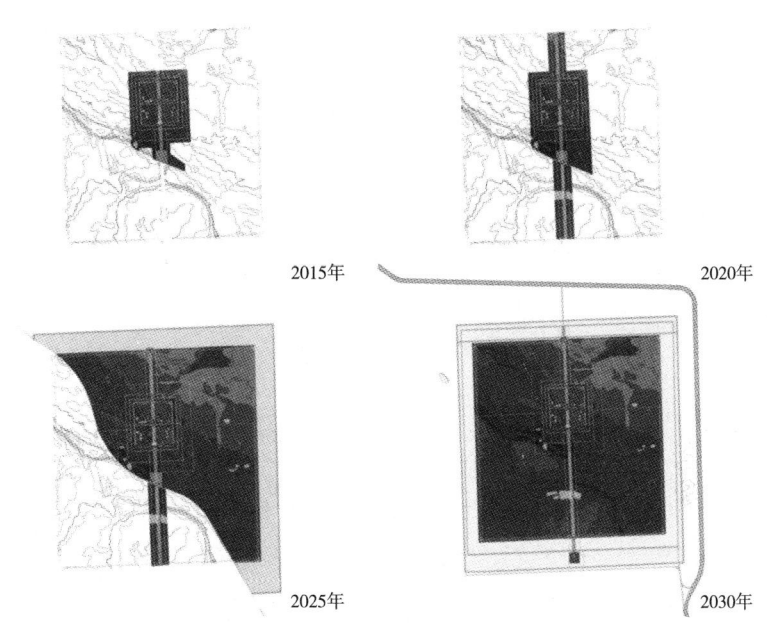

2015年　2020年

2025年　2030年

图 2-5　元中都国家考古遗址公园规划分期情况

资料来源：张涛《元中都考古遗址公园规划设计研究》，西安建筑科技大学硕士学位论文，2014。

（2）菜单式遗址保护展示方式

对于古代的宫殿遗址来说，凸显遗产价值的整体格局和具体的殿宇建筑、宫墙宫门、角台涵洞等建筑基址是考古遗址公园保护展示的重点内容，鉴于各类遗迹保存、保护状况及价值内涵各不相同，需要运用不同的展示方式进行阐释。元中都国家考古遗址公园建设采用弹性规划策略，制定了"菜单式"的保护展示阐释体系，也就是相关规划方案提供了遗址保护、阐释与展示方式的选项列表供遗址管理机构选择，在实施中满足各类遗址多样性的需求，以应对遗址考古工作的不确定性，增强遗址保护展示工作的灵活性和可操作性，提高元中都国家考古遗址公园的建设效率[①]。相关规划综合提供了七类遗址保护方法与七类展示方法和六类阐释方法的菜单用以指导公园建设（见表2-5）。

---

① 张涛：《元中都考古遗址公园规划设计研究》，西安建筑科技大学硕士学位论文，2014。

表 2-5 元中都遗址保护展示阐释菜单

遗址保护方法菜单		遗址展示方法菜单	
保护方式分类	保护方式	展示方法分类	展示方式
覆盖保护	博物馆	覆盖展示	博物馆
	考古大棚		考古大棚
	玻璃覆盖		玻璃覆盖
回填保护	回填	包覆展示	材料包覆
包覆保护	覆土	模型展示	模型异地
修复保护	修复		模型原地
现状加固	物理加固	标识展示	绿化标识
	化学加固		铺装标识
隔离保护	隔离	视窗展示	视窗展示
清理保护	表面清理	示意展示	标牌展示
		原貌展示	原貌展示

遗址阐释方法菜单			
阐释方式分类	阐释方式	阐释方式分类	阐释方式
覆盖阐释	博物馆	意象阐释	城台意象
	棚罩式		城门意象
			屋顶意象
标识阐释	剖面标识	复建阐释	城台复建
	灌木标识		城门原地复建
	乔木标识		城门异地复建
	爬藤植物标识	虚拟阐释	灯光示意
	铺装标识		虚拟影像置入
示意阐释	标牌		巨幕投影
			体验器成像

3. 经验借鉴

元中都国家考古遗址公园规划设计以全局意识为指导，以考古及历史研究成果为依据，充分考虑遗址本体的保护和展示需要，规划方案突破遗址本身或遗址地历史文化资源，在更为宏观的视域下整合遗址区各种文化景观资源，进行全方位、多层次的开发利用，从宏观层面设计大地域范围内的景观游览路线，联系元中都遗址周边各类型文化和自然景观资源，极大丰富了考古遗址公园的文化内涵;中观层面构建完整的"山—水—城—草原"的空间结构,反映历史营城环境;微观层面以遗址本体保护和展示为基础,构成"一心两轴三城"的核心要素平面布局,展示元代中都城营城理念。

作为一座城郊型遗址公园,元中都国家考古遗址公园所依托的城市基础设施条件相对较弱,但其自然生态环境独具优势,从这个意义上看,将遗址文化资源与周边各类景观资源相结合,进行综合开发利用,可使整个遗址区丰富的历史文化资源、民俗文化资源、人文艺术资源形成了一个有机整体,构建了一个独一无二的、具有特色的综合性景观资源体系。这样,既起到了保护遗址背景环境的作用;同时,也整合优化了区域文化旅游格局,吸引更多游客,从而带动当地的经济发展[①]。统万城遗址处于荒漠地区,其荒漠景观是较为独特的自然风光,在对遗址进行保护和展示的前提下,应对遗址背景环境、历史文化资源进行全局考虑和综合展示。此外,由于国家考古遗址公园建设面临诸多不确定因素,弹性策略对于考古遗址公园的建设有着非常重要的意义,弹性规划策略有助于应对社会、经济和环境等因素的复杂性和多变性,并为规划的编制与有效实施提供科学的理论依据,有效发挥规划对于遗址科学保护和持续发展的指导作用。因此,统万城遗址建设国家考古遗址公园时,需充分考虑各种不确定因素,树立弹性思维,对遗址公园建设项目的实施,遗址的保护、展示与阐释,土地征收等既要有序规划,也要保留一定的弹性,为后期建设留有余地。

元中都遗址与统万城遗址在城市性质与地理区位上具有一定的相似性,其考古遗址公园的规划策略对于统万城国家考古遗址公园建设具有一定的借鉴意义(见图2-6)。

本章小结

本章通过相关理论简介及建成案例解析(见图2-7),提出以下两点

---

① 郭海明:《元中都遗址及其文化资源的保护与利用研究》,内蒙古师范大学硕士学位论文,2015。

价值再现：统万城国家考古遗址公园规划研究

元中都国家考古遗址公园	元中都遗址地处草原文明与中原文明的交汇处，与统万遗址较为相似				
	全局意识	历史格局展示	宏观格局展示	弹性规划	
				规划时效	"菜单式"展示
	元中都国家考古遗址公园规划从全局意识出发，充分考虑张北县良好的生态、快速发展的旅游业并实现协同互动发展，增强了考古遗址公园的特色	整个元中都国家考古遗址公园的车行、步行交通系统，能让游客感受元中都遗址三圈城墙的空间格局、体验中国古代都城的营建思想	狼尾巴山、新地湾淖、元中都遗址沿东西向轴线排列，构成完整的"山—水—城—草原"的空间架构，通过东西两侧支线的构建来引导游客领略独具特征的草原风光	根据元中都遗址考古状况与计划、地区社会和经济发展以及遗址保护展示的紧迫性来合理进行规划，以保证考古遗址公园的建设顺利实施	元中都国家考古遗址公园规划采用弹性规划策略构建"菜单式"的保护展示阐释体系，提供了七类遗址保护方法、七类遗址展示方法和六类遗址阐释方法的菜单以指导公园的建设

借鉴↓

统万城国家考古遗址公园	对于城郊和荒野型遗址来说，其城市基础设施条件相对较弱，但自然生态环境独具优势，应整合区域历史文化资源、民俗文化资源、人文艺术资源，形成一个有机的整体 统万城遗址处于荒漠地区，其荒漠景观是较为独特的自然风光。在对遗址进行保护和展示的前提下，应对遗址背景、环境、历史、文化进行全局考虑、综合展示	统万城遗址建设国家考古遗址公园时，需充分考虑各种不确定因素，树立弹性思维，对遗址公园建设项目的实施，遗址的保护、展示与阐释，土地征收等既要有序规划，也要保留一定的弹性，为后期建设留有余地

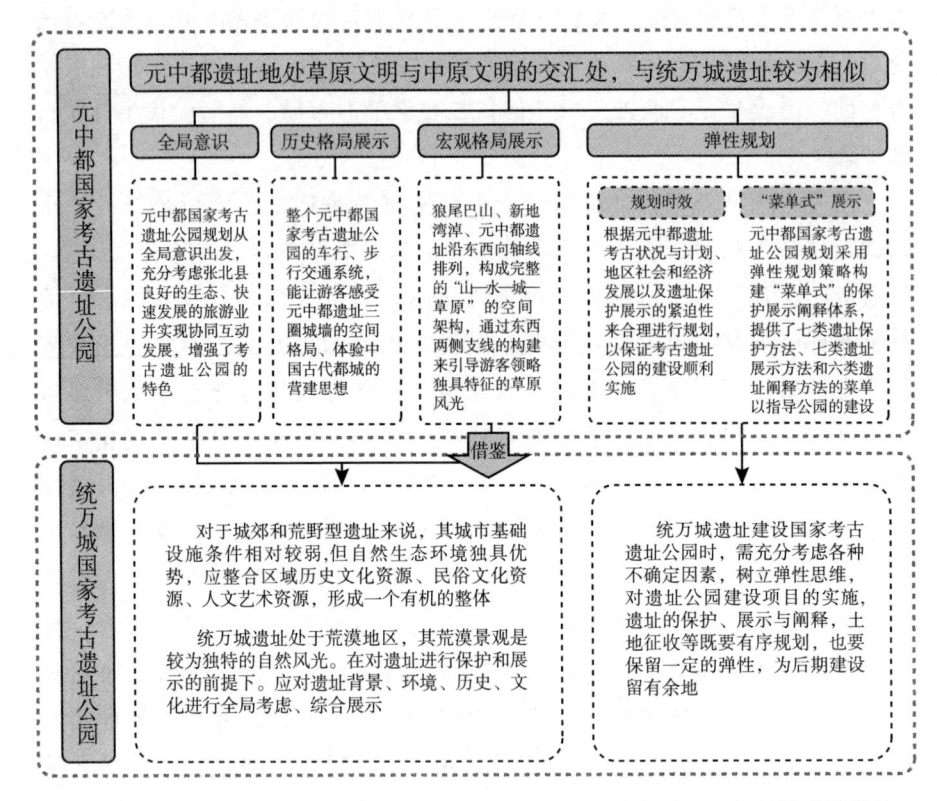

图 2-6　统万城国家考古遗址公园建设对元中都国家考古遗址公园规划策略的借鉴

建议。

第一，城址类大遗址研究需要在城市考古学与景观考古学的视角下展开对其价值的探讨，在生态脆弱地带建设考古遗址公园要在景观安全格局的制约下根据遗址区所面临的诸多不确定因素采用弹性规划策略。

第二，近年来，国内考古遗址公园规划建设实践已经取得了一定成就，特别是在遗址展示设计、遗产旅游产品设计、遗址公园空间布局等方面形成了具有推广意义的经验，统万城国家考古遗址公园也应在实践基础上，重新梳理整合文化旅游资源，找准定位，在加强遗址保护的前提下，积极拓展思路，树立全局规划意识、运用弹性动态思维，探索更多特色规划路径。

第二章 遗址保护利用相关理论与案例解析

理论基础

- 考古学
  - 城市考古学
  - 景观考古学
- 规划学
  - 弹性规划理论
  - 景观安全格局理论

相关案例借鉴

典型案例：大明宫国家考古遗址公园
- 创新的遗址展示理念
  - 宏观——遗址整体格局的保护与展示
  - 中观——边界的保护与形象展示
  - 微观——遗址点的保护和展示
- 寓教于乐的旅游产品设计

相似案例：元中都国家考古遗址公园
- 全局意识下的空间结构设计
  - 总体景观线路设计
  - 区域山水格局构建
  - 核心要素平面布局
- 基于弹性思考的规划策略
  - 弹性策略下的规划分期
  - 弹性策略下的"菜单式"保护、展示与阐释规划

↓

统万城国家考古遗址公园规划

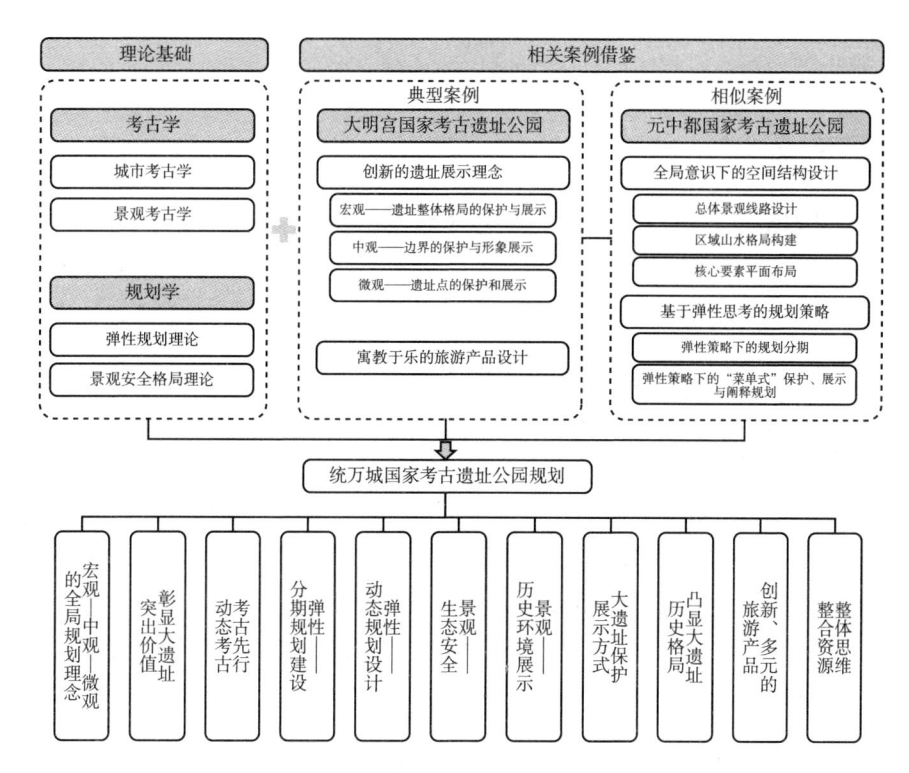

- 宏观—中观—微观的全局规划理念
- 彰显大遗址突出价值
- 动态考古先行
- 分期规划建设
- 弹性规划设计
- 动态规划设计
- 生态景观安全
- 历史景观环境展示
- 大遗址保护展示方式
- 凸显大遗址历史格局
- 创新、多元的旅游产品
- 整合资源思维

图 2-7 相关理论与案例分析借鉴

第三章
统万城历史演变与考古发现

统万城位于陕蒙交界处毛乌素沙漠南缘,即北方农牧交错带上,自十六国时期夏国建都以来,长期作为鄂尔多斯高原南部地区的政治、军事中心,受到历代政权的重视与开发利用,特殊的地理位置使得统万城所在地成为北方游牧民族与中原农耕民族交流、碰撞、融合的活跃地区[①]。

在历经 1600 余年的风霜雨雪之后,无定河畔的统万城遗址白色的断壁残垣在流沙半淹中依然傲然挺立,述说着历史的风云变幻。20 世纪 70 年代以来,随着统万城遗址考古工作的陆续开展以及历史地理学野外考察工作的持续推进,统万城遗址相关研究已成为学界重要的研究课题。总体来看,现有研究成果主要集中在考古学、历史学、地理学等学科领域。考古学界以田野考古调查和发掘工作为基础,不断推进统万城遗址历史信息的探索进程,考古勘测范围由统万城东、西城逐步向周边区域扩展,呈现出景观考古学的发展趋势;历史学界以统万城的城市史及区域历史研究为主,其中涉及社会、政治、经济、军事、文化、民族等多方面内容,逐渐为我们廓清了笼罩在遗址上的层层迷雾;地理学界主要围绕统万城及其周边地区的自然地理环境变迁进行探索,试图从地理环境演变的视角探索城市的兴衰。不同学科领域的研究成果日益丰富了我们对于统万城遗址历史信息及其发展演变的认识,可以更清晰地认知统万城遗址的价值,从而为统万城国家考古遗址公园规划提供相应的学术支撑。

第一节 统万城历史演变研究

客观认识统万城遗址,理清统万城历史发展演变过程至关重要。学界

---

① 雷宏霞:《十六国至隋唐统万城变迁》,西北师范大学硕士学位论文,2012。

关于统万城历史演变的研究成果颇丰，譬如杨蕤结合统万城在河套地区的城市地位与作用对统万城历史进行再认知，将统万城的发展演变划分为孕育、兴盛、中衰、荒弃四个阶段①。笔者基于前人研究成果和本书研究目的，将统万城的发展历史大致划分为五个阶段，记述统万城历史发展中的区域行政变迁及重大事件转折，并在回顾其发展历史的同时，对每一阶段学界的重点研究内容进行回顾和梳理。

一 孕育阶段

统万城所在的陕北毛乌素沙漠南缘地区，由于匈奴人的侵扰，自秦汉以来就已设置郡县，在今天榆林市境内发现了秦汉时期的故城址30余处②。今日研究表明，统万城可能是在汉代城址基础上建设的，但关于统万城到底是在哪座汉代城址上改筑而成的问题仍旧众说纷纭，当前学界主要有"汉奢延县说"、"汉朔方县说"及"汉白土城说"。在国家考古遗址公园建设背景之下，为深入发掘遗址价值，有必要对统万城遗址的历史演变进行梳理，本小节首先对统万城的建城前史进行了探究。

认为统万城是以汉奢延县为基础而建设的学者，多以《水经注》相关记载为据。《水经·河水》载："（奢延水）水西出奢延县西南赤沙阜，东北流，《山海经》所谓生水出孟山者也。郭景纯曰：孟或作明。汉破羌将军段颎破羌于奢延泽，虏走洛川。洛川在南，俗因县土谓之奢延水，又谓之朔方水矣。东北流，迳其县故城南，王莽之奢节也。赫连龙升七年，于是水之北，黑水之南，遣将作大匠梁公叱干阿利改筑大城，名曰统万城。蒸土加工。雉堞虽久，崇墉若新，并造五兵，器锐精利……则今夏州治也。"③此外，《元和郡县图志》也记载："无定河，一名朔水，一名奢延水，源出县南百步。赫连勃勃于此水之北，黑水之南，改筑大城，名统万城。今按州南无奢延水，唯无定河，即奢延水也，古今异名耳。乌水出县黑涧，东注奢延水。"④根据上述两段文献，我们大致可以得出如下

---

① 杨蕤：《河套之都：作为区域中心城市的统万城——兼论河套地区中心城市的形成与转移》，《宁夏社会科学》2015年第5期。
② 白茆骏：《陕北榆林地区汉代城址研究》，西北大学硕士学位论文，2010。
③ 郦道元：《水经注校证》，陈桥驿校证，中华书局，2007，第84页。
④ 李吉甫撰《元和郡县图志》（上），贺次君点校，中华书局，1983，第100页。

结论：奢延水即朔方水，也即无定河。奢延水流经奢延县故城南侧，可说明奢延故城位于奢延水北侧，而今天发现的统万城遗址恰好位于无定河北岸。因而，统万城与奢延故城在地理位置上具有高度相关性，可能为同一位置。

侯仁之先生认为，《统万城铭》中的"面洪流"即红柳河，也即《水经注》中的奢延水或朔方水，结合郦道元所述统万城与奢延水之位置关系，据此推断统万城是由汉代奢延城之旧址"改筑"而成的[①]；戴应新根据《水经注》所述，结合在当地采集和出土的文物中发现的汉代铜印"西部尉印"，证明郦道元所说有据，推断统万城是在汉奢延城基础上建立起来的[②]；王北辰也认为，奢延故城与统万城同在奢延水北、黑水之南，位于同一地理位置，且注记中两水之间再无其他奢延故城的记载，从郦道元的措辞来看，是"改筑"而非"别筑"，进而推断统万城由汉奢延故城改筑而来[③]；吴宏岐基于对《水经注》的解读，结合侯仁之、戴应新、王北辰等众多学者多年来的研究，也认同统万城由汉奢延城改筑而成的观点[④]；邓辉根据《水经注》的记载推断统万城是在西汉奢延县旧址上改建而成，并结合陕西省文管会考古发现的汉印进一步证实推论[⑤]；何彤慧通过对无定河上众多支流水系研究进行推论，认为如果《水经注》中奢延水诸一级支流如其所推，那么夏国之统万城即是由汉之奢延县城"改筑"而来，也就是现在靖边县白城子古城[⑥]。此外，陶宗震[⑦]、周伟洲[⑧]、薛正昌[⑨]、张维慎[⑩]、李

---

① 侯仁之：《从红柳河上的古城废墟看毛乌素沙漠的变迁》，《文物》1973年第1期。
② 戴应新：《统万城城址勘测记》，《考古》1981年第3期。
③ 王北辰：《毛乌素沙地南沿的历史演化》，《中国沙漠》1983年第4期。
④ 吴宏岐：《关于大夏国都统万城的城市形态与内部布局问题》，《中国历史地理论丛》2004年第3期。
⑤ 邓辉：《统万城——民族文化交流的丰碑、生态环境变迁的见证》，载陕西师范大学西北环发中心编《统万城遗址综合研究》，三秦出版社，2004，第1~15页。
⑥ 何彤慧：《毛乌素沙地历史时期环境变化研究》，兰州大学博士学位论文，2009。
⑦ 陶宗震：《统万城的兴衰及其重要的历史价值》，《南方建筑》1995年第3期。
⑧ 周伟洲：《十六国夏国新建城邑考》，载陕西师范大学西北环发中心编《统万城遗址综合研究》，三秦出版社，2004。
⑨ 薛正昌：《赫连勃勃与统万城》，《天水师范学院学报》2003年第4期。
⑩ 张维慎：《赫连勃勃定都统万城原因试探》，载陕西师范大学西北环发中心编《统万城遗址综合研究》，三秦出版社，2004。

健超①、周阳阳和刘蓉②、艾冲③等均认同统万城是在汉代奢延县城址基础上建立起来的观点。前述研究主要是根据《水经注》等古籍文献对奢延水、朔方水、黑水等诸水系之间关系的描述,与古地名相对应,通过分别比对奢延故城和统万城与上述水系之间的相对历史地理位置关系,推断统万城与汉奢延故城处于同一位置,进而得出统万城是在汉奢延故城城址基础上新建或改筑而成这一结论。

也有研究认为统万城是在汉代朔方县基础上兴建的,支持这一观点的依据主要来源于《通典》《晋书》《水经注》等多部古籍文献及相关考古资料。《太平御览》卷164《州郡部十·关西道·夏州》有:"《十六国春秋》曰:赫连勃勃于朔方县筑大城……"④,有研究者指出,按《太平御览》的撰述方式,该书虽成文于宋代,但不会将前人著述的地名直接改为宋代名称,由此可推断其所引用的"朔方县"应当是汉朔方县⑤。此外,《太平御览》引《水经注》有载:"朔方县有契吴山"⑥,而今天契吴山位于统万城之北,据此推论,此处的"朔方县"应是汉代朔方县。结合《通典》中统万城即唐朔方郡城,其郡治为朔方县,又言朔方县为汉旧县,其叙述的统万城城址建制沿革也论证了所谓"汉旧县"即汉代的朔方县。基于大量古籍文献和谭其骧先生主编的《中国历史地图集》,张永帅对统万城周边古城址及河流等要素的位置信息进行分析推论,认为统万城是在汉朔方县基础上兴建起来的⑦。周运中认为赫连勃勃改筑大城为统万城,而大城前身是朔方郡南迁到此的朔方城,故统万城是在朔方城基础上扩建而成的⑧;王乃昂等通过对无定河上游水系与古城址空间关系的研究,从文献证据、考古证据、年代证据三个方面进行了多方位分析与论证,进而得出统万

---

① 李健超:《统万城、赫连城的军事防御特点》,《碑林集刊》2014年第0期。
② 周阳阳、刘蓉:《统万城建城及相关问题研究》,《重庆交通大学学报》(社会科学版)2014年第3期。
③ 艾冲:《西汉时期上郡诸县治城位置新探》,《陕西历史博物馆馆刊》2015年第0期。
④ 李昉等撰《州郡部十》,《太平御览》卷一六四,中华书局,1960,第802页。
⑤ 张永帅:《关于统万城历史的几个问题》,《中国历史地理论丛》2008年第1期。
⑥ 李昉等撰《州郡部十》,《太平御览》卷一六四,中华书局,1960,第802页。
⑦ 张永帅:《关于统万城历史的几个问题》,《中国历史地理论丛》2008年第1期。
⑧ 周运中:《拓跋、铁弗与统万城新考》,载侯甬坚等编《统万城建城一千六百年国际学术研讨会文集》,陕西师范大学出版社,2015,第226~250页。

城是在汉代朔方郡基础上兴建起来的结论①。

吴镇烽等人则认为夏国时期的统万城是在汉代白土县治基础上建设起来的，《元一统志》有载"无定河，即圁水也"②，《明一统志》谓："无定河……一名奢延水又名银水。"③ 吴镇烽据此推测古圁水即奢延水，也即今之无定河。又据《汉书·地理志》所云："白土，圁水出西，东入河"④，《水经注·河水》："圁水出上郡白土县圁谷，东径其县南"⑤ 等记载，结合在陕北榆林地区以及山西省吕梁地区出土的东汉画像石题记上所提取的信息进行考证，吴镇烽认为汉代的白土县治即夏国时期的统万城，也就是现在靖边县无定河北岸的白城子⑥。袁怡雅通过对无定河流域汉代墓葬、城址的分布及其规模进行对比研究，根据汉代墓葬与城址的相对关系，认为统万城应该沿用自某一汉代城址，但并非前人所提出的汉奢延县城、汉朔方县城，作者运用《统万城考古勘探工作报告（三）》中，统万城城址夯土剖面地层关系的考古勘测成果进一步论证，推断统万城遗址即汉上郡白土县城故址⑦。

此外，由于文献记载统万城为"大城"改筑而来，对于大城的理解就有了"汉代大城县"和泛指大城两种。据郦道元《水经注》记载，"赫连龙升七年（凤翔元年），于是水（朔方水）之北，黑水之南，遣将作大匠梁公叱干阿利改筑大城，名曰统万城"⑧。表明统万城为"大城"改筑而成。清人洪亮吉认为统万城是在赫连勃勃早期根据地"大城"的基础上改筑而成，在《十六国疆域志》中考证："考自统万建后，《夏录》及《载记》不更言及大城，是大城为统万城之一证；道元所言真可据矣。"⑨ 两段

---

① 王乃昂等：《〈水经注〉所记无定河上游湖泽水系与古城址研究——兼论统万城与朔方郡的关系》，载侯甬坚等编《统万城建城一千六百年国际学术研讨会文集》，陕西师范大学出版社，2015，第21~33页。
② 孛兰肹等撰《元一统志》（下册），赵万里校辑，中华书局，1966，第382页。
③ 李贤等撰《大明一统志》，三秦出版社，1990，第636页。
④ 班固撰《汉书》第6册，颜师古注，中华书局，1964，第1617页。
⑤ 郦道元：《水经注校证》，陈桥驿校证，中华书局，2007，第83页。
⑥ 吴镇烽：《秦晋两省东汉画像石题记集释——兼论汉代圁阳、平周等县的地理位置》，《考古与文物》2006年第1期。
⑦ 袁怡雅：《统万城遗址的空间格局研究》，中国建筑设计研究院硕士学位论文，2017。
⑧ 郦道元：《水经注校证》，陈桥驿校注，中华书局，2007，第84页。
⑨ 洪亮吉撰《十六国疆域志》，商务印书馆，1958，第438页。

不同时期的文献均表明统万城与"大城"之间存在联系,因而,有观点认为大城是一个特指的地名,也即汉代大城县。也有研究认为"大城""改筑"另有其意,如王社教认为夏国政权建立之初实行多都制,无固定都城,只设立一些重要据点,所谓"大城""二城"为其两个重要据点,《水经注》所谓改筑大城是将原来的"大城"迁移到新址,并正式作为都城,取名统万城①;周运中②、袁怡雅观点与王社教类似,认为"大城"之名源于其城市等级、人口之"大"。因而,郦道元所言"改筑大城"可能是将已凋敝的汉代城址改筑为统万城。

综前所述,学者认为统万城应是依托汉代某一城址基础上建立起来的,究竟是何汉代城址尚未有定论,但已能表明统万城地区早在西汉时期就已得到开发,并在魏晋时代匈奴入塞居住的大背景下,作为农牧交错地带上一处重要城镇在其后的历史时期中得到沿用。如果联系到今天西城遗址为夏国所筑之统万城的历史事实,则东城遗址有可能沿用了西汉时的城址旧基。

二 建国前史(47~407年)

匈奴是公元前3世纪至公元4世纪活跃于北方草原地带并与中原政权交流互动最为频繁的游牧民族。公元1世纪初(47年前后),因统治阶级内部发生政权斗争,匈奴分裂为南、北二部,北匈奴远徙漠北,南匈奴归附东汉王朝,与汉人杂居于沿边诸郡。此后,在晋北、漠南地区逐渐形成了匈奴、乌桓、鲜卑等多民族"大杂居、小聚居"的局面。

匈奴入居塞内之后,与其他民族的交往日渐增多,民族间的融合使得匈奴部族逐渐分化。夏国的建立者赫连勃勃被认为是铁弗匈奴后裔,所谓"铁弗"乃胡语,按《魏书》卷95《铁弗刘虎传》记载,"铁弗"意为"胡父鲜卑母"。关于这一部族,吴洪琳③、胡玉春④等对其族源、族称等

---

① 王社教:《有关统万城建城史和环境史的几个问题》,载陕西师范大学西北环发中心编《统万城遗址综合研究》,三秦出版社,2004,第121~128页。
② 周运中:《拓跋、铁弗与统万城新考》,载侯甬坚等编《统万城建城一千六百年国际学术研讨会文集》,陕西师范大学出版社,2015,第226~250页。
③ 吴洪琳:《大夏国史》,陕西师范大学博士学位论文,2005。
④ 胡玉春:《铁弗匈奴迁居朔方考》,《西夏研究》2014年第3期。

具体内容展开了较为深入的研究，如吴洪琳认为铁弗匈奴为南匈奴去卑一支之后裔，迁居草原中、西部的鲜卑与留居及重新返回塞外的南匈奴等错居杂处，随着时间的推移，各族间接触频繁、交往加深，出现了许多匈奴与鲜卑等族融合的后代，铁弗匈奴即其一[①]。

朔方地区（今内蒙古河套地区）是铁弗匈奴长期活动的根据地。西晋末年"八王之乱"时期，赫连勃勃曾祖刘虎率领的铁弗部族在多方混战中受损严重，被迫西渡黄河，入居朔方地区，此后，朔方即成为铁弗匈奴活动的中心区域。刘虎之后，铁弗部落在刘务桓、刘卫辰两代首领的统率下，历经多年争战，实力日益增强，逐渐成为朔方地区不可忽视的一支部族力量。公元391年，魏军攻克代来城，铁弗落败，刘卫辰之子刘勃勃侥幸逃出，投靠鲜卑薛干部落，被举荐至前秦骠骑将军没奕于帐下。淝水之战后，羌族姚氏建立后秦政权，没奕于率勃勃等众归降，后秦姚兴颇为赏识勃勃，拜其为骁骑将军，后派勃勃镇守朔方。勃勃回到祖辈长期经营的朔方地区，迅速聚集了铁弗旧部，力量得以积蓄和恢复，逐渐在此崛起，为其后夏国政权的建立奠定了基础。

三 全盛发展（407~431年）

公元407年，赫连勃勃自称天王、大单于，自谓其为夏后氏之苗裔，建国号为"夏"，改元"龙升"，夏国政权正式建立。此时夏国周边的政治军事环境复杂（见图3-1），北有柔然，东有北魏，两国实力均较为强大，迫使勃勃不得不向西南方向发展，而南侧后秦政权日益衰败，其所据守的"累帝旧都"关中地区自然而然成为勃勃的进攻目标。在建国的第一年里，赫连勃勃对后秦发动进攻，以破竹之势获得诸多胜利，当时，群臣劝勃勃定都高平以定根基："陛下将欲经营宇内，南取长安，宜先固根本，使人心有所凭系，然后大业可成。高平险固，山川沃饶，可以都也。"[①] 但此时勃勃并未急于定居建都，而是坚持采用"游食自若"的游击战术保存实力，以进一步扩张领土范围[②]。在政权建立初期，夏国并未拥有固定的都城，吴洪琳认为这是勃勃能审时度势，出于现实情况考虑而

---

① 房玄龄等撰《晋书》第10册，中华书局，1974，第3202页。
② 吴洪琳：《大夏国史》，陕西师范大学博士学位论文，2005。

做出的明智决定①。

建立夏国之后，赫连勃勃曾多次徙民以充实朔北根据地，扩大自己的势力，经过六七年时间的发展，夏国国力大为增强，逐渐拥有了后秦岭北之地。413年（凤翔元年），勃勃命叱干阿利调岭北10万民众，于朔方水北、黑水之南筑城为都，以"统万"为名，取"统一天下，君临万邦"之意，统万城的鼎盛历史自此开启。

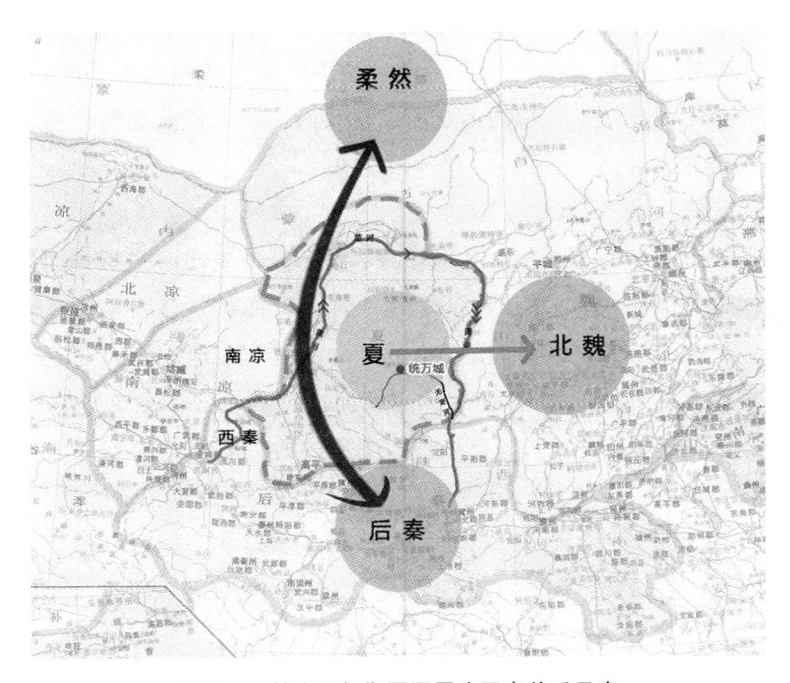

图 3-1 赫连夏初期夏国周边军事关系示意

探究夏国时期统万城的建设，可以从两方面展开，其一是统万城的选址，其二是统万城的建造。

1. 统万城选址

都城选址是关系到国家发展、长治久安的重大战略问题，其最终的确定往往是自然、社会、政治、经济、文化等多重因素综合作用的结果。丁超和韩光辉从十六国时期的政治形势、交通和军事地理因素、经济支撑系

---

① 吴洪琳：《十六国时期铁弗匈奴的民族心态——以赫连勃勃为主》，《陕西师范大学学报》（哲学社会科学版）2006年第5期。

统、社会背景和自然地理因素五大角度，论述了赫连勃勃定都统万城的合理性，认为统万城的选址是通盘考虑、精心策划而确定的①；雷宏霞也认为赫连勃勃是通盘考虑了当时的政治、经济、军事形势和区位等诸多因素后才决定建都统万城的②。赫连勃勃用不到10年的时间蚕食了后秦岭北之地，在初步达到既定目标之后，听从其谋臣王买德的建议开始定居建都，以"蓄力待时，详而后举"③。建都统万城之时，夏国周边战乱未歇，稳固政权、积蓄国本是夏国当务之急，赫连勃勃作为一国之君和一个深谋远虑的军事战略家，都城选址应当优先考量经济生业和政治军事问题。因而，多数研究认为自然地理环境的适宜性以及政治军事条件的优越性是统万城选址的关键因素。

（1）自然地理环境的适宜性

据胡义周在《统万城铭》中的记载，统万城修筑之时"近详山川，究形胜之地"，然后营起都城，选址之地"背名山而面洪流，左河津而右重塞"，有着突出的自然地理优势，由此可见，自然地理环境的适宜性是勃勃决定将都城定于统万城所在的鄂尔多斯高原的重要因素之一。据《晋书·赫连勃勃传》记载，《统万城铭》中所述的"名山"应当是契吴山④，《元和郡县图志》引《十六国春秋》记载："赫连勃勃北游契吴，叹曰：'美哉，临广泽而带清流，吾行地多矣，自马领以北，大河以南，未之有也！'"⑤从古人的描述中可以初步判定，夏国时期统万城附近的契吴山地区水草丰茂、环境优美，是建设城市的较为理想之地。

今日统万城周边环境荒漠化严重，与古代文献所记载的情形有较大差异，统万城建城之初环境状况究竟如何？一千多年来，其周边的自然环境又发生了怎样的变化？这些问题引发了生态学与地理学界的热烈探讨。早在20世纪70年代，侯仁之先生就考察并发表了《从红柳河上的古城废墟

---

① 丁超、韩光辉：《论赫连夏政权定都统万城的地理背景》，载陕西师范大学西北环发中心编《统万城遗址综合研究》，三秦出版社，2004，第62~71页。
② 雷宏霞：《十六国至隋唐统万城变迁》，西北师范大学硕士学位论文，2012。
③ 曹颖新：《中国古代的重农传统》，《学习时报》2020年11月30日，第3版。
④ 郝继忠：《契吴山与契吴城探考》，《鄂尔多斯研究成果丛书》，鄂尔多斯市鄂尔多斯研究会，2012，第8页。
⑤ 李吉甫撰《元和郡县图志》（上），贺次君点校，中华书局，1983，第100页。

看毛乌素沙漠的变迁》一文，此后史念海[①]、王北辰[②]、侯甬坚[③]、邓辉[④]、胡珂[⑤]等学者围绕统万城所在地的水文、地形、气候等问题展开了不同深度的研究，相关成果逐渐丰富了我们对统万城环境选址的认识。统万城所在的无定河北岸台塬高地上，十六国时期其周边曾存在多条河流水系，既能为城市居民提供水源便利，同时也可作为天然屏障抵御外敌，为统万城的建设提供了有利条件。胡珂使用DEM水文分析方法发现，统万城所在地曾经存在一个长约40公里的集水盆地从西北方向延伸至此[⑥]，结合实地考察，基本确认该区域存在一条从统万城城北通过的古河道。总之，大量研究证据表明，统万城建城初期周边水源充沛，有着较为优越的水文条件。此外，何彤慧、王乃昂、黄银洲等则指出，统万城修筑于台地边缘沙带中，建城时周边有湖沼群、草滩地，也存在沙质荒漠和草原植被[⑦]；孙同兴等认为在约1600年前，也即统万城建城之时，统万城所在地为温带干草原，周边植被繁盛，平均温度比现在高 $0.2\sim0.7$ ℃，年降雨量也高出 $60\sim100$ mm[⑧]；黄小刚等通过样本的科学分析得出结论：统万城建城前后自然环境较好，基本没有发生沙漠化，普遍分布的是由湖积物组成的高平地，统万城建在湖积沙层之上[⑨]。

综上，现有研究成果基本可以表明，统万城所在地建城之初周边环境

---

① 史念海：《两千三百年来鄂尔多斯高原和河套平原农林牧地区的分布及其变迁》，《北京师范大学学报》1980年第6期。
② 王北辰：《公元六世纪初期鄂尔多斯沙漠图图说——南北朝、北魏夏州境内沙漠》，《中国沙漠》1986年第3期。
③ 侯甬坚等：《北魏（AD386——534）鄂尔多斯高原的自然一人文景观》，《中国沙漠》2001年第2期。
④ 邓辉等：《从统万城的兴废看人类活动对生态环境脆弱地区的影响》，《中国历史地理论丛》2001年第2期。
⑤ 胡珂：《使用DEM水文分析方法发现的统万城古河道及其环境意义的初步讨论》，《考古与文物》2015年第4期。
⑥ 笔者在向西北大学徐卫民老师请教时，徐老师认为该处积水盆地即为奢延湖，遗迹比较清楚，认为奢延城是成立的。
⑦ 黄银洲等：《统万城筑城的环境背景——河流、湖泊及沙漠化程度》，《中国沙漠》2012年第5期。
⑧ 孙同兴等：《陕北统万城地区历史自然景观及毛乌素沙漠迁移速率》，《古地理学报》2004年第3期。
⑨ 黄小刚等：《陕西靖边统万城建城时期地表物质成因与自然环境》，《自然资源学报》2020年第6期。

应以半荒漠化景观为主,四周分布有流动和半固定的沙丘、沙溪,生态环境整体较为脆弱。但城址周边小范围地区内分布有众多河流、湖泊、沼泽、草滩等,水源充沛、草木繁盛,气候相较今天更为温暖湿润,对于以放牧为主要经济生业的匈奴而言,确实是一片生态环境良好的生存之地,以上研究成果进而佐证了自然环境条件是统万城选址建都的重要决策因素。

(2) 政治军事条件的优越性

十六国时期,处于分裂中的各部族国家相互之间攻伐频繁,赫连夏国虽得以建立政权,但其周边依旧危机四伏。统万城作为夏国都城,这一时期的政治军事背景是促成其建立的直接因素,因而在统万城选址和营建过程中必然要着重考虑军事防御问题。统万城遗址现存高大而坚固的白色城墙废墟足以证明其是一个典型的军事城堡。

从宏观军事政治格局来看,统万城建都之时,北方各部已基本被北魏统一,此时夏国最大的劲敌就是与之一河相隔的北魏政权。此时勃勃的军事计划是以南侧的后秦为主要进攻目标,对东侧势力强大的北魏则以防守对峙为主。朴汉济和李椿浩认为统万城的选址与北魏政权对夏国的军事压力有关[①]。夏国凤翔六年(公元418年),赫连勃勃于长安附近的灞上,筑坛即帝位,改元昌武,其统治范围一度"南阻秦岭,东戍蒲津,西收秦、陇,北薄于河"[②],夏国自此进入极盛时期。而实现多年壮志的勃勃却拒绝了群臣定都于长安的请求:"朕岂不知长安历世帝王之都,沃饶险固!然晋人僻远,终不能为吾患。魏与我风俗略同,土壤邻接,自统万距魏境裁百余里,朕在长安,统万必危;若在统万,魏必不敢济河而西。诸卿适未见此耳。"[③]赫连勃勃的这一番话进一步印证了统万城选址的军事因素:由于夏国与东侧的北魏以黄河为界,在勃勃看来,只要自己坐镇统万城,在最靠近北魏的地点与之对峙,便可威慑这一强敌不敢轻举妄动。这一时期,夏国的实力在勃勃的带领之下日渐壮大,力量不可小觑。因此,勃勃的这一军事策略虽带有明显的个人主义色彩,但至少在其统治期间确保了

---

① 朴汉济、李椿浩:《魏晋南北朝时期墓葬习俗的变化与墓志铭的流行》,《故宫学刊》2010年第1期。
② 顾祖禹:《历代州域形势三》,《读史方舆纪要》卷三,第145页。
③ 司马光编著《资治通鉴》(五),胡三省音注,中华书局,2013,第3119页。

统万城的军事安全。

从微观军事地理位置来看，统万城坐落于无定河北岸高地之上，地势险要，东、南侧均有河流环绕为天然屏障，具有居高临下、易守难攻之利①。城东、南、西三面的石崖形成了天然防御设施，城郭下无定河由西南向东北流，实有独守之利，险绝之状②。此外，也有研究认为是统治者个人决策、人格特征、民族文化等微观因素影响了统万城的选址。譬如陈喜波认为统万城的选址体现了匈奴人的自然审美观，是游牧民族出于对草原特有的深厚情感而选择环境优美的草原地区作为建都之地③；成一农认为以往对统万城选址的分析多强调地理环境对统万城选址的影响，实际上对于统万城选址的宏观因素的分析多属于"由果推因"，至多只能说明在这一地区中出现城市的合理性，并不能说明都城建置的原因。其微观选址因素应当由人决定，是一种以人为主体的"人地关系"④。

综上所述，十六国时期的统万城易守难攻，赫连勃勃以统万为都城，一方面进可攻、退可守，可以起到威慑北魏的作用；另一方面，水草丰美的自然环境便于发展牧业，可以帮助夏国政权得以休养生息、壮大国力，以实现其统一万邦的宏图霸业。

2. 统万城的建造

413年，赫连勃勃命叱干阿利发岭北10万民众在无定河北岸修建统万城，这座都城凝聚着赫连勃勃"统一天下，君临万邦"的野心。这一时期的夏国，周边依旧攻伐频繁，勃勃在此时也尚未达成其"徐取长安"的目标，夏国依旧以征伐和吞并弱国、近邻为主要国事，因而统万城不仅是夏国的政治都城，也是其重要的军事堡垒。

十六国时期为冷兵器时代，城墙对于一座都城而言是极其重要的防守屏障，因而，叱干阿利受命于勃勃修筑统万城之时，已经有意识地强化以城墙为主的防御体系，力求将其打造为一座坚不可摧的城池，这也致使统万城的修筑过程异常艰辛。据《晋书》记载，统万城以"蒸土筑城"的方

---

① 邓辉等：《从统万城的兴废看人类活动对生态环境脆弱地区的影响》，《中国历史地理论丛》2001年第2期。
② 雷宏霞：《十六国至隋唐统万城变迁》，西北师范大学硕士学位论文，2012。
③ 陈喜波：《统万城址中的匈奴文化探析》，《榆林学院学报》2008年第5期。
④ 成一农：《中国古代城市选址研究方法的反思》，《中国历史地理论丛》2012年第1期。

法来增强城墙的防御能力，当代学者们取样检测后发现，筑城材料为石英、黏土和碳酸钙混合而成的白色"三合土"，利用夹板夯筑，土层平均厚度为 15~20cm①，经层层累积最终形成"色白而牢固"②且"其坚可以砺刀斧"③的墙体，高约十仞，基厚三十步，规模颇为宏大。直至今日，统万城城墙遗迹上仍清晰可见整齐密致的夯土层，白色的城墙坚固又美观，在流沙中历千年风雨磨砺而依旧气势恢宏，当地人俗称其为"白城子"。

现统万城遗址由东城、西城、外郭城组成，但是关于这三重城是否是同一时期修筑？十六国时期统万城的平面形态如何？对这些问题的解答在学界尚未达成共识。作为统万城考古工作队的领队，邢福来认为作为夏国国都的统万城，初建时的规模可能只有西城和部分外郭城，西城为统治者居住的宫城，而东城则修建于唐末五代时期④；袁怡雅则认为夏国时期统万城即为三重城的平面形态，其中西城为赫连勃勃所筑之统万城，外郭城与西城建于同一时期，东城则沿用自汉代的大城城址，用于安置徙民⑤。两类观点最大的争议在于东城的修筑时间，但是关于西城的看法则较为统一，均认为西城为新筑之城，从功能上来看应该是统治者居住的宫城。夏国时期统万城的西城设有四门，四门各有瓮城，城墙高大，马面密集，四角筑有高大隅台，军事防御体系设施完善、规模宏大，后世古籍文献中的相关记载多有描述其西城之言。

419 年，统万城历时 6 年"宫殿大成"⑥，勃勃放弃定都长安返回统万，"于是赦其境内，又改元曰真兴"，命夏国秘书监胡义周撰写《统万城铭》，刻文于石碑，并将其立于都城之南以歌颂其功德⑦。颂文中描述了统万城建成之后"高隅隐日，崇墉际云，石郭天池，周绵千里"⑧ 的空前盛况，形容其"固已远迈于咸阳，超美于周洛"⑨，遵从中原营城礼制，城内

---

① 王金都：《十六国时期统万城城市防御体系研究》，西北大学硕士学位论文，2019。
② 李吉甫撰《元和郡县图志》（上），贺次君点校，中华书局，1983，第 100 页。
③ 李延寿撰《北史》卷九三，中华书局，1974，第 3066 页。
④ 邢福来：《关于统万城东城的几个问题》，《考古与文物》2014 年第 5 期。
⑤ 袁怡雅：《统万城遗址的空间格局研究》，中国建筑设计研究院硕士学位论文，2017。
⑥ 房玄龄等撰《晋书》第 10 册，中华书局，1974，第 3210 页。
⑦ 雷宏霞：《十六国至隋唐统万城变迁》，西北师范大学硕士学位论文，2012。
⑧ 房玄龄等撰《晋书》第 10 册，中华书局，1974，第 3211 页。
⑨ 房玄龄等撰《晋书》第 10 册，中华书局，1974，第 3211 页。

不仅有"高构千寻,崇基万仞"①的社、稷、明堂、路寝、离宫、别殿等宫室建筑,还有"华林灵沼,崇台秘室,通房连阁,驰道苑园"②的园林美景。此外,《北史·列传》卷九十三中描述统万城城内建筑装饰"皆雕镂图画,被以绮绣,饰以丹青,穷极文采"③,由此可见,胡义周颂文中的描述虽然使用了文学的夸张手法,但与其他历史文献的记载基本相近,在一定程度上也确实反映了统万城建成之后的宏伟瑰丽。

统万城建成之后,勃勃"据统万之坚,擅百二之富","西吞秦凉,南跨汉沔,北距云代"④,在此期间,夏国与周边各国摩擦不断,但整体发展较为稳定,其劲敌北魏虽欲统一北方,但是忌惮于勃勃之实力也不敢贸然进犯,夏国在勃勃的带领之下走向空前繁荣,统万城也一度成为朔方地区重要的政治、军事、经济、文化中心。但夏国的辉煌仅仅维持了7年,425年,赫连勃勃病逝于永安殿,其子赫连昌继皇帝位,夏国自此转入衰弱的阶段。勃勃死后,蓄力已久的北魏开始向夏国发动进攻,但是由于统万城城防完善且坚固无比,一时难以攻克,427年,魏太武帝拓跋焘用计诱赫连昌出城,昌败走后出逃,统万城陷落。丧失统治中心之后的夏国政权迅速倾颓,431年,夏国政权彻底覆灭,赫连勃勃苦心经营多年的宏图霸业也就此烟消云散。

总体而言,十六国时期的夏国都城统万城作为一座匈奴民族的都城,是游牧文明与中原文明碰撞交融的产物,无论是与其选址有关的环境问题、军事问题,还是其城市营建所反映出来的建筑礼制文化,对于当代相关学术研究而言均有着重要价值。

四 中衰没落(431~1226年)

虽然夏国政权国祚不长,但作为一座城市的统万城,其命运并未随着夏国的溃亡而退出历史舞台,凭借其军事、交通区位的优势,在之后的历史进程中,统万城在很长的时间中仍发挥着重要作用,但相较于赫连勃勃

---

① 房玄龄等撰《晋书》第10册,中华书局,1974,第3211页。
② 房玄龄等撰《晋书》第10册,中华书局,1974,第3211页。
③ 李延寿撰《北史》卷九十三,中华书局,1974,第3066页。
④ 胡汝砺编《嘉靖宁夏新志》,管律重修,宁夏人民出版社,1982,第281页。

在位时期的盛景，统万城已然逐渐走向衰败和没落。同时，统万城的兴废与毛乌素沙漠的变迁密切相关，为后世探究西北生态脆弱地带的人地关系提供了重要的实物证据。

1. 统万城的沿用

统万城所在的北方农牧交错地带历来就是多民族之间碰撞、交流、融合最为频繁的地区，因而统万城自被北魏攻克之后虽丧失了国都的地位，但仍旧是农耕民族与游牧民族交流密切的一处政治、军事要塞，历朝历代对于这一地区的管控和开发力度也从侧面反映了这一时期统治政权的强盛与衰落（见表3-1）。

表3-1 统万城地区政区沿革

政权归属		政区归属	历史事件
	秦	上郡	初设郡县
	西汉	朔方刺史部上郡奢延县	在此地区建奢延城，朔方县城、上郡白土县城、大城县城等郡县城
	东汉	并州刺史部上郡奢延县（朔方刺史并入并州刺史）	南匈奴归附东汉入塞居住，北匈奴远徙漠北
	后秦	朔方地区	铁弗匈奴以此地作为长期活动的根据地，赫连勃勃受后秦册封镇守朔方
	夏	统万城	匈奴族铁弗部的赫连勃勃建立了大夏国，统万城作为都城
	北魏	统万镇	初置镇，作为牧场使用。后改统万镇建制为州
	隋	朔方郡	—
唐	唐太宗	夏州	设都督府管理夏州地区事务
	唐玄宗	朔方郡	统万城作为大唐地方府城，突厥、吐谷浑、党项等族在此地区繁衍生息
	唐末	夏州	党项首领拓跋思恭因唐末平叛有功，受封夏国公。统万城作为定难军节度使治所，逐渐成为党项族主要的活动中心
宋	宋初	夏州	宋统治夏州城
	淳化二年	夏州	李继迁叛宋，以夏州降辽
	淳化五年	夏州	宋军复占夏州，下诏毁损夏州城（统万城），迁其民

第三章　统万城历史演变与考古发现

续表

政权归属		政区归属	历史事件
宋	宋宝元元年	夏州	李元昊建立西夏国,统万城为其所辖夏州治所
	元	陕西行省延安路察罕脑儿城	撤州建制,为元代皇室辖地
	明	蒙古鄂尔多斯部居地	明初设察罕脑儿卫地,后被废

北魏太武帝拓跋焘攻克统万城之后,将其改为统万镇,作为牧场来使用。雷宏霞指出,统万城在当时既为北魏重要的军事屏障,也是其发展经济生业的国营牧场①。北魏后期,魏孝明帝改统万镇建制为州,并在西魏北周时期得以沿用。隋唐时期,包括夏州在内的鄂尔多斯高原地区以突厥、回纥等为首的少数民族势力逐渐强盛②,成为中原政权不可小觑的威胁,因而这一时期的统治者十分重视对于夏州地区的管理。隋初,夏州属四总管府之一,政治地位重要。605年,隋炀帝改夏州为朔方郡;唐代是统万城历史发展中重要的时期,唐太宗将统万城改置为夏州,并设都督府,742年,唐玄宗又复之为朔方郡。唐朝包容开放的政治精神和恩威并施的治理手段使得这一时期的民族文化的交流融合空前繁荣,民族关系和睦友好,边疆众多少数民族均归附唐中央政权,突厥、吐谷浑、党项等民族在夏州地区得以繁衍生息,统万城则作为地方府城得以沿用。唐末,党项首领拓跋思恭平乱有功,唐僖宗封其为定难军节度使,统万城为定难军节度使治所,这一地区也因此逐渐成为党项族主要的活动中心,为西夏政权的建立奠定了基础。统万城东城遗址的一组大型夯土建筑基址,考古工作者认为其修建于唐末五代,邢福来推测统万城东城的修建当与这一主体建筑年代相当,其建成与夏州一带党项人势力壮大有关③。西夏建国后,夏州城(统万城)作为西夏迎接北宋使臣的重要场所重新受到了一定重视。

统万城的长期沿用不仅因其占有重要的军事地理位置,同时也与其经

---

① 雷宏霞:《十六国至隋唐统万城变迁》,西北师范大学硕士学位论文,2012。
② 刘利琴:《隋唐鄂尔多斯高原及其邻近区域城市地理研究》,陕西师范大学硕士学位论文,2016。
③ 邢福来:《关于统万城东城的几个问题》,《考古与文物》2014年第5期。

济交通区位有关。日本学者前田正名在其文章《北魏平城时代的鄂尔多斯沙漠南缘路》中展示了自平城至姑臧接河西走廊丝绸之路的交通线，其中统万城正位于沿鄂尔多斯沙漠南缘行进的丝绸之路上①。荣新江根据统万城附近出土的《翟曹明墓志》佐证了这条东西交通路线②。杨蕤认为统万城曾是丝绸之路上的一处重要的据点，"沟通东西，贯通南北"，在维系东西方物质文化交流方面一直发挥着重要作用③。总之，学界当前研究成果表明，统万城交通便利、商业繁荣，作为丝绸之路上的交通重镇，是连接关中、中原和西域的重要据点，自北魏至西夏，在贸易、交通、文化交流等方面一直发挥着重要作用。

2. 统万城的废弃

统万城自413年开始建设，历经北魏、西魏、北周、隋、唐、五代十国，一直是中国北方农牧交错带上一处重要的政治、军事、经济中心，学界关于统万城何时废弃的讨论也较为充分。

有研究认为统万城废弃于宋毁夏州城之时。唐末五代以来，统万城作为党项人的聚居地，见证了西夏王朝的异军突起。五代至宋，党项拓跋氏一直自保于夏州，并不参与中原混战。宋建国之后，北宋政权一度控制了夏州城。公元967年，党项夏州首领李彝兴卒，宋太祖追封其为夏王，赐其孙李继迁赵姓。公元994年，宋淳化五年，因李继迁降辽，宋军又一次攻占了夏州城，为了防止党项人"据城自雄"，宋太宗下旨将居民全部迁走，并将夏州城毁坏，使老百姓移居于银、绥两州之间。据此，学界多认为自公元994年之后，统万城便不再作为一处严格意义上的城市而使用，也就是说统万城作为一处行政治所的使用时间大约为581年。

王社教、雷宏霞、袁怡雅等则认为统万城废弃于西夏国覆灭。1038年，西夏国建立，统万城作为其所辖夏州治所重新得到了一定重视，根据

---

① 前田正名：《北魏平城时代的鄂尔多斯沙漠南缘路》，《东洋史研究》1972年第31卷第2号。
② 荣新江：《四海为家——粟特首领墓葬所见粟特人的多元文化》，《上海文博论丛》2004年第4期。
③ 杨蕤：《河套之都：作为区域中心城市的统万城——兼论河套地区中心城市的形成与转移》，《宁夏社会科学》2015年第5期。

清人张鉴所编《西夏纪事本末》所描绘的西夏全境地理状况，此时的夏州城处于西夏至宋夏边界的主要驿路上，仍然是一座发挥着重要影响的城镇。只是随着西夏政权的迁移和衰落，统万城的军事政治影响也逐渐衰落，1226年（南宋宝庆二年），蒙古发动灭夏之战，随着西夏国覆灭，统万城被纳入蒙元版图，其后再无文献记载。因此，也可以说统万城是毁于蒙古军队灭西夏之际。如此，统万城自公元413年建成至1226年废弃，前后沿用了813年。

此外，还有研究认为统万城废弃于明以后。周伟洲根据统万城遗址中出土的元代青铜十字牌推测，元代的夏州城仍然是内蒙古与陕西通商必经之路，有农民和游牧民居住[①]。同时，河套地区是元朝一个重要的军事牧场，牧业是当地主要的经济形态；统万城所在地区一直作为诸王或皇后的封地而存在[②]。明洪武七年（公元1374年），为安置来降的蒙古部众，明朝在河套地区设立了察罕脑儿卫（即今统万城遗址所在地）。由此可见，明朝时统万城在经济和军事方面仍发挥着重要作用。直到明朝后期，城市才逐渐被废弃。

综上，学界对于统万城的建城及沿用问题的讨论主要有三种看法。主流的观点是公元994年之后，统万城即已不再作为一座城市而使用；部分学者则认为统万城的沿用时间一直到蒙古灭西夏的1226年；也有研究指出统万城作为聚落使用的时间应该一直到明末。笔者认为，以上三种意见均有其相应的文献证据，但是，由于大家在讨论时对于统万城的城市地位有不同认识而得出了不同的结论，如果将统万城视为传统意义上的行政治所，则其在994年即已衰落，但是若将统万城作为一处人居聚落，则其应当一直沿用至明末。

统万城的兴衰除了受政治经济因素的影响，该地的自然地理环境演变也是重要的推动因素。自侯仁之先生1973年发表《从红柳河上的古城废墟看毛乌素沙漠的变迁》一文之后，诸多学者就统万城周边的环境变迁问题展开了研究，现有研究表明，统万城所在地区人口的增加和活动

---

① 周伟洲：《统万城遗址出土元青铜十字牌考》，载陕西师范大学西北环发中心编《统万城遗址综合研究》，三秦出版社，2004。
② 周清澍：《从察罕脑儿看元代的伊克昭盟地区》，《内蒙古大学学报》（哲学社会科学版）1978年第2期。

范围的扩大在为国家带来繁荣的同时也加剧了环境的恶化,随着历史上气候变迁及人类不合理的开发利用,统万城地区早在唐代即已出现沙漠化现象。李红香认为唐朝时期由于政府鼓励夏州军民垦荒,统万城所在地区植被及覆盖沙源的地表风化壳受到大面积破坏,土壤沙化已十分明显①。

历史文献也表明,822年(唐长庆二年)10月,"夏州大风,飞沙为堆,高及城堞"②,许棠《夏州道中》"茫茫沙漠广,渐远赫连城③",诗人李益则描述统万城"风沙满眼堪断魂"④。此外,北宋放弃统万城,既有军事政治方面的原因,也出于对统万城地区生态环境不断恶化的考量。据记载,994年,宋太宗下令废毁统万城的一个重要原因即是其"深在沙漠",恶劣艰苦的自然环境已然不再适合百姓生存。统万城被毁废后,党项人口在此地急速增加,毛乌素地区畜牧条件恶化,农垦区逐渐扩大,沙漠化环境随之形成。元代以后,由于生态环境改变,沙进人退,城市衰败,统万城逐渐消失在毛乌素沙漠中。

今天统万城地区是典型的半沙漠化区域,自然环境较为严酷,风沙大、降水少,地表为稀疏草原与沙漠共生。事实上,统万城的兴衰正是该地自然地理环境演变的结果,一定意义上可以说,统万城是研究鄂尔多斯沙漠气候变化的标尺,从水草丰美到沙漠覆盖,统万城地区环境巨大的变化,见证了鄂尔多斯地区自然地理环境的变迁,其沙漠化过程对于反映我国古代气候变迁、北方农牧分界线变化等问题也有重要的参考价值。

五 后世寻访(1226年至今)

统万城自成吉思汗灭西夏之后,逐渐消失于历史记载和人们的视野当中,在此后的600多年里鲜有人问津。1841年(清道光二十一年),历史学家徐松任榆林知府,命怀远县(今横山)知县何炳勋前往白城子考察,

---

① 李红香:《论民族文化与环境的适应、冲突及其对生态恢复的影响——以统万城周边地带生态变迁为例》,《原生态民族文化学刊》2014年第3期。
② 欧阳修、宋祁撰《新唐书·五行志》卷三十五志第二十五,中华书局,1975,第901页。
③ 彭定求等编《全唐诗》第12册,中华书局,1999,第4525页。
④ 李益:《登夏州城观送行人赋得六州胡儿歌》,《全唐诗》卷六,上海同文书局石印版,第991页。

并写下《复榆林徐太守松查夏统万城故址禀》一文。何炳勋于文中描述了其见到统万城时的情形：

> 其地有土城，周围三重，俱用土筑。渡无定河，西行二里许，进头道城。又西半里，进二道城。又西数十武，进三道城。头、二道城内，但余瓦砾。三道城内南面，西隅钟楼，东隅鼓楼。鼓楼仅存基址。坚筑白土墩，高五、六丈，无级可乘。钟楼尚堪登眺，高约十余丈，白土筑成鸡笼顶式大厦一间，半已坍。其半悬钟，屋顶形迹宛然。周围飞栏八层，插椽孔穴，历历可数，尚有三、四孔，余松椽半撅。……南面列土墩七，坚硬如石，似系台楼之基。北头有白土坡，似系宫殿之基。北城东西两角，亦有土墩，当即俗所谓转角楼者。内城东西不及一里，南北约一里有余①。

这段文字记载成为后世学者研究统万城的重要参考文献，其中具体描述了统万城"三重城"的城市形态，且据其描述可以判定，道光年间，统万城内尚且留存有一部分能够看出形制的宫室建筑遗迹及构件，这也成为后世相关研究对统万城内建筑复原的重要依据。

20世纪50年代，考古队在对统万城遗址进行正式勘测调查时，统万城址内建筑仅余夯土台基，城墙也已被当地居民开凿窑洞取土时破坏。1996年，统万城遗址被列为国家重点文物保护单位，进入21世纪，统万城遗址考古工作由陕西省考古研究院负责，近年来，随着考古工作的深入开展，统万城遗址相关考古报告陆续发表，极大地推动了对统万城遗址的研究工作，统万城也得以重新进入人们的视野，得到国家和公众的关注。2006年以来，其又成为国家大遗址保护项目，陕西省考古研究院对统万城遗址进行全面测绘，发现并确认了统万城外郭城城垣的走向、规模及分布，从而明确了统万城城垣结构。并对统万城周边墓葬群进行了初步调查，发现墓葬延续年代与统万城的建立和废弃时间大体吻合。

---

① 张穆撰《蒙古游牧记》卷六，清同治六年祁氏刻本，第126页。

第二节　统万城遗址考古发现及附属文物

一　统万城遗址考古工作简况

科学意义上的统万城遗址考古调查研究始于20世纪50年代，俞少逸、戴应新等前辈学者在开展统万城考古调查工作的过程中发表了多篇调查报告，为后续研究工作的开展创造了条件。总体来看，几十年来，关于统万城遗址的考古工作大致可以分为三个阶段。

调查与试掘阶段：20世纪50年代到70年代，这个时期，陕西省文管会组织考古工作者对统万城遗址进行了初步调查，征集到一批文物，并绘制了统万城遗址平面图，并对遗址进行了初步钻探和试掘工作。

初步开展考古阶段：2002~2004年，陕西省考古研究所对统万城西城的西南隅台以及永安台基址进行了清理工作。考古工作者发现西城外有护城壕遗址，通过航空摄影，还发现部分外郭城北垣的残迹。

全面开展考古工作阶段：2006年以来，统万城作为国家大遗址保护项目，由陕西省考古研究所（2006年12月更名为陕西省考古研究院）对统万城遗址进行全面测绘。这个阶段最重要的发现是确认了统万城外郭城城垣的走向、规模及分布，从而明确了统万城城垣结构。在统万城东、西城发现了6座瓮城，从而进一步增进了对统万城城防体系的认识。统万城西城是当期考古发掘工作的重点区域，该区域发现了一批蒙元时期建筑基址；对西城的西门瓮城、永安台基址、西南隅台基础、南垣内民居、城内道路、部分护城壕等也进行了考古发掘工作，但截至目前尚无公开发表的考古报告进行详细介绍。考古研究者对统万城周边墓葬群也进行了初步调查，发现墓葬延续年代与统万城的建立和废弃时间大体吻合。

目前，统万城遗址考古工作仍在持续进行中，但总体来看，近年来陕西省考古研究院对统万城遗址考古工作公开发表的成果较少，制约了研究者对统万城的深入研究。从城市考古学的视角来看，统万城遗址考古工作有必要加强对三重城垣的结构与特征、城内外道路体系、城内主要建筑、功能分区、城内水源以及城外墓地等内容的探索。

二 统万城遗址考古工作主要发现①

统万城遗址由城址本体、附属文物和与之相关的遗址环境共同构成（见表3-2）。目前已取得的主要考古工作成果有：探明了西城、东城和外郭城城垣的位置及范围，并着重开展了城门遗址和瓮城、马面的考古发掘工作，从遗址空间形态、个体建筑两个层面初步揭示了统万城遗址在空间构成及内部构造方面的一些特点，为相关研究的科学开展创造了良好的工作基础。

表3-2 统万城遗址遗产构成

遗产类型	遗存名称		遗址要素
遗址本体	东城	城垣	保存略差，城垣断续出露地表，与西城相比夯土明显泛黄，结构也较为疏松，墙基厚10m左右
		马面	东城马面较稀，东垣5座，北垣7座，西垣（即西城东垣）10座，南垣无存
		瓮城	共发现2处瓮城，分别为南、北瓮城
		建筑基址	在东城东北部，现为耕地，平面形式已不可辨
	西城	城垣	保存最好，墙基厚约16m，东城保存略差，墙基厚10m左右
		隅台	城四隅都有高于城垣的宽大的长方形或方形隅台
		马面	西城马面较密，东、西和北垣各有10座，南垣8座。南垣外紧临西南角墩台的2个马面是中空的仓储"秘室"建筑
		城门	设有东、南、西、北四门，分别以"招魏门""朝宋门""服凉门""平朔门"命名。南城门、西城门和北城门外设有瓮城
		瓮城	共发现3处瓮城，分别位于城南、城西和城北
		永安台建筑基址	位于西城内距南垣不远处，是一座平面呈长方形的高大夯土台基，东距宫殿遗址仅50m
		西城建筑基址	西城东门内偏南，永安台东北，距东垣21m，门向南开有砖砌台阶
		房址	西城南垣发现蒙元时期的残墙、土炕等建筑基址一组
		近现代窑洞遗迹	—

---

① 本部分内容主要参考了陕西省文化遗产研究院编《统万城遗址保护规划》及陕西省古迹遗址保护工程技术研究中心编制的《统万城考古遗址公园详细规划》文本内容。

续表

遗产类型		遗存名称	遗址要素
遗址本体		护城壕	护城壕剖面呈锅底状,经钻探,西城城垣外南、西、北三面,东城北、东两面都有护城壕
		虎落	位于部分马面及城垣外,近40个密集排列的柱洞,以及铺设在地上、用于扎战马马蹄的"铁蒺藜"
	外郭城	城垣	仅存部分城垣和东北隅台,平面呈刀把形
		墩台	外郭城东垣南北二端和南垣底尖部各筑有一个大墩台
		马面	北垣中段
		夯土建筑基址	位于西端垣外侧,有两个长方形夯土建筑基址
		夯土台	1号夯土台距西城西北隅台2260m,2号夯土台距西城西北隅台2060m
	周边古墓葬	目前发掘南北朝时期墓葬9座、唐代墓葬18座、宋代墓葬3座	分布在遗址东南约3公里的田满梁壕、谷地梁、瓦渣梁和八大梁等地点
遗址环境		遗址自然环境	遗址区整体地形地貌及自然植被和无定河
		遗址社会环境	农牧业生产方式及当地居民传统生活方式
附属文物			陶器、瓷器、石器、金属器、木器、琉璃器、骨器、贝器等多种类别器物

1. 城址整体空间布局

考古调查发现,统万城遗址总体空间布局由外郭城和东、西两个内城构成,由东往西依次为外郭城、东城和西城。外郭城平面布局呈西北宽、东南窄的特征,大致呈刀把形,将东、西二城包围在内;东、西两城均呈长方形,由一道南北向城垣分隔开来(见图3-2)。

外郭城遗址整体保存状况较差,其平面布局大致呈刀把形,现仅存部分城垣和东北隅台,周长13906.5m,面积7.1km^2。其中,东城垣长约891m;北城垣与东城垣夹角呈钝角,其现存高度略高于地面或为沙丘所覆压;南城垣底尖在无定河南岸,长约4853.5m;西垣长2000m,方向与西城西垣平行(见图3-3、图3-4)。

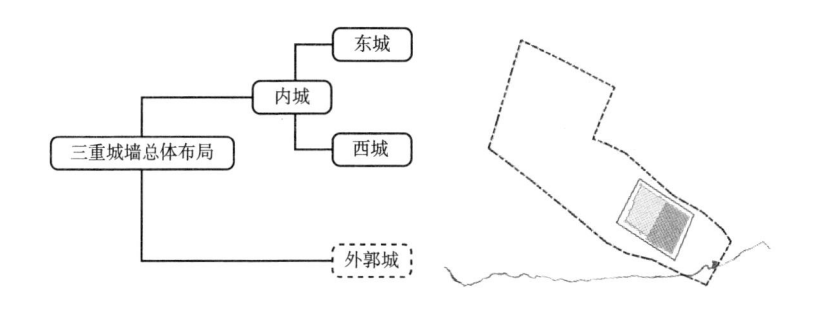

第三章 统万城历史演变与考古发现

图 3-2 统万城三重城格局复原示意

图 3-3 外郭城城垣遗址现状

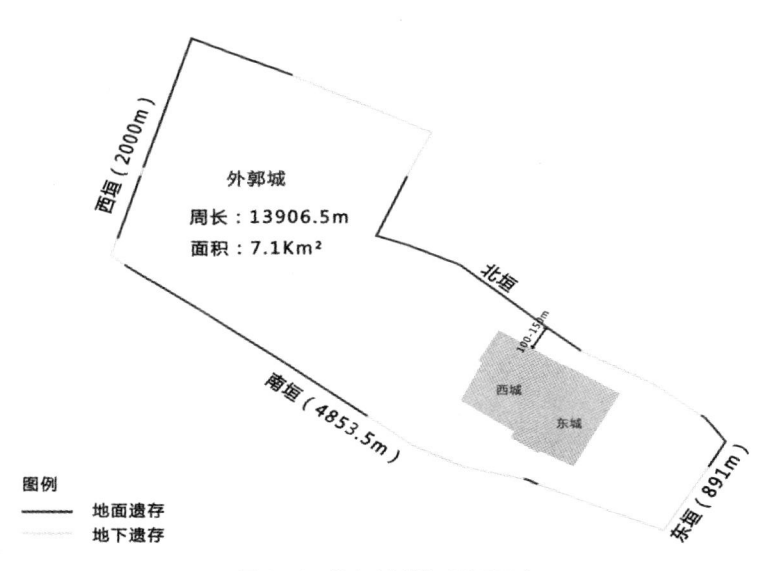

图 3-4 外郭城城垣平面示意

东、西城由一道南北向城垣分隔，两城基本建在同一水平面上，西北略高；从平面上来看，东、西两城均呈长方形，东城南垣略有长出；东城周长约 2585m，西城周长 2480m（见图 3-5）。西城四隅都有高于城垣的、宽大的长方形或方形隅台建筑。

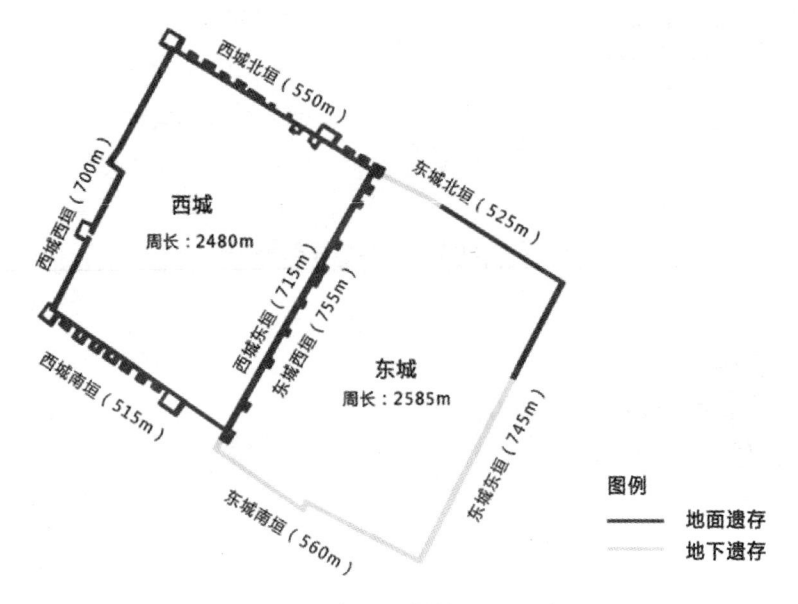

图 3-5　东、西城城垣平面示意

　　西城遗址目前保存较好，城垣仍能大致围合成为一个完整的方形结构，墙基厚约 16m，城墙上的马面遗址仍很高大，特别是西城南垣外的马面，高大且完整。西城遗址城垣夯土呈苍白色，结构紧密，保存较好；东城遗址保存状况略差，仅存的部分城垣断续出露地表，与西城遗址相比，城墙夯土明显泛黄，结构也较为疏松，墙基厚 10m 左右，马面很小[①]（见图 3-6）。

图 3-6　西城南垣遗址现状

[①] 邢福来等：《统万城遗址近几年考古工作收获》，《考古与文物》2011 年第 5 期。

此外，考古学家在内城和外郭城之间发现了一处连接的夯土台，自东、西城相接处直通外郭城，该处夯土与东、西城北垣基本垂直，其宽12m、长150m左右，其功能性质有待研究确认（见图3-7）。

图3-7 内城与外郭城之间连接的夯土台位置

2. 东、西城城市防御体系

统万城东、西城城防体系非常严密，包括城墙、马面、护城壕、虎落以及瓮城等设施（见图3-8）。考古学家认为，统万城城垣、马面、城角隅台以及位于城垣外、马面周围的虎落等共同构成了城市防御系统，配合撒于地面的铁蒺藜等，在冷兵器时代可以帮助城内士兵占据制高点，在城垣上有效抵御多方来犯之敌[①]。

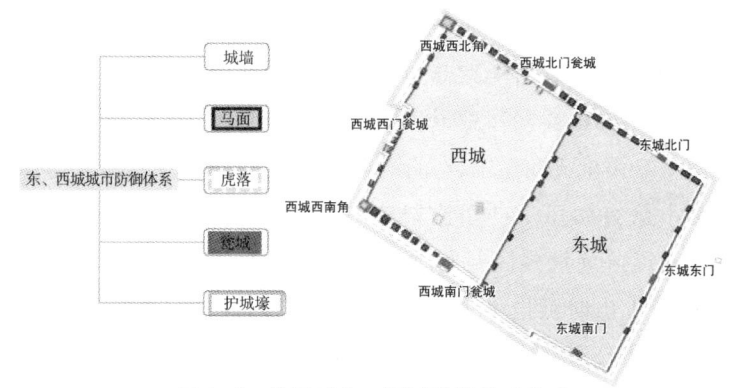

图3-8 统万城东、西城防御体系构成

---

① 袁怡雅：《统万城遗址的空间格局研究》，中国建筑设计研究院硕士学位论文，2017。

城墙及马面：统万城城墙外四面均加筑了马面设施，马面与城垣连为一体，均以当地生产的苍白色土作为原料夯筑而成。部分马面及城垣基础外有排列的柱洞，考古专家推测可能更多的起到防御作用[①]。整体上，西城的马面分布较为密集，其东垣、西垣和北垣各有10座，南垣为8座，显示了西城防御体系的严密性（见图3-9）。东城马面分布相对较为稀疏，其中东垣有5座，北垣有7座，西垣（也就是西城的东垣）有10座，南垣现已无存。值得注意的是，西城南垣外紧临西南角墩台的马面与南垣西起第二个马面均为中空的仓储"秘室"。建筑大致呈方形竖井状，建筑内壁光滑陡直，无门洞，南北壁面有檩洞和楼板残迹，外壁有收分，架檩棚板，可判断该竖坑建筑分为上下多层，而四壁无门。南垣其余5座马面是实心墩台，现存高度比两座空心马面矮得多，有的仅存基址，其宽度也比前两座马面窄小（见图3-10）。

图3-9 西城马面

[①] 冽玮：《大夏国都城遗址统万城考古发现"虎落"遗迹》，人民网，http://culture.people.com.cn/n/2014/0301/c22219-24499786.html。

第三章　统万城历史演变与考古发现

图 3-10　西城南垣马面基址

瓮城：经考古钻探发现，统万城西城遗址有 3 处瓮城，分别位于城南、城西和城北；东城遗址发现有 2 座瓮城，分别为南、北瓮城。西城遗址南门瓮城位于西城遗址南垣偏东处，距西城遗址的东垣长约 126m；北门瓮城位于西城北垣偏东处，距西城东垣 120m。南北瓮城中轴线与东、西城垣基本平行（见图 3-11）。西门瓮城位于西城西垣偏南处，距西城西南隅台外端 204m，已经发掘。瓮城南北长 38.5m、东西宽 22m（见图 3-12）。瓮城内流沙堆积，清理出隋代墓葬一座、瓮棺一座、灰坑 10 多个。另外，还发现水井一眼，经钻探 13m 深仍不见底。从考古发掘资料看，隋代以前，统万城西门瓮城已坍塌，而西门城楼则焚毁于宋代[1]。

护城壕：统万城东、西城墙外面筑有深而宽的壕沟。经钻探，西城城垣外南、西、北三面，东城北、东两面都有护城壕[2]，壕沟深约 6m，宽 13m 左右，护城壕剖面呈锅底状，走向与城墙保持平行。

虎落：在统万城部分城垣及马面外，发现有近 40 个密集排列的柱洞，以及铺设在地上、用于扎战马马蹄的"铁蒺藜"[3]（由 4 根铁刺组成，一头向上，预防敌人接近城墙），"这些密集排列的柱洞，就是《汉书·晁错

---

[1] 邢福来等：《统万城遗址近几年考古工作收获》，《考古与文物》2011 年第 5 期。
[2] 邢福来：《流沙半掩赫连城 统万城考古纪实》，《大众考古》2016 年第 7 期。
[3] 《统万城遗址》，百度百科，http://baike.baidu.com/view/99296.html。

图 3-11　西城北门瓮城

图 3-12　西城西门瓮城

传》中记载的'虎落'留下的遗迹（见图 3-13）。原本这些密集排列的柱洞，里面曾插满了削尖的木桩，有了它，敌人的步兵、骑兵就不能直接到达城墙，而守城的人站在最高可达 12m 的马面之上，利用城垣和马面，可以居高临下从三面攻击入侵之敌"[1]。

---

[1] 《统万城的未解之谜》，新浪网，http://collection.sina.com.cn/scgd/20140325/0936147136.shtml。

图 3-13 西城"虎落"遗址

资料来源：浏玮《大夏国都城遗址统万城考古发现"虎落"遗迹》，人民网，http://culture.people.com.cn/n/2014/0301/c22219-24499786.html。

3. 城内建筑基址遗存

统万城遗址内现已发现多处建筑基址，全部为夯土建筑遗存，分布在东城、西城、外郭城和三重城之外（见图 3-14）。

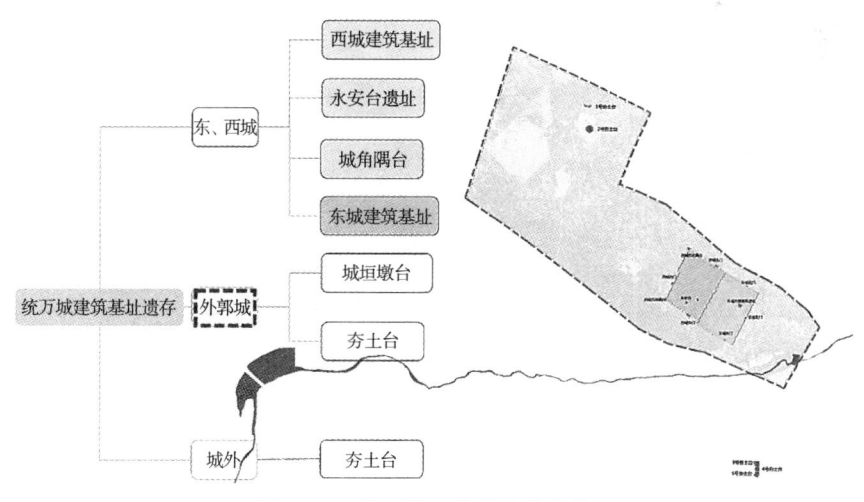

图 3-14 统万城建筑基址分布情况

西城建筑基址：大体位于西城东门内偏南，永安台东北的位置，距东垣21m，该建筑门向南开，并有砖砌台阶（见图3-15、图3-16）。基址高出地面近1m，平面呈长方形，长80m，宽64m，四周有围墙残迹，高0.1~0.4m，厚0.8m。据推测该组建筑由门厅、前殿和后殿组成。此外，西城内还发现多处蒙元时期的建筑遗址（见图3-17），说明蒙元时期统万城中仍有居民，他们可能以牧业维生。

图3-15 西城建筑遗存位置

图3-16 西城砖砌台阶建筑遗存

永安台遗址：西城内距南垣不远处，有一座平面呈长方形的高大夯土台基，东距宫殿遗址仅50m，为文献所载的永安台，公元425年赫连昌即位于此。永安台为长方形，东西长南北窄，是由相对独立的夯土块组成的

图 3-17 蒙元时期建筑居址遗存

庞大的夯土台，夯土块之间自基础而上有明显的缝隙，夯土南缘与西城南垣基本保持平行，结构与西南角墩台相同。夯土台周围有厚 25cm 左右的踩踏面①。自踩踏面而上，现存夯土台高近 19m，是城内的制高点。台体高度悬空，台基现已修复加固（见图 3-18、图 3-19）。永安台大部已坍塌，周围瓦砾很多，其后和左侧沙丘下也发现很厚的瓦砾层，坍塌后残留的夯土上仍留下人们生活的遗迹，如井、灰坑、柱洞、灶坑等。考古学家根据出土遗物分析，永安台大面积的坍塌可能发生在宋代之前。

图 3-18 永安台建筑基址位置示意

---

① 邢福来等：《统万城遗址近几年考古工作收获》，《考古与文物》2011 年第 5 期。

图 3-19　永安台遗址

东城建筑基址：该建筑位于东城东北部，距东城南垣约 440m，北垣 251m，东垣 57m，西垣 379m，距南北门连线 53m。该组建筑东西长约 96m、南北宽约 48m，其平面形式已不可辨，仅以基址内出土的方形石础和壁画残块可大致判断（见图 3-20、图 3-21），该建筑应是东城主体建筑之一①。

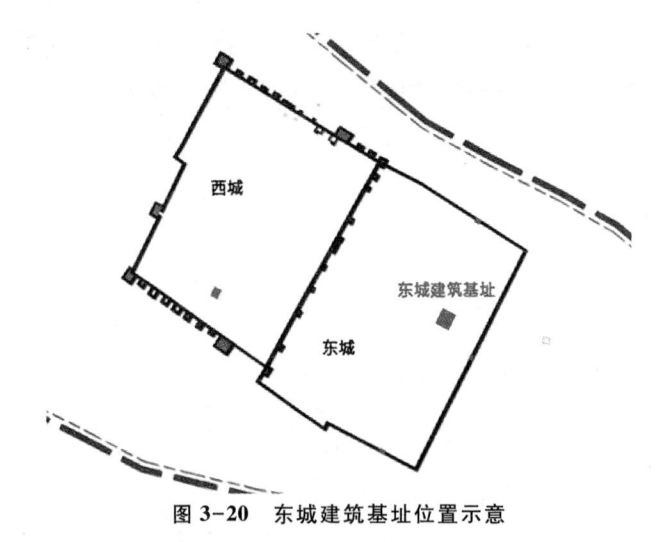

图 3-20　东城建筑基址位置示意

根据考古发掘情况，这组建筑与其南 78m 处的另一组建筑，构成了同一组建筑的前后院落。

---

① 邢福来：《关于统万城东城的几个问题》，《考古与文物》2014 年第 5 期。

图 3-21　东城建筑基址现状（已回填）

城角隅台：统万城西城四角都有突出城外、高大的隅台建筑，这些建筑大致呈长方形或方形，由苍白色土夯筑而成，其高度高于城垣[①]，西城西南隅台是现存统万城遗址的制高点，高大的夯土台至今仍极为壮观[②]，《统万城铭》中"高隅隐日，崇墉际云"，就是对其形象的描述（见图3-22、图 3-23、图 3-24）。

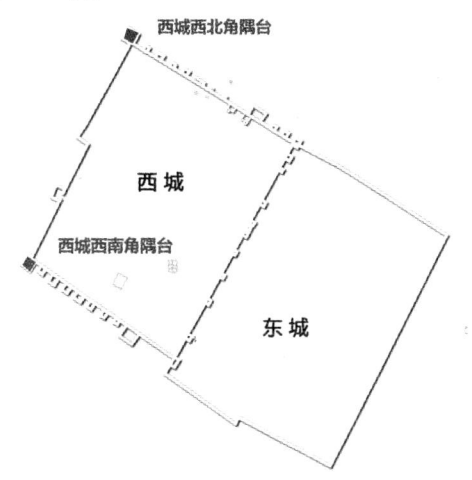

图 3-22　西城西侧隅台位置示意

[①] 《统万城遗址》，百度百科，http://baike.baidu.com/view/99296.html。
[②] 邢福来等：《统万城遗址近几年考古工作收获》，《考古与文物》2011 年第 5 期。

图 3-23　西城西南角隅台

图 3-24　西城西北角隅台

外郭城夯土台：有两座，其中 1 号夯土台距西城西北隅台 2260m，破坏严重，其西部夯土裸露，东部被流沙覆盖。夯土现存厚度约 1m，夯层清晰，平面形状不规则。2 号夯土台距西城西北隅台约 2060m（见图3-25、图3-26）。

城垣墩台：外廓城东城垣南、北两侧以及南城垣底尖部各筑有一个大墩台，平面为方形或长方形（见图3-27）。

4. 城址周边墓葬

墓葬区主要分布在统万城遗址东南方向的田满梁壕、谷地梁、瓦渣梁

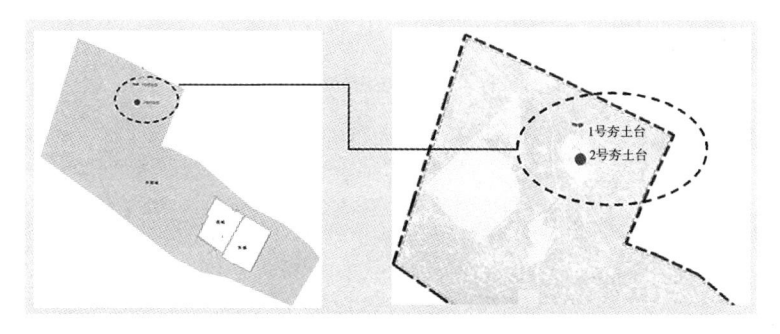

图 3-25　外郭城夯土台位置示意

图 3-26　外郭城夯土台及护坡

和八大梁等地点，墓葬分布比较密集，其年代为南北朝至宋代，是不同时期统万城中居住者的墓地（见图3-28）。墓地遭严重盗掘，破坏较为严重。陕西省考古研究院抢救性发掘了部分墓葬，其中有南北朝时期墓葬9座、唐代墓葬18座、宋代墓葬3座[①]，墓葬中不仅发现有壁画等遗存，还

---

① 其中一座南北朝墓葬中壁画保存较好，壁画直接绘于生土之上，墓室顶部绘有天象图和莲花藻井，墓室后壁残存有龙纹和人物局部；出土文物有素面罐、双耳罐、单耳罐、盘口细颈瓶等陶器，以及铺首铁环、泡钉等铁器和盘、碗、钵、耳杯等漆器。唐代墓葬中出土有罐、塔式罐、盏等陶器，白釉、青釉、黑釉碗等瓷器，簪、铜镜、带具等铜器，三足器、环等铁器，以及三彩盂、砖志、铜钱等器物。宋代墓葬出土物以铜钱为主，另有残铁、瓷器等。陕西省考古研究院：《2012年陕西省考古研究院考古发掘新收获》，《考古与文物》2013年第2期。

图 3-27 外郭城夯土台

发现部分陶器、漆器，这对于研究历史上统万城人们的生产生活有一定的意义。

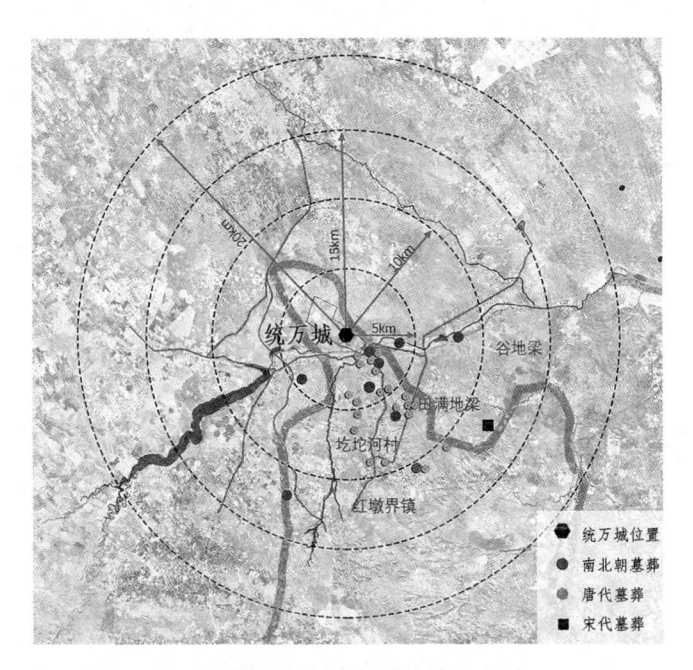

图 3-28 统万城遗址墓葬分布

资料来源：邢福来《关于统万城周边墓葬的几个问题》，《考古与文物》2013 年第 3 期。

综上所述，通过持续几十年的考古工作，统万城遗址整体空间形态已大致被揭示出来，城址中部分建筑遗存也得到了一些考古证实，丰富了我们对统万城遗址的认识。但是整体上考古工作仍然较为滞后，城址内部的功能分区及路网系统仍然缺乏有力的考古证据，这就极大制约了相关研究的开展，我们期待相关考古成果尽早出现，以便于统万城遗址研究的深入。

三 统万城遗址附属文物

2019年，石小龙、邢福来、李文海、石小鹏等集体编著的《广泽清流：匈奴故都统万城文物辑录》一书由文物出版社正式出版发行，书中收录了陕西省考古研究院考古发掘、靖边县博物馆收藏的共计280多件（套）器物，包括陶器、瓷器、石器、金属器、木器、琉璃器、骨器、贝器等多种类别器物，是统万城考古和研究的最新成果展示，也是对统万城文物最为集中的展示与介绍[①]。鉴于该书资料的全面性与权威性，可借此对统万城遗址所发现的附属文物进行统计分析。

1. 陶器

对书中辑录统万城遗址出土的175件文物进行统计分析，根据材质来看，其中陶器47件，瓷器65件，石器26件，金属器27件，其他器物10件。陶器是统万城遗址区常见的器物，包括生活用器、明器、建筑构件等常见的类型。其中生活用具最多，为33件，占到70.2%；陪葬器有9件；从年代来看，北朝和唐代的器物数量最多，共有41件，五代、宋、元有少量发现仅存6件（见表3-3）。

表3-3 部分统万城遗址出土陶器文物

序号	名称	时期	性质	类别	来源
1	灰陶灯	北朝	陶器	生活用具	考古发掘
2	灰陶灶	北朝	陶器	陪葬器	考古发掘
3	灰陶壶	北朝	陶器	生活用具	考古发掘

① 石小龙等编著《广泽清流：匈奴故都统万城文物辑录》，文物出版社，2019年。

续表

序号	名称	时期	性质	类别	来源
4	灰陶单耳罐	北朝	陶器	生活用具	考古发掘
5	黄釉贴塑莲瓣纹红陶钵	北朝	陶器	生活用具	私人收藏
6	灰陶灯盏	唐	陶器	生活用具	考古发掘
7	灰陶罐	唐	陶器	生活用具	考古发掘
8	网格纹灰陶执壶	唐	陶器	生活用具	私人收藏
9	弦文灰陶单耳罐	唐	陶器	生活用具	民间征集
10	弦文灰陶罐	唐	陶器	生活用具	民间征集
11	网格纹灰陶罐	唐	陶器	生活用具	考古发掘
12	灰陶罐	唐	陶器	生活用具	私人收藏

2. 瓷器

瓷器是统万城遗址区常见的器物类型，书中所记有65件瓷器文物，总体来看，唐、五代时期的瓷器数量最多，共有55件，北朝、隋、宋、辽、金、元等时期则仅有10件瓷器。这些瓷器不仅产自较近的耀州窑，甚至有些来自较远的巩县窑、定（州）窑等，作为生活用具被人们广泛应用，由此可以推断出唐代统万城社会经济有了新的发展，可能人口数量较多，瓷器在当时社会生活中作为重要的生活器具，留存下来的数量也较多，从一个侧面反映了唐、五代时期统万城的鼎盛和繁华（见表3-4）。

表3-4 统万城考古瓷器文物汇总

序号	名称	时期	性质	类别	来源
1	青釉模印贴花四系瓶	北朝至隋	瓷器	生活用具	私人收藏
2	青釉四系罐	隋	瓷器	生活用具	私人收藏
3	巩县窑（或相州窑）白釉盂口瓶	隋至唐	瓷器	生活用具	私人收藏
4	定（州）窑白釉刻划网格纹四兽足水盂	唐	瓷器	生活用具	私人收藏
5	白釉水盂	唐	瓷器	生活用具	私人收藏
6	定窑白釉盖盒	唐	瓷器	生活用具	私人收藏
7	白釉盖盒	唐	瓷器	生活用具	私人收藏
8	耀州窑黑釉盖盒	唐	瓷器	生活用具	私人收藏

续表

序号	名称	时期	性质	类别	来源
9	耀州窑素胎褐彩盖盒	唐	瓷器	生活用具	私人收藏
10	耀州窑素胎黑彩团花纹盖盒（一对）	唐	瓷器	生活用具	私人收藏
11	白釉小杯	唐	瓷器	生活用具	私人收藏
12	白釉唇口碗	唐	瓷器	生活用具	私人收藏
13	白釉碗	唐	瓷器	生活用具	考古发掘
14	耀州窑白釉碗	唐	瓷器	生活用具	私人收藏
15	耀州窑外褐内白釉碗	唐	瓷器	生活用具	私人收藏
16	耀州窑青釉碗	唐	瓷器	生活用具	私人收藏
17	泽州窑白釉篦划纹茶臼	唐	瓷器	生活用具	私人收藏
18	耀州窑白釉褐彩敛口钵	唐	瓷器	生活用具	私人收藏
19	白釉执壶	唐	瓷器	生活用具	私人收藏
20	耀州窑黑釉瓜棱执壶	唐	瓷器	生活用具	考古发掘
21	耀州窑黑釉执壶	唐	瓷器	生活用具	私人收藏
22	耀州窑黑釉执壶	唐	瓷器	生活用具	私人收藏
23	黑釉窑变执壶	唐	瓷器	生活用具	私人收藏
24	耀州窑褐釉执壶	唐	瓷器	生活用具	私人收藏
25	耀州窑茶叶末釉执壶	唐	瓷器	生活用具	考古发掘
26	绿釉执壶	唐	瓷器	生活用具	私人收藏
27	青釉执壶	唐	瓷器	生活用具	私人收藏
28	黄釉执壶	唐	瓷器	生活用具	私人收藏
29	白釉渣斗	唐	瓷器	生活用具	私人收藏
30	白釉长颈瓶	唐	瓷器	生活用具	私人收藏
31	青釉盘口瓶	唐	瓷器	生活用具	私人收藏
32	青釉盘口瓶	唐	瓷器	生活用具	私人收藏
33	耀州窑黑釉盘口瓶	唐	瓷器	生活用具	私人收藏
34	褐釉盘口瓶	唐	瓷器	生活用具	私人收藏
35	耀州窑黑釉瓶	唐	瓷器	生活用具	私人收藏
36	白釉双系罐	唐	瓷器	生活用具	私人收藏
37	褐釉双系罐	唐	瓷器	生活用具	私人收藏
38	耀州窑茶叶末釉双系罐	唐	瓷器	生活用具	私人收藏
39	耀州窑黑釉窑变双系罐	唐	瓷器	生活用具	私人收藏
40	耀州窑黑釉双系罐	唐	瓷器	生活用具	私人收藏

续表

序号	名称	时期	性质	类别	来源
41	耀州窑黑釉双系罐	唐	瓷器	生活用具	私人收藏
42	黑釉罐	唐	瓷器	生活用具	私人收藏
43	耀州窑茶叶末釉器盖	唐	瓷器	生活用具	考古发掘
44	耀州窑茶叶末釉折沿炉	唐	瓷器	生活用具	考古发掘
45	白釉执壶	唐至五代	瓷器	生活用具	私人收藏
46	白釉莲瓣纹碗	唐至宋	瓷器	生活用具	私人收藏
47	白釉敛口钵	唐至宋	瓷器	生活用具	私人收藏
48	白釉褐彩敛口钵	唐至宋	瓷器	生活用具	私人收藏
49	耀州窑青釉小杯	五代	瓷器	生活用具	私人收藏
50	白釉花口盘	五代	瓷器	生活用具	私人收藏
51	定窑白釉"新官"款花口碗	五代	瓷器	生活用具	私人收藏
52	白釉花口碗	五代	瓷器	生活用具	私人收藏
53	耀州窑青釉十二曲花口碗	五代	瓷器	生活用具	考古发掘
54	耀州窑青釉花口碗	五代	瓷器	生活用具	私人收藏
55	耀州窑青釉碗	五代	瓷器	生活用具	考古发掘
56	耀州窑青釉花口碗	五代	瓷器	生活用具	私人收藏
57	耀州窑青釉花口碗	五代	瓷器	生活用具	私人收藏
58	耀州窑青釉碗	五代	瓷器	生活用具	私人收藏
59	耀州窑青釉斗笠盏	宋	瓷器	生活用具	私人收藏
60	耀州窑青釉温碗	宋	瓷器	生活用具	私人收藏
61	黑釉白覆轮温碗	宋	瓷器	生活用具	私人收藏
62	白釉划花长方形枕	宋	瓷器	生活用具	私人收藏
63	绿釉贴花璎珞纹盘口穿带瓶	辽	瓷器	生活用具	私人收藏
64	柳斗纹褐釉双系扁罐	金	瓷器	生活用具	私人收藏
65	灵武窑褐釉菊花纹扁壶	元	瓷器	生活用具	私人收藏

3. 石质文物

统万城地区石质文物较多，按类型来看，书中记载石雕艺术品4件，建筑构件9件、宗教器物2件、城防武器1件、陪葬器10件；从时间来看，这些石刻文物的年代以北周和唐时期数量最多，共23件，晋（十六国）、北朝至唐时期、宋各有1件石质文物（见表3-5）。

表 3-5　统万城考古石质文物汇总

序号	名称	时期	性质	类别	来源
1	石马	晋(十六国)	石器	石雕艺术品	民间征集
2	彩绘贴金浮雕石门	北周	石器	建筑构件	博物馆藏
3	翟曹明墓志铭	北周	石器	建筑构件	博物馆藏
4	门楣石	北周	石器	建筑构件	博物馆藏
5	门框石	北周	石器	建筑构件	博物馆藏
6	彩绘左门扉	北周	石器	建筑构件	博物馆藏
7	彩绘右门扉	北周	石器	建筑构件	博物馆藏
8	狮形左门砧	北周	石器	建筑构件	博物馆藏
9	狮形右门砧	北周	石器	建筑构件	博物馆藏
10	石雕佛像	北朝	石器	宗教器物	考古发掘
11	石鸱吻	北朝至唐	石器	建筑构件	考古发掘
12	杨会墓石棺	唐	石器	陪葬器	考古发掘
13	石雕佛像	唐	石器	宗教器物	考古发掘
14	石人	唐	石器	石雕艺术品	私人收藏
15	石刻菩萨伎乐图	唐	石器	石雕艺术品	考古发掘
16	礌石	唐	石器	城防武器	考古发掘
17	刘神墓志铭	唐	石器	陪葬器	考古发掘
18	贾武墓志铭	唐	石器	陪葬器	考古发掘
19	王夫人墓志铭并盖	唐	石器	陪葬器	考古发掘
20	任操墓志铭并盖	唐	石器	陪葬器	考古发掘
21	马琮墓志铭并盖	唐	石器	陪葬器	私人收藏
22	辛节墓志铭并盖	唐	石器	陪葬器	考古发掘
23	权通墓志铭并盖	唐	石器	陪葬器	考古发掘
24	曹恽墓志铭并盖	唐	石器	陪葬器	考古发掘
25	李贞墓志铭并盖	唐	石器	陪葬器	考古发掘
26	石雕像	宋	石器	石雕艺术品	考古发掘

4. 金属器文物

统万城地区现已发现的金属器文物数量较少，书中介绍了27件金属器文物，主要有生活用具、宗教器物、城防武器三大类，其中生活用具最多，有23件，占到85.2%；城防武器有3件、宗教器物有1件，占14.8%；从年代来看，唐代数量最多，共有21件，晋（十六国）、北周、辽、元有少量金属器共6件。按材质可以分为金、银、铜、铁，以青铜器数量最多。青铜器有碗、钵、盘、勺、钱币、铜镜、首饰、配饰等，其中钱币、铜镜数量最多。该地青铜器物具体包括钱币若干枚、铜镜、铜钵、铜勺、铜手镯、铜梳、铜簪钗、铜带銙、铜合页等。除了铜器外，统万城地区的金属器还有金器、银器和铁器，具体包括金币、银币、银手镯、铁箭镞等。其中金币年代不详，银币为库思老二世银币（590~628年），银手镯和铁箭镞均为唐代器物（见表3-6）。

表3-6 统万城考古金属器文物汇总

序号	名称	时期	性质	类别	来源
1	鎏金铜佛坐像	晋(十六国)	青铜器	宗教器物	博物馆藏
2	太夏真兴铜钱	晋(十六国)	青铜器	生活用具	博物馆藏
3	鎏银太夏真兴铜钱	晋(十六国)	青铜器	生活用具	博物馆藏
4	五行大布铜钱	北周	青铜器	生活用具	博物馆藏
5	萨珊银币	唐	银器	生活用具	私人收藏
6	开元通宝铜钱(117枚)	唐	青铜器	生活用具	私人收藏
7	鎏银秘戏图开元通宝铜钱	唐	青铜器	生活用具	私人收藏
8	万年永钱金币	唐	金器	生活用具	私人收藏
9	团花纹菱形铜镜	唐	青铜器	生活用具	私人收藏
10	海兽葡萄纹铜镜	唐	青铜器	生活用具	私人收藏
11	素面弦纹铜镜	唐	青铜器	生活用具	考古发掘
12	铜挖鑷	唐	青铜器	生活用具	考古发掘
13	缠枝花卉纹银手镯	唐	银器	生活用具	私人收藏
14	柳叶形铜手镯(一对)	唐	青铜器	生活用具	私人收藏
15	鎏金铜簪钗(一组)	唐	青铜器	生活用具	私人收藏
16	鎏金花鸟纹铜梳	唐	青铜器	生活用具	私人收藏
17	鎏金圣树对兽纹铜带銙	唐	青铜器	生活用具	私人收藏
18	虎纹铜带銙	唐	青铜器	生活用具	私人收藏
19	鎏金蝴蝶形铜合页	唐	青铜器	生活用具	私人收藏
20	汉文和粟特文双语铜印章	唐	青铜器	生活用具	私人收藏
21	铁箭镞	唐	铁器	城防武器	考古发掘
22	铁箭镞	唐	铁器	城防武器	考古发掘
23	铁蒺藜	唐	铁器	城防武器	考古发掘
24	青铜钵	唐	青铜器	生活用具	私人收藏
25	鎏金卷草纹八瓣铜勺	唐	青铜器	生活用具	私人收藏
26	三龙纹铜镜	辽	青铜器	生活用具	私人收藏
27	四系铜扁壶	元	青铜器	生活用具	私人收藏

5. 统万城其他器物

统万城地区还发现了少量的木器、琉璃器、骨器、贝器等器物，其中木器1件，琉璃器1件，骨器与贝器7件，壁画1幅，这些器物均属于北朝、唐和五代时期。统万城已发现这些器物的类别主要有生活用具、宗教器物、陪葬器和绘画艺术品四大类，其中生活用具有7件、宗教器物有1件、陪葬器1件、绘画艺术品1件（见表3-7）。

表3-7 统万城考古其他器物汇总

序号	名称	时期	性质	类别	来源
1	彩绘人物云龙纹棺板	北朝	木器	陪葬器	私人收藏
2	蓝琉璃瓶	北朝至唐	琉璃器	生活用具	私人收藏
3	穿孔野猪獠牙	北朝	骨器	生活用具	考古发掘
4	骨笄	唐	骨器	生活用具	考古发掘
5	骨笄	唐	骨器	生活用具	考古发掘
6	贝壳盒	唐	贝器	生活用具	私人收藏
7	贝壳盒	唐	贝器	生活用具	私人收藏
8	骨梳背	五代	骨器	生活用具	考古发掘
9	卜骨	五代	骨器	宗教器物	考古发掘
10	壁画	北朝	壁画	绘画艺术品	考古发掘

按使用功能类别进行统计，统万城遗址及其周边地区发现的文物可分为生活用具、陪葬器物、建筑构件、石雕艺术品、宗教器物、城防武器、绘画艺术品等。其中，生活用具共128件，占总数的73.1%；陪葬器物20件，占总数的11.4%；建筑构件14件，占总数的8%；石雕艺术品4件，占总数的2.3%；宗教器物4件，占总数的2.3%；城防武器4件，占总数的2.3%；绘画艺术品1件，占总数的0.5%。从这些文物的功能来看，大致反映了当时的社会生产生活状况（见图3-29）。统万城地区发现的生活用具类器物包括饮食器、文房器、起居用具、装饰器等类型，发现的陪葬品有塔式罐、镇墓兽、骑马俑、陶灶等，从城址中出土的防御武器遗存有礌石、铁箭镞、铁蒺藜等。

按时间年代统计分析，唐朝时期的器物数量最多，共计116件，占总数的66.3%，北朝时期有16件，占总数的9.2%，五代遗物有14件，占总

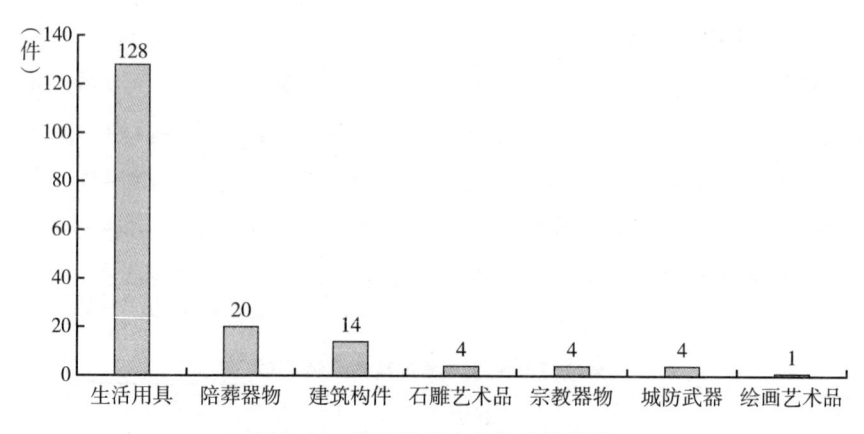

图3-29 统万城现存文物功能统计

数的8%，宋代遗物有8件，占总数的4.6%，此外，晋（十六国）、隋、北周、辽、金、元等时期的遗物共发现有21件，占总数的12%。从文物数量上看，统万城在唐朝时期政治、经济、人口、文化应该均达到了其历史时期的顶峰，唐朝是我国古代社会经济发展的高峰时期，统万城也成为唐朝经济、文化繁荣的一个缩影（见图3-30）。

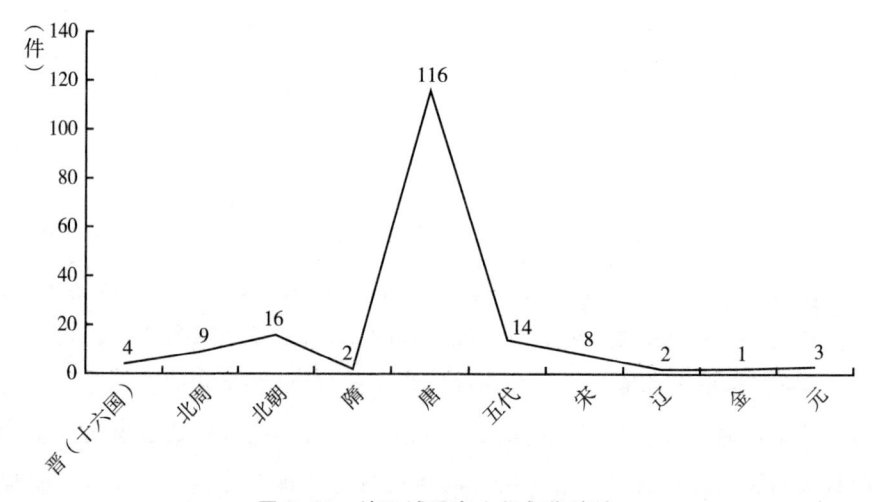

图3-30 统万城现存文物年代统计

按器物的材质分类，可以分为陶器、瓷器、石器、青铜器、银器、金器、铁器、木器、琉璃器、骨器、贝器等。其中瓷器数量最多，有65件，占总数的37.1%；陶器有47件，占总数的26.9%；石器有26件，占总数的14.9%；青铜器有21件，占总数的12%；其他材质类型的器物占总数的9.2%，其中有银器2件、金器1件、铁器3件、木器1件、琉璃器1件、骨器5件、贝器2件。从这些文物类别来看，以瓷器、陶器、石器、青铜器为主，可见当时的手工业制瓷和制陶技术较为成熟，而统万城当时以农耕经济为主要社会生产方式（见图3-31）。

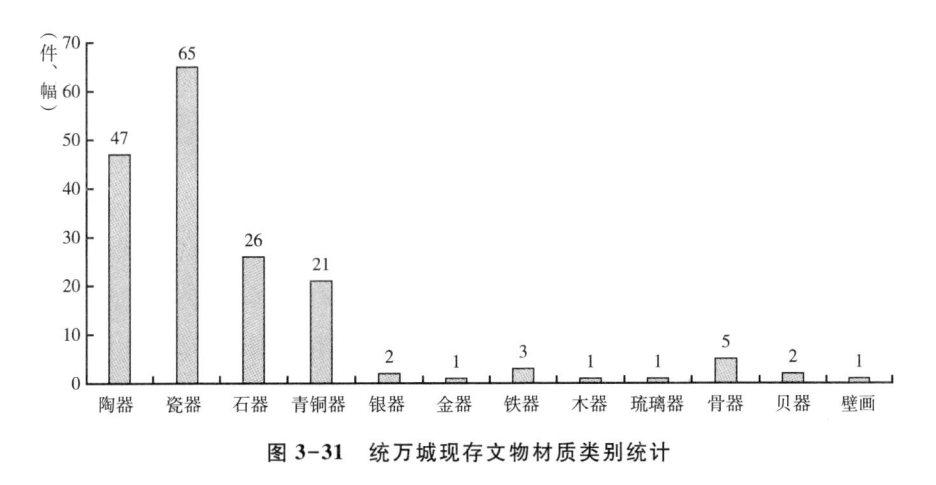

图3-31 统万城现存文物材质类别统计

按照文物出土位置统计，统万城遗址中出土文物共计56件，其中西城共发现有23件，东城则仅有4件，现白城则村统万城墓地发现19件文物，周边村落10件（见图3-32）。

综上所述，在统万城遗址区发现的文物中，唐代时期的遗物最多，这些器物类型包括陶器、瓷器、石器、青铜器、银器、金器、铁器、木器、琉璃器、骨器、贝器等各种材质，用途也较为广泛，有生活用具、陪葬器、建筑构件、石雕艺术品、宗教器物、城防武器、绘画艺术品等，部分器物造型体现了少数民族与汉族文化融合的元素；在统万城兴起发展的时间段，也就是4~5世纪，统万城正位于沿着鄂尔多斯沙漠南缘行进的丝绸之路上，该路段也是北朝至隋唐时期丝绸之路的重要交通道路之一[1]，现在统万城遗址中发现的外来器物有力佐证了统万城是该时期丝绸之路的重要节点。

---

[1] 雷宏霞：《十六国至隋唐统万城变迁》，西北师范大学硕士学位论文，2012。

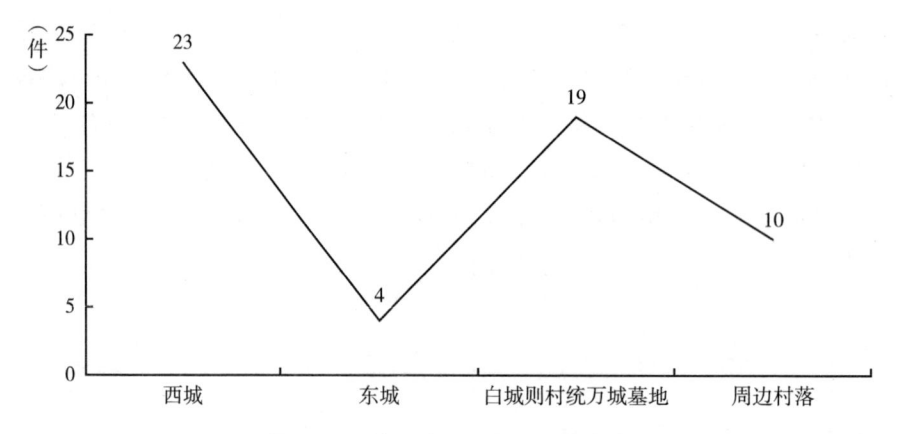

图 3-32　统万城文物出土位置统计

统万城遗址所发现的这些器物不仅从一个侧面真实反映了历史上统万城地区的发展与变迁，而且也证实了统万城作为丝绸之路的一个重要节点，在十六国时期获得了开发，并在唐朝达到了较高的生产力水平。

本章小结

统万城始建于413年（东晋义熙九年），是铁弗匈奴赫连勃勃所建立的大夏国都城，距今已有1600多年的历史，历经千年风霜雨雪，统万城白色城垣仍然屹立不倒，成为那个已经消失的古老民族留给后世的真实见证，在中国的历史长河中留下了浓墨重彩的一笔，向人们生动展示了一个民族和城市的兴衰。本章通过对相关文献资料的梳理总结，首先对统万城的历史演变进行了分析，将其分为孕育阶段、建国前史、全盛发展、中衰没落、后世寻访五个大的历史时段，并探讨了统万城选址、建造、沿用、废弃等相关学术问题；其次，结合现有考古资料对统万城遗址及其周边区域的考古工作、考古发现、附属文物资源进行了归纳总结，从而为统万城遗址的相关研究奠定了坚实的基础。

第四章
统万城的空间布局及其内部功能

"要想更深刻地理解城市的现状，我们必须掠过历史的天际线去考察那些依稀可辨的踪迹，去了解城市更远古的结构和更原始的功能。这应成为我们城市研究的首要任务。"[①] 芒福德的这句话阐明了当代城市发展与历史研究之间密不可分的联系，也指出古代城市研究的关键在于探究古城的空间结构和功能。古代城市的空间形态承载了特定时期的历史信息，既能反映当时人们的城市营建理念、建造技术水平；又可侧面反映当时的社会组织形态、生产生活习俗，从而认知历史演进发展的规律与特征，是遗址价值阐释的重要组成部分。考古遗址公园的规划建设与古城的空间形态密不可分，无论是公园的规划范围划定还是展示阐释体系的构建，都要以古城的空间形态为依据，因而在探究统万城考古遗址公园规划策略之前，有必要对其空间布局及内部功能进行较为细致的探究。

一般而言，对于古代城市空间布局形态的研究至少可分为两个层面。其一是宏观层面的分析，也就是嵌套于自然地理环境中的城市总体空间布局，其中既有方形、圆形等集中式平面形态，如曹魏邺城、嘉定古城。也包含以自然地形分割成双子城等分散式平面形态，如夹河而成的襄阳和樊城。其二是中观层面城市内部空间布局分析，包括对城市内部功能分区、标志性节点建筑等层面的分析。宏观的城市平面形态分析能够反映城市与自然地理环境之间的关系，而中观层面，城市内部空间形态则能进一步体现不同历史时期社会主流的思想意识和地域风俗文化对城市建设的影响。本章在回顾前人学术研究成果的基础上，结合考古资料对历史上统万城的城市总体布局及内部功能进行探究，帮助我们深化对统万城遗址价值的认知。

---

① 〔美〕刘易斯·芒福德：《城市发展史——起源、演变和前景》，倪文彦、宋峻岭译，中国建筑工业出版社，1989，第1页。

第一节　研究对象概述

统万城作为城市聚落先后使用数百年，目前学界对统万城空间形态的研究成果大致可分为两类：一类可称为"古代"统万城；一类则是"夏国"时期的统万城。所谓"古代统万城"，是对统万城全部历史发展阶段不加区分的研究。统万城自东晋义熙九年（公元413年）建成之后，历经夏、北魏、西魏、北周、隋唐、五代以至北宋，甚至元明，在长达几百年的时间里，几经损毁却又不断恢复并持续使用，相应的，其内部空间布局形态及功能区划也随之发生着变化，直至最终的毁弃，成为废墟。今日我们见到的统万城遗址是十六国至北宋乃至元明多个朝代的历史遗迹叠加所成，是"古代"的统万城。而"夏国统万城"则特指夏国时期作为国都存在的统万城。据《读史方舆纪要》载，赫连夏国的控制区域"南阻秦岭，东成蒲津，西收秦、陇，北薄于河"[1]，匈奴铁骑踏遍四方，成为一方霸主，勃勃"命班输之妙匠，搜文梓于邓林，采绣石于恒岳"[2]，举一国之力营建都城，彼时"高构千寻，崇基万仞"，"华林灵沼，崇台秘室，通房连阁，驰道苑园"[3]，应有尽有，统万城作为夏国都城一度盛况空前，全盛时期的统万城当具有极高的历史、艺术和文化价值。

历代史书对统万城多有记载，诸如《魏书》（北魏）、《十六国春秋》（北魏）、《水经注》（北魏）、《晋书》（唐）、《旧唐书》（后晋）、《太平寰宇记》（宋）、《十六国疆域志》（清）等。这些古籍文献中对统万城描述最细致的便是记载于《晋书》之上，由胡义周撰写的《统万城铭》碑文，这篇碑文对统万城初建之时超凡绝伦的建筑景象进行了描述，为后世探究大夏时期统万城内部空间布局及功能提供了一定参考，而除此以外的其他相关文献对于统万城的描述大多较为笼统，从中能够获取的有效信息十分有限，我们很难从中准确掌握统万城自夏灭亡之后城内空间的诸多变化。此外，当前统万城遗址的考古勘测工作成果也尚不足以支撑研

---

[1]　顾祖禹撰《读史方舆纪要》卷三、贺次君、施和金点校，中华书局，2005，第145页。
[2]　房玄龄等撰《晋书》第10册，中华书局，1974，第3211页。
[3]　房玄龄等撰《晋书》第10册，中华书局，1974，第3211页。

究者对统万城进行全时段的空间分析。基于上述现状条件,本章将研究时段聚焦于支撑资料较多的大夏时期,主要探究该时段统万城的空间布局及内部功能,在总结前人研究成果的基础上,初步总结分析夏国统万城城址平面特征,进而探讨其城市建设成就,为统万城遗址的价值阐释提供支撑。

第二节 统万城总体空间布局研究

一 统万城空间布局推测相关研究

古城平面复原是探究一个古城历史真相最主要的任务之一,以图式语言将古城的空间形态呈现在大众视野当中,是帮助人们清晰认知并理解城市形态结构的一个有效途径,这类推测或复原的研究一般要以最新考古成果为基础,参考相关历史文献及图像资料开展工作。近年来,卢方琦[1]、叶亚乐[2]、陈筱[3]、张杰[4]、李虹[5]等研究者开始借鉴一些新的技术手段来帮助推测及进行复原工作,如数字化复原、基于 GIS 技术的古城格局复原以及三维模型构建等。这些研究的重点在于研究者能够从相关资料中获取到关键且有效的历史信息并结合古代地图和现代地图进行标志物位置校对,抑或有同时期可供参考的古城对象,研究者能够参照同时期的筑城案例及相应的筑城规范来推测复原古城格局以及具体建筑物的形制。

而对于统万城遗址而言,迄今为止,在古代文献资料中尚未发现相关的图形信息,研究者对其直观的认知大多来源于相关的文字描述;且统万城又是中国历史上匈奴族唯一留下来的都城遗址,同时期并无严格的筑城形制可供参照,故学界对统万城空间形态的研究大多基于考古发现及现代相关学术研究成果、卫星影像图释读等常规方法。总体上,统万城空间布

---

[1] 卢方琦:《明清南昌城复原研究》,北京大学硕士学位论文,2013。
[2] 叶亚乐等:《扬州宋三城平面形态复原研究》,《城市规划学刊》2018年第6期。
[3] 陈筱等:《元中都考古调查与复原试探——兼谈中国近古都城发展史的研究》,《中国历史地理论丛》2018年第4期。
[4] 张杰等:《基于城市记忆的承德古城数字化复原研究》,《建筑技艺》2018年第7期。
[5] 李虹等:《基于GIS和历史地图的清代兰州城市空间格局研究》,《测绘与空间地理信息》2018年第2期。

局研究依然处于探索阶段，尚未有明确的结论。

统万城作为匈奴民族营建的都城，其城市形制在中国古代城市营建历史中具有特殊的价值。千年时光，朝代更迭，历史变迁，统万城从昔日辉煌的都城变为今日茫茫大漠里的断壁残垣，城市内部格局及整体城市形态多有变化，与此同时，统万城遗址多年来不断受到自然和人为因素的破坏，时至今日留给我们的信息十分有限，我们只能从多种角度出发对统万城进行研究，以期能够进一步接近统万城最初的城市形态。多年来，诸多学者均对统万城的空间形态进行了研究并绘制了相应的平面示意图，本节就对这些现有图形成果进行梳理，从而更为准确地认知统万城总体平面形态，为统万城考古遗址公园规划策略的制定提供依据。

1. 基于考古工作的统万城平面图绘制

基于考古勘测成果绘制的统万城平面图是学界认知和探索统万城总体空间布局的基础，其中俞少逸、戴应新等考古研究者较早开展了相关平面图的绘制工作。

（1）俞少逸等所绘统万城平面图（1957年）

1956年，陕西省文管会、陕西省博物馆联合组成陕北文物调查征集组，对统万城遗址作了初步调查，俞少逸等人绘制了最早的统万城平面图[①]（见图4-1）。这张1∶2000的平面图首次呈现了统万城东、西城整体平面轮廓，从图纸反映的情况来看，统万城东、西城平面大致可以分为两个矩形，图纸对西城城垣的描绘较为细致，明确标注了西城四角墩台及马面遗迹等内容，在此平面图内，西城中部偏西南处，作者标注有一处土墩。限于当时的技术条件，此图对于统万城平面的认知仅停留在东、西城的大致平面轮廓以及方位关系上，且图上所表达的城垣形态不甚准确，城垣之间的关系均为平行或垂直，显然过于规整，与遗址的真实形态不符，其所对应的长度测量数据精度也有待提升。

（2）戴应新绘统万城平面图（1981年）

1975~1979年，陕西省考古研究所戴应新多次前往统万城遗址调查，对遗址进行了较为准确的勘测，并在重点地段进行了钻探和试掘工作，在此基础上，戴先生绘制了统万城遗址实测图（见图4-2），与俞少逸先生

---

① 俞少逸：《统万城遗址调查》，《文物参考资料》1957年第10期。

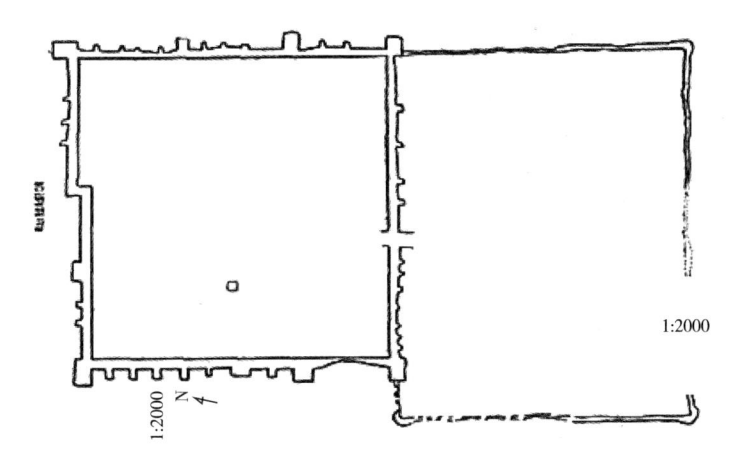

第四章 统万城的空间布局及其内部功能

图 4-1 统万城平面图

资料来源：俞少逸《统万城遗址调查》，《文物参考资料》1957 年第 10 期。

首次绘制的城址平面图相比，该图包含了较为丰富的信息，对统万城遗址有了更深刻的理解。

该图所绘范围依旧包括了东、西二城，整体城垣轮廓形态较 1957 年俞先生所绘制的统万城平面图更为准确，该图中，统万城相邻城垣之间夹角并不是严格的 90°，东城平面为不规则四边形，西城平面为不规则多边形；西城城垣上注明了东、南、西、北四城门的位置，马面数量和四角墩台规模较之 1957 年的平面图有所变动，并标注了东城城垣马面位置；此外，城址内部遗迹有所增加，西城除南部正中的墩台遗址，另有东门内偏南的一处宫殿遗址，东城东部偏北新出土一处宫殿遗址；该图并注有等高线，可判断城址内地势大致呈西高东低态势。戴先生的统万城实测图较为真实详细地反映了统万城东西二城的平面轮廓形态，内部重要遗址点也有所补充完善，为统万城城址空间形态的后续研究奠定了基础。

（3）陕西省考古研究院所绘统万城遗址实测图（2009 年）

2006~2011 年，陕西省考古研究院对统万城外郭城进行了一定的考古发掘工作，据 2011 年发表的考古报告，2006~2008 年的考古成果"基本确认外郭城平面呈曲尺形，周长 13865.4 米……面积 7.7 平方公里，西北部凸出，城垣走向与东、西城城垣大体一致。东南部被红柳河冲毁。从城

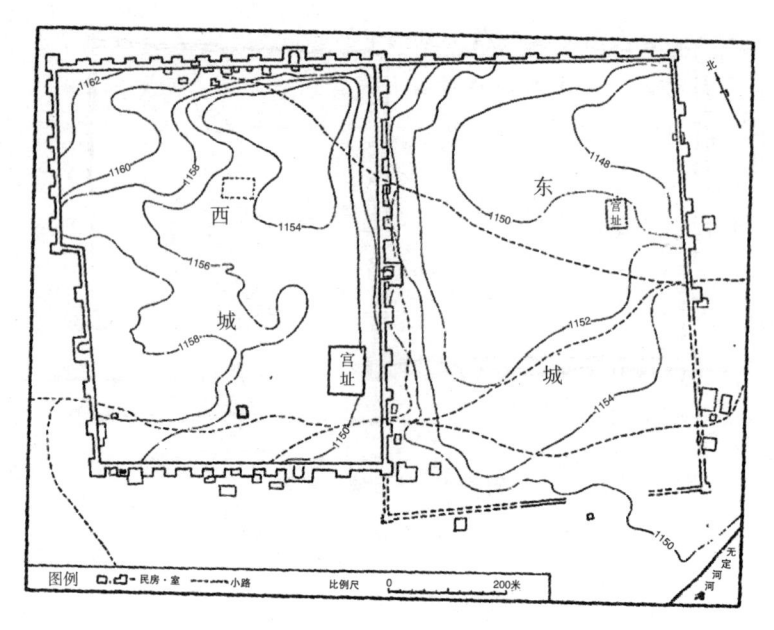

图 4-2 统万城遗址实测图

资料来源：戴应新《统万城城址勘测记》，《考古》1981 年第 3 期。

垣连线看，城角均非直角。从残存城垣看，东部城垣宽达 8 米，西部只有 1 米余"①，2009 年，考古人员基于科学的考古工作完成了统万城遗址实测图，进一步明确了外郭城的总体平面形态及空间位置②（见图 4-3）。

2. 基于相关研究的统万城复原图绘制

（1）邓辉等人的统万城复原图（2001 年）

2001 年，邓辉等人基于前人研究及考古工作成果，借助大比例尺航空遥感影像判读等技术手段，初步复原了夏国统万城的城市形态，绘制了统万城平面复原图③（见图 4-4）。此图复原的统万城包括东、西城遗址，整体复原平面呈三重城结构。其中，东城被认为是外郭城，西城则被判断为内城，宫城位于西城西半部，宫城西墙与内城西墙相重。此外，内城南部

---

① 陕西省考古研究院：《2011 年陕西省考古研究院考古发掘新收获》，《考古与文物》2012 年第 2 期。
② 邢福来等：《统万城遗址近几年考古工作收获》，《考古与文物》2011 年第 5 期。
③ 邓辉等：《从统万城的兴废看人类活动对生态环境脆弱地区的影响》，《中国历史地理论丛》2001 年第 2 期。

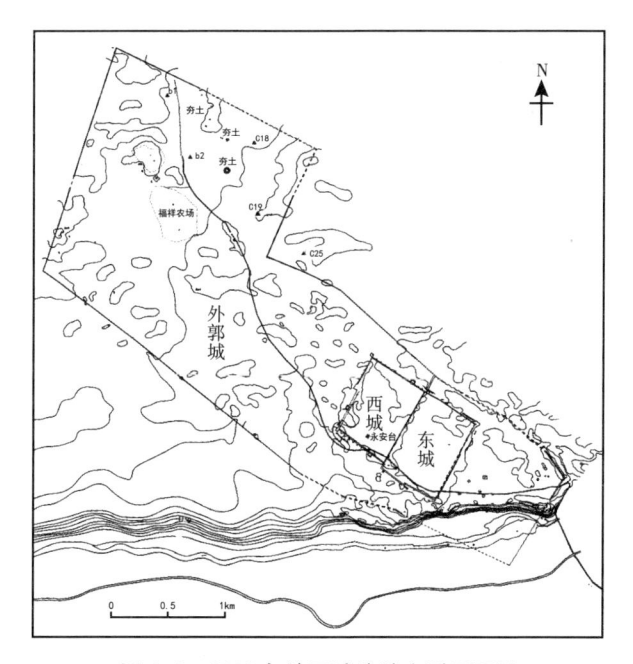

图 4-3 2009 年统万城遗址实测平面图

资料来源：邢福来等《统万城遗址近几年考古工作收获》，《考古与文物》2011 年第 5 期。

墩台注为鼓楼。该复原图通过对卫片识读，推测有古河道由西北角角楼南侧的护城河引入统万城中，自西北向东南流，从东南角楼的北侧流入外郭城①。城垣方面，西城城墙注有马面位置，东、南、西、北各开一门，东城（外郭城）未标注马面，西城垣开一门，南北无门。整体来看，外郭城、内城、宫城的东门均位于一条东西向轴线上，邓辉等人据此推测此为统万城的中轴线，城内建筑沿轴线布置。

邓图中将统万城的东、西二城，分别定性为外郭城和内城，并推测了宫城的位置，就其推论的逻辑而言，该图定义的统万城"三重城"形态明显借用了中国古代中原地区的营城制度，据此推论统万城内部建筑物的布置应当是沿城市轴线依次布设，但图中西城东、南、西、北四门标注位置与1981年戴应新先生实地勘测绘制的统万城实测图中城门位置并不相符，在戴先生的统万城实测图中，西城西门和东门并不在一条东西向的直线

---

① 邓辉等：《利用彩红外航空影像对统万城的再研究》，《考古》2003 年第 1 期。

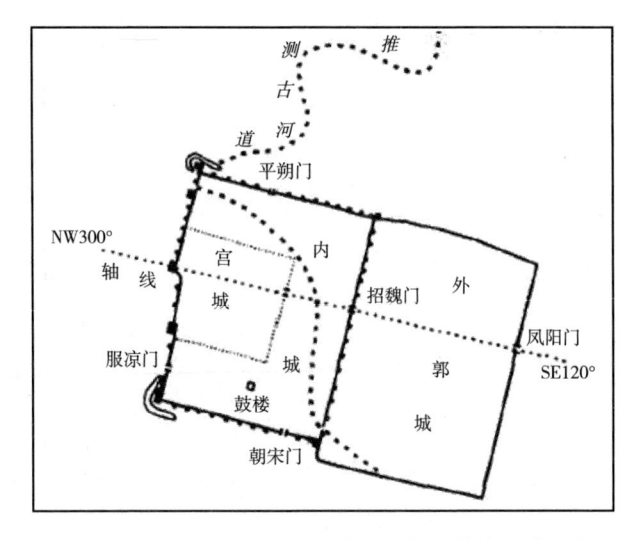

价值再现：统万城国家考古遗址公园规划研究

图 4-4　根据彩红外航空影像判明复原的统万城形态

资料来源：邓辉等《从统万城的兴废看人类活动对生态环境脆弱地区的影响》，《中国历史地理论丛》2001 年第 2 期。

上；邓图中将西城南部的墩台注为鼓楼，其依据来源于清代何炳勋的报告"钟楼尚堪登眺，高约十余丈，白土筑成"，但实际上，何氏当年探访统万城，对其所见到的遗迹也仅仅是依据史料进行的推测，并无确切证据表明此处墩台即为统万城的钟楼。总言之，邓图作为首次对统万城历史空间结构进行复原的代表性成果，具有重要的学术意义，但是囿于资料不足，该复原图仍存诸多疑点。

（2）王刚等所绘"统万城"平面图（2004 年）

王刚等基于相关文献及考古资料对统万城空间平面进行了推测复原（见图 4-5），并借助三维仿真手段对统万城进行了立体复原[①]。该平面图基于 1981 年统万城实测图，并首次将外郭城的形态反映在复原图上，拓展了统万城的图面研究范围。

此版平面图的空间范围包含东、西城以及外郭城。其中，外郭城平面形制为推测所得，推断依据为清代何炳勋的《复榆林徐太守松查夏统万城故址禀》中的相关描述，根据何氏探寻统万城的前进路线绘制而成的统万

[①] 王刚等：《"统万城"复原图考》，《文物世界》2004 年第 6 期。

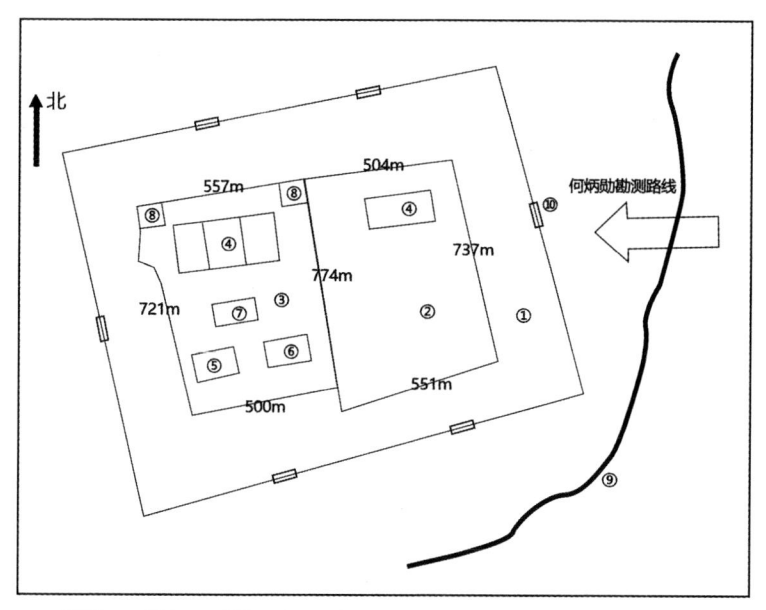

第四章　统万城的空间布局及其内部功能

①头道城　②二道城　③三道城　④宫殿　⑤钟楼　⑥鼓楼
⑦台楼　⑧拐角楼（墩台）　⑨奢延水（无定河）　⑩城门

图 4-5　王刚等所绘统万城平面图

资料来源：王刚等《"统万城"复原图考》，《文物世界》2004 年第 6 期。

城平面轮廓为"三重城"形态，自东向西分别为外城（头道城）、内城（二道城）、皇城（三道城），外城城垣形态为不规则四边形，东、西城城垣正中各开有一道城门，南、北城垣各开有两道城门，东、西城城垣轮廓均为不规则四边形，与戴应新先生（1981 年）的勘测结果一致，西城东、南、西、北各标注有一门；东城北垣无门，西垣与西城共用一门，东垣与南垣各注有一门；图中城垣用单线描绘，但未注明马面位置。关于城内重要建筑的布局，图中西城部分的西北和东北角各标有一处台楼，北部有大型宫殿一处，中部有台楼，南部有钟楼和鼓楼对称分布，东城北部有宫殿一处。根据考古工作现状及文献资料来看，此图所反映的一些信息明显有误，一方面，外郭城平面轮廓推测有误，研究者在图面上呈现的外郭城形态明显是基于东西城整体形态向外偏移而得，仅仅是为了对应文献中所描述的"三重城"相对位置关系，推测依据不足；另一方面，城内重要建筑推测依据不足，平面图中西城西北角和东北角有墩台两处，但 1981 统万城

117

实测图已注明西城四角皆有墩台,图中西城南部有钟、鼓楼,这一点与邓辉等人的复原图一致,尚未有证据表明统万城内也沿袭了古代中原地区"晨钟暮鼓"的习俗,可见其推测思路套用了中国古代传统营城制度。

(3)吴宏岐所绘十六国时期统万城形态与内部布局推测图(2004年)

吴宏岐以相关文献资料为基础,结合何炳勋、俞少逸、戴应新、邓辉等人的研究成果,绘制了十六国时期夏国都城统万城形态与内部布局推测图①(见图4-6)。该图首次区分了古代统万城与十六国时期的统万城。吴图基于邓图进行研究,该图复原的空间范围仍为东、西二城,城垣整体轮廓形态及城门位置均与邓图一致,保留了西城内河道,城址整体平面形态为三重城结构,东城为外郭城,西城为内城。与邓图唯一不同的是西城内宫城位置位于西城西南部,整体平面形态呈正方形,宫城城墙与内城城墙不重合。此外,内部空间格局方面,宫城又为西宫,城内东南角墩台为永安殿(台),城中有温宫、凉殿;西城东南部另有一东宫,西宫北垣以北有别殿,离宫在城南;西城其他区域为内城,城北部为苑囿区,社、稷在南部;东城为外郭城,其东部偏北处有一官署区,居民区在城西部及南部。

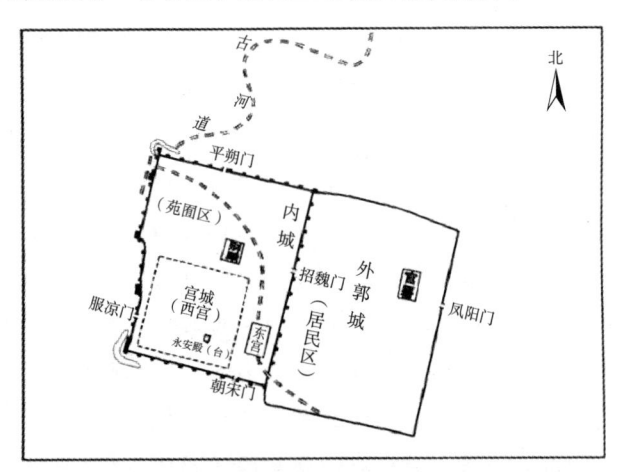

图 4-6 十六国时期统万城形态与内部布局推测图

资料来源:吴宏岐《关于大夏国都统万城的城市形态与内部布局问题》,《中国历史地理论丛》2004年第3期。

---

① 吴宏岐:《关于大夏国都统万城的城市形态与内部布局问题》,《中国历史地理论丛》2004年第3期。

吴图中对宫城位置的确定，具有较强的说服力和可供参考的意义。对于宫城位置的确定，一方面，从统万城考古揭示的现象来看，统万城南垣的军事防御力量最强，且西南角隅台最为高大，故而推断此处防御体系的设置是出于防护宫城的需要；另一方面，吴图认为统万城空间布局仿汉长安城，遵循汉长安城营城制度，且通过对相关文献及考古资料的分析，推测西城南部现存的墩台即为永安殿（台），据此确定了宫城城垣的位置。但是由于考古资料的限制，吴图也存在一些有待讨论的疑点。首先，吴图对统万城三重城垣确定所得结论与考古工作实际不完全相符；其次，吴图对统万城内部空间格局、重要建筑的推断均以汉长安城作为参照对象，一定意义上也可能存在不严谨之处。

（4）袁怡雅统万城平面复原示意图及功能布局示意图（2017年）

袁怡雅在前人研究基础上，结合统万城近年来考古工作成果，对统万城进行了科学的复原研究。其主要贡献有三：其一，综合近年来考古工作进展对东、西二城的平面形态进行了较为精确的复原；其二，将统万城空间平面复原工作从城垣以内扩展至城市赖以存在的自然地理环境，将考古勘测所得外郭城范围、无定河南侧的三处祭祀遗址以及南部墓地均加入了复原图中，呈现了较为完整的夏国时期统万城城市平面形态；其三，对夏国时期的统万城进行了科学的复原，从而清晰地将历史上统万城空间形态与夏国时期统万城空间形态进行了区分。

袁的研究工作首先将统万城考古勘探所得的成果与东、西城考古遗址分布图进行叠加，从而得到了统万城东、西城平面复原示意图[①]（见图4-7）。

袁图东、西城的整体平面形态与戴应新实测图（1981年）较为相似，不同点在于：其一，西城及东城南垣与相邻城垣的夹角有所变化，戴图上西城南垣与东垣的夹角近似90°，东城南垣与东垣的夹角大于90°，而袁图上西城南垣与东垣的夹角小于90°，东城南垣与东垣的夹角小于90°；其二，城垣方面，马面数量发生了变化，西城城门数量及位置与戴图一致，东城则补充了东门及南门，西城东垣南端多了一段延伸出去的夯土墙，城垣外围新增了用虚线注明了的壕沟；其三，与考古遗址分布图的叠加，丰富了城址内部信息，其中袁图最重要的一点是对道路体系的补充，以城门

---

① 袁怡雅：《统万城遗址的空间格局研究》，中国建筑设计研究院硕士学位论文，2017年。

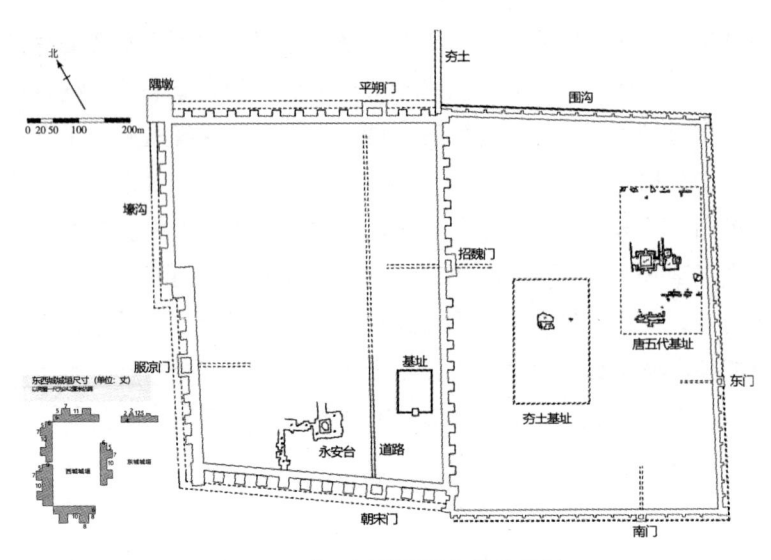

◀ 价值再现：统万城国家考古遗址公园规划研究

图 4-7　东、西城平面复原示意图

资料来源：袁怡雅《统万城遗址的空间格局研究》，中国建筑设计研究院硕士学位论文，2017。

为起点，每个城门对内都延伸出一段垂直于城垣的道路，其中西城北垣的平朔门与南垣的朝宋门之间有一条南北向的道路。

此外，关于城址内部空间格局，西城内部主要建筑基址注有两处，分别是位于西城南部的永安台以及南部偏东的一处赫连夏时期建筑群基址，东城有两处范围较大的建筑基址遗迹，一处是东城中部尚未明确年代的夯土基址，另外一处是北部偏东的唐末五代建筑基址。该图包含了较为完善的遗址信息，如城墙、马面、隅墩等均依据具体数据进行绘制，形成较为精确的平面轮廓形态，且现已发掘出的不同朝代的建筑遗址信息均落点于图上，包含了近年来统万城最新的考古成果，为统万城平面复原工作的突破提供了非常重要的参考依据。但是需要注意的是，袁怡雅此处复原的时限是"古代"，包含了多个朝代的历史信息，与其说是复原图，不如说是主要考古遗址的分布图。

基于考古勘测的最新成果，袁怡雅还对统万城内的功能及空间格局进行了推测复原，得出了功能布局示意图（见图 4-8）。

此图中，统万城平面构成主要分为三个部分，外郭城、东城和西城。外郭城用于管理畜产，北部有河流穿过，相当于牧场和防御空间，北部有

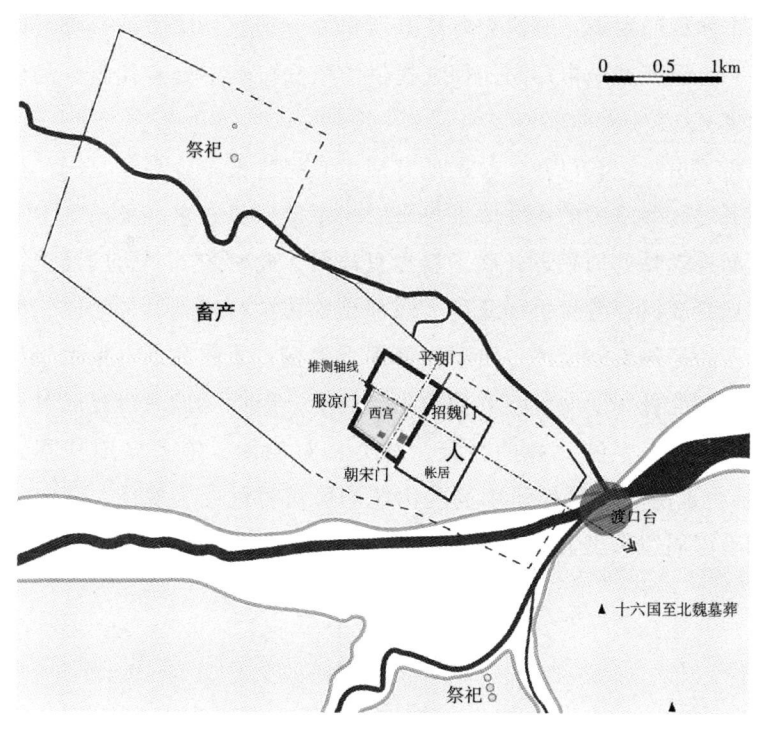

第四章　统万城的空间布局及其内部功能

图 4-8　统万城功能布局示意图

资料来源：袁怡雅《统万城遗址的空间格局研究》，中国建筑设计研究院硕士学位论文，2017。

两处祭祀遗址；东城由大城改筑而来，用于安置战俘，主要为帐居，具有私城的性质；西城为新筑之统万城，作为统治中心存在，西南角有宫城。此外，根据傅熹年先生对统万城城市轴线的研究，袁图中标出了东西向轴线，穿过西城东垣之招魏门，向东直指渡口台，宫城不在这一东西向轴线上，文中推测这一布置方式模仿了汉长安城未央宫的布设方式，这一点与2004年吴宏岐的推论保持一致。袁怡雅关于统万功能布局的推测，基础资料较为丰富、内容翔实、逻辑清晰，推测结果具有较高的参考价值。

3. 基于军事防御的统万城空间布局探究

十六国时期时局动荡，赫连勃勃领导下的夏国虽得以立国筑基，但也时刻面临着来自周边邻国的军事压力。统万城作为一国之都，其修筑必然要优先考虑军事防御问题，如前文所述，统万城的选址具有"独守之形，险绝之状"的军事地理优势，而其总体空间布局亦与军事要素密切相关。

基于军事防御的视角，有研究对统万城定都合理性、周边地形等方面进行了分析，为统万城城市形态的探究提供了依据，其中具有代表性的研究者有吴洪琳[①]、王金都[②]等。

据相关史料记载可知，赫连夏时期，北魏政权一直都是夏国的最大强敌，统万城西城坚固的城墙体系与当时的军事形势息息相关。刘卫辰败北之后，赫连勃勃逃回朔方开启了赫连夏政权，此时朔方周边的情况：东部是与赫连夏政权有着世仇的北魏，南部是曾扶植赫连勃勃的后秦，北部是柔然，西边是西秦和南凉。由于北魏国力强盛，柔然和后秦采取交好的策略相互牵制北魏，此时赫连勃勃依附于后秦，因此柔然对赫连勃勃构不成威胁，反而可以牵制北魏的力量，势力相对均衡，笔者以谭其骧主编的《中国历史地图集》第四册中的夏国统治区历史地图为底图，绘制了赫连夏初期夏国周边军事关系图（见图4-9）。

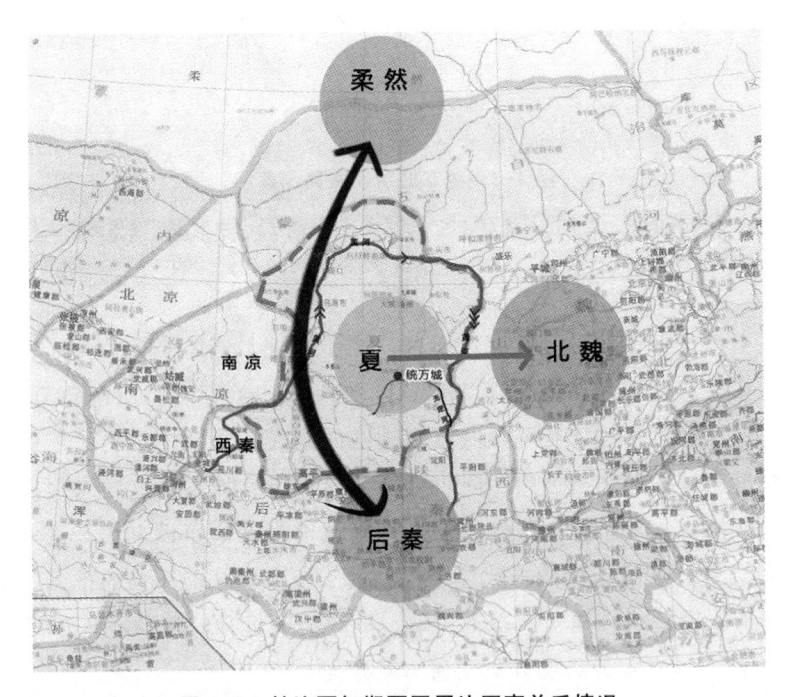

图4-9　赫连夏初期夏国周边军事关系情况

[①]　吴洪琳：《大夏国史》，陕西师范大学博士学位论文，2005。
[②]　王金都：《十六国时期统万城城市防御体系研究》，西北大学硕士学位论文，2019。

但是这种战略均势随着北魏与后秦关系的缓和而被打破,当后秦主动向北魏示好,就意味着后秦不再是夏政权可信赖的庇护势力,这就使得夏国面临着来自后秦、北魏、柔然等的多方军事压力(见图4-10)。在这一局面之下,赫连勃勃决定选择一方主动出击,然而,此时的夏国无论是国力,还是军事上都无法与北魏抗衡,历史的教训和国力的差距促使勃勃最终选择将矛头指向后秦,自此拉开了夏与后秦的战争,赫连勃勃充分运用游牧民族特有的作战方式,在后续的战争中一路开疆拓土,推动夏国走进全盛时期。赫连勃勃在位期间的努力极大地提升了夏的综合国力和军事地位,但是与之疆域毗邻的北魏政权却始终是一个无法忽视的强大存在,在大部分时间里,赫连勃勃对北魏采取的是以防守为主的策略,这也是赫连勃勃在营建统万城时重要的选址原因。

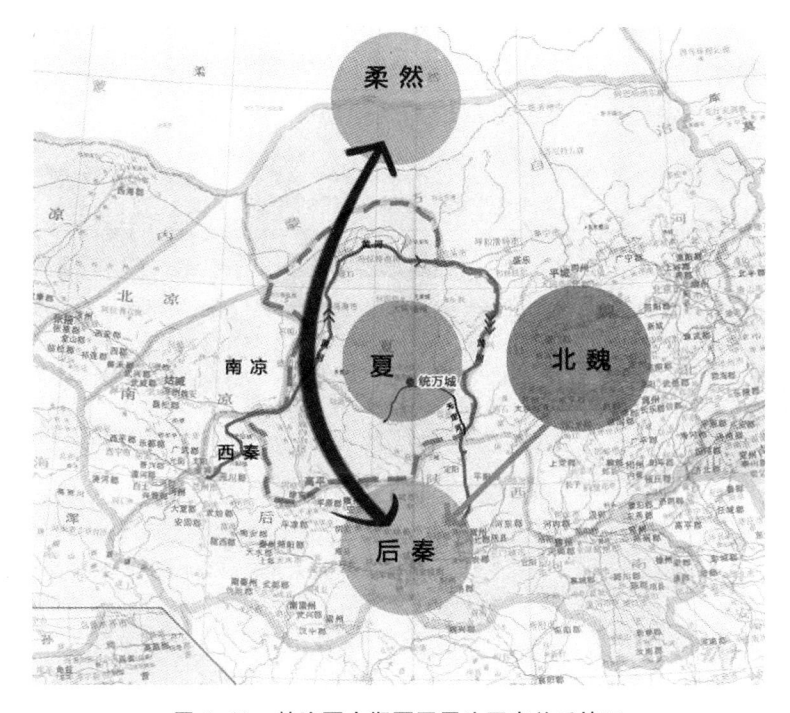

图4-10 赫连夏中期夏国周边军事关系情况

夏国时期,赫连勃勃所辖的朔方地区处于六盘山、白于山(也叫横山,与横山为同一山体,不同叫法)、贺兰山、阴山形成的封闭地理单元内。朔方地区西、北、东三面都被黄河包围,黄河与这些山脉相互作用,共同构成统万城最外部防御格局①。由于夏的统治区域大部分位于黄河以内，统万城的西、北、东侧三面均有黄河流经，以流速作为标准，北侧水流最慢，西侧次之，东侧水流最为湍急，从军事防御角度来看，这一地区防御性由强至弱依次是东部、西部、北部①。统万城作为夏的政权核心，与北魏隔河相对，主要目的就是防止北魏过河掠夺，赫连勃勃曾道："若都长安，北京（统万城）恐有不守之忧。朕在统万，彼终不敢济河。"② 后来的历史证明，赫连勃勃在位期间，北魏也确实一直没有进攻过赫连夏，一定程度上表明勃勃营城选址的合理性。与此同时，相关考古勘测资料显示，统万城西城坚固的四面城墙中，以南墙马面最为坚固密集，西南角隅台最为高大，可见统万城的主要军事防御对象是西南侧的后秦，而不是东侧的宿敌北魏，这一方面是出于东侧湍急黄河的天然防御优势，另一方面也足以凸显赫连勃勃对于自己驻守黄河对岸，可威慑北魏政权的自信。由于夏国疆域北侧黄河流速较慢，北魏军队充分抓住了这一防守弱点，每次都会从夏国北侧黄河的金津渡口或君子津渡口南下发起进攻（见表4-1、图4-11）。

表4-1　北魏对赫连夏战争经过

时间	战事	经过
赫连夏承光二年（426年）	第一次伐夏战争	太武帝拓跋焘分南北两路进攻夏国：南路又分两支，一支由司空奚斤率领义兵将军封礼等四万五千人进攻蒲坂；另一支由宋将军周几率领一万余人进攻陕北；北路由太武帝亲自率领轻骑两万人在君子津渡河，向南直奔统万城。魏军突至，赫连昌毫无防备，在黑水仓皇迎战，大败，据城而守
赫连夏承光三年（427年）	第二次伐夏战争	赫连昌乘拓跋焘东巡之际，遣其弟赫连定率众两万南下，欲夺长安。拓跋焘得知后，派拓跋礼加强长安防御的同时，遣桓贷造桥于君子津。为了解决柔然这个后顾之忧，拓跋焘命龙骧将军陆俟镇守大碛，以防柔然。在君子津渡河后，魏军舍弃辎重轻装南下，围城不克，又怕南下长安的赫连定回援，于是假装不敌败退，诱赫连昌出城；赫连昌果然上当，出城遭遇伏击弃城逃往上邽，统万城失守，夏国众臣、后宫、财宝全为北魏所获

---

① 王金都：《十六国时期统万城城市防御体系研究》，西北大学硕士学位论文，2019。
② 房玄龄等撰《晋书》第10册，中华书局，1974，第3211页。

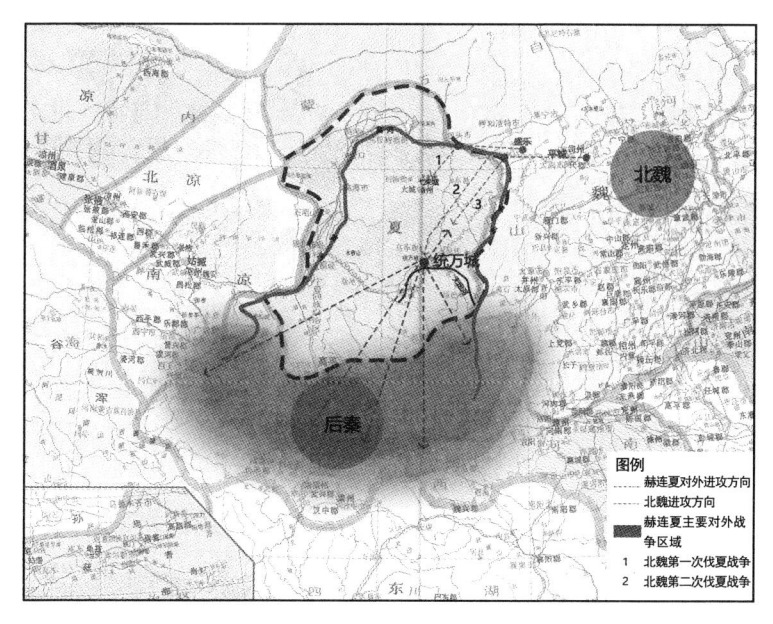

第四章　统万城的空间布局及其内部功能

图 4-11　赫连夏—北魏主要军事路线

赫连勃勃在位期间，国力的强盛和统治者的军威使得北魏止步于黄河，统万城的营建模式在这一特定时期内凸显出了其优势所在，但在赫连昌即位后，大夏开始走向衰落，虎视眈眈的北魏迅速南下，仅用两年便攻克了统万城。在拓跋焘攻打统万城时，赫连昌出城作战失败，从西门退回城内，由于魏军紧随，赫连昌来不及关闭城门，导致魏军"入其西宫，焚其西门"[①]。从中可以推断，魏军攻克西侧服凉门瓮城之后，就直接进入到了统万城的西宫城之内，由此可以佐证夏国时期统万城的宫城应当位于西城东南角的位置（见图4-12）。

总体而言，从北魏对夏国的历次战争中可以看出，统万城西城的选址和营建模式，在赫连勃勃统治时期凸显了其最大的优势，而赫连勃勃个人力量在其中也起到了很大的作用。统万城整体呈西北—东南走向的布局形态，除了受周边自然因素的影响，或许也与其主要防御方向有关，外郭城整体最长的一面是朝向北魏都城平城的，虽未起到真正的防御作用，但在赫连勃勃统治时期，魏军忌惮不敢南下，统万城外郭城也

---

① 李延寿撰《北史》卷九三，中华书局，1974，第3064页。

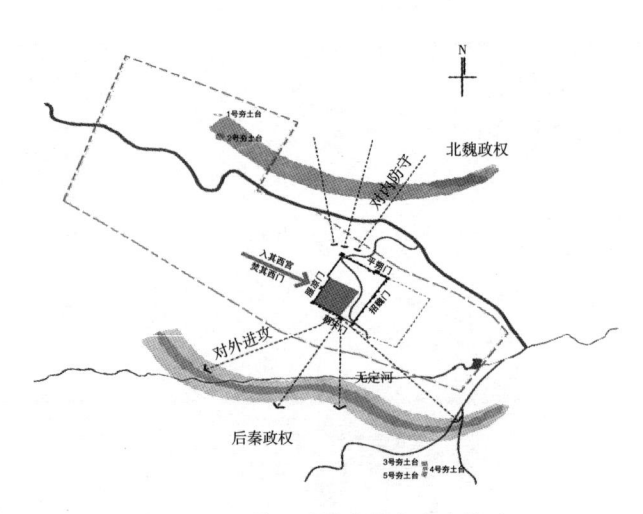

图 4-12　统万城周边军事攻防关系

能作为巡逻区域，起到一定的瞭望观察作用。而在统治者更替之后，统万城的缺点就逐渐暴露出来，外郭城形同虚设，未能起到防御作用，这也说明内城区域是统万城的重点防御范围①。然而西城中相较南城墙而言防御力量稍弱的西城墙在此时却成为统万城的主要攻防面，该城的军事防御力量在这一阶段的战争中被极大削弱，这也注定了赫连昌难逃最终落败的命运。

二　统万城总体空间布局特征

现有考古勘测成果表明，统万城遗址由内城及外郭城组成，内城由一道南北向城垣分隔成东、西二城，内城平面轮廓大致呈矩形；外郭城的平面轮廓大致呈刀把形，整个城址自东向西分别为外郭城、东城和西城。我们今日看到的统万城显然是多个时期建筑遗迹叠加累积而形成的，那么每个历史时段其城市内部及外部的具体形态如何？建筑布局及形式又发生了怎样的变化？这些问题当前在学界尚未形成统一且权威的结论。但无论统万城的内部空间形态发生了怎样的变化，可以肯定的是统万城西城自夏国以来，一直为后世所沿用，由此确立了统万城平面形态的基本特征，东城及外郭城虽在建成时间上存疑，但其朝向、轮廓等总体形

---

① 王金都：《十六国时期统万城城市防御体系研究》，西北大学硕士学位论文，2019。

态特征与西城具有相似性。据此,本小节内容基于前人研究成果就统万城总体平面形态的方位朝向及三重城垣问题展开初步探讨,以加强对统万城的认知了解。

1. 统万城的方位朝向及轴线

一座城市的形成及发展往往是社会、政治、经济、文化、军事等多重因素共同作用的结果,城市的物质面貌反映的不仅是时代的技术因素,更与特定的文化环境相关,统万城的建设在一定程度上反映了铁弗匈奴文化的价值取向。

跨地域的人口迁移是中国历史发展进程中一个很突出的现象,伴随人口地理位移而来的是不同地域之间文化思想、生产生活方式、社会意识形态的碰撞、交流、融合,而不同族群之间文明差异的缩小也成为必然的发展趋势[①]。特别是中原地区与非中原边缘地区的少数民族政权之间,既有攻伐频繁的对立,也有求同存异的融合,文明的交织推动着历史不断向前发展,在此过程中,以汉文化为代表的中原文明逐渐占据主导地位,对周边民族均产生着强大的影响,"汉化"成为我国古代民族发展史上的重要现象,其中最明显的标志之一就是对正统理念的接受。十六国时期,北方各民族开始意识到只有实现大一统,才能被承认为正统政权,由此,周边各族在建立自己的政权时,一方面努力强调本民族的自我认同,另一方面又自称为炎黄子孙[②],是受天命而统一天下的[③]。彼时中原政权的核心都是都城之所在,立国后定要营起都邑,"筑城以卫君,造郭以守民",北方各游牧民族受中原营城理念和建造技术的影响,在力量积蓄达到一定程度时,也逐渐开始营建都城,以凸显本民族政权的统治地位。匈奴是我国历史上与中原汉民族关系最为密切的民族之一,在与中原的长期交往过程中,汉化倾向日益加深[④],其中就包括生活方式的转变。

匈奴自诞生之初就长期过着"逐水草而居"的游牧生活,不设固定居

---

① 陈筱娇:《中国古代设计中的"胡化"与汉胡融合现象研究》,南京艺术学院博士学位论文,2018。
② 魏俊杰:《十六国疆域研究》,上海师范大学博士学位论文,2011。
③ 汤勤福:《从民族自觉意识看"淝水之战"性质问题》,《南京晓庄学院学报》2001年第1期。
④ 闵海霞:《匈奴发展史研究》,兰州大学博士学位论文,2010。

所，单于龙庭可随时迁徙，但是在南北匈奴分裂后，赫连勃勃祖辈所属的南匈奴一支归附东汉，经济结构逐渐发生变化，一部分人开始从事农耕经济，过起了与汉人相同的定居生活，胡汉杂错相处进一步促进了两族人民之间的接触与交流，匈奴不断受到汉文化的影响，逐渐认同汉族的文化和礼仪习俗。统万城的统治者赫连勃勃本名刘勃勃，其祖上的"刘"姓源于汉高祖宗室之姓，本身就与汉族有着血脉的传承关系，后虽出于民族自尊改姓为"赫连"，但在数十年胡汉杂处的生活中，汉文化已然潜移默化地影响了其个人的习性特征。《宋书·索虏传》有载："赫连氏有名卫臣者，种落在朔方塞外，部落千余户。……苻坚时，卫臣入塞寄田，春来秋去。"[1] 自该段文献记载可知，早在夏国建立之前，勃勃之父刘卫辰就已带领铁弗部入塞种田，而农业比重的增加及农耕技术的提高可视为匈奴汉化的显著表现，及至勃勃归还朔方建立霸业时，铁弗匈奴一族的生产生活虽未完全汉化，但已然受到了汉文化的强烈影响。因而勃勃在修筑统万城时，其规划设计手法既保留了游牧民族的传统习俗，同时也杂糅了中原汉族文化及营城规制。

今天我们借助航空影像照片俯瞰统万城遗址，可以明显看到其整体朝向为西北—东南走向，诸多学者基于这一特点展开了关于统万城规划设计手法中方位朝向的讨论。陈喜波[2]、张祖群[3]等认为，统万城总体布局大致呈东西走向，与北方游牧民族尚东的习俗有关。以匈奴为代表的北方游牧民族大多尊崇"天神"和自然万物，认为日月星辰皆有灵，其中太阳作为温暖与光明的象征，是万物生存之源，对于游牧民族而言意义重大，对于太阳的崇拜使其形成了尚东拜日的传统习俗，《史记·匈奴列传》有载："单于朝出营，拜日之始生。"[4] 日升日落的东西方向成为匈奴人所认知的主朝向，最终形成了东为前、西为后、南为右、北为左的四方观念，其所居穹庐之门多朝东开，并以左为尊。《太平寰宇记》在描述统万城时亦云：

---

[1] 沈约撰《宋书》卷九五，中华书局，1974，第2331页。
[2] 陈喜波：《统万城址中的匈奴文化探析》，《榆林学院学报》2008年第5期。
[3] 张祖群：《统万城研究综述：中国北方自然——人文地理环境变迁的标尺》，《西安文理学院学报》（社会科学版）2013年第6期。
[4] 司马迁撰《史记》第9册，中华书局，1959，第2892页。

"其子城在罗城东,门曰凤阳。本有三门,夷人多尚东,故东向开"①,统万城总体平面方位面向东南,体现的是匈奴族尚东的民族文化传统。傅熹年先生也认为统万城东、西二城前后相重,面向东南是受到了匈奴旧俗的影响,同时还提出其应当具有贯穿西城四门的东西向及南北向轴线关系②。袁怡雅基于傅先生的观点进一步推论指出,统万城西城、东城、外郭城沿朝阳方向缓坡自西北向东南呈阶梯式布局,获得由高至低的轴线秩序③。而在中国古代城市规划思想中,以轴线秩序凸显皇权至上的理念,最早源于春秋战国时期《周礼·考工记》所载的"匠人营国,方九里,旁三门。国中九径、九纬,经涂九轨。左祖,右社;面朝,后市。市,朝一夫"④的王城规制,统万城西城东西门、南北门之间的连线虽不是严格对称的中轴线,但两连线之间总体呈现十字正交的布局形态,如果我们假设夏国时期统万城西城各门连线上设有道路,那么其道路系统的状态亦与中原营城规制中的"方城十字、棋盘路网"相近,从这个意义上来看,统万城整体布局思想深受中原汉族文化的影响。

综上可以推论,统万城规划设计的方位朝向既体现了匈奴民族"尚东"的习俗,同时也混合了中原城市形态的特征。

2. 统万城的三重城空间结构

有关统万城三重城空间结构的认知最早可以追溯至清道光年间,当时,怀远知县何炳勋承榆林知府徐松之令前往西北边境寻找夏州城故址,经过实地踏勘后最终确认了统万城城址的位置,并作有《复榆林徐太守松查夏统万城故址禀》,这是迄今为止对统万城遗址空间布局形态所做的最早的调查报告。何氏报告记载:"其地有土城,周围三重,俱用土筑",何氏"渡无定河,西行二里许,进头道城,又西半里,进二道城,又西数十武,进三道城"⑤,该段文字中首次以"头道城、二道城、三道城"的说法

---

① 乐史撰《太平寰宇记》第2册,王文楚等点校,中华书局,2007,第785页。
② 傅熹年主编《中国古代建筑史》第2卷,中国建筑工业出版社,2001。
③ 袁怡雅:《统万城遗址的空间格局研究》,中国建筑设计研究院硕士学位论文,2017。
④ 杨天宇撰《周礼译注》,上海古籍出版社,2004,第665页。
⑤ 民国《横山县志》卷4《艺文·杂记》,民国十八年(1929年)石印本,第45页所引何炳勋《复榆林徐太守松查夏统万城故址禀》作:"计渡无定河即登彼岸,西行二里许进头道城,又西半里进二道城,又一二箭许进三道城。"

明确阐述了统万城有三重城垣,这一说法在此后统万城相关研究中,成为学界阐述统万城空间特征及方位信息的重要参照。

1956年,陕北文物调查征集组在统万城调查报告中,初步确认了何炳勋的三重城垣之说,认为何氏报告中所述的头道城、三道城分别为统万城的外城与内城①,但是对于二道城的性质未做进一步说明②。此后,考古学家戴应新于1957~1977年多次前往统万城进行调查,并于其文章中明确指出统万城由外廓城和东、西二内城构成,也是当地人俗称的头道城、二道城与三道城③。后续又有许多研究者围绕统万城三重城的空间布局展开了深入探索,其中邓辉④、吴宏岐等人与戴氏的观点相近,认为外郭城、东城、西城分别对应头道城、二道城、三道城,不同之处在于他们认为东城是外郭城。这一时期的研究受限于考古工作进展,人们对于统万城遗址的城垣结构的认知并不全面,上述观点主要是以何氏报告为参考的推测,尤其在外郭城的相关研究上存在较大分歧。2004年,陕西省考古研究所勘察发现了部分外郭城北垣残迹,这才首次从物质遗存上实证了统万城的三重城垣特征。随着考古工作的持续开展,外郭城的整体轮廓形态已基本得到确认。此后,学界对于统万城三重城的称谓也趋于统一,将之分为东城、西城、外郭城。

统万城东、西城整体嵌套于外郭城之中,但东、西二城之间又是一种并列或前后叠加的关系,这种套城模式与中原的营城规制似乎十分相近但又有所不同。如前文所述,学界普遍认同西城是赫连勃勃新筑之统万城,但对于东城和外郭城的修筑时间尚存在疑问。以统万城考古队队长邢福来为代表的研究者认为统万城应当是分期建造而成的,其中东城修筑于唐末五代时期⑤。邓辉⑥、袁怡雅⑦等认为东城与西城在赫连夏时期同时存在;对于外郭城,目前尚无明确证据可以表明其修筑时间,宿白等初步判断其

---

① 俞少逸:《统万城遗址调查》,《文物参考资料》1957年第10期。
② 吴宏岐:《关于大夏国都统万城的城市形态与内部布局问题》,《中国历史地理论丛》2004年第3期。
③ 戴应新:《大夏统万城考古记》,台湾《故宫学术季刊》1999年第2期。
④ 邓辉等:《利用彩红外航空影像对统万城的再研究》,《考古》2003年第1期。
⑤ 邢福来:《关于统万城东城的几个问题》,《考古与文物》2014年第5期。
⑥ 邓辉等:《利用彩红外航空影像对统万城的再研究》,《考古》2003年第1期。
⑦ 袁怡雅:《统万城遗址的空间格局研究》,中国建筑设计研究院硕士学位论文,2017。

当为赫连夏时期所筑，作为统万城的简易防御体系存在①，艾冲则认为外郭城修筑于唐末②。

总体上，对于夏国时期统万城的空间结构，学界仍然存在不同的认识，但无论是认为夏国时期统万城具有三重城垣抑或两重城垣，均认为该时期的统万城已形成了"重城"形态。在中国古代城市发展史上，大小套城的布局模式最早形成于战国时期的中原地区，列国都城基本都采用了这种布局，统治者居住在被称为"王城"的小城，而普通平民则居住在名为"郭"的大城之中，用于满足"筑城以卫君，造郭以守民"的社会需求，由此可见夏国时期统万城的城市布局确实吸纳了中原都城的规划理念。此外，邓辉、吴宏岐等认为统万城西墙的不规则形态贯彻了中原"象天法地"的规划思想，以曲折的城墙和相间点缀的敌台、角楼来象征天上的北斗星座，这一观点也与学者们对汉长安"斗城"规划理念的解读相近。结合勃勃"徐取长安"的军事目标，可以推测勃勃在修筑统万城时可能有意借鉴了汉长安城的空间布局形式，表现了其对于长安帝都的向往。

夏国时期的统万城沿用了中原地区的重城形制，但又体现了因地制宜的特点，具体体现在东城、西城、外郭城的形式上。一般来说，中原地区都城的城郭组合形式往往为"内城外郭"，皇城、内城、外城层层相套，而统万城的西城和东城并不是内外相套，而更偏向于一种前后相叠或左右并列的关系。故而有学者称这一布局模式为"西城东郭"，与中原营城规制本质上相近但形式上又有所不同。正如朴汉济和李椿浩所述，游牧民族修建城郭，是其接受农耕民族文化的反映，是其政权体制由"征服国家"转化为"筑城自保"的过程，但其对城郭修建的适应性改造又说明此时的游牧民族并未处于一个完全汉化的状态③。吴良镛在《中国人居史》中也谈及，自晋代以来，频繁的战乱使得百姓大量南迁，北方胡族统治者为了控制人口流失并抵御外敌，在都城营建方面更加注重防御功能，彼时两层或三层的套城城郭形态已十分普遍，城市防守往往以内城为最后据点，很

---

① 《中国大百科全书·考古卷》，中国大百科全书出版社，1986。
② 艾冲：《毛乌素沙漠起源的新探索》，载陕西师范大学西北环发中心编《统万城遗址综合研究》，三秦出版社，2004。
③ 朴汉济、李椿浩：《魏晋南北朝时期墓葬习俗的变化与墓志铭的流行》，《故宫学刊》2010年第1期。

多城市被战火毁坏后，往往迅速兴建新的郭城①。故而笔者认为，统万城三重城垣平面布局模式的形成虽然受到了中原汉城营造规制的影响，但更重要的是从夏国自身对于军事、政治、经济的需求出发进行思考的。

第三节　统万城内部功能布局研究

如前所述，夏国是历史上统万城总体空间格局形成的关键时期，将夏国时期统万城的社会政治背景与内部功能关联起来进行分析，有助于全面和整体认识统万城遗址的价值，本节以夏国时期统万城的社会政治背景、人口经济发展以及内部功能布局为研究对象，通过对相关史料和文献的整理分析，对夏国社会经济做出合理推测，并以此为依据对统万城的城市形态与内部布局问题进行探讨。

一　基于社会政治背景的统万城内部功能探究

"筑城以卫君"，古代都城的初始修建目的就是服务于统治阶层，因而社会政治形态的分化与对立会对城市建设产生直接影响。城市物质空间是其社会背景的反映，阶级的分化与对立促成了城市内部不同功能空间的产生（见图4-13）。

图4-13　夏国时期社会阶级结构

---

① 吴良镛：《中国人居史》，中国建筑工业出版社，2014。

夏国的统治制度以匈奴传统制度为基础，同时又受到了汉族政治制度的影响。由于连年征战，大夏政权非常重视军事建设，其实质上是一个游牧军事政权，军事制度方面实行的是"部落兵制"和"配兵制"。吴洪琳指出赫连夏国这一管理方式以铁弗部族制度（部落兵制）为基础，将归顺己方的兵力和俘虏分配给各军团（配兵制），因此形成相当复杂的军事力量①。赫连勃勃属下的匈奴贵族官吏，没有严格的文臣武将之分，多集军政权力于一身。在行政管理制度上，赫连勃勃自政权建立之初便决定"置署百官"，以文官系统、武官系统、地方行政制度以及封爵制度构建职官系统，并借用了北魏汉族文官体制，以官职、爵号彰显身份地位的高低。匈奴"胡制"文化在夏国并没有明显的体现，夏国没有设置单于台，其政治体制的集权封建化程度已经很深，与中原传统政权的体制十分接近，夏国政权与游牧时代的匈奴龙庭已不是同一概念②。

依据现阶段考古工作成果，我们可以发现统万城西城部分城防体系非常严密和完善，防御功能极为突出，由此可初步推断，西城可能是夏国时期统万城最重要的功能空间，很大可能是夏国政权的核心所在③。前文关于夏国政治制度、军事制度的讨论从侧面说明了赫连勃勃修建统万城，直接动因固然是为了据城以守、构建强大的防御体系，却也是匈奴政权宣示统治权的政治需要以及对汉文化的向往。《晋书·赫连勃勃载记》曾称赫连勃勃"遂乃法玄象以开宫，拟神京而建社，窃先王之徽号，备中国之礼容"④。可见统万城是仿照了汉长安城的城市形态与内部布局建设的。永安台是统万城中的宫殿建筑，其位置是确定夏国政权集中在西城的关键环节。依据夏国时期社会组织形态特征，本书推测西城之中可能具有的功能区，大致分为以下四类。

宫殿区、贵族居住区　统万城作为国家统治中心，西城内当有宫殿等建筑。史载，真兴六年（424年）八月赫连勃勃临终之际，"升永安殿，

---

① 吴洪琳：《铁弗匈奴的族源、族称及其流散》，《青海民族大学学报》（社会科学版）2011年第3期。
② 胡玉春：《大夏国铁弗匈奴社会经济状况探析》，《兰州学刊》2010年第3期。
③ 袁怡雅：《统万城遗址的空间格局研究》，中国建筑设计研究院硕士学位论文，2017。
④ 房玄龄等撰《晋书》第10册，中华书局，1974，第3211页。

召群臣属以后事,薨于永安殿",而勃勃死后,其第三子昌"即位于永安台"①,这段记载佐证了永安殿确实就是当时赫连勃勃行政之所的说法。统万城遗址西城南部中央有一处高大的建筑台基遗址,即被认为是永安台。进而可推论西城内应当有供统治者居住办公的宫殿区,以及供贵族居住的区域。夏王、公、卿、将、校及诸母、后妃、姊妹、宫人等非生产性人口②应该居住在西城之内。

官员办公区　《晋书·赫连勃勃载记》有云:"义熙三年,僭称天王、大单于,赦其境内,建元曰龙昇,署置百官。自以匈奴夏后氏之苗裔也,国称夏国。以其长兄右地代为丞相、代公,次兄力俟提为大将军、魏公,叱干阿利为御史大夫、梁公,弟阿利罗引为征南将军、司隶校尉,若门为尚书令,叱以鞬为征西将军、尚书左仆射,乙斗为征北将军、尚书右仆射,自余以次授任。"③据此可以看出,赫连夏国已形成了一套成熟的官僚体系,李文才认为:赫连勃勃的夏国政权在官制方面建立了一套"胡汉杂糅"、新旧并用的职官制度④。赫连夏的中央官制构成中,既继承和保留了两汉时期的三公制和司隶校尉等制度,也有对三省制等魏晋新制的吸收和利用,在夏政权的中央官制中设置了尚书、中书、门下、秘书、御史台等中央行政、监察机关。据此可以推断,西城功能设置也可能仿照汉长安城(后秦长安城),内部存在供官员办公的功能区。

粮仓、武库　此外,统万城作为夏国都城,其最基本的一些需求必然是要满足的,城内一部分人肯定是要从事粮食生产的。如粮仓、武器库等重要功能区应当也在西城内有所分布。《统万城铭》中有"崇台密室"的记载,1975年以后陕西文管会的工作人员在统万城西城南垣的2处马面中发现有战备仓可证其位置。

西城居住区　统万城历经千年始终屹立不倒的白色夯土城垣,一方面起到抵御外敌的作用,另一方面也是赫连勃勃好大喜功、彰显统万城强盛国力最直观的工具,其高度及坚固程度即便在今日也是令人叹为观止的,

---

① 李昉等撰《太平御览》卷一二七,中华书局,1960,第616页。
② 袁林:《从人口状况看统万城周围环境的历史变迁——统万城考察札记一则》,《中国历史地理论丛》2004年第3期。
③ 房玄龄等撰《晋书》第10册,中华书局,1974,第3211页。
④ 李文才:《赫连氏夏政权职官制度考论》,《河北学刊》2015年第2期。

我们或许可以推测，赫连勃勃筑城的重点就在于西城城垣，举一国之力耗费大量时间来修筑坚固的城墙，至于城市内部的建设反而退居其次，对于宫殿苑囿的修筑名义上模仿了中原建筑，但实际的修筑极有可能多为夯土建筑而非木石建筑，建筑形制也与中原地区不同，且除主要宫殿，西城其他区域有可能是帐篷及简易建筑的混居状态，故而被废毁之后没有遗迹留存，也就是说，西城内部的分区及空间形态本就较为简单，或许我们今日所见与其初建之时相差未必甚远。

二 基于人口经济发展的统万城内部功能探究

赫连夏被认为是"草原文化与中原农耕文化交融汇集的经济典范"①，铁弗匈奴无论是建立政权之前，还是建立政权之后，其经济生业主要是游牧经济，与此同时，受农业民族（汉族）的影响，农业生产在其社会经济生活中也占有一定地位②，史料多次记载夏国采取以汉族为主的徙民措施，将汉人作为从事农业生产劳动力。随着夏国势力的增强，对于武器和奢侈物品的需求也不断地增加，夏国设立专门的职官负责统万城的修建，以及军用品和建筑材料用品以及各种器物、宫廷高级奢侈品等制作③。依据相关考古资料可知，大夏时期统万城内冶铁、冶铜以及木器制作等手工业已有一定规模，从出土的文物可以看出，当时的匈奴人已熟练使用陶器、铁器、铜器和木器，并已经形成了成熟的畜牧业、农业和军事手工业。除却上文所述的统治阶级及相关服务人员，西城有限的空间势必不能容纳其余军士、百姓、手工业者、俘虏等庞大的人群，这些人有可能分散在东城乃至外郭城居住生活，据此可推断以下内容。

兵营：关于统万城军事防御体系的相关研究成果表明，统万城西城东垣的厚度、坚硬程度以及马面数量和规模大小均不及北、西、南三面城垣，是西城防御力量的薄弱面，出于防御及看守俘虏等目的，东城内可能驻扎了一定规模的军事力量，也即兵营所在。

东城居住区：通过前文对现有考古成果的总结，可以看出东城的考古

---

① 徐小玲、延军平：《统万城的现代意义与价值研究》，《中国历史地理论丛》2004年第3期。
② 吴洪琳：《大夏国史》，陕西师范大学博士学位论文，2005年。
③ 胡玉春：《大夏国铁弗匈奴社会经济状况探析》，《兰州学刊》2010年第3期。

发掘成果并不丰富，但根据文献资料记载，修建统万城时，赫连勃勃"发岭北夷夏十万人"进行建造。夏国被北魏剿灭时，北魏先在统万城周边"分军四出，略居民，杀获数万，生口牛马十数万，徙万余家而还"，可见统万城内应当聚集了相当数量的人口，东城内可能存在较大面积供平民及俘虏生活的居住区，更甚者，推测居住区附近应当存在集市、手工业区等。由于东城遗址考古发掘尚不充分，目前仅可证东城东部偏北有一唐代官署区存在，夏国时期东城的功能分区尚无确切的考古发现，此外，与西城主要为宫殿和苑囿区的情况有所不同，东城几乎没有留存建筑遗迹，结合游牧民族的生活习性可以推断东城居民多为帐居。

外郭城畜牧饲养及马厩区：夏国是一个由游牧民族建立的政权，畜牧业是其经济活动中非常重要的内容，是夏国的经济支柱。据史书记载，赫连昌承光二年（426年）时，北魏攻打统万城，"魏军夜宿城北，癸未，分兵四掠，杀获数万，得牛马十余万"[1]。次年，北魏军队第二次进攻统万城，"车驾入城，房昌群弟及其诸母、姊妹、妻妾、宫人万数，府库珍宝车旗器物不可胜计，擒昌尚书王买、薛超等及司马德宗将毛修之、秦雍人士数千人，获马三十余万匹，牛羊数千万"[2]。这些相关的古籍文献显示，统万城中有着规模巨大的畜群，考虑到饲养这些牲畜需要较大面积的畜牧场所、栖息场所及军队戎马所需的储备所，此外河道为畜产提供了水源[3]，据此可以推断今遗址中所谓的外郭城应承担了集中管理畜产的功能。这些畜产是夏国牧业经济生业方式的重要部分，为其提供必要的生产生活资料，也作为私城的财富而存在。外郭城主要的功能之一就是进行牛羊的集中饲养，此外也可能有小面积居住区。

外郭城居住区：统万城的人口数量与赫连勃勃的徙民政策也是统万城内部功能划分的重要因素。从史书记载看，夏建国以来，多次掳掠周边政权的财物作为经济来源，在与其他政权争战后，迁徙人口成为当时混战局面下的一种增加本国人口的手段，对于以游牧经济为基础的夏国来说，在其境内从事农业的并不是铁弗匈奴本民族，人口也是财富的一

---

① 司马光编著《资治通鉴》卷一二〇，中华书局，1956，第3789页。
② 魏收撰《魏书》第1册，中华书局，1974，第72~73页。
③ 袁怡雅：《统万城遗址的空间格局研究》，中国建筑设计研究院硕士学位论文，2017。

种①。两汉以来，朔方地区一直有农事活动，"朔方以西，西至上郡，东西千余里，汉世徙谪民居之，土地良沃"②，众多学者认为赫连勃勃在统万城建立政权后多次劫掠汉人，很大程度上是为奴役汉人在此地继续从事农业生产。因此可做出合理推断，外郭城城墙除防御功能外，为防止居住其中的强行掠夺而来的非匈奴人口出逃也可能是修建外郭城的重要原因之一。

总而言之，现有研究表明统万城外郭城主要用于日常畜牧，东、西城是统万城主要的经济政治活动中心。西城具有很强的政治属性，是政治统治中心所在；而东城则具有社会经济属性，可能是用于居住和安置战俘的空间，且其防御体系又较弱，故在夏国时期东城是否如西城内部一般格局分明且具有明确的形制和空间形态，这一问题仍有待进一步发掘和探讨。

三 统万城内部总体功能布局推测

如前文所述，夏国时期的统万城三重城之内可能存在较为明确的功能分区（见表4-2），基于袁怡雅所绘制的统万城功能分区图以及前人相关研究成果，笔者绘制了统万城功能平面复原图（见图4-14）。

表4-2 夏国时期统万城三重城功能统计

序号	名称	功能
1	西城	宫殿区、居住区、办公区、粮仓、武库
2	东城	兵营、居住区（集市、手工业区）
3	外郭城	畜牧区、居住区、祭祀区

都城营建与统治者思想以及个人经历关系密切。赫连勃勃在幼年即经历丧乱，成年后在混战中获得一定的权势，其尚武好功、追求王权霸欲的性格影响了统万城的建设。在攻下长安之后，勃勃并没有在此建都，而是选择返回草原营建统万城，极力凸显其民族自豪感，足见其自大狂妄的潜在人格特征③，由此可推断，赫连勃勃在修筑统万城时为取其建立功勋、

---

① 吴洪琳：《大夏国史》，陕西师范大学博士学位论文，2005。
② 沈约撰《宋书》第8册，中华书局，1974，第2331页。
③ 吴洪琳：《十六国时期铁弗匈奴的民族心态——以赫连勃勃为主》，《陕西师范大学学报》（哲学社会科学版）2006年第5期。

图 4-14　统万城功能平面复原图

刊载不朽之意，建成之后的统万城"美隆未央"，极为宏伟。相关文献和考古资料表明，夏国时期所遗留的重要建筑遗址以及出土文物主要集中在西城内，且西城拥有强大的防御体系，故可推断，夏国"定都统万"时，赫连勃勃命人大兴土石所筑的真正意义上的"统万城"当是指今日统万城西城遗址。胡义周在《统万城铭》当中所描述的"御太一以缮明堂，模帝坐而营路寝，闾阖披霄而山亭，象魏排虚而岳峙，华林灵沼，崇台秘室，通房连阁，驰道苑园"①，当指西城，其中明堂、路寝、山亭、崇台秘室、通房连阁等形制复杂而华丽的建筑物，由于考古成果所限，除却永安台和一处夯土宫殿遗址，其余诸多建筑物完全无迹可寻，无法对之定点确位。作为统治中心的西城是统万城城市中心，随着今后考古工作的不断推进，或许会有更多的考古成果用以研究西城的内部空间格局。而东城遗址以及外郭城遗址则可能依托原有汉代城址进行了简单建设，为满足统万城普通民众及众多俘虏的生产、生活等需求，作为统万城功能空间以及防御空间的一部分而存在。

---

① 房玄龄等撰《晋书》第 10 册，中华书局，1974，第 3211 页。

第四章　统万城的空间布局及其内部功能

综前所述，相关研究表明统万城西城具有内城的性质，基本能够确定宫城位于内城东南部，但其他区域功能区划分尚不明确；东城可能是用于安置战俘及普通民众的空间，防御体系较弱，内部格局不明。在当前考古勘测的成果中，东城遗址内除唐末营建的建筑基址遗存外尚未发现其他重要遗迹，西城遗址内部留存的建筑遗迹略多，有永安台及宫殿基址，甚至有部分道路遗迹，但这些考古成果对于统万城城市内部空间格局的复原研究而言远远不足。统万城地处毛乌素沙漠边缘，经年累月受风沙侵蚀，统万城遗址的损毁程度与日俱增，这也就意味着留给我们的信息也会日渐消失。为打破统万城空间形态复原研究工作的停滞状态，就迫切需要加强考古发掘工作，以获取进一步研究的历史信息支持。

本章小结

统万城的空间规划布局是我国古代城建史研究领域一份珍贵的历史文化遗产，是农牧交错带上游牧文明与农耕文明融合发展的典范实例，探究统万城总体空间布局及内部功能组织，有助于我们进一步了解和认知中国古代游牧民族政治、经济、军事、文化等方面的特征。结合学界现有研究成果，本章首先总结回顾了不同学科背景下统万城总体布局相关研究成果，分析了夏国时期统万城总体布局特征；其次，结合夏国时期统万城的社会政治背景和人口经济发展相关信息对统万城内部的功能布局进行了合理推测。总体而言，夏国时期的统万城总体空间布局方位朝向既体现了匈奴民族"尚东"的习俗，同时也混合了中原城市形态的特征；其三重城垣平面布局模式的形成虽然受到了中原汉城营造规制的影响，但总体上仍体现了铁弗匈奴的游牧社会组织特征，包括都城整体的防御体系和内部功能区划，也是应夏国自身对于军事、政治、经济发展需求而确定的。

第五章
考古遗址公园视域下统万城遗址价值评估

20世纪70年代以来，随着统万城遗址的考古踏勘、调查及发掘工作的陆续开展，人们对统万城遗址价值的认识有了很大提升。进入21世纪以来，在让文物活起来、建设统万城考古遗址公园的背景下，如何评估统万城遗址的价值，是一个值得深入研究的问题，笔者在参考借鉴相关研究成果的基础上，从大遗址价值研究切入，提出考古遗址公园建设对于大遗址价值认知的新视角，通过建构考古遗址公园视角下大遗址价值评估体系，对大遗址价值进行定量化分析研究，并在此基础上，以统万城遗址为案例进行价值评估与认知解读（见图5-1）。

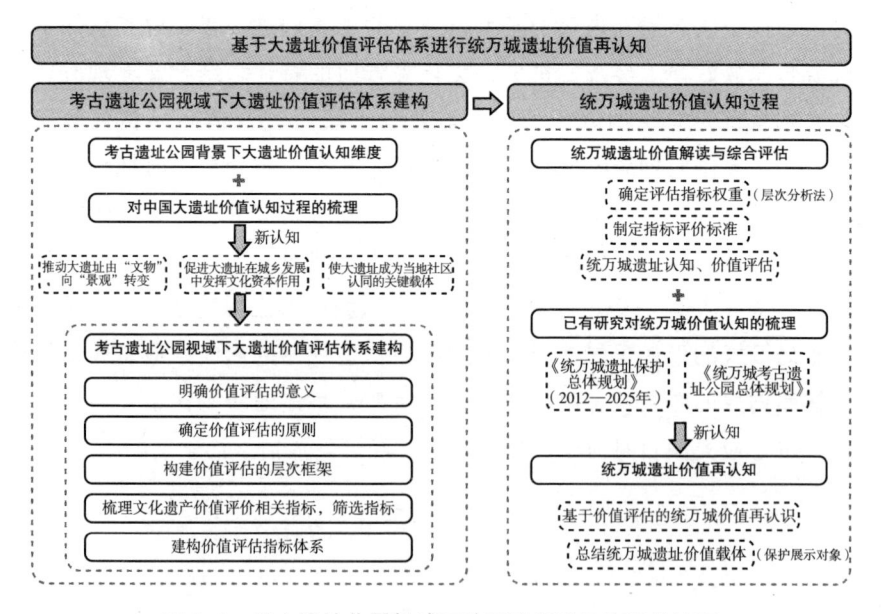

图5-1 考古遗址公园视域下统万城遗址价值评估流程

第五章 考古遗址公园视域下统万城遗址价值评估

第一节 考古遗址公园视域下大遗址价值的认知

一 文化遗产价值的主观建构性

价值通常被认为是一种"属性"或者"关系"。属性说认为价值是事物本身内在的存在与属性，不随事物同他物之间的关系而改变，只是在这些关系中不断表现出来。关系说则认为价值是客体对于主体的实际意义，是人类生活特有的关系现象，是主客体相统一的一种特定质态①。也就是说，价值是人们在实践中被满足的一种需要，人在这样的关系中处于特殊的地位。张岱年先生进一步指出"价值"的第一层含义是客体能满足主体的需要，由于主体需要层次的不同，价值也具有层次性的特征②。可见，在关系说看来，价值认知建立在人们实践基础上，因而，可推断一切能满足人类实践需要的事物或行动都具有价值。

在遗产领域，人们对价值的认识经历了由属性说向关系说的转变。长期以来，人们认为遗产价值是文物固有的属性，如谢辰生先生说："文物的价值是客观的，是文物本身所固有的，总体来说，文物主要有历史价值、艺术价值和科学价值。"③ 随着社会发展，人们多倾向于将遗产价值看作人与遗产之间的关系，是人们对遗产有用性的认识。孙华认为人类对自然和文化遗存的认知是遗产价值得以形成的关键，除遗产的年代价值是客观存在之外，其余都是主观价值④。也就是说，遗产价值既具有客观性，是遗产本身的内在属性，同时，也具有主观性，是在遗产保护利用过程中被赋予的⑤。正如福柯所说："（在现代）价值不可能再如在古典主义时代那样，被定义为基于一个同等的整体系统之上，并且有物品间相互代表的能力。价值不再是一个符号，它成为一种创作。"⑥

---

① 李德顺、龙旭:《关于价值和"人的价值"》,《中国社会科学》1994 年第 5 期。
② 张岱年:《论价值的层次》,《中国社会科学》1990 年第 3 期。
③ 《中国大百科全书·文物·博物馆卷》，中国大百科全书出版社，1993。
④ 孙华:《遗产价值的若干问题——遗产价值的本质、属性、结构、类型和评价》,《中国文化遗产》2019 年第 1 期。
⑤ 王新文等:《城市型大遗址社会价值研究》,《城市发展研究》2020 年第 9 期。
⑥ 转引自〔芬兰〕尤嘎·尤基莱托《建筑保护史》，郭旃译，中华书局，2011。

价值再现：统万城国家考古遗址公园规划研究

由于价值认知与主体发展有密切的关系，人们对价值的认识也就具有了随时代演进而发展的特点。近代以来，席卷全球的现代化进程，使得人们对事物的认识往往具有工具理性的特点，强调事物的功能性，具有使用功能的事物才被认为具有价值。然而，产生并定义于西方的现代性概念在渗透到世界各地区的同时，对现代性的质疑也在产生，在世界不同地区，人们用地域文化传统与现代化相抗衡，采用不同的方式展示各种文化现象，因而，人们进入了一个所谓的"复杂现代性的时代"①，这种文化多元化的表达方式建构了我们多元的文化符号体系，也重建了人们对价值内涵的理解。

回顾遗产价值认知的历史演进，可以发现，"纪念物"作为早期的遗产形式产生于人们对于历史建筑实用性和纪念性的重视。18 世纪，在意大利庞贝遗址进行的以寻找早期艺术品为目的的挖掘行动催生了现代考古学的诞生，人们认识到遗产可以通过物质实体直观地展现历史事件，帮助我们理解历史，理解历史事件与当代生活之间的联系，这就促使人们对遗产价值认知开始由艺术价值转向更为本质的历史价值。20 世纪初，随着殖民地国家独立运动的兴起，在民族国家身份建构的话语方式下，文化遗产作为现代民族国家建构国家地理与历史想象的工具而被阐释，通过呈现过去的文化传统，一方面文化遗产界定了民族国家的地理范围；另一方面则形成了国民的基本共识与国家认同②。由此，遗产又被赋予了文化与政治的象征价值。在今天的遗产保护学术话语体系中，遗产价值的表达往往从历史价值、艺术价值与科学价值等视角出发③，并逐渐扩展为文化价值与情感价值等认知视角。20 世纪中期以来，随着全球化进程加快以及文化多样性的发展，世界遗产保护事业的开展使人们逐渐认识到文化价值的重要性，认识到人类文明"和而不同"的重要性。澳大利亚《巴拉宪章》（The Burra Charter）将文化作为一种整体价值，其内涵包括历史、艺术、科学等多种价值维度。中国学者也指出文化价值的重要性，徐嵩龄、李晓东、葛承雍、吕舟等学者多次撰文强调对遗产文化价值进行认知的重要性。段清波认为文化价值是文化遗产的核心价值，是一个时期、一个区域内人们之间形成的、共同认可

---

① 冯平等：《"复杂现代性"框架下的核心价值建构》，《中国社会科学》2013 年第 7 期。
② 丛桂芹：《价值建构与阐释——基于传播理念的文化遗产保护》，清华大学博士学位论文，2013。
③ 吕宁：《文化遗产的价值类型浅探》，《中国文物报》2012 年 3 月 23 日，第 6 版。

并具有普遍约束力的行为准则，简言之是每个民族独具的精、气、神①。

综上，基于对遗产历史价值的认知，遗产价值认知维度逐渐扩展，人们通过遗产研究来认识特定时代的艺术风格和科学技术，并逐渐认识到遗产与人类情感和当代社会相联系，具有情感、思想、文化等价值内涵。当前，随着文化遗产保护运动的深入发展，遗产保护越来越向跨学科综合性方向发展，文化遗产价值的建构也越来越多元化，这一建构过程是由文化遗产保护中的不同话语主体所完成的，话语的转换带来了遗产价值认知的转变与保护方式的改变，并对未来的发展趋势造成重要的影响。

值得我们注意的是，遗产价值认识具有层次性的特征，这种层次性既与人类的认知有关，也与人类在不同时代需求的不同有关。在今天强调对遗产创造性利用的语境下，有学者认为文化遗产价值可以划分为基本价值和经济价值两类，也可称作"存在价值和使用价值"②。郭旃认为遗产的历史、艺术、科学价值是其本体价值，是价值认识的基础，在此基础上衍生出的其他价值类型，是衍生价值③。孙华认为遗产包括内在存在价值以及外在使用价值④。曹兵武先生则认为遗产的存在价值是其首要价值，其次是作为信息载体的价值，包括了历史和科学价值、审美和群体符号象征性价值、文化教育价值和其他衍生价值、经济价值等⑤。陈耀华和刘强从系统论视角出发，结合遗产空间特性，将遗址价值分为本底价值、直接应用价值和间接衍生价值三个层次，并界定了三级价值作用区域⑥。总之，遗产价值是一系列层次、分工明确，彼此有机关联的自然、社会、经济多重功效构成的价值体系。可以将遗产本身由于人类关注而具备的价值看作其基本价值；将遗产在保护和利用过程中对人类社会的推动作用看作其衍生价值。

遗产是能够满足人类某种精神需求的客体，遗产价值作为人类认识建构的产物，并非客观的存在，而是随着人类需求的发展而逐渐扩展其价值

---

① 段清波：《论考古学学科目标和文化遗产的核心价值》，《中原文化研究》2016年第3期。
② 伍长云：《文化遗产存在价值论》，《社会科学战线》2015年第11期。
③ 转引自同衡《遗产价值的当下思考》，《中外文化交流》2015年第6期。
④ 孙华：《遗产价值的若干问题——遗产价值的本质、属性、结构、类型和评价》，《中国文化遗产》2019年第1期。
⑤ 曹兵武：《本体·信息·价值·作用——关于文化遗产保护传承的几个理论问题》，《中国文化遗产》2019年第1期。
⑥ 陈耀华、刘强：《中国自然文化遗产的价值体系及保护利用》，《地理研究》2012年第6期。

维度，丰富其价值内涵。在后现代的语境下，人们对遗产价值的讨论在一定意义上与记忆相联系，这就更显示出遗产价值认识的主观性。

二 大遗址的价值认知

大遗址是中国文化遗产中重要的类型，具有突出的中国特色，由于中国土木建筑的耐久性问题，其地面之上往往少有历史遗存，但其地面之下则有着丰富的遗迹遗物，见证着历史的演进发展。大遗址不仅是需要人们珍惜保护的文化遗产类型，更是人们长期生产生活的场所空间。如果说遗产可以被视为一种已经停止演化的客观存在物，那么，那些包容了人类存在的、处于演化中的大遗址就可以被认为是一种特殊的、具有活态特征的遗产，遗址区人们的各种活动与遗址保护利用处于一种既紧张又关联的张力中。

在长期的文物保护实践中，人们参考对文物建筑遗产价值的认识，从历史价值、科学价值、文化价值等方面对大遗址价值进行了深入的研究，形成了较为成熟的大遗址价值认知维度与话语体系。然而，我们注意到大遗址作为一种活态的空间型遗产，其占有空间面积较大，遗址区往往人口较多、社会经济关系复杂，这就使得大遗址保护与利用工作日益与遗址所在区域发展相联系，有可能在区域发展中发挥文化景观与经济引擎的作用，甚至在一定意义上有可能成为区域空间结构重组的关键因素[①]。在对大遗址进行价值评估的时候不仅要深入分析其本身所固有的历史价值、文化价值等内涵，而且要加强其在社会变迁与发展中，对满足人们美好生活的追求及其衍生出来的功能作用的认知。

1. 中国大遗址价值认知的探索与发展

对大遗址价值进行研究将随中国社会现代化的进程而发展。20世纪初，西京筹备委员会成立之初，即将"调查名胜古迹"列入其工作大纲之中，人们在隋唐曲江遗址、唐大明宫遗址等73处"各有名古迹处所栽立标志"，开展简单的保护工作。1941年，在《西京市分区计划说明》中，西京筹备委员会将文化古迹区的划分放在了整个分区规划首要的位置，即省城西北十余里之汉城及其以西的太液池、阿房宫、镐池、昆明池等，城

---

① 王新文等：《城市型大遗址社会价值研究》，《城市发展研究》2020年第9期。

北唐代之含元殿及丹凤门（丹凤公园），城东南之大雁塔、曲江池等，均划为文化古迹区，提出要"妥为保存，以留古迹，并栽种树木，加以整理，以增厚游览兴趣"①。显然，当时的人们已认识到遗址与历史时期的文化相关联，是保存文化的空间环境，应加强保护。

中华人民共和国成立之后，随着国家对历史文物保护工作的重视，在当时颁布的一些文件中，逐渐加强了对大遗址革命意义的认识。如1953年，国家颁布了《中央人民政府政务院关于在基本建设工程中保护历史及革命文物的指示》，文件强调各级人民政府对历史及革命文物负有保护责任，突出了文物遗产的历史价值与革命意义。1956年4月2日，国务院在《关于在农业生产建设中保护文物的通知》中，列出了"重要的古文化遗址"名单，其中规定："全国有很多地区已经确定是革命遗迹和重要的古文化遗址，如河南省安阳殷墟……在上述地址进行农业生产基本建设规划的时候，必须征得文化部同意，以避免遗址受到破坏。"② 在通知中再次强调了遗址的历史意义和革命意义。

20世纪80年代以来，伴随城市化的快速推进，大型考古遗址日益面临建设性破坏的威胁，对大遗址价值的讨论日渐深入，考古学家、遗产保护专家、建筑学家、城市规划师、政府部门等利益相关者日益关注大遗址区的保护与利用问题，人们认为遗址价值不仅包括历史、艺术、科学等常规文物价值，而且包含更为复杂的社会、文化价值。张忠培将大遗址价值概括为历史、科学、艺术与文化等类型③；张祖群为大遗址的价值认知提供了经济分析的维度，其经济价值包括经济投入、产出和优化利用等方面④；陈曦、霍焱从遗产展示设计的角度将城址类考古遗址价值核心认定为文化价值、生态价值和使用价值三类⑤；葛承雍将遗址作为美学思想载

---

① 引自吴宏岐、阎希娟《抗战时期陪都西京筹备计划与西京市区分区方案》，中国古都学会2002年年会暨长江上游城市文明起源学术研讨会会议论文，成都，2002年6月，第294~316页。
② 李晓东：《大型古遗址保护的开创阶段》，《中国文物科学研究》2006年第2期。
③ 张忠培：《中国大遗址保护的问题》，《考古》2008年第1期。
④ 张祖群：《大遗址的文化价值、经济价值分异探讨——汉长安城案例》，《北京理工大学学报》（社会科学版）2006年第1期。
⑤ 陈曦、霍焱：《城址类考古遗址公园价值核心的阐释与展示设计手法》，《中华建设》2012年第12期。

体，呼唤"废墟美"，从而为遗址价值增加了新的认知维度①；《大遗址保护"十三五"专项规划》要求充分发挥大遗址在构建中华优秀传统文化传承体系和公共文化服务体系中的作用，进一步强调遗址的文化价值，加深了对遗址价值的评估认识。众多研究成果对于大遗址价值认知维度的拓展，在价值认知层面为遗址的合理利用提出了可行的转化策略，为大遗址在当代社会生活中所起的积极意义开创了新的可能。

大遗址价值认识不仅在认知维度方面是逐渐发展的，在认识的深度方面也是如此。在保护利用工作中，我们往往首先认识到遗址中具体文物点的保护与利用价值，强调对其中某些构成要素的保护，随着认识的深化才能达成对遗址整体价值的认识。如对唐大明宫遗址的保护利用，人们首先关注到含元殿遗址、麟德殿遗址等少数宫殿基址的保护，将其公布为文物保护单位并设置文物保护保管所，对其进行保护管理。近十年来，相关部门通过考古遗址公园的形式将唐大明宫遗址作为一个整体进行保护利用，初步实现了遗址保护的完整性。2008 年，由陕西省古迹遗址保护工程技术研究中心编制的《西安唐大明宫国家大遗址保护展示示范园区暨遗址公园总体规划》，引用马得志、杨鸿勋、安家瑶、刘致平、傅熹年等建筑史、考古学专家的观点，进一步阐述了大明宫遗址在建筑科学、考古学方面具有见证科学发展的作用。同时，该规划强调唐大明宫遗址的内涵和价值还有待未来进一步揭示，指出价值认知的开放性和渐进性。近年来，葛承雍多次论及大明宫遗址的价值主要表现在对古代皇家离宫式建筑的展示和对皇帝生活的记忆上，与唐代历史和政治权力密不可分，是中国古代最强盛时代的独特见证，是城市的记忆与见证②。这使得人们对遗址价值的认知有了进一步的扩展，不仅涉及遗址本身，也涉及遗产保护与利用对于城市发展的意义③，还有研究指出唐大明宫遗址的保护利用对于城市发展具有一定的经济价值④

---

① 葛承雍：《唤醒大遗址废墟中的审美记忆》，《西北民族大学学报》（哲学社会科学版）2015 年第 2 期。
② 葛承雍：《大明宫：珍贵的记忆遗产——〈唐大明宫史料汇编〉》，《中国文物报》2012 年 8 月 3 日，第 4 版。
③ 王新文等：《城市型大遗址社会价值研究》，《城市发展研究》2020 年第 9 期。
④ 苏卉等：《我国文化遗产资源经济价值评估研究——以唐大明宫遗址为例》，《价格理论与实践》2014 年第 11 期。

和景观价值①。

随着对遗产文化价值的强调,人们逐渐加深了对保护对象在社会文化系统中功能意义的认识,如在《成吉思汗陵文物保护规划》编制过程中,人们认识到由于成陵年复一年的祭祀工作及与其相关的祭祀人群体的坚守,使得大遗址价值与非物质文化遗产具有了密切的关联性②,大遗址价值的文化特性表现得更为突出,这就使成吉思汗陵的保护对象由物质实体扩展到了遗址社会环境的层面。再如,今天人们对中国大运河的价值认识已经由一般意义上的文物价值上升为整体文化价值,相关研究指出大运河是形塑中国文化的基因之一③。

2. 大遗址价值认知的特殊性

大遗址是一种具有特殊性的遗产,与常见的古建筑、石窟等遗产类型相比,大遗址本身既是一处不可移动文物,也是附属文物的出土环境,是文化遗产完整性内涵的载体,由于其空间规模大、延续时间长、历史演变复杂、存在状态较差等特点,对其价值的认知更为复杂,具有特殊性,主要表现在以下几方面。

大遗址价值的认知具有不确定性。考古工作是大遗址价值认识的基础,基于大遗址自身构成的复杂性和考古研究理念、技术方法、资金设备等条件的局限性,大遗址考古工作往往延续时间较长,在大遗址考古工作进行的过程中,常有新的发现颠覆已有的知识,丰富人们对古代历史发展脉络的认识,从而改写人们对其价值的理解。

大遗址价值认知的社会关联性。大遗址作为我国文化遗产保护领域在社会关联程度方面最为突出的遗产类型,与土地利用关系十分密切,在遗产地的居民生活生产、城乡发展以及资源保护与利用等社会发展方面具有重要价值。尤其在快速城镇化作用下大遗址保护与城乡发展的矛盾凸显,在此背景下,对大遗址的认知视角需要由静态的"文物"向更多元的公共文化资源、地方精神载体等方面拓展。在实践中,大遗址保护利用工作对

---

① 詹秦川、宋小叶:《略谈大明宫文化景观遗产的人文意蕴及突出的普遍价值》,《美术教育研究》2013年第11期。
② 滕磊:《关于文物古迹价值评估的几点认识》,《中国文物科学研究》2013年第2期。
③ 吴欣:《从"制度"到"生活":运河研究的新维度》,《光明日报》2016年8月10日,第14版。

遗址区老百姓的居住环境产生重大影响，遗址在此时往往被赋予新的价值维度，成为区域内重要的文化资源和景观资源。与此同时，大遗址保护工作与遗址区人们的生产、生活形成了一对尖锐的矛盾，随着城市化进程加快，汉长安遗址的保护与村落中的民生问题纠缠在一起，因此对遗址的价值认知凸显了民生的重要意义。学界很早就关注到汉长安城遗址保护过程中居民对于遗址的扰动及遗址区居民的贫困现象①。20世纪90年代，有学者发现由于限制性保护政策，汉长安城遗址区经济发展水平与其所在的未央区存在明显差距，居民对遗址保护存在抵触情绪，遗址区民生问题被揭示出来②。近年来，陈稳亮、张祖群、权东计等学者从土地利用、村落搬迁、规划布局、管理组织等方面进行了深入研究，进一步凸显了民生问题是破解汉长安城遗址保护难题的关键因素，探索了居民融入遗址保护过程的重要性和途径③。正是在这一背景下，《汉长安城遗址保护总体规划（2009—2025）》明确指出：汉长安城遗址是爱国主义教育基地，是西安市区最大绿地，是有待开发的旅游观光地，可以成为为西安市居民服务的休闲场所，对西安市城市空间结构优化具有重要影响，经过有效保护的汉长安城遗址，将成为西安市城市历史与未来发展的标志，促进遗址所在区域的社会发展和经济发展。

三 考古遗址公园视域下大遗址价值认知的新启示

大遗址价值认识的渐进性与复杂性不仅使得大遗址保护的理论方法与一般单体建筑遗产相比更为复杂，而且其价值的展示与传播也更具挑战性，特别是大遗址的价值蕴含于从整体空间格局到局部遗迹之中，这就使其价值展示不仅要考虑单体遗迹的形象化设计，更重要的是从整体层面识读遗产完整的空间格局。考古遗址公园的建设为遗址价值的认知与传递创造了新的机会。从遗产价值传播学的角度看，考古遗址公园形成了一个完整而独特的空间场域，遗址及其展示装置既是信息传播的客体，又是信息

---

① 王新文等：《城市型大遗址社会价值研究》，《城市发展研究》2020年第9期。
② 刘科伟、牛栋：《汉长安城遗址保护与开发利用的现状、问题及对策探讨》，《经济地理》1999年第5期。
③ 陈稳亮等：《共生还是绝离？——居民融入汉长安城遗址保护与发展问题探究》，《城市发展研究》2014年第11期。

第五章 考古遗址公园视域下统万城遗址价值评估

传播的媒介，而作为信息传播的主体，公众既是遗产价值与信息的接收者，同时又通过自身对遗产信息的整合重构将接收的遗产知识和信息传播出去，如此，不断建设完善的考古遗址公园在一代又一代历史文化的沉淀积累和当下的展示诠释之后，将"历史"延续到"当代"和"未来"，遗产价值也将生生不息地传递给社会公众①。

1. 推动大遗址由"文物"向"景观"转变

大遗址的真实性不仅表现为近现代以来遗址在物质层面未受到大的干扰与破坏，而且也表现为遗址保存状态与自然之间的和谐共生；同样，大遗址完整性不仅表现为遗址文化构成上的完整性，诸如格局完整、要素完整等内涵，而且也表现为遗址自然地理环境的完整性以及遗址地生态系统的完整性上。从这个意义上来看，大遗址越来越表现为国际文化遗产领域的新类型——文化景观遗产。

考古遗址公园建设使人们对大遗址的价值认识，从历史价值、科学价值的认识，向审美和生态价值逐渐拓展。考古遗址公园作为一种公益性、开放性的公共文化场所，以遗址展示为基础，在强调文化价值传播的同时，必须通过营造美丽宜人的景观环境吸引公众参观。在公园规划建设中，一个好的方案会把文物本体及其周围空间环境纳入整体景观范畴②，从而将鲜活的历史情景再现。整治后的遗址环境还大遗址以尊严，提升了考古遗址公园满足当代社会人们生产、生活需求的能力，满足了人们审美理想、生态观念和文化休憩的需求。由此可见，考古遗址公园反映出将遗产地作为景观系统进行保护与再利用的价值取向。相较于"文物"保护的个体视角，"景观"是一个多层级时空尺度的复杂系统，如果说"文物"的保护利用体现出遗产对于历史"片段"的阐释性，那么"景观"视域的保护与利用，则更为强调对于历史"过程"或"结构"的保护与展示，进而能够发挥展现遗址历史文化脉络、传统及其环境的作用③。《欧洲景观公约》指出：景观可被视为一个为人所感知的区域，其特质是人类和自然要素作用与相互作用的结果。因此，在景观视域下，遗产身份认同不仅仅局

---

① 丛桂芹：《价值建构与阐释——基于传播理念的文化遗产保护》，清华大学博士学位论文，2013。
② 张毅：《考古遗址景观价值分析及规划设计研究》，西南交通大学博士学位论文，2018。
③ 邓元媛等：《景观视域下城市工业遗产地价值评估研究》，《中国园林》2017年第11期。

限于遗存本身固有的价值，外部环境中的选择与管理同样也可以促进对"遗产"的认同，这正是将个体价值置于整体环境中所产生的"系统性价值"①。

在景观设计领域，人们对于景观价值的认识，普遍强调其艺术性特征。如英国现代景观设计师唐纳德认为现代景观具备功能性、移情性和艺术性②，中国学者刘滨谊指出景观的三大功能是经济、审美和生态③，王向荣和林箐也在其《现代景观的价值取向》一文中提出"社会性、艺术性、生态性的平衡"是景观设计的基准④。因而，大遗址作为一种文化景观，必须在利用中加强其环境美学思考，营造良好的遗址环境氛围。

对于考古遗址公园建设所营造的大遗址景观而言，可以在时空尺度下逐层区分为：遗产本体、遗址公园区域和遗址区。作为大遗址景观层级中的基础单元，遗产本体承担着景观中的核心价值；遗址公园区域则作为遗址环境的承载空间，是遗址历史环境、文脉的集中体现区域；而遗址区容纳更大尺度的遗址背景环境，是遗址所在历史背景和现代背景的真实反映，也常作为遗址价值的外溢作用区。当大遗址在不同层级范围内构成有机整体，不同尺度的景观要素之间产生层级关系，就可以完成对不同时空尺度历史的阐释。

2. 促进大遗址在城乡发展中发挥文化资本作用

大遗址作为价值内涵丰富的物质文化资源，实践证明，遗产保护利用工作对所在地区的经济、社会发展具有积极的作用，是一种影响面广、作用力强的文化资产。人们将资本价值注入文化资产中，创造新的文化产品，经过生产、流通、分配和消费的"资本化"过程，产生积累效应，能在一定程度上将文化资产转化为文化资本（cultural capital）。从区域经济的理论看，某区域一旦有了推动型的产业，该产业将通过其扩散效益带动相关产业的发展，产生若干倍的经济增长即发生乘数效应，从而促进整个区域的经济发展。通过公园化遗址环境，大遗址可以转化为文化资本，其

---

① 董一平、候斌超：《工业遗存的"遗产化过程"思考》，《新建筑》2014年第4期。
② 唐纳德：《景观设计本土化的研究》，第二届中国环境艺术设计国际学术研讨会会议论文，上海，2008年5月，第72~82页。
③ 刘滨谊：《景观规划设计三元论》，《中国标识》2005年第1期。
④ 王向荣、林箐：《现代景观的价值取向》，《南京林业大学学报》（人文社会科学版）2002年第4期。

第五章 考古遗址公园视域下统万城遗址价值评估

可以在城乡发展中充当遗址区的触媒，促进地区经济社会协同发展。

在考古遗址公园建设过程中，深度挖掘遗址文化价值，设计精美的展陈设施，整治遗址区环境，往往就能使大遗址成为所在地区重要的文化产品，这些文化产品不仅传播了遗址文化价值，而且吸引更多公众关心遗址文化内涵，围绕遗址文化开发创意产品，发展遗址旅游，带动遗址区经济发展，使遗址价值不断得以呈现。自西安大明宫国家考古遗址公园建成开园以来，遗址公园日益成为推动遗址区转型发展的主要动力，发挥了触媒的效应，诱发了周边区域的基础设施重建、居住和商业区的发展、文化设施的布局，使遗址所在的区域日益成为一个功能完善的、具有鲜明文化特征的场景[1]。如此这般，考古遗址公园建设在促进大遗址价值体系不断拓展的过程中实现资本的积累和再生产，使静态的遗址成为活态的文化资本，并通过发展遗址旅游，产生相应的产业乘数效应，进而带动区域发展。从这个意义来看，考古遗址公园不仅是文化保护与传承的"纪念碑"，一定程度上也可成为以遗址区为核心的，能带动更大范围区域发展的核心动力，成为重塑遗址区空间结构的关键因素。

大遗址文化资本作用的发挥，需要协调好遗址公园内保护和公园外发展的关系，在保护遗产本底价值基础上适度发展遗产的衍生价值是关键所在。综观一些遗产地对遗产的破坏性利用，其往往过分关注遗产地的本底价值，而忽视了遗产地作为整体对整个地区的外部促进作用，以致将建设行为集中于遗产地之内。从经济学视角出发，遗产地与外围区域间的经济活动的关联要素主要反映为功能上的联系和位置上的联系，聚散效应[2]和相邻效应[3]很好地解释了遗产地与作为其服务基地的外围地区城乡发展的互动机理[4]。囿于遗址保护要求，遗址公园往往需要依托合适的外围地区提供基础设施配套，以满足遗址旅游需求，这就为区域各种服务行业、工

---

[1] 王新文等：《城市型大遗址社会价值研究》，《城市发展研究》2020年第9期。
[2] 聚散效应包括对经济增长有影响且对立统一的聚集与扩散两种效应：微观上，产业经济活动向具有区位优势的地区与经济中心的空间聚集，表现为聚集效应；宏观上，产业经济活动则在相当广的地域范围不断扩张和增殖，表现出扩散趋势。
[3] 相邻效应指在一定地域范围，空间结构的物质实体要素由于近邻关系和相互作用对经济增长、区域发展产生的影响效果，这种影响有正有负。
[4] 陈耀华、刘强：《中国自然文化遗产的价值体系及保护利用》，《地理研究》2012年第6期。

商业的发展带来机遇，同时外围地区的发展也使得遗址公园对周边村镇的辐射作用更强。而为了更好地推动大遗址发挥文化资本作用，促进相邻效应和聚散效应正向发展，合理规划遗址公园外围区域的功能定位、优化空间布局是公园规划建设的重要内容。构建"游在遗址、体验在博物馆、休闲服务在城乡"的空间功能格局将是"遗产地内保护，遗产地外发展"的最好应用。

3. 使大遗址成为当地社区认同的关键载体

社会化过程贯穿于人的一生之中，是个体适应社会，同时又积极作用于社会的过程，在这一过程中，人们通过文化上的认同将自己与所属的社会群体相联系，并在场域内形成归属感①。诺哈在研究集体记忆时发现，经过漫长岁月形成的地方空间对于地域文化的建构有非常大的贡献②。在《巴拉宪章》中，"地方"是联系到价值和归属的遗产概念，保护遗产就是要维持地方的文化遗产价值和文化意义。从这个意义上来看，具有记忆功能的"地方"在人的社会化的过程中可以起到重要作用。

大遗址可以被看作一种能够产生情感记忆的地方，随着大遗址保护利用而来的快速社会转型，往往会导致社会分层显性化，伴随着人口流动而来的社会网络重组导致城市社会矛盾有可能激化，社会心理学研究表明，当某一群体的异质性增强时，群体成员对"异质者"的评价就更为消极和负面，而这种消极情感体验将激励群体采取更多的调控行为，使群体出现类别化特征。在这一过程中，社会阶层的整合重构形成新的群体认同有助于社会稳定。群体认同有一个社会类别化机制，而情感正是维持群体类别化机制的动力。将遗址的历史文化内涵作为共同情感标的物凸显出来，使得遗址地居民区别于其他社区的人们，这样的情感使得人们形成了深深的社会认同。在一个地方的遗产被人们所认可之前，人们对自己社区的认同感与共同的遗产并无关系。比如大明宫遗址周边的居民，在遗产保护意识尚未形成共同觉悟之前，该地人群被冠以"道北人"之名，几代人因共同的居住区位和相近的工作联系，长期生活形成了复杂而丰富的社会联系，

---

① 王新文等：《城市型大遗址社会价值研究》，《城市发展研究》2020年第9期。
② 陆邵明：《拯救记忆场所 建构文化认同》，《人民日报》2012年4月12日，第23版。

第五章 考古遗址公园视域下统万城遗址价值评估

以人文区位作为社区的纽带。然而，随着大明宫遗址保护工作的开展，以及大规模拆迁工作的推进，也随着考古遗址公园景观环境整治工作的进行，人们开始认同大明宫遗址，遗产成为人们塑造共同社区意识的关键纽带，可以说，大遗址保护工作是遗址区人们重新认知其社会位置的起点。如此来看，近代以来的聚落空间演化以及考古和遗址保护等工作都可以作为"道北人"转化为"大明宫人"的重要见证，成为遗址重要的价值载体。在遗址区大规模保护与利用工作中，应采取适当的保护展示形式延续历史。大明宫遗址公园展示体系中专门设置了遗址地原来村落、景观的指示牌，以激发人们对共同记忆的认知与感受，这在一定意义上有助于形成群体共识，缓解社会矛盾①。

如果个体对地方具有情感记忆，便就会对地方产生认同感、安全感，这样空间就会转化为地方②。遗址区作为特定地方，必定会有地理区位（人们从事社会和经济活动的区域）、场所（日常活动和社会相互影响的区域）、地方感（个人对地方的归属感与认同感）③的内涵存在。

大遗址区域的居民地方感产生途径主要依靠对遗址的情感记忆、情感依恋与情感依附。在大明宫遗址区，居民们在遗址公园建设前所形成的关于道北棚户区的情感记忆既与遗址相关，也与特定的生产、生活空间息息相关。在大明宫遗址保护利用的背景下，新的"大明宫遗址区"名称取代了原有"道北"的固定称谓，成为凝聚居民地方情感的文化线索。进而，遗址公园通过营造历史景观环境，强化对遗址及周边历史空间要素的保护④，对原有居民生活环境场所的展示，将"道北人"关于遗址区的记忆留存下来，并通过场景与情境的塑造将情感记忆进一步升华为居民对遗址区的地方感，在这一过程中，遗址公园的建设强化了居民地方感。

---

① 王新文等：《城市型大遗址社会价值研究》，《城市发展研究》2020年第9期。
② E. Relph, *Place and Placelessness*, Lodon: Pion, 1973, pp. 5-40.
③ B. Brown, D. Perkins, *Disruptions in Place Attachment*, New York: Plenum, 1992, pp. 279-304.
④ 遗址公园建设中将原有的水塔、部分工厂厂房等建构筑物保留下来，作为遗址公园中的景观建筑或考古探索中心继续使用。此外，遗址周边的大华纱厂则作为文创园区被保留并发挥新的城市功能。

第二节　考古遗址公园视域下大遗址价值评估体系建构

当前，人们对大遗址价值的认知多为整体性描述，"历史、艺术、科学"乃至"文化"价值的判断标准清晰但略显简单。对遗址珍贵程度和层级划分多以"一定""重要"等词笼统概括，对遗址价值类型及范畴仅作了方向性界定或要求，对于每类价值指标应评价哪些遗产要素，有待深入探讨。一般来说，大遗址经历了漫长的历史演变过程，遗产要素复杂，不同的遗产要素承载了不同的遗产价值。建设考古遗址公园不仅是加强遗址保护利用、传播遗址历史文化价值的重要方式，也是充分发挥遗址的社会价值，服务社会公众、服务区域发展的重要手段。针对大遗址遗存信息与保存状况，在规划和建设考古遗址公园的过程中，必须加强遗址价值的评估工作，运用新理念与新方法开展大遗址价值评估，准确认知大遗址价值载体。

一　考古遗址公园视域下大遗址价值评估的基本问题

1. 价值评估的意义与范畴

遗产价值学是分析自然和文化遗产的存在价值、价值要素、价值构成、价值阐释以及如何保持其价值的学问[①]。遗产保护工作基于其价值评估研究，以价值议题为核心开展遗产保护工作，这有助于正确处理文化遗产保护与其他社会事务的关系。考古遗址公园作为一个涉及遗产保护、民生改善、地方经济发展等多元目标的复杂系统，系统内各要素之间存在相互促进甚至相互制约的关联作用。当公园规划者面对复杂的遗产构成和社会事务，而往往人力、物力还是财力都无法兼顾所有需求时，通过价值评估可以对遗产及各系统要素的重要性进行排序，以便制定具有针对性的公园规划策略，并调集相关资源开展有序的建设活动，实现资源协同、保护协同、利用协同和管理协同。因此，价值评估作为制定遗址公园保护与展示利用策略的重要依据，是开展遗址公园规划的关键先导环节，

---

① 丛桂芹：《价值建构与阐释——基于传播理念的文化遗产保护》，清华大学博士学位论文，2013年。

第五章　考古遗址公园视域下统万城遗址价值评估

在大遗址遗产价值的传播以及遗址公园整合遗产地资源、促进区域可持续发展等方面将可以发挥重要作用。然而，当前考古遗址公园规划编制中关于遗产价值评估环节仍未得到足够重视，未充分体现考古遗址公园的特性，或照搬照抄文物保护规划中关于价值研究的内容，或片面关注狭义的"遗产"价值，而对公园属性的利用价值阐释不足，考古遗址公园规划措施实施难、落地难、管理运营乏力等现实问题也屡见不鲜。显然，传统的保护规划价值评估和片面的文物价值评估并不适用于考古遗址公园的建设实践。

价值评估是在对事物了解认识的基础上，对事物的附着价值、实践改造后的意义、成果等进行的评价[①]。考古遗址公园作为大遗址保护利用的创新模式，立足于让大遗址更好地"活起来"，强调文物保护与地方经济、社会发展、民生改善的协调发展，重新定义了大遗址在当代文化传承与现代社会发展中的作用。同时，遗址保护利用"公园化"的理念也推动大遗址由"文物"向"景观"的转变，反映出将遗产地作为景观系统进行保护与再利用的价值取向。考古遗址公园的这些特性促使其价值体系在文物本体价值的基础上进一步拓展，并向文化景观的"系统性价值"方向发展。其中，体现文化延续性的"延续性价值"，整合区域资源、带动地区发展等衍生功能都成为考古遗址公园视域下大遗址价值体系的重要补充。而伴随大遗址价值内涵的丰富，其价值载体必然也随之拓展，遗址景观环境、遗址区村落等日益成为影响考古遗址公园建设成效的重要因素。因此，考古遗址公园视域下的大遗址价值评估需要将分散的价值载体纳入景观的整体视域中，对大遗址进行系统的价值评估，量化价值载体的保护价值，建构考古遗址公园保护与利用的遗产体系。

2. 价值评估的基本原则

（1）真实性原则

真实性是《威尼斯宪章》所确立的遗产保护基本原则和理念之一，是一种用来判定文化遗产意义及相关信息为真的原则，也就是说具有真实性的物质遗存才可以成为遗产。所以，真实性虽是可评估的性质，但应是评估遗产

[①] 刘卫红：《大遗址保护规划中价值定性评价体系的构建》，《西北大学学报》（自然科学版）2011年第5期。

价值时的基本决定因素,而并非价值本身①。对于真实性的评估贯穿于整个保护过程,在遗产价值评估阶段中,检验信息来源与遗产各方面真实性是基础的评估手段,而原始真实性和历史过程都是大遗址完整历史的一部分,"不能只保留'单页',而必须保留'整部'历史"②。因此,以真实性为基础再综合考量其他重要性的因素,是开展价值评估工作的重要前提。

(2)系统性原则

系统性原则是指在决策中,将决策对象视为一个由各要素构成的复杂系统,以系统整体目标的优化为准绳,协调系统中各子系统的相互关系,使系统完整、平衡,充分发挥系统的功能作用。考古遗址公园视域下的大遗址作为一个景观系统,其遗址价值体系具有明显的层次性和系统性。遗产价值认识的片面性必然导致保护与利用的片面性,因此,对遗址展开系统的价值评估是促进遗址公园系统性价值发挥的重要保障。

(3)动态性原则

在文化遗产保护呈现多主体、多思维、多手段的趋势下,遗址价值认知随着时代需求的发展而发展。而考古遗址公园作为一个景观系统,其各系统要素是相互关联的,且是运动和发展的,这决定了其价值认知也必然是个动态的发展过程。同时,大遗址自身的复杂性,决定了其考古和科研工作延续时间较长,因此遗产认知具有明显的阶段性。在各因素综合影响下,大遗址价值评估工作必然不是一蹴而就的,而是一个循环反复、逐步拓展甚至校正的过程。因此,衡量和评价大遗址的价值尺度,也应该是动态发展的。

二 大遗址价值体系层次框架

大遗址具有的空间属性与活态特性,使其价值体系具有明确的层次性,主要可划分为内在的存在价值和外在的使用价值两大类。存在价值是文化遗产区别于一般物品的特性,是外在使用价值的基础,包含了时间价值、空间价值和其他最基本的、促使遗产生成的要素③,也常表述为基本

---

① 黄明玉:《文化遗产的价值评估及记录建档》,复旦大学博士学位论文,2009。
② 单霁翔:《实现考古遗址保护与展示的遗址博物馆》,《博物馆研究》2011年第1期。
③ 孙华:《遗产价值的若干问题——遗产价值的本质、属性、结构、类型和评价》,《中国文化遗产》2019年第1期。

价值。外在使用价值是遗产在利用过程中，基于核心价值而产生的衍生价值，可以用来描述遗产和当代社会之间的互动，也是遗产与当代社会之间关系的生动直观体现。在不同的话语体系下，衍生价值存在不同的表达形式，同时伴随时代发展需要的转变也在不断拓展，具有生长的基因。在考古遗址公园语境下，大遗址的衍生价值主要指大遗址由于考古遗址公园的建设实践而被赋予或扩展的当代意义。

《国家考古遗址公园管理办法（试行）》明确提出：国家考古遗址公园是以重要考古遗址及其背景环境为主体，具有科研、教育、游憩等功能，在考古遗址保护和展示方面具有全国性示范意义的特定公共空间。从遗址保护管理视角出发，其拥有明确的管理界限，通常可以包括保护规划划定的文物保护边界和遗址公园运营管理边界；而从影响作用来看，"科研、教育、游憩"等功能体现了考古遗址公园的公共属性，是我国遗址保护利用由学术走向公众、由行业内走向行业外、由封闭走向开放的重要体现，这也决定了考古遗址公园的功能效益应辐射于遗址保护管理范围之外的更大空间区域。

综上所述，可在基本价值和衍生价值的基础上，结合大遗址和考古遗址公园的空间及功能特性，将衍生价值进一步分解为直接应用价值和区域整合价值。因此，基于系统论的观点，在考古遗址公园视域下，大遗址价值体系可逐层分解为基本价值、直接应用价值和区域整合价值三个层级。其中，大遗址的基本价值是价值体系的核心，其依附于遗址本体；直接应用价值是大遗址通过遗址公园建设而被直接赋予甚至放大的应用型价值，多以遗址公园区域作为直接承载空间；而区域整合价值是遗址公园建设中所产生的辐射整个遗产地所在区域的经济和社会效用。

在此基础上，通过对既有的大遗址、古建筑、文化景观等不同类型文化遗产价值评价体系的分析、比较，结合考古遗址公园自身特性，对合理的因子进行保留，对不适用的进行删改，并增加有益因子，最终确定考古遗址公园视域下大遗址价值评估的体系框架（见图5-2）。

第一层：准则层 A 层——基本价值、直接应用价值和区域整合价值。

第二层：综合评价层 B 层——可进一步分为历史、艺术、科学、文化、教育、游憩、景观生态、经济、社会等价值维度。

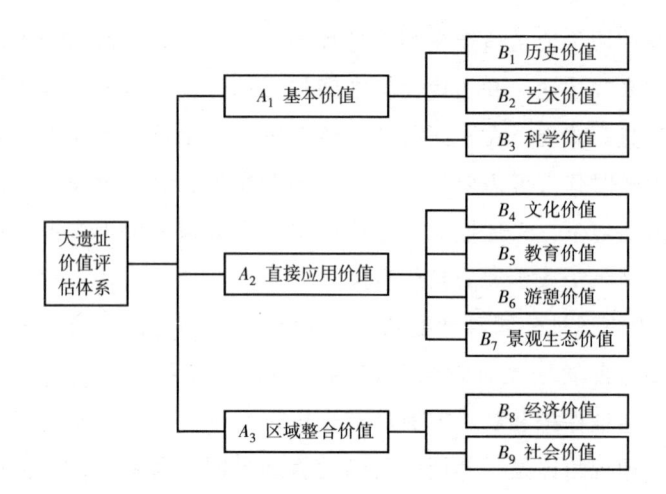

```
                            ┌── B₁ 历史价值
              ┌── A₁ 基本价值 ──┼── B₂ 艺术价值
              │                └── B₃ 科学价值
              │
              │                 ┌── B₄ 文化价值
大遗址         │                 ├── B₅ 教育价值
价值评估 ──────┼── A₂ 直接应用价值─┤
体系          │                 ├── B₆ 游憩价值
              │                 └── B₇ 景观生态价值
              │
              │                 ┌── B₈ 经济价值
              └── A₃ 区域整合价值─┤
                                └── B₉ 社会价值
```

图 5-2　考古遗址公园视域下大遗址价值评估体系框架

1. 基本价值

如前所述，基本价值是遗址区别于普通事物的重要标志和衡量标准，是遗产的核心价值。无论人类是否利用，这种价值都已经客观存在，就其空间载体而言，基本价值往往依附于遗址本体，通过本体所承载的历史、艺术及技术等信息得以传递。大遗址的基本价值包括历史价值、艺术价值、科学价值，是目前学界在文化遗产的价值认知中普遍沿用的"三大价值"。大遗址是历史的产物，与不同历史时期人们的生产生活联系在一起，具有重要的历史见证意义，即历史价值；同时，大遗址内含的建筑遗迹、附属文物等往往体现了较高的艺术性和科学性，具有良好的艺术价值和科学价值。

（1）历史价值

遗产是人类在社会实践活动中创造的财富遗存，作为历史的实物见证，其首要价值便是反映历史、补正历史和传承历史的价值[①]。历史价值的核心是遗产所承载的历史信息，在当代遗存价值认知语境下，这些历史信息根据时间维度可细分为历史节点和历史过程信息，也多被称为第一史实和第二史实。第一史实，即大遗址对特定时期的历史实际、艺术要素、人类智慧、科学技术等的历史见证意义；第二史实，即在当代人采取保护

---

① 蔡靖泉：《文化遗产学》，华中师范大学出版社，2014。

干预之前其所经历的发展变化。而根据内容维度又可将这些历史信息分为宽泛的历史信息和某一专题的历史信息，如艺术史、科技史等①。总体而言，大遗址所承载的历史信息具有明显的层次性、维度性，因此保护历史信息的完整性就成为历史价值保护的关键要义。

（2）艺术价值

艺术价值反映了遗产对人类艺术的重要功能和作用。孙华认为对于遗产艺术价值的评价一定要与当代社会的审美、鉴赏能力和艺术创作结合起来，要反映遗产对现实艺术的作用，否则就会与遗产的历史价值发生混淆②。艺术价值包含大遗址作为艺术品所承载的"艺术质量价值"，即遗址自身的形式、色彩、材质等所体现的艺术观赏性；同时，也包含遗址本体与遗址环境共同构筑的"沧桑"景观呈现出的具有"审美感染力"的美学价值。我国大遗址多为土遗址，经过漫长的风雨侵蚀，遗址本体多被破坏，历史原貌难以清晰分辨，可视性与可读性往往较差，因此科学的展示是有效传播其艺术价值的关键手段，也是考古遗址公园规划建设的重要内容。

（3）科学价值

科学价值是遗址自身承载的信息对于当代的科学研究和技术运用的积极意义，是区别于科学史见证价值的现世价值。我国遗址类型丰富、构成多样，既有大尺度的城市及聚落遗址、帝陵墓葬遗址、工程遗址等，也有中小尺度的建筑群遗址、石窟寺遗址、园林遗址等，针对不同类型的遗址，对其科学价值的评价可能存在差异，这些人工建构筑物往往集中体现了传统的规划、设计和营建思想，因此大遗址的规划设计及建造工艺是其突出的科学价值。此外，一些遗产承载的遗址信息对于当前某一研究门类具有重要借鉴或启示意义，其科学价值可以作为该研究重要的科研数据和资料得以延续。

2. 直接应用价值

直接应用价值是大遗址通过考古遗址公园建设而被直接赋予甚至放

---

① 王巍、吴葱：《浅析中国文化遗产的价值体系——基于价值的特点、关系和本土语境》，《中国文化遗产》2019年第1期。

② 孙华：《遗产价值的若干问题——遗产价值的本质、属性、结构、类型和评价》，《中国文化遗产》2019年第1期。

大的应用型价值。基于考古遗址公园的科研、教育、游憩等主要功能属性，考古遗址公园视域下大遗址的直接应用价值应包含文化价值、教育价值、游憩价值和景观生态价值，并主要以遗址公园区域作为直接承载空间。

（1）文化价值

大遗址具有突出的文化传承意义。每一处大遗址都与特定的文化活动相关联，随着文化战略意义的凸显，遗产的文化价值成为当代大遗址保护利用的重要内容。由于大遗址社会关联程度最为突出，其与遗产地居民生产生活、城乡发展以及资源保护与利用等社会发展方面联系紧密。因此，遗产地居民生活生产实践所形成的、具有地方性的文化基因和精神特性等都成为大遗址文化价值的重要补充，不断丰富大遗址的文化价值内涵。而文化多样性也成为当下丰富大遗址文化体验，提高遗产地文化生态韧性的关键因素。

（2）教育价值

科普教育是考古遗址公园的主要功能之一，是考古遗址公园视域下大遗址重要的应用价值。大遗址对人们思想、行为等方面的影响，以及科普益智教育和意志品质教育是其教育价值的突出表现。考古遗址公园作为一种独特的教育环境，通过物质空间载体把诸多文化形象和精神观念向公众传播。

（3）游憩价值

考古遗址公园景观环境的历史沧桑感营造使其成为具有独特魅力的游览观赏之地。考古遗址公园通过丰富的游憩产品为公众提供了高品质的文化场所，限于遗产本体及其环境脆弱性，应适度限制考古遗址公园游憩价值的开发。

（4）景观生态价值

考古遗址公园建设有效提升了遗址周边环境品质，在保护尊重遗址价值的基础上，通过对遗产地乃至遗址区域环境进行景观塑造、生态恢复使其在一定意义上具有改善生态环境的功能。如西安大明宫国家考古遗址公园在建成后就发挥了城市"绿肺"的功能，成为高密度城市建成环境中的一处生态绿地。

第五章 考古遗址公园视域下统万城遗址价值评估

3. 区域整合价值

考古遗址公园建设是对大遗址的保护利用实践，其起到了促进遗产所在地区域相关资源整合利用，增强社区认同意识等作用，进而促进了遗址区社会经济发展，产生了区域整合价值。区域整合价值在当代城市更新、乡村振兴、文化复兴的背景下意义更为突出，但其必须以遗产的基本价值和直接应用价值为基础，在空间上，区域整合价值主要作用于遗址公园范围以外的遗产地所在区域。

（1）经济价值

经济价值是大遗址作为文化资产所带来的直接或间接的经济效益，从经济学视角分析，考古遗址公园建设实践中不仅要考虑遗产稀缺度和保护所需投入的人、财、物资源，也要考虑文化遗产的机会成本以及遗产潜在需求或潜在消费力等问题，即大遗址的成本价值和未来效益价值[1]。建设考古遗址公园的成本价值和未来效益价值不仅受到大遗址本体的资源条件影响，也受到遗产地区位条件、区域相关资源条件等的影响。因此对大遗址的经济价值评价需引入区域视角，将遗产地所在区域条件统筹纳入评价体系，而区域视角的引入有助于进一步认识大遗址的可持续利用性。

（2）社会价值

在现代社会背景下满足现代社会或个体物质与精神需求及在此过程中所体现出的社会作用或意义是大遗址社会价值的体现[2]。考古遗址公园为公众了解历史、感悟历史提供了途径和场所，进一步放大了大遗址增进文化认同的作用。同时，考古遗址公园提高了大遗址社会知名度，进而带动旅游业发展，促进大遗址经济价值的发挥。随着遗产地知名度的提高和旅游活动的开展，遗产地与外界信息交流大大增加，这对遗产地本身的文化发展、居民普遍素质的提高和社会秩序的改善等也起到了十分重要的作用。换言之，经济价值发挥到一定的阶段便会实现社会价值的转化，进而有效带动遗产地社会经济共同繁荣发展。

---

[1] 吴美萍：《文化遗产的价值评估研究》，东南大学硕士学位论文，2006。
[2] 刘卫红：《大遗址保护规划中价值定性评价体系的构建》，《西北大学学报》（自然科学版）2011年第5期。

三 价值评估指标体系建构

1. 体系建构的步骤与原则

考古遗址公园建设为遗址区文化资源整合提供了条件，也促使人们反思如何在考古遗址公园管理运营中充分发挥大遗址的价值，为此，本部分在考古遗址公园建设背景下基于"基本价值—直接应用价值—区域整合价值"的分析框架初步构建大遗址价值评价指标体系。评价指标体系构建过程包含以下步骤。

①筛选评价指标。根据相关文献确定不同认知维度下的大遗址价值评估指标。

②确定指标权重。通过发放问卷的形式咨询相关专家意见，以确保指标体系的合理性，并采用层次分析法确定各指标权重。

③实证评价分析。以统万城遗址为案例开展实证研究，验证价值评估体系的有效性。

在构建评价指标体系时，主要从大遗址历史价值、艺术价值、科学价值等本体性特点入手，充分考虑大遗址在保护利用过程中衍生出来的新的价值维度以及考古遗址公园对相关文化资源整合性价值等因素在国家考古遗址公园规划建设中的相互关系，并遵循以下原则建构价值评估指标体系。

①独立性原则。各评价指标在同一层次上应无重复不交叉，相互独立。

②全面性原则。从基本价值、衍生价值、整体性价值等不同角度，全面反映考古遗址公园建设的各个方面，涵盖面广，系统性强。

③科学性原则。基于科学依据和可信的研究成果，运用科学方法筛选能够反映真实状态的评价指标并构建体系。

④可操作原则。指标尽量简单明了并易于采集、处理，以进行对比与评价[1]。

2. 文化遗产价值评价相关指标分析

当前，遗产学界在遗产价值认识维度及相应价值评估指标方面已形成

---

[1] 陈东军等：《国家公园研学旅行适宜性评价指标体系构建与实证研究》，《生态学报》2020年第20期。

第五章　考古遗址公园视域下统万城遗址价值评估

了丰富的成果，取得了一定的共识，本书在建构遗产价值评估体系的研究中，分析借鉴相关研究成果中关于遗产价值评估的指标要素，提取核心要素作为本课题价值指标要素。

（1）历史价值

在对比分析国内文化遗产保护领域历史价值相关评价指标基础上，汇总分析国内代表性的评价指标（见表5-1），可知历史价值主要评估对象的年代、历史信息及其影响力[①]。

表5-1　历史价值评估指标汇总

评价视角	具体指标
文物	真实性价值、知名度价值、纪念价值、年代价值
建筑遗产	年代的久远程度、结构的完好程度、与当地历史名人和历史事件联系的紧密程度
	建筑年代、相关历史名人与事件、地方历史背景与文化特色
大遗址	岁月价值（历史沿革、遗址时代、历史地位）、遗址规模、遗址级别、遗址完整性、与历史事件或人物的关联度、历史背景、独特遗存体系的历史价值
自然遗产	经历了地球重大演变、见证了人类社会变迁、有独特的历史价值
农业文化遗产	历史传承价值、历史反映价值、历史实证价值、历史补全价值
河流遗产廊道	河道历史价值（功能复合性、历时性、现存状态、文化性）
	周边遗产点历史价值（规模、真实性、完整性、遗产级别、遗产年代）
	河道与遗产点关联性（步行可达性、视线可达性、直线距离、衍生关系）
工业遗产	历史久远度、历史影响力、遗产真实性、遗产完整性、遗产稀缺性
	建成年代、历史事件或历史人物
文化生态保护区	历史重要度、历史悠久度、历史影响度、关联度、历史丰富度

（2）科学价值

在对比分析国内文化遗产保护领域科学价值相关评价指标基础上，汇总分析国内代表性的评价指标（见表5-2），科学价值主要关注文化遗产的规划科学、建筑技术、研究应用三个方面[②]。

---

① 郑璐琳：《文化生态保护区价值评估与保护格局研究》，东南大学硕士学位论文，2017。
② 郑璐琳：《文化生态保护区价值评估与保护格局研究》，东南大学硕士学位论文，2017。

表 5-2 科学价值评估指标汇总

评价视角	具体指标
文物	研究价值、信息价值、科技价值、象征价值、规模价值
建筑遗产	结构与构造技术、施工技术与当地材料
	结构特色、施工水平、建筑组群保存完好程度
大遗址	科学价值(大遗址的选址、大遗址规划思想、规划布局)、技术价值、独特遗存的科学价值
自然遗产	动物与植物种类多样、具有濒危动植物、值得作为科研考察对象
农业文化遗产	科学价值、技术价值
工业遗产	营造模式(产业规划、车间厂房体量、机器设备数量、工作人员数量、工作条件、动力能源、原材料应用、技术工艺水平、技术开放度、生产组织形式、生产运营能力)、管理模式
	创造的工艺技术流程、建造施工技术的先进性
	产业代表性、生产技术代表性、工程技术先进性
文化生态保护区	科普认知价值、技术水平、科学研究价值

(3) 艺术价值

在对比分析国内文化遗产保护领域艺术价值相关评价指标基础上，汇总分析国内代表性的评价指标（见表5-3），可见艺术价值的高低取决于其艺术质量、稀缺程度以及审美体验。

表 5-3 艺术价值评估指标汇总

评价视角	具体指标
文物	审美价值、丰富度价值、珍稀度价值
建筑遗产	建筑风格的代表性、建筑细节和装修工艺水平、设计手法的特征
	空间布局艺术、造型艺术、细节工艺艺术
大遗址	审美价值(审美感知、审美体验、审美理想)、观赏价值、美术史料价值
自然遗产	自然风景优美、地貌景观独特、当地建筑有特色
农业文化遗产	审美理想价值、审美感知价值、审美体验价值
工业遗产	材料质感、色彩搭配、造型布局、运转流程
	建筑风格、建筑群体观赏性
	建筑美学特征、工业景观风貌
文化生态保护区	艺术感染力、美学水平、地域性、艺术典型性

(4) 社会文化价值

在对比分析国内文化遗产保护领域文化价值相关评价指标基础上，汇总分析国内代表性的评价指标（见表5-4），由于国内文化遗产保护领域对文化价值与社会价值、精神价值、教育价值等表述界定不清，多注重遗产对现代文化思潮的社会影响和作用，因此对文化遗产自身内含的文化信息的评价多体现在文化的代表性、多样性和延续性等方面。

表5-4 社会文化价值评估指标汇总

评估视角	价值表达	具体指标
文物	社会文化价值	宣传教育价值、文化传承价值、精神价值、情感价值
建筑遗产	社会情感价值	是否具有某种特定的精神象征意义、是否代表着某地域文化精神的象征物、是否让来访者惊叹
大遗址	文化价值	遗址本体蕴含的价值特性和属性对现代文化的充实、完善、借鉴及对现代文化思潮的社会影响等评价
自然遗产	社会价值	体现当地的风俗民情、具有独特的文化、体现人与自然的和谐相处
自然遗产	精神价值	具有宗教气氛、能增强当地人的归属感、能成为信仰和精神的寄托
农业文化遗产	社会价值	示范价值、教育价值、可持续发展价值
农业文化遗产	精神价值	情感表达价值、宗教信仰价值、文化认同价值、思想价值
农业文化遗产	文化价值	文化多样性价值、文化形象价值、文化特色价值
工业遗产	精神价值	精神激励、情感归属
工业遗产	社会文化价值	对地区社会经济发展的影响、对地区文化发展产生的影响
文化生态系统	教育价值	对增进民族团结与社会和谐的作用、意志品质教育价值、技能教育价值、文化认同、社会和谐
文化生态系统	文化多样性价值	文化生态系统结构多样性、物质文化遗产多样性、非物质文化遗产多样性、自然遗产多样性、文化类型多样性
文化生态系统	文化生态系统保存完整度	存续空间保存度、自然环境保存度、非物质文化遗产传承人及传承群体保存状况、物质文化遗产保存度

(5) 生态环境价值

在对比分析国内文化遗产保护领域生态环境价值相关评价指标基础上，汇总分析国内代表性的评价指标（见表5-5），生态环境价值评价更多地关注遗产对所在空间区域的生态、景观环境的改善作用,以及遗产自身与周围环境的协调性①。

表 5-5 生态环境价值评估指标汇总

评估视角	价值表达	具体指标
建筑遗产	生态环境价值	在整个空间环境及景观效果中所起到的作用、建筑物标志性的强弱、与周围建筑的协调性
	环境价值	相关位置的重要性、与周围环境及建筑的协调性
大遗址	环境价值	在对遗址本体及所在区域生态环境的保护、恢复、改造中体现出来的环境改善、景观美化等价值
历史文化街区	环境价值	环境风貌及整体格局(街区自然环境风貌、街区人工环境与自然环境结合度)
农业文化遗产	生态价值	生物多样性价值、生态系统服务价值
文化生态保护区	自然环境保存度	自然环境保育程度

(6)经济价值

在对比分析国内文化遗产保护领域经济价值相关评价指标基础上,汇总分析国内代表性的评价指标(见表 5-6),经济价值除了关注遗产自身的直接使用价值外,更多地关注遗产利用过程中产生的间接旅游价值以及周边资源的协同发展条件②。

表 5-6 经济价值评估指标汇总

评估视角	价值表达	具体指标
文物	经济价值	市场价值、存在价值、旅游价值
建筑遗产	经济使用价值	原来基本设施保存状况、原功能的当前沿用状况、增加新功能的可能性、建筑的保护维修是否具有经济性
	使用价值	建筑质量(地基、柱、梁、顶、斗拱)、基础设施(水、电)
大遗址	经济价值	旅游价值、商业价值、使用价值和相关设施带来的潜在收入
历史文化街区	经济价值	建筑遗产价值(文物古迹及特色建筑历史价值、建筑的保存度、建筑遗产工艺价值度)

---

① 郑璐琳:《文化生态保护区价值评估与保护格局研究》,东南大学硕士学位论文,2017。
② 郑璐琳:《文化生态保护区价值评估与保护格局研究》,东南大学硕士学位论文,2017。

续表

评价视角	价值表达	具体指标
历史文化街区	经济价值	街巷及院落空间形态（街巷规模及空间形态特色、典型传统院落规模及空间形态特色、巷及院落形态独特性）
		特色历史价值（街区历史久远度、重要历史事件及人物影响度）
		传统民俗文化（传统民俗文化独特性、传统民俗技艺保持度）
农业文化遗产	经济价值	旅游资源价值、生物资源价值、投资交易价值、品牌价值、收藏增值价值
工业遗产	经济价值	周边环境（区位条件、交通可达性）、再利用潜力（建构筑物、基础设施）
	经济利用价值	工业建构筑物结构的可利用价值、工业建构筑物空间利用价值

3. 价值评估指标体系建构

综合上述依据和评估原则，本书建构了考古遗址公园遗产资源价值评估指标体系，该评估体系可分为3个价值准则层次和9个指标类别，又可以细化为24个评价影响因素，能从遗产资源自身的真实性、完整性条件等方面进行综合评价（见表5-7）。

表5-7 考古遗址公园遗产资源价值评估指标体系

准则层	一级指标	二级指标
基本价值 A_1	历史价值 B_1	年代久远度 C_1
		历史重要性 C_2
		历史丰富度 C_3
	科学价值 B_2	规划科学性 C_4
		建造技术水平 C_5
		科学研究价值 C_6
	艺术价值 B_3	艺术质量价值 C_7
		审美价值 C_8
直接应用价值 A_2	文化价值 B_4	文化多样性 C_9
		文化代表性 C_{10}
		文化延续性 C_{11}

续表

准则层	一级指标	二级指标
直接应用价值 A_2	游憩价值 B_5	游憩适宜度 C_{12}
		游憩开发条件 C_{13}
		游憩效益性 C_{14}
	景观生态价值 B_6	景观质量价值 C_{15}
		生态服务价值 C_{16}
	教育价值 B_7	意志品质教育 C_{17}
		科普益智价值 C_{18}
区域整合价值 A_3	经济价值 B_8	环境支撑条件 C_{19}
		相关资源条件 C_{20}
		再生的经济性 C_{21}
	社会价值 B_9	政治价值 C_{22}
		情感价值 C_{23}
		社区发展价值 C_{24}

第三节　基于价值评估的统万城遗址价值再认识

大遗址是中国大历史的物质载体，每一处大遗址都与相关的历史事件相联系，对每一处大遗址的研究都有助于我们对中国历史的深入认知与文化解读。统万城遗址是匈奴部族在人类历史长河中留下的一座都城遗址，也是我国历史上多民族交流融合的重要历史见证，对其进行多维度、多指标的价值评估能够完整挖掘其价值内涵，让我们能够有机会深入思考中华文明的形成、发展、演化；同时，通过价值评估能够准确认识其遗址保护利用的历史及现实意义，为统万城国家考古遗址公园的建设提供方向。

一　统万城遗址价值评估

1. 评估指标权重的确定

确定评估指标权重是构建评估指标体系的重要环节，本书基于上述遗址价值评估指标体系，考虑到大遗址类型丰富，包括聚落遗址、城址、宫殿遗址等，不同类型遗址的价值侧重不同，为强调价值评估指标体系的适用性，更为科学准确地判定统万城价值，本书主要针对城址类遗址对指标权重进行赋值。同时，结合相关领域专家调查，先使用层次分析法①计算确定各指标权重，然后通过分级评估法、数理模型分析等方法量化价值评估指标，以保证评估结果科学、客观②。

层次分析法是较为成熟的一种权重赋值方法。该方法是将问题本身按层次分解为一个结构模型，由相关专家比较打分构建判断矩阵而计算得到各指标权重。首先，建立相关梯级层次模型，即构建评价指标体系（见表5-7）；其次，根据层次分析法的评价体系形成调查问卷（详细问卷见附件Ⅰ），并将其发放给11位③考古学、遗产保护、城市规划等相关领域的专家，由各位专家拟定各指标因子的权重，最后对数据进行数轮的汇总、检验、筛选、修正与分析，计算各专家评价结果的均值从而确定各指标最终的权重值（见表5-8）（详细计算过程见附件Ⅱ）。

表5-8 各指标最终权重

目标层	权重	准则层	权重	因素层	权重
基本价值	0.4307	历史价值	0.2111	年代久远度	0.0376
				历史重要性	0.1116
				历史丰富度	0.0619
		科学价值	0.1190	规划科学性	0.0390
				建造技术水平	0.0271
				科学研究价值	0.0529
		艺术价值	0.1006	艺术质量价值	0.0587
				审美价值	0.0419

---

① 层次分析法（Analytic Hierarchy Process，AHP）是将与决策总是有关的元素分解成目标、准则、方案等层次，在此基础之上进行定性和定量分析的决策方法，该方法是美国运筹学家、匹兹堡大学教授萨蒂于20世纪70年代初，应用网络系统理论和多目标综合评价方法而提出的一种层次权重决策分析方法。
② 王新文：《基于世界遗产视野的统万城遗址价值认识及保护建议》，《建筑与文化》2015年第8期。
③ 由于本次问卷调研的对象为西北大学、西安建筑科技大学、长安大学、陕西省文化遗产研究院等单位长期从事文化遗产保护利用的专家学者，其观点具有一定的代表性，因此未进行大量的数据收集，仅发放11份问卷。

续表

目标层	权重	准则层	权重	因素层	权重
直接应用价值	0.3753	文化价值	0.1506	文化多样性	0.0371
				文化代表性	0.0581
				文化延续性	0.0554
		游憩价值	0.0419	游憩适宜度	0.0160
				游憩开发条件	0.0127
				游憩效益性	0.0132
		景观生态价值	0.0716	景观质量价值	0.0366
				生态服务价值	0.0350
		教育价值	0.1112	意志品质教育	0.0556
				科普益智价值	0.0556
区域整合价值	0.1940	经济价值	0.0745	环境支撑条件	0.0238
				相关资源条件	0.0213
				再生的经济性	0.0294
		社会价值	0.1195	政治价值	0.0508
				情感价值	0.0351
				社区发展价值	0.0336

对指标权重进行综合分析，可以发现，从权重值来看，基本价值稍大于直接应用价值，区域整合价值的权重值最小（见表5-9）。因此，遗址的保护利用即考古遗址公园规划需重点考虑其基本价值和直接应用价值，同时一定条件下兼顾区域整合价值。

表5-9 目标层指标权重

目标层	基本价值	直接应用价值	区域整合价值
权重	0.4307	0.3753	0.1940
排序	1	2	3

对准则层的指标权重进行分析（见图5-3），可以发现在基本价值的层级下，历史价值权重（0.2111）最大，科学价值（0.1190）次之，艺术价值（0.1006）最小，说明在考古遗址公园规划中要着重关注遗址的历史

价值。在直接应用价值的层级下，文化价值的权重（0.1506）最大，教育价值（0.1112）次之，景观生态价值（0.0716）再次之，游憩价值（0.0419）最小，说明在考古遗址公园规划中考虑到文化价值传播的同时也要注重其教育意义。在区域整合价值的层级下，社会价值的权重（0.1195）最大，经济价值（0.0745）次之，说明在考古遗址公园规划中经济与社会价值冲突时，要优先考虑其社会价值。

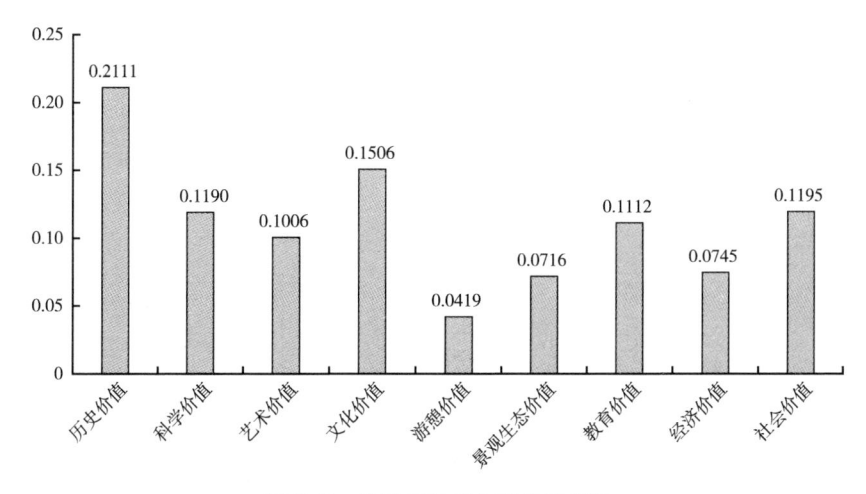

图 5-3　准则层指标权重分配情况

2. 指标释义与评估标准

不同的指标因子具有不同的评定标准，制定评价标准是进行遗产价值评估十分重要的环节，评价标准的确定直接影响到评价的可操作性以及科学性，为更加客观、准确地进行评价，本书增加三级指标对因子层进行分解，根据国内外相关遗产研究标准和已有相关研究成果制定更为详细的评价标准，最终得出考古遗址公园视域下的大遗址价值评估指标体系。

（1）基本价值

笔者对基本价值所包含的年代久远度、历史重要性、历史丰富度，艺术质量价值、审美价值，规划科学性、建造技术水平、科学研究价值的指标因子进行细分并制定评价标准（见表5-10A）。

表 5-10A　考古遗址公园视域下的大遗址价值评估指标体系（基本价值）

准则层	因素层	三级指标	评价指标释义	评分标准（100分）				
				0~60分	61~70分	71~80分	81~90分	91~100分
历史价值 B_1	年代久远度 C_1	建造年代 D_1	城址建成时代	明清	隋唐宋元	魏晋南北朝	秦汉	夏商周
		历史功能延续时间 D_2	该城址在历史上持续使用的时间	100年	200年	300年	400年	>400年
	历史重要性 C_2	历史职能 D_3	该遗址在历史上的重要程度，综合考虑其等级地位（国家性的都城、地方性城址）及职能（包括政治中心、经济中心、文化中心、交通枢纽、军事要地或少数民族宗教圣地）	一般	较为重要	重要	非常重要	极其重要
		重大历史事件或人物的关联度 D_4	该城址承载的重大历史事件或人物对中国社会发展的影响程度、关联度	影响较小	稍有影响	影响一般	影响较大	影响深远
		人类文明史的特殊见证 D_5	该城址的文化内涵对人类文明史见证的特殊性（是否能代表独特的人类文明）	一般	较为特殊	特殊	非常特殊	极其特殊
	历史丰富度 C_3	艺术史、技术史等主题历史的见证 D_6	该城址所体现的艺术史、技术史内容丰富程度	一般	较为丰富	丰富	非常丰富	极其丰富
		动态的历史层积性 D_7	该城址历史层积的丰富程度（层积多个朝代的历史文化）	一般	较为丰富	丰富	非常丰富	极其丰富
科学价值 B_2	规划科学性 C_4	选址思想 D_8	该城址选址思想的典型性、科学性（是否体现了中国传统城市选址思想，历史环境要素是否丰富，如水土肥沃、防御性强等）	一般	较为典型	典型	非常典型	极其典型
		空间布局 D_9	该城址空间布局的典型性、独特性、科学性（能否体现典型民族特色、历史背景，如轴线、空间秩序等）	一般	较为典型	典型	非常典型	极其典型

续表

准则层	因素层	三级指标	评分标准（100分）				
			评价指标释义	0~60分	61~70分	71~80分	81~90分	91~100分
科学价值 B_2	建造技术水平 C_5	结构与构造技术代表性 D_{10}	该城址城市营建的结构及构造技术的代表性（能否体现典型地域性或民族性）	一般	较为典型	典型	非常典型	极其典型
		建造材料代表性 D_{11}	该城址城市营建施工技术的先进性、代表性；城市营建材料的独特性（营建技术或材料是否能代表当时社会的生产水平）	一般	较为典型	典型	非常典型	极其典型
	科学研究价值 C_6	规划及技术的研究意义 D_{12}	对该城址的规划及技术的研究意义（是否具有代表性和科学性，是否能对人类科学技术的发展和进步起到积极的推动作用）	一般	较为典型	典型	非常典型	极其典型
艺术价值 B_3	艺术质量价值 C_7	类型丰富度 D_{13}	现存遗址类型的丰富程度（包括建筑遗址、城墙遗址、墓葬遗址、防御设施、工艺作坊等类型）	一般	较为丰富	丰富	非常丰富	极其丰富
		布局艺术性 D_{14}	该城址城市整体空间布局的艺术价值（是否能体现规划布局独特的艺术性）	一般	较好	良好	非常好	极好
		造型艺术性 D_{15}	城址造型或单体遗址形制的美学价值（是否具有较高的观赏艺术性）	一般	较好	良好	非常好	极好
		可视性 D_{16}	现存遗址的可观赏性（遗存是否保存完好，可供游客参观学习）	一般	较好	良好	非常好	极好
	审美价值 C_8	审美愉悦 D_{17}	遗址外在造型及内在文化意向给游客带来的视觉审美上的愉悦感	一般	较好	良好	非常好	极好
		历史感悟 D_{18}	遗址独特的原始审美表征引发游客对其古代艺术及历史的思考感悟	一般	较好	良好	非常好	极好

（2）直接应用价值

笔者对直接应用价值所包含的文化多样性、文化代表性、文化延续性、意志品质教育、科普益智价值、游憩适宜度、游憩开发条件、游憩效益性、景观质量价值、生态服务价值的指标因子进行详细分解并制定评价标准（见表 5-10B）。

表 5-10B 考古遗址公园视域下的大遗址价值评估指标体系（直接应用价值）

准则层	因素层	三级指标	评价指标释义	评分标准（100 分）				
				0~60分	61~70分	71~80分	81~90分	91~100分
文化价值 B_4	文化多样性 C_9	文化类型多样性 D_{19}	遗址公园承载的文化类型的多样性（反映了地方的多元文化）	一般	较为丰富	丰富	非常丰富	极其丰富
		非物质文化遗产丰富度 D_{20}	遗址公园承载的非物质文化遗产的丰富度	一般	较为丰富	丰富	非常丰富	极其丰富
	文化代表性 C_{10}	文化地域性 D_{21}	遗产公园文化内涵的地域性（是否能体现独特的地域文化特色）	一般	较为典型	典型	非常典型	极其典型
		文化典型性 D_{22}	遗址公园文化内涵的典型性（是否能代表中国典型的传统文化）	一般	较为典型	典型	非常典型	极其典型
	文化延续性 C_{11}	存续空间保存状况 D_{23}	文化承载空间的保存状况（包括遗址空间、传统村落、聚落等空间）	一般	较好	良好	非常好	极好
		传承人及传承群体维系状况 D_{24}	文化传承人或传承群体的维系状况（其与遗址的关联性，一定程度上反映了文化的重要性，包括非遗传承人、守陵人等）	一般	较好	良好	非常好	极好
游憩价值 B_5	游憩适宜度 C_{12}	遗址敏感度 D_{25}	遗址对自然环境、人为建设活动的敏感性（敏感度越高，遗址安全问题越突出）	非常敏感	敏感	一般	较不敏感	非常不敏感
		生态敏感度 D_{26}	遗址公园内生态环境对建设活动的敏感性（敏感度越高，生态安全越突出）	非常敏感	敏感	一般	较不敏感	非常不敏感
	游憩开发条件 C_{13}	可到达性 D_{27}	遗址公园的可到达性，即交通的便利程度（可达性越高，越利于遗址价值的传承）	一般	比较高	高	非常高	极高

续表

准则层	因素层	三级指标	评价指标释义	评分标准（100分）				
				0~60分	61~70分	71~80分	81~90分	91~100分
游憩价值 B_5	游憩开发条件 C_{13}	游憩资源丰富度 D_{28}	遗址公园内可供游憩的资源丰富度（越丰富则越具有吸引力）	一般	较为丰富	丰富	非常丰富	极其丰富
		游服设施状况 D_{29}	遗址公园内游客服务设施的状况（即设施的完备与否、能否提供较好的服务）	一般	较好	良好	非常好	极好
	游憩效益性 C_{14}	市场吸引力 D_{30}	遗址公园于当地旅游市场的吸引力（反映了遗址本身的知名度）	一般	较高	高	非常高	极高
		社会公益性 D_{31}	该遗址公园的社会公益性（即向公众开放的程度）	一般	较好	良好	非常好	极好
景观生态价值 B_6	景观质量价值 C_{15}	景观美观性 D_{32}	遗址公园营造景观的美观性（能否给游客带来视觉享受）	一般	较好	良好	非常好	极好
		景观遗址协调性 D_{33}	遗址公园营造的景观与遗址的历史环境或氛围感的协调性（协调性越高，越利于遗址历史信息的表达）	一般	较高	高	非常高	极高
		景观独特性 D_{34}	遗址公园营造景观环境的独特性（反映遗址独特的价值）	一般	较为独特	独特	非常独特	极其独特
	生态服务价值 C_{16}	生态改善程度 D_{35}	遗址公园内景观环境的营造对当地生态环境的改善程度（体现遗址公园与生态环境的协调性）	一般	较高	高	非常高	极高
		生态安全性 D_{36}	遗址公园内生态环境的安全性（反映遗址与生态、人与自然的和谐程度）	一般	较为安全	安全	非常安全	极其安全
教育价值 B_7	意志品质教育 C_{17}	精神激励 D_{37}	通过观赏，了解遗址对社会群体的文化自信、文化认同感的激励程度	一般	较好	良好	非常好	极好
		爱国教育 D_{38}	通过观赏，了解遗址对社会群体的社会主义核心价值观教育、爱国主义教育的作用	一般	较好	良好	非常好	极好
	科普益智价值 C_{18}	科普技能教育 D_{39}	通过了解遗址，能够普及相关历史文化知识；通过体验遗址文化，掌握相关技能	一般	较好	良好	非常好	极好
		启迪智慧 D_{40}	通过了解遗址，能够使社会群体在学习或生活中的各方面获得启发	一般	较好	良好	非常好	极好

(3) 区域整合价值

笔者对区域整合价值所包含的环境支撑条件、相关资源条件、再生的经济性、政治价值、情感价值、社区发展价值的指标因子进行详细分解并制定评价标准（见表5-10C）。

表 5-10C 考古遗址公园视域下的大遗址价值评估指标体系（区域整合价值）

准则层	因素层	三级指标	评价指标释义	评分标准（100分）				
				0~60分	61~70分	71~80分	81~90分	91~100分
经济价值 B_8	环境支撑条件 C_{19}	区位条件 D_{41}	该遗址所在区位本身具有的条件、特点、属性（包括自然资源、地理位置、社会经济、科技教育、政治文化、旅游等）对该遗址公园客源市场的影响	一般	较好	良好	非常好	极好
		配套设施的完备性 D_{42}	该遗址所在区位中与遗址相关的配套设施（包括基础设施和公共设施）的完备程度（反映当地的经济发展水平和旅游接待水平）	一般	较为完备	完备	非常完备	极其完备
	相关资源条件 C_{20}	相关资源丰富性 D_{43}	该遗址所在区位本身具有的、可被遗址利用的相关资源在种类和数量上的丰富程度	一般	较为丰富	丰富	非常丰富	极其丰富
		相关资源维护状况 D_{44}	该遗址所在区位的地方政府相关部门对相关资源的维护状况（相关资源的维护状况一定程度上反映了当地管理者的重视程度、资金投入的多少和保障机制的完善程度等方面）	一般	较好	良好	非常好	极好
		相关资源耦合性 D_{45}	该遗址所在区位中不同资源的紧密度和相依性（该遗址与周边资源在类型上、文化内涵上的耦合性、多样性，反映资源间的共生和相互影响对区位产生的价值和作用）	一般	较高	高	非常高	极高
	再生的经济性 C_{21}	旅游的产品性 D_{46}	遗址公园向旅游者提供展示服务的产品（是否可以带来直接收益和效用）	一般	较高	高	非常高	极高

续表

准则层	因素层	三级指标	评价指标释义	评分标准（100分）				
				0~60分	61~70分	71~80分	81~90分	91~100分
经济价值 B_8	再生的经济性 C_{21}	改造后的适用性 D_{47}	遗址公园改造后与区域环境的融合度和协调度以及与居民日常生活的紧密度，及其自身的可持续性	一般	较高	高	非常高	极高
		相关产业带动作用 D_{48}	遗址公园的建设带动区域内相关产业（包括配套产业、衍生产业等）的发展程度（一定程度上反映其与区域相关产业的关联性）	作用较小	稍有作用	作用一般	作用较大	作用深远
社会价值 B_9	政治价值 C_{22}	贯彻国家政治战略与目标 D_{49}	遗址公园对贯彻落实国家政治战略与目标的重视程度（一定程度上反映了该区域对国家相关政策方针等的重视程度）	较不重视	稍有重视	重视	非常重视	极其重视
	情感价值 C_{23}	增进地方认同 D_{50}	遗址公园对增进人们对该区域的依赖程度，即自发的喜爱、认同、留恋的程度	较不认同	稍有认同	认同	非常认同	极其认同
		增进民族团结 D_{51}	遗址公园对增进该区域民族团结的程度（反映了其传达的爱国主义精神对大众的作用程度）	作用较小	稍有作用	作用一般	作用较大	作用深远
	社区发展价值 C_{24}	示范价值 D_{52}	遗址公园对于遗产的保护保存、展示利用和可持续发展等方面起到示范作用的程度	一般	较为重要	重要	非常重要	极其重要
		激励公众参与 D_{53}	遗址公园对区域内居民的配合度和执行度的激励作用程度	作用较小	稍有作用	作用一般	作用较大	作用深远
		促进地区和谐 D_{54}	遗址公园对所在区域和谐的促进作用（反映对区域的可持续发展的推动作用）	作用较小	稍有作用	作用一般	作用较大	作用深远

通过上述价值评估指标体系可对大遗址的综合价值进行评估，为更清晰地展现并分析评估结果、更有针对性地提出大遗址保护利用措施，笔者将评估结果划分为五个等级（见表5-11），其中，得分在91~100分的为A类，说明该大遗址具有极高的价值，是中国独特的文化象征，并完全具

备向公众展示核心价值、延续中华文脉的条件；得分在 81~90 分的为 B 类，说明该大遗址具有非常高的价值，能代表中国深厚的历史底蕴，且具备充分的展示利用条件；得分在 71~80 分的为 C 类，该类遗址价值高，且具备较为充分的展示利用条件；得分在 61~70 分的为 D 类，该类遗址具有较高的价值，一定条件下可展示利用；得分在 0~60 分的为 E 类，该类遗址具有一定的价值，不完全具备展示利用的条件，以遗址保护为主。

表 5-11　大遗址综合价值等级划分

等级	得分区间	说明
A 类	91~100 分	具有极高的价值，极其典型，完全具备展示利用的条件
B 类	81~90 分	具有非常高的价值，非常典型，具备充分的展示利用条件
C 类	71~80 分	价值高，典型，展示利用条件较为充分
D 类	61~70 分	具有较高的价值，较为典型，一定条件下可展示利用
E 类	0~60 分	具有一定的价值，典型性一般，不完全具备展示利用条件

3. 遗址价值综合评估

笔者基于课题对统万城历史演变的梳理总结，以及对考古发现、空间布局和内部功能的分析研判，加之笔者现场调研对统万城遗址价值的感知，运用上述分析汇总得出的考古遗址公园视域下的大遗址价值评估指标体系对统万城遗址价值进行科学、理性的评估（见表 5-12）。

表 5-12　统万城遗址价值评估情况

评估指标	统万城遗址特征描述	得分（满分 100 分）
建造年代	统万城是北魏时期赫连勃勃依托汉代某一城址基础上修建起来的大夏国都城	85.5 分
历史功能延续时间	统万城自公元 413 年建成作为大夏都城延续使用了 15 年，而关于其作为聚落延续使用时间有多种说法，有说隋唐时期作为地方治所沿用至宋代被废弃，也有学者认为明后期才逐渐被废弃，笔者经过多重查证，更倾向于第二种说法	93.6 分
历史职能	统万城是历史上由匈奴人建立的现存唯一一处都城遗址。之后历北魏、西魏、北周、隋、唐、五代，一直是鄂尔多斯高原南部重要的政治、军事中心。统万城也曾是丝绸之路上的一处重要的据点，"沟通东西，贯通南北"，在维系东西方物质文化交流方面一直发挥着重要作用。统万城作为北方城镇，其在历史职能方面也发挥着非常重要的作用	86 分

第五章　考古遗址公园视域下统万城遗址价值评估

续表

评估指标	统万城遗址特征描述	得分(满分100分)
重大历史事件或人物的关联度	公元413年,赫连勃勃于此营建都城,取名"统万";隋时统万城为朔方郡治所;唐时统万城为夏州治所;元朝设宣慰使司都元帅府于察罕脑儿城(统万城地区)。历史上统万城的使用对中国历史的发展具有重大的影响	84.2分
人类文明史的特殊见证	统万城是多民族融合的见证。统万城的空间布局、建筑遗存反映出中国古代北方游牧文化与中原农耕文化的交流与融合,是中国古代民族迁徙、融合的重要实例;在某些特定的时间里,统万城是丝绸之路的干道所在,受中亚、西亚文化影响,是见证中外文化交流的典型案例	85.8分
艺术史、技术史等主题历史的见证	统万城遗址包含大夏国匈奴文化、古代城池文化、民族融合文化、历史环境演变展示等文化,同时还保留了生态学、建筑学、环境考古学上的重要信息	79.6分
动态的历史层积性	统万城遗址历史层积非常丰富。考古发现的西城、东城、外郭城遗址为十六国时期大夏国都;东城内发现蒙元时期建筑遗址;也发现南北朝至宋代统万城居民的墓葬遗址;也包括近现代窑洞遗址	80分
选址思想	统万城的选址既有军事、政治、区位、交通条件的考量,也体现了匈奴人的自然审美观。统万城所在之地具有居高临下、易守难攻之利;统万城也是游牧民族出于对草原特有的深厚情感而选择环境优美、水土肥沃的草原地区作为建都之地,其选址非常典型	85.6分
文化典型性	统万城考古遗址公园所承载的文化内涵中古代城池选址文化符合中国典型的都城选址特点,其农耕文明和游牧文化交替演进的历史也是中国农业文明大国的典型代表	82.2分
存续空间保存状况	统万城考古遗址公园包含的遗址空间总体格局保存较完整,西城城垣保存较好;东城南垣、东垣损毁较为严重;外郭城北垣东段被黄沙掩埋,南垣东段与东垣南段被河水冲毁。同时,遗址区的居民依托统万城遗址或红柳河谷地生存、发展,形成了几个联系紧密的小型自然村落,组成了今天的白城则村,整体呈现无序发展的状态,保存状况一般	68分
传承人及传承群体维系状况	白城则村作为统万城遗址区村落,其总人口为1243人,而常住人口仅786人,且经济收入较低,仅少部分村民从事统万城遗址保护与展示的相关工作,整体维系状况一般	53.8分
遗址敏感度	统万城遗址目前处于露天状态,虽得到一定的保护,但仍会受到自然的侵蚀破坏,同时,人为建设活动、生产活动也会对遗址安全造成一定的影响	67.2分

续表

评估指标	统万城遗址特征描述	得分（满分100分）
生态敏感度	统万城考古遗址公园位于生态脆弱地区，虽经过绿化整治，增加大量绿化设施，使得遗址的生态敏感度降低。但是白城则村村民的生产生活活动使得无定河水质下降，在一定程度上对周边自然生态环境造成破坏	62.6分
可到达性	统万城考古遗址公园处于靖边县最北端北部风沙区内，距离镇驻地4公里，南距靖边县城58公里，东到榆林市142公里。目前靖边县境内交通便捷，修建了榆靖高速公路、统万城旅游专用环线	70.6分
游憩资源丰富度	统万城考古遗址公园内包含历史遗迹、河谷绿洲景观、荒漠草原景观等游憩资源，类型较为丰富	71.2分
游服设施状况	统万城考古遗址公园内已建设游客服务中心、统万城遗址博物馆等服务设施，但正处于内部布展阶段；已完成内部游览道路的建设，遗址本体正维护修复，现阶段仅能满足基础的遗址观光，服务状况一般	57.6分
市场吸引力	统万城遗址极具代表性和独特性，知名度非常高，统万城遗址公园也是当地重要旅游目的地之一，吸引力较高	70.2分
社会公益性	统万城考古遗址公园现阶段未向公众免费开放，但考虑到了遗址文化的公益性，门票仅为30元	75.2分
景观美观性	统万城考古遗址公园景观包括独特的荒漠草原景观、河谷绿洲景观、黄土台塬景观、红砂岩景观等，能给游客带来非常好的视觉享受	83分
景观遗址协调性	统万城考古遗址公园营造的荒漠景观、植被景观、农牧业生产景观等见证了统万城历史上的环境演变，能突出遗址本体的真实性与历史沧桑感，利于历史信息的表达	79.6分
景观独特性	统万城考古遗址公园营造的荒漠景观、植被景观、农牧业生产景观等不单单表现了一座城址的历史现象，更是这种生态环境独特地区人地关系演变的标本	82分
生态改善程度	统万城考古遗址公园基本保留了原有的独特的景观风貌，也通过种植大量耐旱的新疆杨、樟子松等树种改善了当地生态环境	80.6分
生态安全性	统万城考古遗址公园广阔，包含荒漠、草原、河谷等多种生态类型，生态较为多样、丰富，形成了一个较为完整的小生态系统	73.4分
精神激励	统万城考古遗址公园对重要遗址进行原貌展示，向游客重点展示遗址所蕴含的真实独特、典型的文化价值，体现着中国传统文化，能够激发游客的文化自信	77分
爱国教育	统万城考古遗址公园所拥有的文化遗产具有突出的教育意义，但目前尚未对外全部开放展示，进行爱国主义教育的能力一般	63.4分

第五章 考古遗址公园视域下统万城遗址价值评估

续表

评估指标	统万城遗址特征描述	得分（满分100分）
科普技能教育	统万城考古遗址公园遗址标识解说系统尚未完成建设，仅局部地区设置解说牌，游客仅能通过网络了解相关信息，进行科普的能力一般	68分
启迪智慧	统万城考古遗址公园仅对部分遗址进行展示及解说，一定程度上能够启迪智慧	68.2分
区位条件	统万城考古遗址公园位于陕西省北部偏西，榆林市西南部，地跨长城南北，毛乌素沙漠南缘，南侧为长年不断流的无定河，有大片平坦的河滩地。地处陕西—内蒙古交界处，其客源市场较为广阔；周边特色资源较为丰富。同时，遗址公园所在地靖边县于2011年进入陕西省经济强县前五名，并跻身中国西部百强县前十行列	71.6分
配套设施的完备性	统万城遗址周边区域各类基础设施正逐步建设中，配套设施较为欠缺，难以满足游客的基本旅游服务需求	59分
相关资源丰富性	统万城遗址所在地靖边县是古文化的发祥地之一，文物古迹遍布全县，旅游资源丰富，包含自然观光游、历史文化游、红色文化游、工业游、农业游等类型，拥有国内罕见的统万城遗址、龙洲丹霞地貌等世界级旅游文化资源	79.4分
相关资源维护状况	统万城遗址地政府十分重视旅游业的发展，并制定相关政策，持续推进提升旅游景区质量工作，并开展全域旅游相关建设工作，相关资源维护状况良好。另外，2021年当地政府也在文物保护方面投入951.72万元，在旅游行业业务管理方面投入179.25万元	78.6分
相关资源耦合性	该区位不同资源之间文化类型不同，资源间相互影响程度较小，地理位置相近，各类资源之间无竞争，耦合性较高	77分
旅游的产品性	该区域中旅游门票、文创产品以及各类旅游服务设施为旅游业带来直接的收益，2018年榆林市旅游人数达410万人次，旅游综合收入20.5亿元	74.8分
改造后的适用性	统万城考古遗址公园建设与周边环境融合度高，统万城考古遗址公园营造的景观环境与现状环境十分契合（荒漠草原、河谷绿洲等）；另外，公园的建设给周边居民带来了正面效益，为本地居民提供了就业机会，一定程度上改善了居民的生活条件	73.8分
相关产业带动作用	统万城考古遗址公园的建设对区域内相关产业的发展有一定作用，为区域旅游事业注入了活力，丰富了旅游类型，民宿、餐饮等相关产业正逐步完善建设中	73.8分
贯彻国家政治战略与目标	统万城遗址的建设以申报世界文化遗产和打造国家5A级旅游景区为目标，严格秉承"轻建设、重保护"的原则，贯彻"文化自信"的国家战略和"文旅融合"的战略方针	82.8分

续表

评估指标	统万城遗址特征描述	得分（满分100分）
增进地方认同	统万城考古遗址公园的建设增进了人民对该区域的喜爱、认同。当地居民自发为游客讲解统万城相关历史；自统万城考古遗址公园开放以来，吸引了来自全国各地的游客前来参观	75.6分
增进民族团结	统万城作为大夏国都城遗址，是匈奴在人类历史长河中留存的唯一可考的都城遗址，统万城考古遗址公园向游客展示了其价值内涵，有利于增进民族团结；另外，统万城被刊登于瑞士著名旅游杂志 Travel Inside 上，以国际视野将统万城的文化魅力传递给全世界，更强有力地增进了民族团结	81.2分
示范价值	统万城的展示设施是体验性博物馆，其设计采取消隐的手法将建筑体量化整为零，形成一个个相互关联、埋入地下的"宝盒"，形似一个个考古"探坑"，使得游览者仿佛行走在"遗址"之上，具有示范意义	82.2分
激励公众参与	该遗址公园带动了周边居民参与公园建设运营，例如，遗址公园讲解人员队伍由当地居民组成，带动了周边居民参与建设的积极性	76.8分
促进地区和谐	统万城的保护与开发对提高榆林靖边的社会影响力、知名度乃至对促进榆林地区文化旅游产业的发展产生了积极的推动作用	82分

根据统万城遗址各项价值评估指标的得分按照同等比重计算因素层指标的分数，之后对应各指标评价因子的权重计算其综合价值得分以及各层级各指标的得分（见表5-13）。

表5-13 统万城遗址价值得分情况

单位：分

目标层	得分	准则层	得分	因素层	得分	最终分值	总分值
基本价值	36.83	历史价值	18.66	年代久远性	89.7	3.37	82.7
				历史重要性	89.8	10.02	
				历史丰富度	85.1	5.27	
		科学价值	9.78	规划科学性	85.0	3.32	
				建造技术水平	82.7	2.24	
				科学研究价值	79.8	4.22	
		艺术价值	8.39	艺术质量价值	82.8	4.86	
				审美价值	84.2	3.53	

续表

目标层	得分	准则层	得分	因素层	得分	最终分值	总分值
直接应用价值	32.20	文化价值	13.27	文化多样性	85.4	3.17	82.7
				文化代表性	90.4	5.25	
				文化延续性	87.6	4.85	
		游憩价值	3.45	游憩适宜度	82.2	1.32	
				游憩开发条件	81.7	1.04	
				游憩效益性	83.0	1.10	
		景观生态价值	6.06	景观质量价值	84.0	3.07	
				生态服务价值	85.2	2.98	
		教育价值	9.42	意志品质教育	86.0	4.78	
				科普益智价值	83.5	4.64	
区域整合价值	13.67	经济价值	5.68	环境支撑条件	71.7	1.71	
				相关资源条件	72.4	1.54	
				再生的经济性	82.8	2.43	
		社会价值	7.99	政治价值	75.1	3.82	
				情感价值	60.9	2.14	
				社区发展价值	60.5	2.03	

统万城遗址综合价值得分为 82.7 分，属于 B 类，说明统万城遗址具有突出的价值，并具备充分的展示利用条件。对评分结果进行分析，可得到统万城遗址的基本价值、直接应用价值和区域整合价值的得分情况（见表 5-14）。

表 5-14 统万城遗址价值目标层指标得分统计

目标层	基本价值	直接应用价值	区域整合价值
得分	36.83 分	32.20 分	13.67 分
排序	1	2	3

对以上数值进行分析可知，统万城遗址的基本价值是大于直接应用价值和区域整合价值的，可知统万城遗址自身所具备的价值的重要性，而由公园属性引申出的直接应用价值和区域整合价值中，直接应用价值对统万城考古遗址公园未来发展相对而言更加重要。基于前述分析，可以直观地

了解统万城遗址的历史价值、科学价值、艺术价值、文化价值、游憩价值、景观生态价值、教育价值、经济价值、社会价值的得分情况，具体得分详见图5-4。

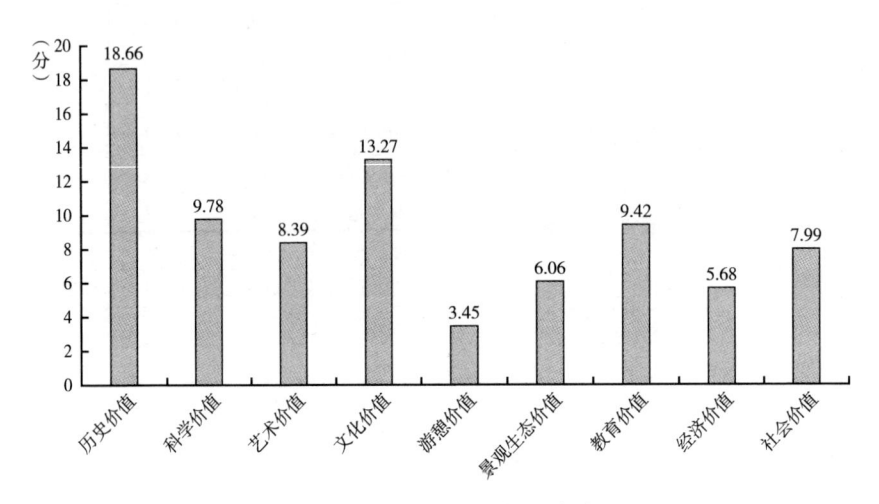

图5-4 准则层指标得分统计

通过对以上结果进行统计分析，可以比较明确、直观地了解到各项价值指标得分的高低。通过这样的方式，不仅可清晰地对总体价值进行分析，明确统万城考古遗址公园规划建设的主要方向；还可对其各层级价值进行合理分析，对其突出的核心价值进行重点保护展示。

在基本价值的层级下，可以发现统万城遗址的历史价值（18.66分）得分最高，然后是科学价值（9.78分），艺术价值（8.39分）次之。对统万城遗址来说，其黄沙半掩的城市废墟见证了历史上发生在农牧交错带上的民族文化交流与融合，也见证了历史上发生的气候变迁与自然地理环境演化，遗址现存三重城墙的整体格局、游牧民族在沙漠营建城池的独特性以及与丝绸之路的关联性等决定了其有较高的历史价值。同时其选址营城的科学性，城址空间布局的典型性、独特性、科学性对研究我国古代城市发展具有突出贡献。因此，在对统万城遗址进行保护利用的时候，要注重体现历史价值，同时也要兼顾科学价值和艺术价值。

在直接应用价值的层级下，文化价值（13.27分）得分最高，教育价值（9.42分）、景观生态价值（6.06分）次之，游憩价值（3.45分）

得分最少。统万城考古遗址公园不仅展示了突出的历史文化价值,同时也见证了地方生态变迁和社会文化发展,极具地方代表性,在公园规划过程中要凸显其文化价值的转译和表达。此外,也要突出统万城考古遗址公园的文化教育意义,注意景观生态环境规划,并辅以一定的游憩服务设施。

在区域整合价值层级下,社会价值(7.99分)得分高于经济价值(5.68分)。人们对统万城遗址的认同、对统万城考古遗址公园推动地方发展与增进民族团结的期待在此处也能得到很大的呈现。而其所表现出来的经济价值实际上与区域内相关资源丰富性和维护状况有很大关联。对统万城遗址的旅游开发具有必要性,我们应在重点打造统万城考古遗址公园的背景下,对统万城周边各类资源进行整合利用以带动区域经济社会发展。

二 统万城遗址价值再认识

基于前述价值评估研究,在考古遗址公园建设背景下认知统万城遗址价值,就是要重新认识遗址在历史演进过程中对民族凝聚力形成所起的作用,就是要在保护利用中充分发挥其文化资本功能,带动大遗址周边区域高质量发展。因而,在建设考古遗址公园背景下统万城遗址的价值主要体现在以下几方面。

(一)统万城的建设、使用从一个侧面见证了历史上中华文明在多元融汇中形成了文化共同体的历史事实

中华文明拥有多点起源,在历史发展的长河中各地域文明始终在相互对话和碰撞中交汇、融合、交流,各有特色的民族文化共同缔造了中华文明的辉煌。李治安指出:"无论民族范畴的中华民族,还是作为文化综合体的中华文明,都呈现'多元一体格局'。中华文明多元融汇与大一统,是我们多民族统一国家成长发展的显著特征之一。"[①] 纵观中国历史发展演进的主导趋势,就是以汉文化为主体,各民族之间文化认同不断加深,中华民族整体文化实力不断壮大的过程;所形成的最终结果是源远流长的"你中有我,我中有你"的历史血脉,这是中华民族文化共同体宝贵的历

---

① 李治安:《中华文明多元融汇与大一统》,《人民日报》2015年10月22日,第8版。

史资源和思想财富①。

　　从大地域文化交流的视角来看统万城遗址，我们会发现统万城作为中国传统农牧过渡带上主要由游牧民族兴建与使用的城市，在其持续使用达千年之久的时间段内，充分发挥了农耕文化与草原文化之间的交流互动作用②，推动了中华民族的多元融合。从今天考古学揭露的文化遗迹来看，统万城自十六国时期建设直到宋元时期被毁废，在其作为城市使用的近千年时间内，主要的发展阶段是在建城之时的十六国时期和持续使用的唐、五代时期。这两个时期恰恰是中国历史上民族之间碰撞、交流、融合发展的重要时期。统万城在十六国时期由内迁的匈奴部族建立的夏国政权建设并定为都城，在唐、五代之际又成为当时重要的城市，所见证的正是不同历史时期各民族之间的广泛交流以及随之而来所形成的文化认同。有研究指出，在中国历史上，大规模的民族融合进程主要发生于先秦、东汉末至南陈灭亡、唐末五代、明末清初四个时期③。我们通过对相关历史事件的梳理，可以充分理解历史上发生在中国北方农牧交界地带的民族融合事实。

　　我们首先来看发生在十六国时期内迁的匈奴与汉文化的交流融合。统万城建都之时正值中国历史上第二次民族大融合时期，作为中国历史上长期活动于蒙古大漠南北的一个游牧民族，匈奴在其兴起发展的过程中，与从事农业生产的中原地区产生了碰撞与交流。秦汉之际，匈奴冒顿单于建立了强大的草原帝国，从而使漠北草原诸部"尽服从北夷，而南与诸夏为敌国"④，这使匈奴的"自尊"意识非常强烈，冒顿单于在给汉朝皇帝的书信中，开头就是"天所立匈奴大单于"，表现了强烈的民族自信。然而，秦汉时期，在长达两百多年的汉匈征战中，和亲、通商等活动使匈奴深受汉文化的影响。特别是东汉末年，部分匈奴部族内附中原之后，其风俗、文化乃至政治制度多已汉化，到十六国赫连勃勃时期，作为独立民族的匈奴事实上已逐渐与汉文化融合，成为"草原文化与中原农耕文化交融汇集

---

① 李晓峰：《铸牢中华民族文化共同体意识》，《中国社会科学报》2018 年 5 月 8 日，第 6 版。
② 王新文：《基于世界遗产视野的统万城遗址价值认识及保护建议》，《建筑与文化》2015 年第 8 期。
③ 管彦波：《中国古代史上的民族融合问题（上）》，《历史教学》2001 年第 8 期。
④ 《汉书》卷九十四上·《匈奴传》第六十四上。

的典范"①。在十六国的战乱中,匈奴部族曾先后建立了三个政权:分别是刘渊所建之汉(后改为赵,是为前赵),赫连勃勃所建之夏国以及沮渠蒙逊所建之北凉。这些为时短暂的政权都充分吸收了汉文化的精髓,他们的国号及政治制度都具有明显的汉化特征,表明了匈奴部众在入居内地,并与汉人错居杂处中受汉文化浸染而产生的政治文化认同。夏国的建立及统万城的建立表明了赫连勃勃在混乱的时局和争战中,将"正统"观和民族同源观作为他建立政权的主要思想武器②。赫连勃勃认为匈奴是夏禹的后裔,定国号为夏,他说:"王者继天为子,是为徽赫,实与天连。"因此改姓赫连,这是赫连勃勃姓氏及国号之由来。赫连勃勃创建夏国政权之后,先沿袭匈奴旧制,称大夏天王、大单于,之后称帝,实现了向汉制的转化。这一称号的改变,既是夏国典章制度越来越成熟的体现,也反映了其政权由建立初期民族构成的单一逐渐向多民族构成转化,尤其是其政权中汉族成员越来越多③。已有研究成果表明,夏国的政治制度体现了明显的汉族政治制度特征,夏国最高统治者之下的中央文官系统,主要承袭了魏晋官制。从夏国职官任职官员的族属看,汉族官员在这个政权中也占据了比较高的比例,其官员数量甚至与夏国的主体民族——铁弗匈奴官员数量基本持平,而如果把铁弗匈奴中一人身兼数职的情况排除之后,我们可能会发现在夏政权中汉族官员的比例更高一些④。此外,都城建设及农业经济的发展也从一个侧面表明匈奴部族主动吸收汉族先进文化,傅熹年指出夏国建立都城以及修筑新城是赫连夏政权对汉文化的运用,"他在牧区建立一个不大的都城,实际上尚未脱离匈奴游牧时在牧区中心建龙庭的概念,只是把龙庭按汉族的形式修成台榭城堡等永久性建筑,除用作宫室官署外,更重要的是用来储藏掠夺来的珍宝"⑤。今天统万城城垣马面遗址中,发现有两处战备仓库,里面有储存松、杉等木材和高粱等食物痕

---

① 胡玉春:《大夏国铁弗匈奴社会经济状况探析》,《兰州学刊》2010年第3期。
② 胡玉春:《铁弗大夏国国政治制度研究》,《内蒙古大学学报》(哲学社会科学版)2012年第1期。
③ 陶宗震:《统万城的兴衰及其重要的历史价值》,《南方建筑》1995年第3期。
④ 吴洪琳:《大夏国史》,陕西师范大学博士学位论文,2005年。
⑤ 傅熹年主编《中国古代建筑史》第2卷,中国建筑工业出版社,2001。

迹①，这就从侧面证明了赫连夏国的经济生活中农业生产已占据非常重要的地位。

从城市规划布局的角度看，十六国时期的统万城也体现出了汉文化强大的向心力及多元文化之间的交流融合。统万城的空间布局体现了中原礼制制度的影响，其三重城的城市空间布局，显示了传统"内城外郭"营城制度的影响，而其较为明确的中轴线体系，也是对中原地区城市建设制度的理解与运用。同时，统万城城内的建设也在一定程度上，体现了中原地区城市布局法天象地的思想，正如胡义周在《统万城铭》中说统万城"模帝坐而营路寝……若紫薇之带皇穹"。当然，统万城建设也体现了游牧民族自身的文化特色，我们可以看到统万城朝向大体表现为坐西朝东，这充分体现了北方游牧民族的文化特点，西汉时，匈奴人"拜日之始升"，宋人注意到这个特点"罗城东门曰凤阳，本有三门，夷人多尚东，故东向门"。再如，统万城西城各城垣、马面以及四隅墩台和永安台等主体建筑，一律使用苍白色土夯筑而成，也从一个侧面反映了匈奴民族尚白的文化特征②。据《汉书》记载，汉元帝时南匈奴"刑白马，单于以径路刀金留犁挠酒，以老上单于所破月氏王头为饮器者共饮血盟"③，可见南匈奴以白色为庄重吉祥色④。可以说，统万城的规划建设从不同层面见证了汉匈之间文化的交流及匈奴对汉文化的认同。

统万城在失去其国都地位之后，仍是北方农牧交错带上一处重要的城市，对于北方地区的民族融合来说仍然具有重要的意义。隋唐、五代时期的夏州城是丝绸之路上一处重要的城镇。荣新江指出中古时代的统万城包含着多民族的文化内涵，这里曾有匈奴、鲜卑、汉人、党项等民族居住，在某些特定的时间里，这里是丝绸之路的干道所在，因此也有中亚、西亚人生活在这里，并带来了他们的文化⑤。李并成和解梅也指出，敦煌、夏

---

① 雷宏霞：《十六国至隋唐统万城变迁》，西北师范大学硕士学位论文，2012。
② 王新文：《基于世界遗产视野的统万城遗址价值认识及保护建议》，《建筑与文化》2015年第8期。
③ 《汉书》卷九十四下《匈奴传》。
④ 陈喜波：《统万城址中的匈奴文化探析》，《榆林学院学报》2008年第5期。
⑤ 荣新江：《中古中西交通史上的统万城》，载陕西师范大学西北环发中心编《统万城遗址综合研究》，三秦出版社，2004，第29~34页。

第五章 考古遗址公园视域下统万城遗址价值评估

州之间的交通道路,是晚唐、五代、宋初以夏州为中心连接关中、中原与西域的大道,也是当时丝绸之路最重要的交通干道之一。由此,这一时期的统万城在中西交通史上具有重要地位,加速了当时的民族交往,促进了民族融合[①]。唐代时,从长安通往西受降城的驿路经过统万城。宋初,山西至宁夏的东西向交通皆经过统万城,统万城的持续使用反映了其重要的战略地位与优越的交通位置。因而,统万城的兴废在一定程度上也反映了鄂尔多斯高原地区在古代战略地位重要性的变化。

总之,在中国历史发展的进程中,统万城遗址所在的陕北高原地区周边不同的经济形态、多元的文化表现、复杂的民族进退过程,使其成为古代游牧民族与农耕民族文化交流、融合、整合的主要地区。统万城、夏州城、朔方郡的兴建及其持续使用,反映了中国历史上游牧民族与农耕民族在北方农牧交错地带的融合与互动[②],正是这样的交流融合推动了中华民族共同体的形成。

(二)统万城的选址及建设体现了公元4世纪时中国北方游牧民族对生存环境价值的判断,同时也表明当时民族地区城市建设的技术水平已达到了一个新的高度

人们对自然环境优劣的判断更多是基于自身的生活体验与生产方式。统万城城市选址与建设反映了汉化之后的匈奴部族对生存环境的价值判断,选择环境优美的草原地区作为建都之地[③],就是其民族审美观的体现。从宏观的自然地理环境来看,统万城所在的正是鄂尔多斯高原中水草环境较好的地方,反映了匈奴人"逐水草迁徙,无城郭常居耕田之业"[④]的生产生活习俗。在长期与草原相处的过程中,他们逐渐形成了逐水草而居的人居环境意识。戴应新指出,统万城依地势而筑,其西北高东南低的地理形势既可以防冬天的寒风,又顺势利用城北的河水为城内和城外护城河供

---

① 李并成、解梅:《夏州与敦煌——晚唐五代宋初夏州与敦煌交通考略》,载陕西师范大学西北环发中心编《统万城遗址综合研究》,三秦出版社,2004,第34~39页。
② 王新文:《基于世界遗产视野的统万城遗址价值认识及保护建议》,《建筑与文化》2015年第8期。
③ 陈喜波:《统万城址中的匈奴文化探析》,《榆林学院学报》2008年第5期。
④ 《史记》卷190《匈奴列传》。

水，构思十分精巧①。

　　从工程建设技术角度来看，十六国时期建设的统万城体现了较高的工程技术水平。统万城是中国历史上第一个全部由三合土筑就的城垣，体现了较高的工程建造技术水平②。戴应新通过多年来的考古工作发现，筑造统万城城墙的材料是由糯米汁、白粉土、沙子和熟石灰掺和而成，虽为夯土而筑，但其具有石头一样坚硬的质地和抗毁力③。陶宗震则指出统万城西南角高大的角楼及其墩台，高大的多层悬挑式角楼，不仅其高度空前绝后，而且这种悬挑式的多层（八层澹）木构角楼也是全国少有的，较山西浑源悬空寺，陕西陇县龙门洞，云南宾川观音箐等悬挑建筑也早了千余年④。统万城绵密的马面、护城壕、虎落等城防设施构筑了完整的城防体系，其马面设置是中国历史上较早又最完整的马面。宋代沈括在考察过统万城之后，对马面在攻防上的作用予以极高的评价⑤。此外，统万城利用马面空间作为战备仓库，也是筑城史上少有的实例⑥，在中国古代建筑史上具有一定的创新性。

　　总的来看，十六国时期的统万城从其选址及工程技术的角度体现了较高的科学价值，充分见证了十六国时期匈奴部族在工程技术领域的发展程度和文化特征，对相关历史文献具有补充、纠正和证明的作用。

（三）统万城考古遗址公园建设将充分实现大遗址衍生价值

　　如前文所述，在考古遗址公园建设的背景下，大遗址具有了实现其文化教育、景观生态价值的机会和可能性，随着考古遗址公园的建设完成，进入运营阶段之后，其在遗址区将发挥较大的资源整合作用，有可能较好地推动遗址区"农文旅"协同发展。也就是说，在"文物活化"的考古遗

---

① 戴应新：《大夏国与统万城》，三秦出版社，2015。
② 陶宗震：《统万城的兴衰及其重要的历史价值》，《南方建筑》1995年第3期。
③ 侯甬坚、李令福编《走向世界的沙漠古都——统万城》，陕西师范大学出版社，2003，第78~89页。
④ 陶宗震：《统万城的兴衰及其重要的历史价值》，《南方建筑》1995年第3期。
⑤ 沈括在其所著《梦溪笔谈》卷十一中指出："其城不甚厚，但马面极长，且密，予亲使人步之，马面皆长四丈，相去六七丈，以其马面密则城不须太厚，人力亦难攻也，余曾亲见攻城，若马面长则可反射城下攻者，兼密则矢石相及，敌人至城下则四面矢石临之，须使敌人不能到城下，乃为良法。今边城虽厚而马面极短且疏，若敌人可到城下，则城虽厚，终为危道。"
⑥ 王浪、张河清：《统万城旅游资源开发初探》，《榆林学院学报》2007年第1期。

址公园建设中，大遗址将充分发挥其直接应用价值和资源整合的衍生价值。

长期以来，统万城遗址被当地人称作"白城子"，人们对于统万城遗址的理解仅仅限于其高大的白色墙体，艰苦的自然地理环境，生于此、长于此的人们并未对其产生特别的情感，人们将这一座历史的城，与自然的山体、遍布的黄沙视为一体，利用城墙掏挖成居住的窑洞，将废弃后的城址开辟成为农田，从事简单的农业生产活动。可以说，在很长的一段时间里，统万城遗址对于当地的人们来说，仅仅是一座历史的废墟，或是一个生存的环境空间。

建设统万城考古遗址公园将极大推动统万城遗址考古和科研工作进展。统万城遗址考古工作已持续开展六十余年，基于考古工作的学术研究成果也较为丰富，然而，近年来统万城遗址考古工作进展较慢，相关考古计划实施力度不够，随着统万城国家考古遗址公园的建设，其可以为考古工作提供较为优越的工作条件和环境，也将为相关学者开展学术研究提供便利条件，并可以为青少年体验考古、学习了解中华民族多元一体演进的历史脉络提供现实的案例。从这个意义上来看，考古遗址公园的建设有助于遗址文化、教育价值的实现。特别是，当统万城遗址被考古学家、历史学家等相关专业领域认可并对其展开深入研究的同时，统万城遗址的价值被认识，被阐释，也被地方民众所理解、接受，从此，人们认识到了身边的遗产有着丰富的历史文化信息，可以说，遗产保护激发了人们对遗址的热爱。随着统万城国家考古遗址公园的规划建设，多年来坚持开展的绿化工作使得统万城所在荒漠逐渐披上了绿纱，遗址区自然生态环境条件渐渐得以改善，而逐渐开展的考古遗址公园各类设施建设也为人们的游览活动提供了更便利的条件。目前，遗址区人们的生产生活因遗产保护及纷至沓来的旅游者已发生了较大的改变，在我们的调研中发现，当地人已经自觉开展简单的遗产旅游服务活动，他们为自己居住在遗产地而自豪，在向游客讲解遗址历史文化的过程中充满了文化自信，在一定意义上初步实现了大遗址的社会价值。

统万城国家考古遗址公园建设必将推动遗址地人居环境建设，促进乡村振兴战略的实施，遗址地周边的乡村也必将在考古遗址公园建设运营中实现自己的转型发展，实现乡村振兴的美好前景。

三　统万城遗址价值载体

遗产价值载体是研究、发掘、利用遗产价值的基本途径和基本对象[①]。价值载体也是公众可直接感知、接触，乃至实践"价值内涵"的物质依托。因而明确统万城遗址的价值载体，对其遗产保护展示、价值阐释、文化传承乃至周边地区发展等都具有重要的推动作用（见图5-5）。统万城遗址价值的主要载体为以下几种。

1. 体现突出历史地位与多元文化交融的整体格局

统万城遗址是中国历史上由匈奴部族建立并遗存至今的唯一一处都城遗址。统万城"外郭城—东城—西城"三重城的整体空间格局，明确的中轴线体系，都是当时城市建造者对中原地区城市建设制度的理解与运用，而整个城市"坐西朝东"的格局也充分体现了北方游牧民族的文化特点。因而，统万城遗址整体空间格局是其遗产价值的重要载体。

2. 体现宏伟气势和精湛工程技艺的重要遗存

城垣、马面、护城壕、瓮城以及马面周围的虎落，共同构成了统万城坚固的城防体系，遗存至今的西城建筑基址、永安台遗址、城角隅台、东城建筑基址、外郭城城垣墩台等建筑基址，总体上反映了夏国时期统万城规划建设中突出的工程技术水平，是统万城遗址科学价值的重要载体。

3. 见证统万城兴衰及地区自然演变的背景环境

统万城遗址位于鄂尔多斯高原与黄土高原交界处的毛乌素沙漠南缘，遗址区周边自然环境丰富，不仅包括相关历史水系及无定河等河谷绿洲景观、红砂岩景观、草原景观、黄土台塬景观，也包括凄凉萧瑟的荒漠风光。不同氛围的背景环境是统万城由盛而衰的历史见证，也是地区自然演进的集中体现。

4. 见证历史变迁的遗产区村落

历史上的统万城经历了近千年人居聚落的演化发展，即使在其成为废墟之后仍然成为部分民众生产生活的家园，衍生出与其在文化和情感上有

[①] 马英等：《再现本钢——基于对工业遗产科技价值再认识的阐释与展示利用探析》，《建筑创作》2020年第1期。

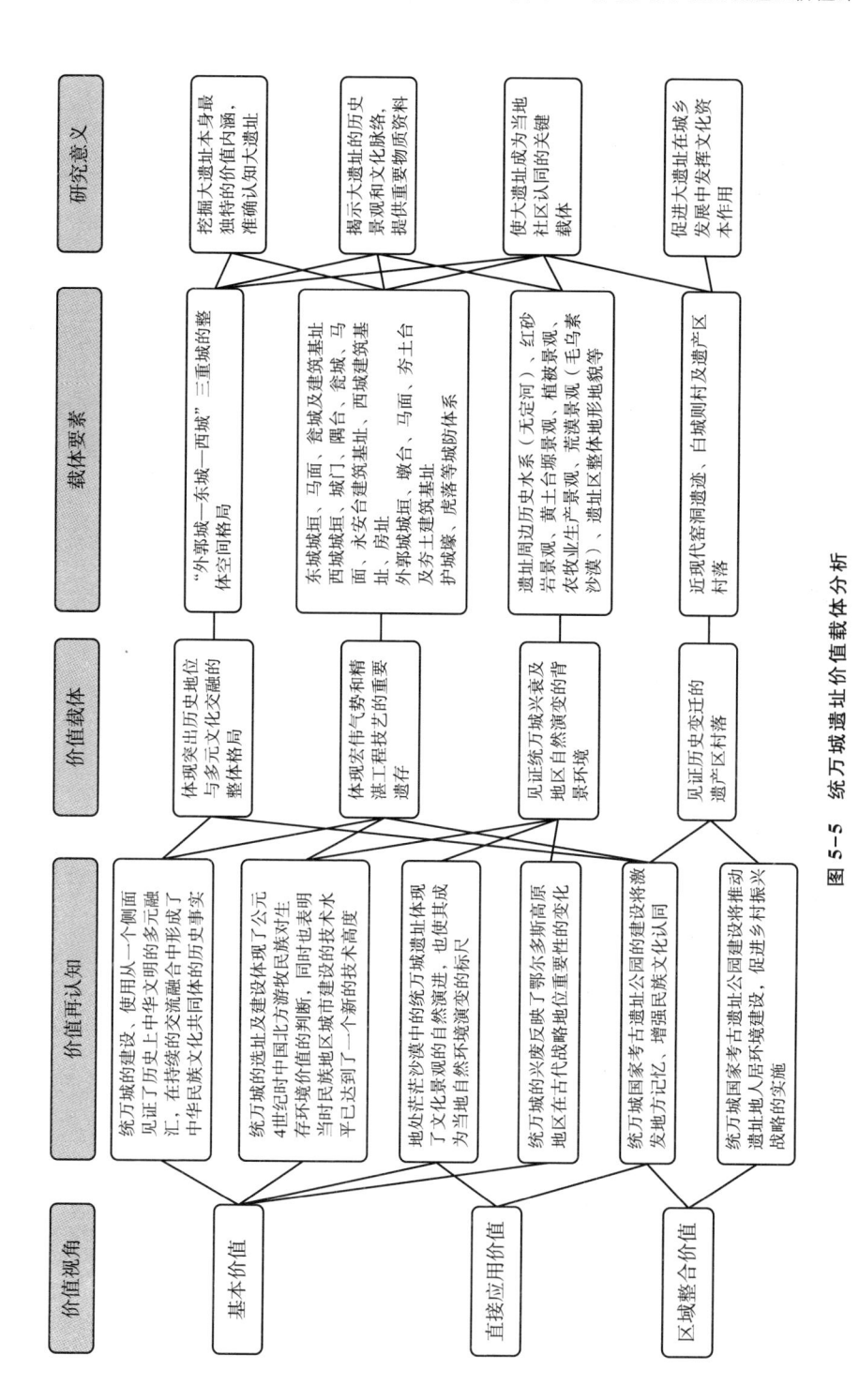

第五章 考古遗址公园视域下统万城遗址价值评估

图 5-5 统万城遗址价值载体分析

193

着密切联系的村落,而这些村落在持续互动演化的过程中逐步成为遗址的重要组成部分,使其自身也具有了一定价值,是统万城遗址历史变迁的见证,也是未来进一步促进地方共同文化意识觉醒的重要价值载体。

本章小结

关于大遗址价值的认知学界已形成了较为成熟的价值认知维度与话语体系,本章在传统价值认知维度上,提出考古遗址公园视域下大遗址价值认知应加强对景观价值及社会价值的理解。基于遗产研究领域较为成熟的价值评估体系,笔者在分析总结现有遗产价值评估指标的基础上,采用归纳演绎法、层次分析法等科学方法构建了一套适用于考古遗址公园的多层次、多维度城址类大遗址价值评估体系,结合已有研究成果,实现了对统万城遗址价值的再认知。

第六章
考古遗址公园诸问题探讨

随着国家考古遗址公园建设实践的推进，我国在考古遗址公园领域的理论研究更为关注突出的实践问题，本书就考古遗址公园建设中的公园边界划定、空间布局、遗址展示利用、公园管理运营等关键性问题进行了探讨，旨在通过对相关研究内容及现状问题的分析、总结，形成具有广泛适用性的理论成果，以指导统万城国家考古遗址公园的规划建设。

第一节　考古遗址公园边界划定问题

一　考古遗址公园边界的内涵及类型

1. *考古遗址公园边界内涵*

边界是事物本质或现象发生变化的标志线或带[①]。考古遗址公园边界是以保护遗址本体安全格局为首要目的而划定的，用于分隔考古遗址公园与其外部异质环境空间的分界线。其第一要义是基于遗址保护利用而划定的管理边界，对外宣示遗址保护区划不可逾越的主权，对内科学保护遗址安全并达到合理利用的效果，是公园管理部门、地方政府、考古部门各方共识在空间中的具象表现。从形式上来看，边界本身未必是一个有形的实体，遗址公园周边管控强度的差异也会对人们进行心理层面的暗示，从而形成遗址公园实体边界之外，人们情感及思想认知层面的虚拟界线。此外，考古遗址公园边界相邻位置存在边界空间，即遗址公园与外部环境产生相互作用和影响的过渡带，边界空间是遗址与周边城、镇、村关系的缓冲区，起到促进考古遗址公园与城乡空间融合的积极作用。

---

① 陈曦等：《国家公园双层边界划定思路与建议》，《规划师》2019年第17期。

2. 考古遗址公园边界划定的参考因素

目前针对考古遗址公园边界划定的研究尚不多见，既有研究主要围绕遗址公园边界划定需考虑的因素展开讨论。一般认为，考古遗址公园边界由遗址空间范围所决定，从保护管理的角度来看，遗址范围主要包括文物保护范围和建设控制地带。刘克成认为考古遗址公园边界与遗址保护管理范围存在三种关系：遗址公园边界等于遗址范围，遗址公园边界大于遗址范围，遗址公园边界小于遗址范围[①]；刘宗刚以西安大明宫国家考古遗址公园为研究对象，将其边界类型分为大明宫遗址的边界、大明宫遗址保护规划的边界、遗址公园建设边界三类，分别对三类边界的关系进行了辨析[②]；孙伊辰同样对西安大明宫国家考古遗址公园边界做了探讨，分别是以大明宫遗址本体为边界、以保护规划范围为边界以及根据现状分析和对未来发展的预想划分的边界[③]。总体而言，现有研究将考古遗址公园边界划定问题分解为遗址边界、保护规划确定的边界、遗址公园建设边界三类（见表6-1）。

表6-1 考古遗址公园边界类型

边界名称	划定依据
遗址边界	考古研究工作所确定的遗址原有历史格局及规模
保护规划确定的边界	遗址保护规划
遗址公园建设边界	历史资料、保护规划、现状条件、发展预判

（1）遗址边界

遗址边界也即遗址本体范围边界，主要依据考古研究工作所确定的遗址原有历史格局及规模进行确定，譬如城址、宫室等大遗址往往具有城垣、护城河等关键构成要素，在形成遗址整体历史格局秩序的同时也自成边界。以西安大明宫国家考古遗址公园为例，大明宫遗址地处城市建成区，周边环境及用地条件较为复杂，西安大明宫国家考古遗址公园规划建

---

① 国家文物局编《大遗址保护良渚论坛文集》，浙江古籍出版社，2009。
② 刘宗刚：《唐大明宫遗址公园边界初探》，西安建筑科技大学硕士学位论文，2008。
③ 孙伊辰：《城市大遗址周边环境保护规划策略研究——以西安唐大明宫遗址为例》，长安大学硕士学位论文，2013。

设受多种因素的制约，其公园范围，基本是按照大明宫宫城城垣的位置进行划定，以此保护展示大遗址完整格局。当然，由于对遗产认识的渐进性，对于遗址本体范围的认识随着考古工作进程及相关研究的推进而可能调整，从这个意义上来看，考古遗址公园边界也应该具有动态调整的属性。

（2）保护规划确定的边界

保护规划确定的边界主要包括保护范围、建设控制地带及环境协调区区划界线。保护规划作为遗址公园规划的上位规划，其所划定的保护范围及建控地带的"两线"是所有考古遗址公园规划研究及实践必须考虑的边界。

保护区划的划定是学界相关研究的热点之一。曹勇指出遗址保护区划的划定应基于科学的考古工作，可以利用景观地貌特点进行边界划定[①]。李长盈和付江对滨水[②]、山地[③]等不同类型的古遗址保护区划定进行了研究，得出了滨水类遗址保护区划的划定需关注以下四方面因素，即准确认识文物价值、判断其价值载体，针对性提出保护管理措施；明确文物构成，确保滨水遗址保护的真实性和完整性；全面考虑水系边界变化，分层次划定保护区划；判断遗址所在区位特征，协调遗址保护与城市发展建设之间的关系。而山地类遗址划定保护区划时需注意，首先应根据遗存分布范围及考古工作进展分级进行划定；其次结合考古工作动态划定保护区划；再次根据遗址视线可达范围划定建设控制地带，并提出相应的管理控制要求；最后是在确保遗址环境格局完整的前提下，结合山形水势划定遗址环境协调区，保护遗址历史环境的整体感。一般来说，考古遗址公园边界范围应完整包括遗址重点及一般保护范围，而建控地带及环境协调区则应依据现状条件及需求进行选择性纳入。

（3）遗址公园建设边界

考古遗址公园的设立本质上是为了协调遗址保护利用与城镇发展之间

---

① 曹勇：《大遗址保护规划区划的划定分析研究——以广东大遗址为例》，《东南文化》2015年第2期。
② 李长盈、付江：《浅谈山地类古遗址保护区划的划定——以唐崖土司城址为例》，《三峡论坛》（三峡文学·理论版）2016年第3期。
③ 李长盈：《滨水类古遗址保护区划划定研究——以湖北若干古遗址为例》，《江汉考古》2020年第4期。

的矛盾，其范围的确定将会直接影响到界内居民搬迁、环境整治及周边地区社会经济发展等关键问题。与此同时，遗址公园从规划到落实往往需要较长的时间，在此期间，遗址周边环境也在不断发生变化，因此遗址公园规划建设边界划定需要具有一定的可操作性和前瞻性，不仅要以上述两类边界作为基础，还需结合周边环境现状及对未来发展的预想进行综合确定①。

综上所述，由于缺乏明确、统一的规范标准，考古遗址公园边界依据遗址范围、保护区划和遗址周边环境等不同方面的内容，可以有不同的解释与划定。笔者认为，不同类型的考古遗址公园现状条件有差异，边界划定需要考虑的问题也不尽相同，它需要在尊重现有保护规划、考古研究成果的基础上进行综合分析和研判，并兼顾考古遗址保护与管理、考古遗址公园运营、遗址区生态资源保护等工作。

二 考古遗址公园边界划定的主要原则

考古遗址公园是面向公众开放的公共遗产地，其不仅仅是遗址保护的一种有效手段，同时也是城乡公共文化空间的重要组成。因而，对于考古遗址公园而言，合理划定边界不仅能够降低周边环境因素对遗址的干扰，最大限度保护遗址及其周边环境的安全性与真实性，同时也能为考古工作及公园后续发展预留一定的空间。考古遗址公园边界划定主要的原则应有以下几方面。

1. 保护遗址完整性

遗址价值往往超越了本体的概念，如何从遗址资源的完整保护角度出发，进行考古遗址公园的边界识别与划定，完整保护遗址资源的核心价值及相关内容，是考古遗址公园边界划定原则之一。《威尼斯宪章》提出"将文化遗产真实地、完整地传下去是我们的责任"②，真实性和完整性是遗址保护必须遵守的基本原则。其中，完整性的内涵不仅包括遗址物质层面空间结构、构成要素的完整性，也包括遗址周边历史或现实社会精神活动、习俗、传统知识等非物质文化遗产形式的完整性③。保护遗址的完整

---

① 刘宗刚：《唐大明宫遗址公园边界初探》，西安建筑科技大学硕士学位论文，2008。
② 国家文物局法制处编《国际保护文化遗产法律文件选编》，紫禁城出版社，1993。
③ 郭旃：《〈西安宣言〉——文化遗产环境保护新准则》，《中国文化遗产》2005年第6期。

性需要以科学严谨的考古工作为基础，在建设考古遗址公园之前应根据城址、墓葬、宫殿等不同类型大遗址特点，对以往的考古工作成果进行梳理，充分了解大遗址历史上的完整构成要素及其空间分布，结合详尽的考古调查、勘探、发掘和研究工作，对遗址原有地上建筑的整体空间格局有较为合理的研究及推测，并对该区域地下遗存潜在分布位置有较为准确的判断，这既是保护区划划定的基本依据，也是遗址公园边界划定的基础。

考古工作的动态性使得遗址价值的展示阐释工作也处于一个不断调整的过程之中，一些遗址公园在建设过程中往往会发现新的遗存，从而改写人们对遗址价值的认识，进而影响公园整体的展示阐释规划。因而，在划定考古遗址公园边界时，既要充分考虑地下潜在遗存保存状况，合理扩大保护范围；也要考虑考古现场展示的需要，为今后持续考古和价值阐释留有余地，进而协调遗址保护与展示利用的空间矛盾，确保在特定范围内可以将遗产价值完整、真实、全面地展示出来，又不会因为范围过大而产生难以协调的问题，为保护管理、合理利用以及规划编制与实施等工作服务。

对于大遗址而言，保护边界的存在就像一堵无形的屏障，以刚性要求对保护区内各类活动进行管控，可以最大限度地守护遗址安全。而考古遗址公园边界往往要大于遗址保护范围，在原有保护界限上再添一重有形保障。通过合理划定遗址公园边界，能够完整保护遗址及遗址区历史背景、风貌、自然地理环境，这不仅是对遗址所承载的特定历史信息的保护，也是对历史文脉的延续与传承。当然，在当前的研究及实践中，城市型遗址公园的规划建设往往会受到城市建成区诸多因素的限制，边界划定主要依据遗址本体范围，诸如历史地理环境等相关背景环境则往往难以充分体现，导致遗址的完整性价值不可避免地受到减损。城郊型和荒野型遗址公园因地处城市边缘或远郊区域，历史环境与城镇、乡村的叠压程度较低，边界划定的受限因素较少，但是也存在把握"度"的问题。

2. 有效协调多元管理主体

边界是考古遗址公园依法开展各项工作的管理范围线，其划定的基本前提是最大限度实现公园管理目标，以保证考古遗址公园的参观秩序，维护重要遗址本体安全。作为明确管理权限的空间界限，考古遗址公园边界能够帮助主管部门确定公园范围和面积，统筹协调不同职能部门的管理要求，使得各项规划措施和管理规定在空间层面得以落实。通过划定公园内、外的不同管理界域，公园边界对内保护遗址安全，并对遗址区建设在视觉、心理等方面进行控制，对外作为大遗址的外在表现，对周边地区社会、环境、文化等方面产生影响[①]。

大遗址本身存在属性差异，可能同时具有世界遗产及文物保护单位的双重身份，譬如良渚古城遗址、安阳殷墟遗址等；也可能身处风景名胜区、地质公园或国家公园内，具有旅游区属性。不同的身份及区位属性使得大遗址的管理主体和管理范围呈现多元、复杂化特征，各部门之间沟通是否顺畅将直接影响遗址公园的管理运营。此外，一些遗址公园规划选定的范围内涉及多种类型用地，如西安杨官寨考古遗址公园规划范围内有民居、耕地、厂房等，用地权属各不相同，需要考虑的因素也较为复杂。鉴于上述考古遗址及用地管理权属的差异，考古遗址公园范围的划定需综合考虑文物保护和居民生产生活之间的协调问题。为解决此类问题，一些遗址区和考古遗址公园进行了积极探索，如良渚遗址区和大明宫遗址区率先引入管理委员会模式，集中相关部门的管理权力，简化管理体系，构建一种体现管控层次的保护管理模式来统筹协调多元主体之间的关系，并通过征地、置换、移交等方式对用地进行调整，解决遗址范围内存在的多重管理现象。此外，也有学者对这类问题进行了理论探究，如单霁翔提出设立大遗址保护特区的设想[②]；马建昌以大明宫遗址为例，认为可以将大明宫遗址区整体由特区管委会负责管理，大明宫保护办逐渐从曲江新区管委会中独立出来[③]。

3. 遗址公园与周边社区协同共生

大遗址对于城市和乡村而言都是一种重要的文化资源和空间资源，考古遗址公园不仅为遗址考古及保护展示创造了条件，同时也丰富了城乡空间职能。考古遗址公园作为一种公共文化场所，可承担相应的旅游服务功能，在服务社区经济文化事业发展的同时与所处区域的整体发展相协调，将自身的发展融合于城乡发展中，成为城乡整体发展战略的重要组成部

[①] 刘宗刚、刘波：《城市文脉的延续与彰显——唐大明宫遗址公园的保护与展示》，《风景园林》2012年第2期。

[②] 《关于设立西安、洛阳"国家遗址保护特区"的提案》（第2088号）。

[③] 马建昌：《中国城市区域大遗址管理运营研究》，西北大学博士学位论文，2015。

分，避免成为独立于社会之外的遗产孤岛。

长久以来，遗址与遗产地社区居民的"共生"问题一直都是遗址保护利用研究广泛关注的话题，"共生"是指一个系统内相关要素之间相互合作、相互补充，彼此创造更有利于双方发展的机会和空间，最终达到相对均衡的状态。"遗产地社区"是遗址区居民互动交往的区域，准确地说，是指那些在地理空间上位于遗产资源附近的人群互动区域，是遗址周边环境的重要组成部分。遗址地与周边社区在历史发展中形成了紧密的情感联系，周边社区不仅是遗址地文化的重要传承者，而且也是遗址保护利用的相关利益方，在一定意义上，考古遗址公园规划建设的成败与周边社区关系的发展有着密切的联系。

考古遗址公园作为推动周边社区文化和经济发展的文化资源，对于城乡可持续发展意义重大。一方面，随着考古遗址公园中各遗产资源展示利用工作的开展，遗产旅游将迎来较为快速的发展，这就在一定意义上为周边社区创造了经济发展的机遇；另一方面，周边社区居民在考古遗址公园建设中增强了自身的文化归属感，产生了文化自信，推动了遗产保护工作。有学者指出，国家公园附近居民的态度对国家公园的资源保护工作具有重要意义，影响居民对国家公园态度的重要因素有：居民的性别及居住年限，居民对国家公园的满意度，国家公园对该地区发展产生的效益等[①]。社区居民对于公园的积极态度有助于提高公园的资源保护水平，这是因为他们的支持降低了公园运营管理的难度，提升了运营管理的效率[②]。因此，考古遗址公园在划定边界时要考虑遗产地社区的社会经济发展状况及居民情感意愿，加入公众参与机制，将遗址本身的保护展示与地区社会经济发展紧密结合，处理好当前与长远、局部与全局的关系，在确保文物有效保护的前提下，调动遗产地居民保护大遗址的主动性和积极性，促进地区社会、生态、经济效益的协调统一。

4. 遗址保护与旅游发展的协同共生

大遗址既是重要的文化资源，也是推动文旅融合发展的旅游资源，遗

---

① G. Belkayali, "What Affects Perceptions of Local Residents Toward Protected Areas? a Case Study from Kure Mountains National Park, Turkey", *International Journal of Sustainable Development & World Ecology* 23 (2), 2016, pp.194-202.

② 石健、黄颖利：《国家公园管理研究进展》，《世界林业研究》2019年第2期。

产旅游是推动考古遗址公园可持续发展的重要方面。大遗址本体具有不可再生性，而旅游活动则具有大众性，二者之间存在着较大的矛盾，基于遗址保护利用工作的考古遗址公园，逐渐成为协调文物保护和旅游开发之间矛盾的有效途径。在保护遗址本体及周边环境安全格局的前提下适度发展文化旅游活动，在传承历史文化的同时，也能为社区带来良好的社会、经济、环境效益。

考古遗址公园是公共遗产地，它既要实现遗址保护的初衷，又要实现其公共服务属性。因而，综合遗址保护管理和旅游活动需求统筹划定考古遗址公园边界，可较好地推动考古遗址公园可持续发展。基于遗址保护管理要求，为遗址本体监测及持续考古等工作划定管控范围、明确管理权限，便于工作人员对遗址公园实施精准管理，保证遗址本体及遗址区安全格局；基于旅游活动划定遗址公园边界，对遗址公园及周边用地进行合理功能布局，在完善遗址公园旅游服务配套设施的同时，也需要对文化旅游产业的经营进行限制，避免其过度开发。兼顾遗址管理和旅游活动而划定的边界在协调遗址公园大众旅游活动与遗址的保护、展示、管理之间关系的同时，加强了遗址区资源整合，促进了遗址保护管理与文化旅游活动的融合发展，进而产生社会、经济、生态的良好效益。

总之，遗址考古及相关研究是一个不断发展的过程，考古遗址公园建设也需要随之而不断调整其发展策略，遗址公园边界在保护遗址安全格局的前提下为遗址公园的后续发展预留了缓冲的发展空间，在这些临界空间里进行适度的建设能带动区域经济振兴。遗址公园边界研究的目的就是尽可能消解遗址保护与城市建设之间的矛盾，实现遗址公园社会、经济、生态效益的最大化，这对于促进城市与文化遗产的健康融合发展具有积极作用。因而，考古遗址公园边界最终的确定，并不仅仅取决于某一因素，而是诸多因素复合作用的结果，在考古遗址公园边界划定中需要考虑遗址保护区划、公园管理、遗址与其周边社区共生理念等因素，最终在各因素协调下划定考古遗址公园边界。

三 考古遗址公园双层边界划定建议

基于上述分析，在考虑遗址完整保护、多元管理主体协调、遗址与社区、保护与旅游协同共生等关键问题的前提之下划定遗址公园边界，既需以保护规划的底线思维守护遗址安全,又要针对考古遗址公园及周边遗址区的特质,体现规划的动态与科学性。本书提出考古遗址公园双层边界划定构想,形成以刚性管控为主的内层边界和以弹性管理为主的外层边界①,即对核心遗产资源保护范围采用静态刚性边界进行管控,对遗址公园范围内其他控制地带采用动态平衡弹性管理,在遗址公园与外部区域之间应存在过渡性边界空间,伴随不同阶段的发展状况而进行动态调整(见图6-1)。

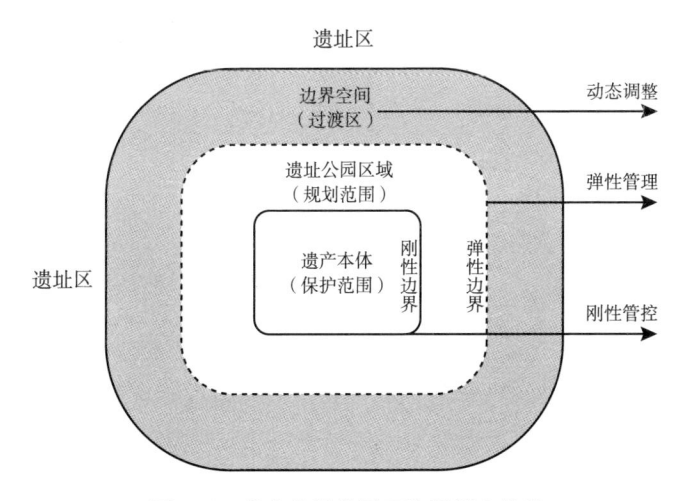

图 6-1 考古遗址公园双边界划定构想

1. 以刚性管控为主的内层边界

基于文物保护范围划定的考古遗址公园刚性边界一经确定,即应具有清晰、可识别性强的特点,要保证其严肃性,不能随意修改。边界之内要遵从相关管理要求进行严格管控,凡划入保护范围边界内的土地其建设行为均应受到严格管理,不得从事可能破坏遗址本体安全的建设活动,以一种将遗址与外界隔离的方式进行保护,从而尽可能减少外界活动对遗址本体破坏的可能性②。

遗址本体空间范围和遗址保护规划是划定遗址公园边界的刚性因素,而保护规划必须要以《中华人民共和国文物保护法》和相关的《全国重点

---

① 陈曦等:《国家公园双层边界划定思路与建议》,《规划师》2019年第17期。
② 刘宗刚:《唐大明宫遗址公园边界初探》,西安建筑科技大学硕士学位论文,2008。

文物保护单位保护规划编制审批办法》等法律法规文件为基本依据，从这个层面上来看，基于文物保护范围划定的遗址公园边界是固定的、不可随意更改的，是遗址保护不可逾越的底线。保护规划将遗址范围分为文物保护范围和建设控制地带，保护规划所划定的边界范围是从行政和法律手段上对历史遗迹的一种保护，是必然要遵循的前提条件，正如刘克成所言："一般来说遗址公园必须将遗址的文物保护范围及建设控制地带纳入，以有利于遗址保护。但受经济或其他因素影响，有时要完全做到这一点十分困难，但至少应保证将遗址的文物保护范围纳入遗址公园。"[①] 这是考古遗址公园边界划定的基本要求（见图6-2）。

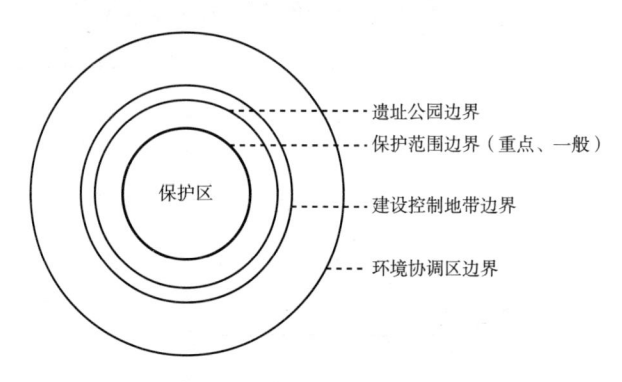

图6-2 内层边界的固定性

基于核心遗址保护范围划定的刚性边界一般采用封闭式管理，通过设立管理边界将考古遗址公园与外界分开，从而限制游客以及外界交通的自由出入，以便保护遗址安全，保障考古工作科学开展，尽可能减少外界环境对核心遗址的干扰。我国部分已建成的考古遗址公园采用的就是封闭式管理，如殷墟遗址、秦始皇陵等。但是，封闭式管理并不意味着遗址与外部环境的彻底隔绝，内层边界在对外部异质环境设立屏障的同时，也对保护区内部环境属性进行了限定，保护区内出于保护遗址和展示阐释的目的，会适当配套遗址保护工程及展陈设施，而这些活动均要严格遵循文物保护管理规定，以遗址保护为基础，确保遗址本体安全及其周边历史环境风貌的真实性与完整性，无论是建筑风貌引导还是场所环境营造，都要向

[①] 国家文物局编《大遗址保护良渚论坛文集》，浙江古籍出版社，2009。

具有历史文化特色的方向发展，保证边界内部历史文化环境风貌的协调与统一（见图6-3）。

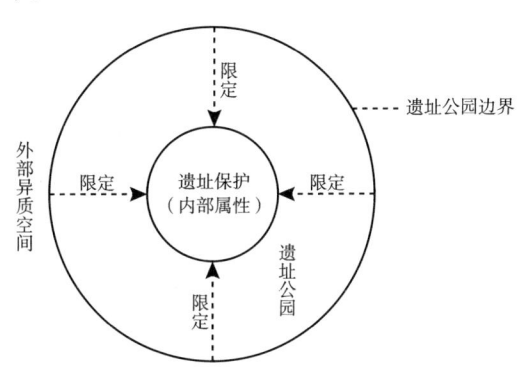

图 6-3　内层边界的限定性

2. 以弹性管理为主的外层边界

基于考古遗址公园自身潜在生长性及周边环境变动的不确定性，需划定以弹性管理为主的考古遗址公园外层边界，以满足遗址保护及公园发展的需求。从运营管理的角度来看，遗址公园外层边界大致可以采用开放式和半开放式两种管理模式。开放式管理是指不明确设立考古遗址公园管理边界，公众可自由出入考古遗址公园，公园与周边社区互动关系较为密切。如郑州商城国家考古遗址公园，其位于郑州市中心城区，与周边居民关系密切，在规划设计上没有设置封闭管理围栏，市民可全天候自由出入①；半开放式管理是对遗迹数量较少、已完成考古和保护展示工程的区域实行相对开放式管理，遗址公园设立相对封闭的管理边界，仅留部分固定入口为群众进入遗址公园提供条件，这就有利于管理部门对遗址公园进行相对严格的管控，有效降低公众对遗址的负面冲击，从而在保护遗址安全的同时，兼顾遗址与城市的良性互动，如汉长安城未央宫国家考古遗址公园，由于公园北部保留原有居民服务设施，周围社区居民可由北门自由出入遗址公园。

城市建设的不断推进，会给遗址公园及其周边环境带来一定的冲击，特别是在高密度的城市建成区内，设立考古遗址公园管理边界可以缓和

---

① 孙雅斐：《城市中心区大遗址保护与展示的探索与实践——以郑州商城国家考古遗址公园建设为例》，《长江丛刊》2020年第18期。

这种冲击，它虽然是"屏障"，在一定程度上起到了隔绝遗址公园内外的作用，但同时，遗址公园边界也具有一定的渗透性，就如同生物学上的"半透膜"一般，允许外部空间元素有选择的渗入，这就起到了一定的过渡作用。凯文·林奇指出，"许多边界是凝聚的缝合线，而不是隔离的屏障"[1]，边界的划定并不是为了孤立内部空间。事实上，遗址公园与其外部异质空间之间在功能、风貌、交通等多方面存在的差异与联系，正可以在公园过渡性边界空间内进行协调与融合，当然，在完成遗址公园空间与城市其他空间功能性过渡的同时，也完成了人们视觉和心理上的自然过渡（见图6-4）。

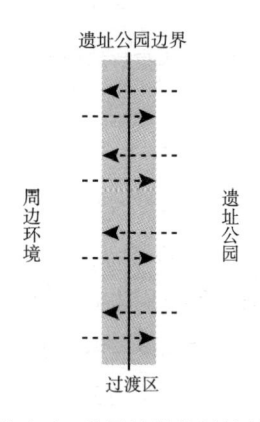

图6-4 外层边界的过渡性

此外，弹性边界在某种意义上虽然是具有模糊性的灰空间，但并不意味着边界可以时断时连，只有连续不断的边界才能有效界定内外、衔接分区，防止城市整体空间的碎片化与割裂化。因而，无论是在视觉上还是在功能上，考古遗址公园边界都要具有连续性，保持连续不断的状态，从而保证考古遗址公园整体空间的完整性。正如凯文·林奇在《城市意象》一书中所分析的那样，边界的不围合，会使市民失去对城市完整性和合理性的完满感受。考古遗址公园边界的连续性主要体现在景观风貌的延续、边界功能的协调等方面。其中景观风貌的连续性包括自然景观的连续以及人文风貌的延续，作为城市公共绿地空间的一部分，遗址公园边界的自然景观风

---

[1] 〔美〕凯文·林奇：《城市意象》，方益萍、何晓军译，华夏出版社，2001。

貌和人文景观风貌连续统一，保证了公园整体景观空间格局的完整性，为市民提供了一个开放、舒适、美好的绿地游憩空间，为城市带来良好的生态效益和社会效益，在延续历史文脉的同时，也对促进城市良性发展具有积极意义；遗址公园边界的用地功能各自独立的同时也相辅相成，在促进自身功能良好发挥的前提下也能促进遗址公园更好的发展（见图6-5）。

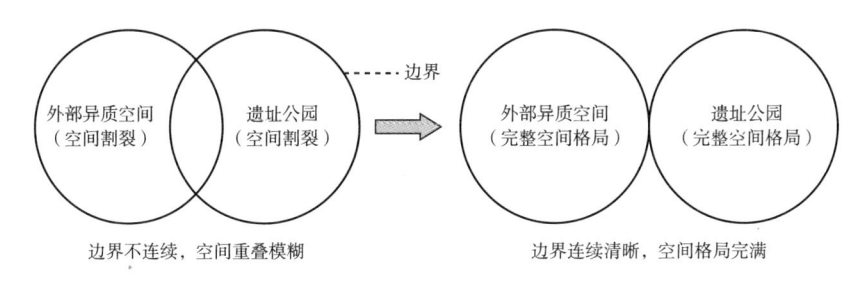

图 6-5　外层边界的连续性

3. 动态调整的弹性边界

遗址公园外层边界之外往往会形成一个具有缓冲性质的过渡地带，即遗址公园与外部环境彼此产生相互作用和影响的过渡带，它是遗址与周边城、镇、村关系的缓冲区，起到促进考古遗址公园与城市空间融合的积极作用，在某种程度上，这一缓冲地带也可以被抽象看作考古遗址公园的边界之一。

考古遗址公园边界空间主要涉及保护规划划定的建设控制地带和环境协调区，这些区域虽然具有开放性的特点，但是相关建设活动必须考虑保护规划的相应要求，不能对遗址区整体的自然及历史环境风貌造成破坏。而这样能够避免边界空间内的用地受到过度的建设性破坏，从而为遗址保护和遗址公园未来发展留有余地。此外，遗址公园边界内部有时会涉及遗址地居民搬迁问题，外层边界空间的存在为公园内部保护区土地置换提供了便利，居民就近搬迁安置，直接参与到遗址公园管理运营的相关产业当中，促进遗址公园与周边地区的协同共生。

此外，考古遗址公园边界空间承担着维系内外空间格局稳定的协调功能，就如同细胞要发生渗透作用以维系自身平衡状态一样，公园边界两侧的异质空间也要不断进行功能置换，边界空间对沟通公园与外部环境之间交通、经济、生活等方面起到重要作用，相较城市其他空间而言，边界空间所承担的功能更为多样且复杂，促使边界及周边空间始终处于一个动态、活跃的状态，因此无论是在形态还是在功能方面，都要适时进行有效更新和动态调整，以保证不同区域的和谐共生（见图6-6）。

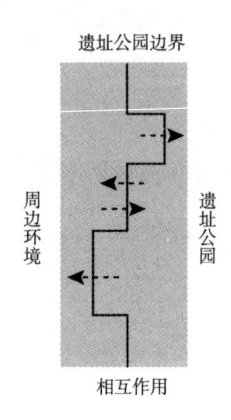

图6-6 考古遗址公园边界空间的动态性

第二节 考古遗址公园空间布局问题

考古遗址公园本质上具有三方面的属性，"考古"、"遗址"和"公园"，是一种以"持续开展考古工作"和"遗址保护展示"为主题的公园。考古遗址公园规划总体空间布局是从整体层面对遗址公园的空间结构、功能、形态进行研究，引导公园局部空间科学布局，遵循尊重历史空间格局、考虑现代展示结构、合理安排各种设施、保障公园空间布局完整性等基本要求。同时，不同地区的考古遗址公园要因地制宜，兼顾遗址保护和休闲游憩双重需求，根据遗址自身特点及周边建设环境进行合理的空间布局。

一 考古遗址公园空间布局的内涵与特征

1. 考古遗址公园空间布局的内涵

由于遗址文化属性突出，考古遗址公园的"空间"不仅要考虑地理实体空间的特点，也强调历史演变为空间赋予的文化内涵。"空间布局"是对公园空间范围内各要素之间相互关系的总体把握和空间安排,从整体到局部、主次递进统筹公园各功能板块的空间安排,宏观层面主要是指确定考古遗址公园的功能构成、空间结构以及空间形态,微观上则包括公园内部各类设施的空间分布。

(1) 功能构成

考古遗址公园具有"公园"属性,但又不同于一般意义上的公园,一般来说,公园多考虑游憩观赏、休闲娱乐等方面的功能,而考古遗址公园则更加注重科研教育、文化普及等方面的功能。功能的发挥推动了公园发展,因而,考古遗址公园中各种功能板块是否符合遗址公园发展定位,是否可保障遗址公园的可持续发展,是考古遗址公园空间布局需要考虑的重要因素。本书从价值阐释的角度明确了考古遗址公园作为一种公共文化场所,具有"考古遗址"和"公园"两方面的空间属性,赋予了考古遗址公园不同层次的功能,其不仅要满足遗址保护和考古科研的基本功能,同时需要满足传播遗址价值、传承优秀传统文化、提供游憩服务等功能,具体来说,考古遗址公园主要包括考古、科研、展示、教育、文化传播、游憩及生态维护等多种功能。

(2) 空间结构

空间结构是各功能板块之间的内在联系。与城市空间结构相类似,考古遗址公园的空间结构是指公园内各要素的空间分布和相互作用的内在机制。该空间结构是基于考古遗址本体特点而进行规划设计的,以保护展示遗址的历史格局及形制为重要目的,考古遗存本体的空间分布、保存状况,以及周边建设环境状态、规模等都直接影响公园的空间结构。合理有效的空间结构组织是公园功能实现的关键,能够促进遗址保护展示、生态保护和旅游服务的协同发展,对遗址公园周边乃至城市的发展都具有重要的影响。

(3) 空间形态

空间形态是空间的外在表现,是功能和结构在空间组织上的反映。考古遗址公园空间形态是指公园内各个要素(包括遗址本体、设施、人类活动等)的空间分布模式,表现了鲜明的公园特性和景观特色,空间形态的变化也映射着考古遗址公园的发展脉络。由于各个遗址公园的区位和建设条件各异,所以,不存在通用的、最好的空间形态,而是需要根据实际情况，选择合适的空间形态以引导公园的合理发展。同时，遗址公园的空间形态也不是一成不变的，而是随着结构、功能动态变化，因此，建构适应空间生长、结构生长和功能弹性变化的空间形态对公园发展极为重要。

考古遗址公园空间布局是遗址价值在空间上的落实，是公园地域范围内各种功能地块结构与关系的物质表现形式，对于遗址公园内部的保护利用、管理、景观设计及周边地区的建设发展等方面都会产生影响。因而，合理的空间布局首先必须以对遗址真实、完整的保护为基础，更好地向游客展示、阐释遗址及其历史文化价值；其次，合理的空间布局需设置恰当的功能区划及景观分区，提高考古遗址公园的可进入性与可观赏性；最后，合理的空间布局对公园周边地区产生重大影响，不仅能更好地保护遗址周边的生态环境，也能为周边地区提供更好的服务，甚至带动周边的经济发展。总之，考古遗址公园空间布局的科学合理性在一定意义上决定了考古遗址公园的可持续发展能力，保障了公园各项功能的有效实施。

2. 考古遗址公园空间布局特征分析

考古遗址公园是大遗址价值阐释的创新空间，考古遗址属性与公园属性赋予了考古遗址公园特有的空间特性。

（1）"考古遗址"属性赋予的空间特性

考古的持续性、全过程性——考古是揭露遗址、提供遗址原始资料的可靠手段，考古遗址公园正是建立在考古发现和遗址资源的基础之上，持续考古是考古遗址公园可持续发展的首要条件，考古遗址公园是一种考古持续性公共文化场所，考古工作是遗址公园的永恒主角。由于考古工作一般持续时间较长，往往需要几十年甚至上百年时间，因此，公园内部需为持续开展的考古工作预留足够的场地空间，并将文物潜在埋藏区在公园空间规划中予以确认；此外，考古工作往往与考古遗址公园的建设运营同时进行，且随着考古新发现动态调整公园建设方案。可见，考古及相关研究工作贯穿了公园规划、建设、运营管理的全过程。

安全性与刚性——历史文化遗产是不可再生的文化资源，其安全问题不容忽视，尤其土遗址较为脆弱，一旦破坏便不可再生，必须永久地保存下来，遗址的"安全性"是保护与利用工作最基本的原则。考古遗址公园的首要任务便是做好遗址安全防范工作，即遗址空间是刚性管控空间，必须实行最严格保护管理规定，在遗址重点保护范围内不得进行任何有可能破坏遗址安全的建设活动。

历时性与共时性——"历时性"是指时间维度的历史层积性，考古遗址公园依托特定的遗址及环境，在时间的长河中经过层层积淀，具有特定的、丰富的历史文化价值①。"历时性"强调遗址的真实性与完整性。"共时性"是指某一时间段内（层），同时存在且隐含空间联系的现象。正确处理共时性与历时性的关系，就要充分认识到遗址既有其客观存在的主要文化时代内涵，也在历史发展中增加了新的信息，既要注重保护遗址历史时期的完整格局，也要在空间布局中体现历史发展的线索。

资源性与公益性——遗产作为全民共有、共享的文化资源，在当代强调文化自信的社会环境中，考古遗址公园应在遗址安全的前提下尽可能面向全社会开放，满足民众多层次的公共文化需求，成为承载公共利益的开放文化空间②，实现社会公益价值最大化。

（2）"公园"属性赋予的空间特性

景观生态性——公园具有较强的生态性，发挥保护环境、维持生态平衡、美化环境的作用。相关标准和规定一般会要求公园绿地必须包含大面积的绿化植被，形成较为完善的小型生态系统。此外，景观性也是公园建设的原则之一，景观的舒适性能为游客带来视觉上的享受。考古遗址公园具有的公园属性，在景观生态方面具有同等效益，其景观空间需要具备保护生态环境、提供游憩环境的作用。

开放共享性——公园作为一种社会公共服务设施，能为居民提供日常游憩场所，具有高度开放性，包括空间开放、设施共享等特点。空间开放是指遗产作为公共文化资源，打破传统景区封闭式管理要求，增加软性围墙，使公园成为全开放或半开放的空间；设施共享是指将公园内部的各类服务设施与社会公共服务设施兼容，共同构成完整的社会公共服务设施体系，真正使公园成为公共文化产品。

宣传教育性——公园是社会生活的载体和窗口、是具有文化特色的自然本底，本身就蕴含着丰富的自然科学、社会文化知识，是传播科学知识

---

① 张剑葳、戎卿文：《读景与循构：金中都历史景观的整体感知与保护》，《建筑学报》2020年第9期。
② 刘以慧、王京传：《国家考古遗址公园功能定位的三重向度》，《中国社会科学报》2021年1月7日，第7版。

和开展宣传教育的重要场所①。遗址公园作为一处开放的社交空间，每天都会有各式各样的自发性和社会性活动，这些活动具有较强的宣传教育意义，另外，小到一处标识牌、大到博物馆，都能将遗址背后的内涵以看得见的形式向公众传播，达到宣传教育的目的。

综上，"考古遗址"属性赋予的考古持续性和全过程性、安全性与刚性、历时性和共时性、资源性与公益性，"公园"属性赋予的景观生态性、开放共享性、宣传教育性决定了考古遗址公园是一处包含遗址保护与考古科研、展示阐释与文化传承、绿色生态与休闲游憩等功能的公共开放空间。

二 考古遗址公园空间构成及形态分析

考古遗址公园总体空间布局是规划编制的关键问题，笔者通过对考古遗址公园功能特性的分析，并基于空间形式剖析，建构了考古遗址公园空间结构体系，然后通过空间叠加的方法得出考古遗址公园的空间功能分区，分析各区域之间呈现的位置关系，总结空间形态类型，系统化探究了考古遗址公园总体空间布局的建构过程（见图6-7）。

1. 考古遗址公园的空间构成

综合考虑考古遗址公园空间功能特性，并结合《国家考古遗址公园创建及运行管理指南》及《大遗址利用导则（试行）》相关规划设计要求，确定考古遗址公园总体空间布局应深入思考遗产保护体系、展示阐释体系、景观风貌体系及公园支撑体系之间的相互关系。

（1）遗产保护体系——遗址空间

遗产是考古遗址公园保护和展示的对象，遗址空间是遗址本体及相关要素、文物潜在埋藏区所构成的空间②，也是考古遗址公园内的刚性管控空间、任何设施活动不得随意进入的空间。遗址空间要素包括点状的遗产分布，线性的遗产类型及轴线，面状的遗产格局、文物潜在埋藏区以及遗产保护区划等要素。文物遗存在公园中一般以点状要素呈现，其中，围绕遗址现状保存质量较好或价值突出的重要遗迹点形成公园单个或多个保护

---

① 张媛：《城市绿地的教育功能及其实现》，北京林业大学博士学位论文，2010。
② 王雅男：《遗址公园规划设计方法研究》，北京工业大学硕士学位论文，2013。

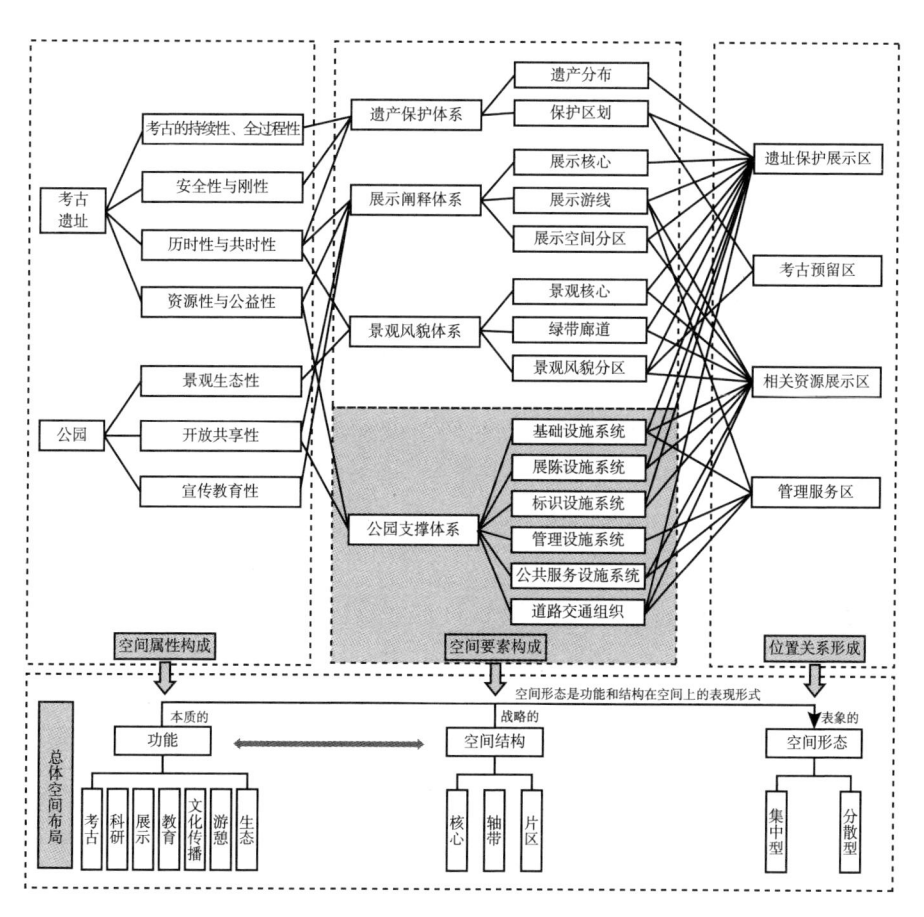

图 6-7 考古遗址公园空间布局构成框架

核心，对遗址公园整个空间结构、形态具有控制性；线形要素主要包括有形的城墙、河流等，无形的轴线、廊道等要素，此类型要素主要以保护展示遗址历史格局及文化价值为核心；面状要素主要是保护遗址历史空间格局而划定的保护区划及为持续考古预留的考古空间。遗址空间的布局是被动的，是根据遗址具体的分布状况而确定的空间，该体系是考古遗址公园空间体系中首要的、管控最为严格的空间体系。

（2）展示阐释体系——展示空间

展示阐释体系是考古遗址公园布局体系中的关键环节，决定了遗址公园的展示空间是否具有吸引力，奠定了整个考古遗址公园的空间结构，其包含但不局限于遗址空间。

展示核心选取可向公众开放的、现状保存质量较好或价值突出的重要文物遗迹作为展示载体，是考古遗址公园内遗址信息最集中、核心价值最突出的展示空间，一般与遗址保护核心相重叠。展示线形要素包含展示轴线和游览线路两类，展示轴线指各展示核心之间的空间关系，主要展示遗址历史上的空间格局、礼制秩序，如城市或建筑群整体格局中轴线；游览线路主要是串联各展示核心、各功能板块，提高公园内交通便利度，最大限度地展示传播遗址价值，游览线路尽可能避让遗址并依托现有道路设置，保障遗址安全、减少对遗址的干扰、节约建设成本。

设置展示空间分区的目的主要是为更准确地向游客传达遗址信息及核心价值，不同类型遗址具有不同的展示分区，大致可分为三类：一是根据遗址原有的历史格局进行分区展示，如西安大明宫国家考古遗址公园延续了唐代大明宫"前寝后殿"的格局，将展示分区分为殿前区、宫殿区、宫苑区、北夹城、翰林院五大类[1]［见图6-8（a）］；圆明园国家考古遗址公园按照清代全盛时期园林格局分为圆明园、长春园、绮春园［见图6-8（c）］；二是根据遗址不同的价值载体进行分区展示，如杨官寨考古遗址公园将展示分区分为庙底沟时期聚落环壕展示区、成人墓葬展示区和半坡四期文化展示区［见图6-8（d）］，以展示不同时期原始聚落的聚落形态、生活方式、丧葬习俗等；三是根据遗址价值的重要程度分为核心展示区和一般展示区，如杜陵国家考古遗址公园分为陵园遗址保护展示区和陪葬墓群保护展示区［见图6-8（b）］，以凸显陵园整体格局和遗址的重要性。

（3）景观风貌体系——景观空间

景观风貌体系是提升考古遗址公园环境质量的重要支撑，考古遗址公园景观空间具有多重作用：一是作为城乡空间中生态绿地，发挥生态防护作用；二是间接保护遗址安全，保障潜在遗址埋藏区的安全性；三是通过景观叙事的形式展示遗址；四是为游客提供休憩和观景空间环境条件。

景观空间布局是公园布局规划中的重要一环，景观空间也是凸显、展示遗址格局形制的重要手段，考古遗址公园的景观风貌营造以遗址保护展示为核心，具有较强的空间凝聚力，通过对遗址本体及环境的展示，景观

---

[1] 刘克成等：《大明宫国家遗址公园：总体规划设计》，《建筑创作》2012年第1期。

（a）西安大明宫国家考古遗址公园展示分区图 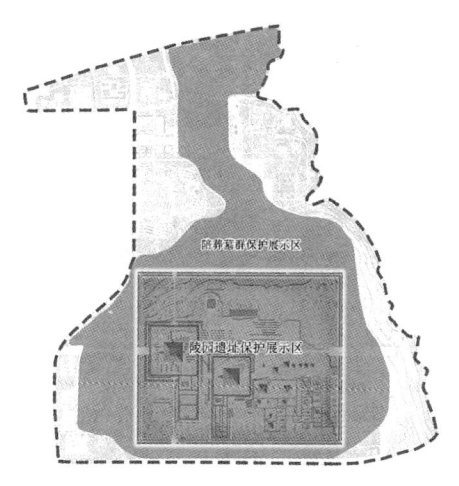　　（b）杜陵国家考古遗址公园展示分区图

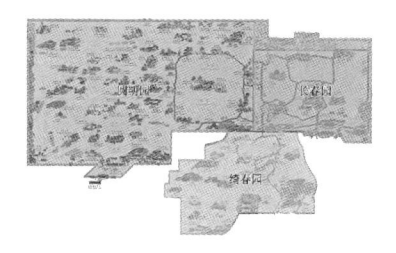

（c）圆明园国家考古遗址公园展示分区图 　　（d）杨官寨考古遗址公园展示分区图

图 6-8　展示空间分区案例

空间具有了双重内涵，一方面是表达历史情感，合理再现历史时期辉煌的景观风貌；另一方面是营造遗址繁华落尽的苍凉、沧桑、萧瑟的氛围感①。景观风貌空间分区是展现不同景观内涵的重要手段，可以凸显遗址历史格局或遗址公园功能分区。景观绿带、廊道等线形景观要素可以作为展现遗址历史格局的可视化轴线、视线通廊等②。

（4）公园支撑体系——设施空间

公园支撑体系是考古遗址公园建设运营的基本保障体系，主要包括基础设施系统、展陈设施系统、标识设施系统、管理设施系统、公共服务设

---

① 刘克成等：《大明宫国家遗址公园：总体规划设计》，《建筑创作》2012 年第 1 期。
② 焦鑫：《遗址公园景观空间营造探究——以河姆渡遗址公园景观规划为例》，华东理工大学硕士学位论文，2013。

施系统以及道路交通组织（见表6-2）。该体系在考古遗址公园内一般以点状要素广泛分布，也包括道路交通和各线路网等线形要素，它们也会对考古遗址公园空间布局产生影响。对于该体系中各类设施的空间分布及其形态、色彩、材质的把握，有助于确定整个公园空间秩序，对整个遗址公园历史氛围的营造具有重要的促进作用。

表6-2 考古遗址公园支撑体系框架

支撑体系系统	子系统	空间布局特征
基础设施系统	给排水系统；电力系统；照明系统；通信系统	各子系统以掩埋、架空、隐匿等方式分布于公园内，可设置于遗址空间、展示空间内
展陈设施系统	博物馆、陈列馆；遗址保护展示设施（遗址安全监测设施、观景设施）	遗址安全监测设施位于遗址空间内部，其余位于遗址空间之外，展示空间内
标识设施系统	标识牌系统（文物标识牌、指示牌）；解说系统	该系统以点状要素遍布遗址公园，以一种可逆的方式分散布局且各点之间有一定服务距离
管理设施系统	管理中心、文物保护中心、考古研究中心	位于非遗址区且较为私密的空间，不对游客开放
公共服务设施系统	卫生服务设施（公共卫生间、废弃物管理设施等）；公共安全设施（医疗救护服务站，避难中心，消防、安防、防护设施等）；公共休息设施（座椅、健身器材、广场等）；综合服务设施（游客服务中心、游客服务站）	该类设施以点状要素遍布遗址公园，位于远离遗址处且各点之间具有一定的服务距离（根据《公园设计规范 GB 51192—2016》相关要求设置）
道路交通组织	道路布局；停车场、换乘中心等	停车场位于遗址公园外围；道路布局以线状要素遍布遗址公园，包含游览路线；换乘中心依托道路布局即可

公园支撑体系中各类设施的分布必须遵守保护遗址安全，保障游客需求，易于管理维护及体现遗址文化内涵的相关原则[①]。首先，除遗址博物馆及考古研究中心等必要永久性建筑设施外，为避免对潜在遗址造成破

---

① 王子健：《圆明园遗址公园游憩设施布局研究》，北京交通大学硕士学位论文，2020。

坏，应尽可能配置可逆性设施并远离遗址；其次，尽可能根据设施服务半径以及游客需求合理布局，能够有效缓解供需矛盾，为游客提供舒适便捷的空间体验；再次，各类设施的布局应便于工作人员进行日常维护及管理；最后，该体系在整个考古遗址公园中人们使用频率最高，在一定意义上具有传播遗产信息的功能。因此，该类设施的空间布局与设计应尽可能体现遗址的文化底蕴，使游客能够快速感知遗址氛围。

2. 考古遗址公园功能分区分析

功能分区是将空间按照各功能使用要求的不同，结合建设现状进行划分，通过合理的流线将各大功能区串联，以实现空间功能效益的最大化和对空间的有效管控。按照《国家考古遗址公园规划编制要求（试行）》，考古遗址公园功能分区一般应包括遗址保护展示区、管理服务区、预留区及相关资源展示区四大主导功能区（见表6-3）。

遗址保护展示区以保护和展示相关文物遗迹及自然环境为主要功能，兼顾参观、教育功能，主要是由遗产分布、保护区划和展示阐释体系相互叠加形成的空间，具体又可分为遗址展示区和遗址考古区，遗址考古区是正在进行考古工作的区域，可作为考古现场展示。遗址保护展示区是遗址公园的重要功能区，其选址布局往往依托遗址核心区域内重要遗址点建设相应的保护展示设施，对遗址文化内涵进行全方位的展示与阐释。

管理服务区主要是进行遗址保护管理和为游客提供服务，包括遗址考古研究、文物修复、遗址保护管理巡查、游客服务等功能。该区域主要作为支撑体系的承载空间，具体可分为保护管理区和公共服务区，分布于考古遗址公园外围，远离遗址区。

预留区是指由于考古工作尚未完成，或是暂不开展展示工作的区域，该区域以原状保护展示为主，不得开展任何有可能干扰遗址本体及环境的建设项目[①]，主要根据考古工作计划和文物潜在埋藏区划定。

相关资源展示区是考古遗址公园公益性和社会效益的体现，功能兼容性强，将遗址保护展示与生态环境保护、农业发展、旅游休闲、乡村振兴

---

① 汤倩颖：《关于考古遗址公园规划设计原则与理念的探讨》，《遗产与保护研究》2018年第6期。

建设等有机结合,依托文物文化资源外溢辐射效应,建设文化旅游深度融合发展示范区,达到遗址保护与利用的平衡,从而促进地方经济、社会、文化的和谐发展①。

考古遗址公园规划通过对公园空间体系的不同要素进行空间分析,包括缓冲区分析、叠加分析等,指导考古遗址公园的功能分区,从而可以保障遗址的安全及功能区划划定的科学性。

表6-3 考古遗址公园功能分区及布局管控要求

功能分区	二类分区	布局要求	管控要求
遗址保护展示区	遗址展示区 遗址考古区	被动;依托重要遗址点而建设;根据考古工作计划而定	刚性空间,严格管控,任何永久性设施不得进入
预留区	考古预留区、公园功能预留区	被动;根据文物埋藏点及考古发掘工作划定	严格管控,以原状保护展示为主
管理服务区	遗址保护管理区 公共服务区	分布于考古遗址公园外围,远离遗址区	遗址保护管理区为封闭空间,游客不得进入;公共服务区为开放空间
相关资源展示区	特色乡村景观展示区 特色景观风貌展示区 地域历史文化展示区 相关非物质文化遗产展示区 ……	与周边资源相结合,一般位于遗址公园外围	开放区域

3. 考古遗址公园空间形态特征分析

考古遗址公园整体空间形态一般根据遗址的分布状况、空间建设现状等可以将其分为集中型布局和分散型布局(见图6-9)。集中型布局是指以遗址保护展示为核心,各功能分区紧密分布,形成空间上连片的集中型空间布局模式。分散型布局是指公园内部各功能分区被自然山体、河流或各种城市建设分割而形成的分散式空间布局模式。

---

① 祁睿:《基于功能分区的杜陵考古遗址公园规划设计研究》,西安建筑科技大学硕士学位论文,2018。

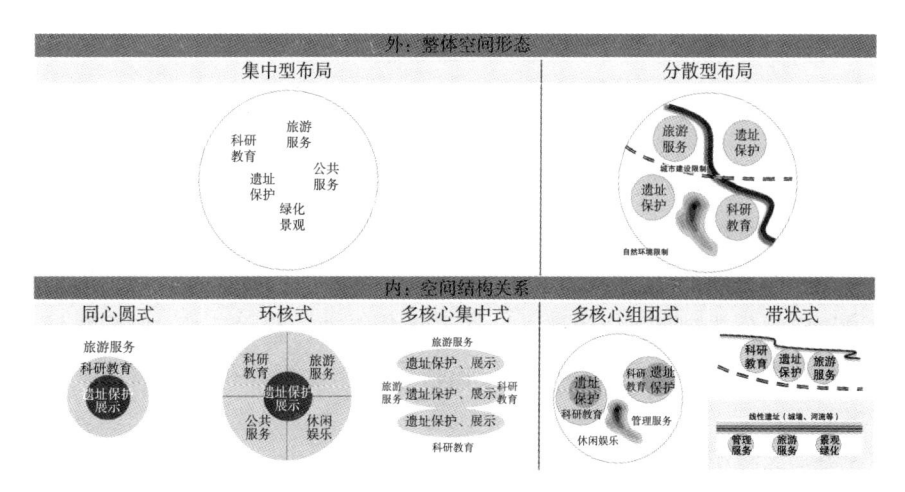

图 6-9　考古遗址公园空间形态

（1）集中型布局

集中型空间布局是指公园各项功能区围绕遗址保护展示区集中成片布局，其优点是空间布局紧凑、管理效率较高、投资效益明显。公园整体空间布局以遗址本体所在的保护区为核心，空间结构层次明确，具有较强的凝聚性，且每一个分区都有其独特的属性，同时相互之间也存在过渡与联系，有利于保证公园各功能活动的联系效率、为游客提供便利服务。就其内部各功能板块空间关系而言，又可分为同心圆式、环核式和多核心集中式。

同心圆式是指以遗址保护展示区为核心，逐层向外布局其他功能设施而形成同心圆圈层式的空间形态。通常情况下，考古遗址公园以遗址保护范围为核心，重点对相关遗址、遗迹进行保护与展示，形成保护展示分区；空间布局从内到外逐次展开，外围逐层布置科研教育、管理服务等各类设施。如此，就形成了一个同心圆圈层式的集中型公园空间布局。

环核式是在同心圆式的模式上演化而成的，是指以遗址保护展示区为核心，相关的旅游服务、公共服务、教育科研以及休闲娱乐等功能区环绕遗址保护展示区进行布局的模式。一般情况下，环核式布局适用于遗址类型较为单一、保存状况较好的考古遗址公园，此类空间布局模式将公园内部功能区的选址与周边地区的需求相结合，能更好地与周边地区的发展相融合。

多核心集中式是指多个保护展示核心在同一区域内整体保护展示的空间布局形态。一般针对古城遗址、宫殿遗址等本身具有较强的功能结构的大规模遗址公园，如隋唐洛阳城国家考古遗址公园。

（2）分散型布局

分散型布局是指公园内各功能板块呈现非集聚的分布状态，主要是指由于遗址本身分布较为分散、公园内部被自然山水环境或城市建设所割裂被迫形成的分散空间。分散型布局整体联系较弱、不易管理，但是能最大限度地对遗址进行保护展示。一般包括多核心组团式和带状式分散布局形态。

多核心组团式是指由于遗址本体呈斑块状分散分布，为保证遗址的真实性与完整性，从而形成的多个保护展示核心的空间形态。该种分散布局模式的出现主要有两方面的原因，一方面是遗址本体分布范围较大，位置相对较远而分散，另一方面是由于早先遗址保护意识不强，大规模的城市建设使得遗址被分割为零散的点状，这种多核心式布局的优点在于能尽可能多而全地保护与展示遗址，而缺点则是不能完整阐释遗址价值，破坏了遗址的完整性。

带状式是指围绕线性遗址展开或沿河流、山体、道路等线性要素而形成的呈带状布局的空间形态，此类空间形态的针对性较强。围绕线性遗址展开的类型一般指城墙类考古遗址公园，此类遗址公园是在结合城墙遗迹保护的基础上，建设具有一定游憩设施、旅游服务设施的带状公园，例如西安长安城城墙遗址公园、北京皇城根遗址公园等；沿河流、山体道路等布局的遗址公园主要是受到了自然或城市建设的限制而被迫形成的带状布局。

4. 考古遗址公园空间布局基本要求

考古遗址公园总体空间布局应体现综合性、指导性、可操作性，按照整体规划、循序渐进、合理布局的基本原则，构建遗址本体安全、空间集约高效、文化开放共享、景观环境协调的考古遗址公园空间布局，需要遵循如下基本要求。

（1）保护遗址，突出特色

实现遗址安全性、完整性是考古遗址公园建设的第一原则，遗址空间必须完整包含遗址本体、遗址历史格局和考古预留区域等，并加以严格管控。其中，突出遗址空间格局特色是遗址公园空间布局的核心原则，遗址空间格局特色是遗址的突出价值之一，不同时期、不同类型的考古遗址具有独特的历史文化，其格局便是传统文化及社会形制在空间上的反映，遗址公园建设及空间布局必须突出独特格局风貌特色，避免"千园一面"。

（2）强化结构，合理分区

清晰明确的空间结构是公园功能组织合理的标志，根据考古遗址公园各空间体系的总体构思，明确公园主、次展示核心，明确各功能片区的相互关系，确定考古遗址公园的空间结构，为各个功能、空间的合理组织和协调提供清晰的框架，使公园形成一个有机整体。

（3）近远结合，弹性生长

考古的持续性决定了公园空间布局有可能随着考古工作而适度调整，需要根据具体的现实因素分期实施，逐步完成。近期规划以公园发展定位与目标为指导，坚持经济、适用、由内向外发展，同时确保各规划期内总体布局以及服务功能的相对完整性；远期规划尽可能以完整阐释遗址价值为主，实现整个公园空间的完整性。

此外，在考古遗址公园的建设发展中总会出现一些难以预测的状况，进行空间规划布局时需要留有足够的"弹性"，能够适应外界的变化。例如，远期规划布局中某些合理的设想，在当下实施存在困难，则需要将其空间位置加以管控，等待恰当的时机，留有实现的可能性。

（4）因地制宜，统筹布局

考古遗址公园空间布局问题涉及方方面面的因素，不仅包括遗址的保护展示、公园的公共服务功能，也涉及生态环境保护、社会经济发展等因素，应以整体性原则综合考虑公园内部及周边地区的发展要素，统筹规划考古遗址公园空间布局。

中国大遗址众多且分布广泛，就区位而言，可分为城市型遗址、城郊型遗址、乡村型遗址和荒野型遗址。区位条件对考古遗址公园的发展定位、功能分区及遗址保护利用方式有着极其重要的影响。城市型、城郊型遗址在创建中宜将遗址价值阐释展示和城市空间布局调整、城市功能优化等城市发展需求相结合，实现互利共赢[①]；位于乡村的遗址宜将考古研究

---

① 干立超、姚瑶：《城市型考古遗址公园与城市协调发展的规划探讨——以临安吴越国王陵考古遗址公园规划为例》，《建筑与文化》2021年第3期。

展示与乡村振兴工作相结合，大力发展生态农业、休闲农业和乡村旅游等，实现大遗址保护利用与相关业态的协调发展；荒野型遗址则应重点做好文物本体保护及其环境保护工作，辅以必要的考古及相关科学研究，不必做过多的展示工程；对于具有特殊生态环境价值的遗址区，需要注重遗址及生态的保护与展示，并设置特别自然保护展示区。

三 考古遗址公园空间布局实践启示

空间布局问题是影响考古遗址公园建设运营的关键问题，经过多年来的建设实践，我国考古遗址公园建设初显成效，为研究考古遗址公园空间布局问题提供了可借鉴的经验。笔者通过对既有考古遗址公园的分析研究，梳理总结了考古遗址公园空间布局需要考虑的问题。

1. 空间布局需支撑遗址价值，突出遗址独特风貌

遗址价值阐释问题是公园空间布局考虑的关键问题之一，是"文化空间"落实到物质空间的表现。在划定公园空间结构时，必须对遗址价值有清晰的认知，对所有遗址进行价值评估，量化评估价值载体，以价值最为突出的遗址点作为遗址展示核心。中国大遗址可以分为原始聚落遗址、大型古代城址、宫殿园林遗址、手工业遗址、古代工程遗址和古墓葬等不同类型，大遗址串联了中国大历史，是讲好中国故事的重要载体，每个大遗址都有其在人类文明发展演进中所独具的价值，因此应充分认识大遗址自身的特色要素，发掘遗址潜在的文化底蕴，通过考古遗址公园的空间布局使遗址价值得以弘扬，从而保障考古遗址公园中遗址价值的真实呈现。

独特的空间布局也是避免"千园一面"的关键所在，考古遗址公园空间布局要以遗址历史空间格局为基底，巧妙利用遗址周围环境。融入山形水系中的考古遗址公园景观风貌是提高其吸引力的关键因素，例如，杭州良渚遗址是新石器时代大型城址，遗址公园的空间布局重点突出了古城"向心式三重结构"的城市空间形制（见图6-10）；而唐大明宫遗址属大型宫殿园林遗址，遗址公园空间布局主要依据宫殿遗址的格局分为"殿前区—宫殿区—宫苑区—北夹城——翰林院"五大片区，空间景观主轴线贯穿五大片区，强调遗址南北向空间方位特色（见图6-11）。同时，遗址公园所有规划建设项目、设施和景观设计必须与遗址及其历史环境特色保持一致，考虑不同类型和时期考古遗址的历史文化特色，突出遗址风貌。

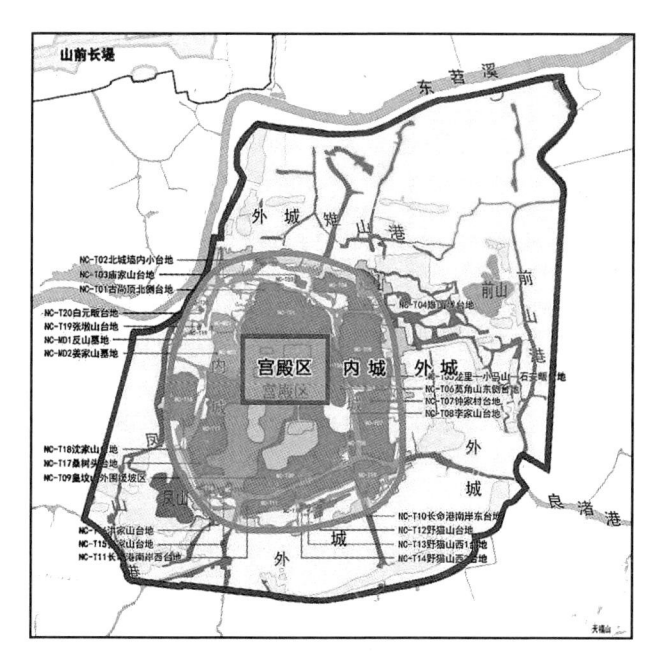

图 6-10　杭州良渚国家考古遗址公园空间结构

资料来源：《良渚古城遗址公园规划与建设的启示与思考》，搜狐网，https://www.sohu.com/picture/427861267。

2. 考古遗址公园空间布局需体现弹性，巧用空间留白

考古遗址公园依托遗址考古工作而建设，由于考古工作的持续性和考古发现的不确定性，遗址公园空间布局需体现一定的灵活性，通过功能空间的包容性使用和层次性划分，预留未来弹性发展空间，最大限度地提高公园未来建设的灵活性。

功能空间的包容性是遗址公园价值实现的重要途径，合理的功能单元划分有利于更好地保护遗址、为游客提供便利服务、更好地促进公园的发展。在实践中可根据遗产价值、区位、保护利用现状、科学研究工作及管理条件等因素弹性选择合适的功能单元，通过空间的包容性使用，更好地服务于遗址价值的实现。例如，西安大明宫国家考古遗址公园在公园内部（遗址外围）设置多处市民健身广场并举办各种群众性公共文化活动，为周边居民提供休闲健身场所，将遗址保护与市民日常生活完美融合，发挥考古遗址公园的公益性作用。

考古遗址公园空间布局须充分考虑遗址考古工作的"不确定性"及

价值再现：统万城国家考古遗址公园规划研究

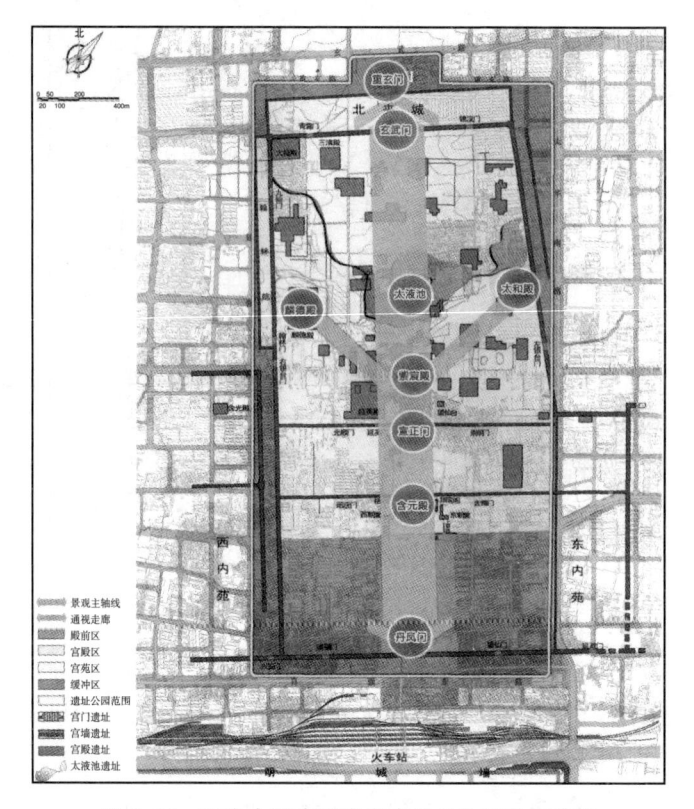

图 6-11 西安大明宫国家考古遗址公园空间结构

资料来源：改绘自《西安唐大明宫国家大遗址保护展示示范园区暨遗址公园总体规划》。

"持续性"，有意识地进行"空间留白"。虽然考古遗址公园建设是依托于已具备一定考古研究成果的大遗址而展开的，但大遗址考古工作的长期性仍然使公园规划必须高度重视未完成考古工作的遗址空间，为此，进行考古遗址公园布局时对于尚未完成考古工作的地块需进行特别的空间留白处理，也就是不安排永久性建设项目。此外，不论是城市建设还是公园的发展，都具有动态演进的特点，都要根据时代发展的新要求而不断调整。基于考古遗址公园未来发展定位的调整需求，其功能空间应具有一定的适应性，考古遗址公园中有必要预留部分空间作为未来功能预留用地使用，这种情况下，预留用地作为公园留白空间往往以生态绿地等形式融入公园整体布局，为公园的功能织补提供空间支持。

3. 考古遗址公园须注意保护生态安全及进行景观环境整治

一般来说，历史上人类社会文化活动多位于生态环境较好的地区，但是历史的沧海桑田，有时也使得自然生态环境发生重大改变，那些历史上曾水草丰美的地方，在经历漫长岁月的洗礼之后，有些已成为环境恶劣的所在，其历史教训警示我们今天在建设考古遗址公园时要充分考虑保护自然生态环境并展示历史环境的沧桑感，推动遗址区生态环境整治。

首先，需要考虑的是区域生态安全问题，尤其是在生态脆弱地区，建设考古遗址公园必须以生态安全格局的切实保障和生态环境状况的持续性改善作为基本前提。通过构建以景观安全格局为约束体系的空间布局，尽可能解决文物保护区划内生态破坏问题，如湿地生态恢复、水土保持与水源涵养，增加植被覆盖率等，尽可能维持当地生态系统的稳定性[1]，协调生态保护、遗址保护和公园建设发展的关系，发挥公园的生态效能。

其次，景观空间也是考古遗址公园空间布局的重要组成部分。《国家考古遗址公园规划编制要求》规定，"考古遗址公园的景观空间布局应从总体上把握、提炼符合遗址演变规律的景观特征，以及遗址周边自然资源特色，防止过度人工化，并在景观设计上区别于一般城市公园。按照遗迹的分布特征规划遗址公园整体景观空间架构"。就遗址展示方面来讲，遗址公园的整体景观空间格局也是展现遗址独特价值的重要方式。例如，西安大明宫国家考古遗址公园景观空间布局主要呈现点状、线状、面状的景观结构模式，以重点宫殿遗址为主体向外扩散，拥有很强的导向性，并通过大明宫遗址本身的几何结构、内在秩序及游览线路将各遗址点、功能片区串联起来，将遗址公园进行细致的划分且空间的层次感也得以清晰的呈现，使得唐文化主题的景观属性明确且有很强的景观吸引力[2]。

4. 考古遗址公园需与周边城乡环境协同布局

大遗址区周边常分布有与其共生的城乡聚落，作为遗址的共生体，城乡发展往往与公园建设发展联系紧密。考古遗址公园功能分区布局不仅要以遗址展示为基础，妥善解决公园自身功能合理布局问题，同时也要考虑

---

[1] 黄梦星：《秦东陵保护中的现状植被调整研究》，西安建筑科技大学硕士学位论文，2016。
[2] 达勇：《大明宫国家遗址公园景观设计研究》，陕西科技大学硕士学位论文，2013。

其与周边城乡发展协同的问题。对于周边乡村聚落，通过发掘村落的特色，完善公共服务配套设施，将其作为公园的特殊旅游片区或遗址旅游服务基地，发挥其经济效能，带动周边乡村聚落的发展，同时周边经济的发展也能为遗址提供长期的经济保障和文物保护保障，不再完全依赖国家对文物的投资。例如，良渚遗址与周边聚落发展的矛盾是制约遗址保护与开发最主要的因素，通过对周边典型村落发展需求的调查研究，遗址公园规划制定了一系列公园发展与民生改善的策略（见图6-12），如将朱村建设为以遗址研学、玉石文创、乡野民宿为核心特色的村落博物馆；在黄泥口村引进商业设施、医疗设施等配套设施，同时依托现有大片农田结合良渚遗址的远古生活场景发展艺术观光农业；实现良渚古城遗址与各乡村聚落互为协同、融合发展的新格局，遗址景区成为带动村落发展的重要引擎，而村落成为提升遗址公园魅力的新名片。

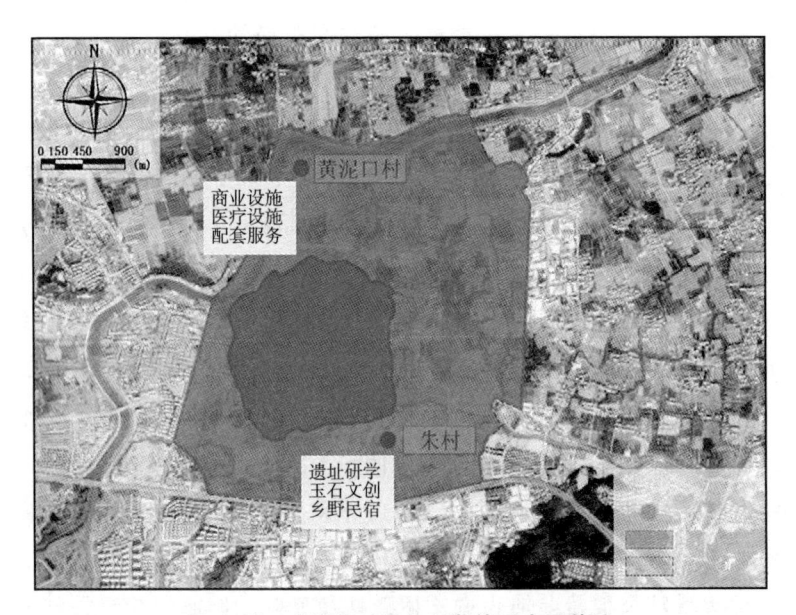

图6-12　良渚遗址周边村落协同发展策略

资料来源：张志豪等《良渚古城遗址区民生差异化发展现状与振兴策略研究——基于三个典型边缘聚落的比较与分析》，《小城镇建设》2021年第4期。

此外，当前我国遗址类旅游尚未成为大众旅游的热点，为了提高考古遗址公园的吸引力，在规划中需加强整合周边地区各类资源，盘活资源优势，发挥各类资源的主体优势，形成集文化、生态、休闲于一体的综合旅游片区，实现文物保护利用的最大化，更好地阐释遗址价值。

第三节 考古遗址公园展示利用问题

中国大遗址大多地上遗存较少，观赏价值不高，因此对于公众来说，认知、理解、欣赏大遗址的文化内涵与价值必须借助一定的物质媒介，关于大遗址展示利用的方式方法长期以来是学界关注的重点问题，人们在实践中总结了适用于中国大遗址展示利用的系列方法，这些方式方法对于考古遗址公园建设来说意义重大，一定意义上，大遗址展示效果已成为公众对考古遗址公园是否满意的重要影响因素。

一 考古遗址展示目的与意义

作为一种历史的产物，遗址在经历漫长的岁月演变之后，其残缺的物质实体往往无法明确传达自身信息，借助展示设计者对遗址中相关遗迹点的精心策划、设计，可以将抽象的、残缺的、内隐的遗址信息显性化，从而达到传播遗址历史文化信息的目的。事实上，公众对考古遗产价值的认识是否深刻到位与遗址所展示的信息以及信息传播的方式密切相关，遗址展示传播的信息越全面、越准确，公众对遗址价值的理解越深入，对遗产进行保护的意识就越容易在公众中形成共识。

遗址展示也可被看作遗产与公众之间信息传播与情感交流的一种方式[1]。正如《考古遗产保护与管理宪章》（Charter of Archaeological Heritage Protection and Management）所指出的"向公众展示考古遗产是促进其了解现代社会起源与发展的关键性方法，也是促进其了解遗产保护必要性的最重要方法"[2]。此外，展示作为一种有目的的人为设计，形成了一个从目的、证据到手段和视觉景象自我参照的整体，它的目的在于阐述一种概念[3]。从这个意义上来看，考古遗址公园中的展示行为所要达成的就不仅是告诉公

---

[1] 王新文：《考古遗址公园三论》，《东南文化》2013年第3期。
[2] 国际古迹遗址理事会（ICOMOS）第九届会议：《考古遗产保护与管理宪章》（1990年）。
[3] 李华、沈慷：《"展示中的设计"笔记：作为阐释的空间》，《新建筑》2009年第1期。

众考古遗迹历史上完整的形式以及长、宽、高等物质层面的信息，遗址展示所要传达的是遗产背后的故事。

二 考古遗址展示利用方法

作为考古遗址公园重要功能之一，不同语境下，人们对遗址展示的方法有所不同。在欧洲，以砖石材料为主的古罗马城遗址、雅典卫城遗址、庞贝古城遗址等许多著名遗址地，遗留在地面有形的建筑仍然具有较强的观赏性，其展示方式多采用重建、修复、现状保存等方式[①]，以此来传达给公众关于遗址的文化信息；相比较之下，东亚地区土遗址呈现一种"地上遗存甚少、地下气象万千"的状态，如果没有精心设计的展示设施，公众难以准确把握遗址全面的信息。日本学者在土遗址展示方面探索了多种手段的综合运用，他们将考古遗址以更加通俗易懂的形式介绍给普通参观者，通过精心设计的遗址景观，结合对遗址本体的揭露展示、模拟展示、模式标识、基址复原等方式为公众了解遗址文化内涵提供了途径。

中国在长期的保护利用实践中形成了多种遗址展示利用的常见方法。如《隋唐洛阳城遗址保护总体规划（2007—2020）》中，提到的展示方式包括：露明覆罩方式、地表模拟方式、景观示意方式（地表标识方式）、原状展示方式以及其他展示方式（高科技手段）。再如，有研究者将遗址展示方式概括为：直接展示考古现场、复原展示（可分为诠释性复原与恢复性复原）、模拟展示和标识物展示等[②]。总体上，中国在遗址展示领域已形成了较为成熟的方法，针对遗址本体及遗址环境、遗址历史文化内涵等不同内容，形成了科学的展示方法，推动了考古遗址公园建设。

1. 遗址本体展示方法

（1）原状展示。为了保护遗址本体的真实性，原状展示成为一种常见的展示策略，展示者对遗址本体不采取任何遮蔽手段，将遗存本体置于露天条件下直接向公众展示，这种展示方法多用于自然因素破坏较少，本体

---

① 王璐、刘克成：《中国考古遗址公园中遗址展示的问题与原则》，《建筑学报》2016年第10期。
② 刘斌：《从良渚遗址谈关于遗址公园建设的思考》，《中国文物报》2013年7月19日，第5版。

保存较好的遗址，如元中都南宫墙的排水涵洞遗址（见图6-13），或是高于现代地面、具有一定可视性的遗址，如高昌故城遗址等（见图6-14）。

图 6-13　元中都排水涵洞遗址

资料来源：张涛《元中都考古遗址公园规划设计研究》，西安建筑科技大学硕士学位论文，2014。

图 6-14　高昌故城遗址

资料来源：《高昌故城》，https://baike.baidu.com/item/%E9%AB%98%E6%98%8C%E6%95%85%E5%9F%8E/1220778?fr=aladdin。

（2）覆罩展示。由于考古遗址脆弱易被破坏，在遗址上方加盖封闭或半封闭的建构筑物，在强化保护的基础上进行展示，这种展示方法常见于考古发掘现场，如正在进行考古发掘的杨官寨遗址中心水池考古大棚，将考古工作与遗址展示同步进行（见图6-15）；考古遗址公园中常见的遗址博物馆就是在遗址上建设的大型覆罩设施；此外常见的覆罩展示设施还有遗址上采用"玻璃视窗"，方便公众透过玻璃观察遗址本体，如大明宫御道广场中对唐代路面遗址的展示（见图6-16）。

图 6-15　杨官寨遗址考古大棚

图 6-16　对大明宫御道广场唐代路面遗址进行玻璃覆罩展示

（3）模拟复原与模型展示。面对残缺的古代遗存，公众往往难以想象其历史的原貌，也就难以准确把握其历史信息与价值，研究者借助现代技术、现代材料的模拟复原展示和模型展示可以帮助公众了解遗址。模型展示在尺度与比例上往往与遗址本体不同，仅作为公众理解遗址信息的辅助手段。如西安大明宫国家考古遗址公园中陈列的建筑模型（见图6-17）。

（4）标识展示。遗址在考古发掘回填后，为了给公众提供直观的信息，可使用恰当的材料对遗址的出土原状、历史形制等信息进行示意展示[①]，既包括展示者忠实地将遗址范围、边界、高度等信息展示给公众，

[①] 张苗苗：《大明宫国家考古遗址公园遗址展示方式类型化研究》，西安建筑科技大学硕士学位论文，2018。

第六章　考古遗址公园诸问题探讨

图 6-17　大明宫建筑模型

也可以采用抽象的展示方法，提炼遗址遗迹文化内涵，运用建筑符号予以意向性展示[①]，从而激发公众对遗址历史信息的兴趣。西安大明宫国家考古遗址公园内的昭庆门遗址即采用了建筑标识展示的方式，给公众带来了更为直观的空间感受（见图 6-18）。而光顺门遗址则采用了地景雕塑的方式展示遗址信息，类似于景观小品（见图 6-19）。一般来说，雕塑标识方式可用在考古信息不完整或者无遗存的遗址区，以艺术的方式展示文化内涵，但雕塑设计内涵应尽可能符合遗址历史信息的真实原貌，不得采用夸张性表达，歪曲遗址基本信息，给公众传递错误信息[①]。

图 6-18　大明宫昭庆门遗址标识展示

2. 考古遗址及其周边环境保护展示

遗址及其周边环境对于遗址真实性与完整性具有重要意义。对遗址历史环境的修复与展示可以给公众传达关于遗址地历史上地形地貌、人们生

---

① 田林：《大遗址遗迹保护问题研究》，天津大学博士学位论文，2004。

图 6-19 大明宫光顺门遗址标识展示

产生活行为等方面的信息。对于部分依托聚落遗址而建设的考古遗址公园，为了完整展示历史时期人们的生产活动，可划定一定范围作为农业生产展示区，栽植经科学研究确定的植物类型①，以增强公众对古代社会生产生活的认知。如规划中的西安杨官寨考古遗址公园依托当前农作物种植区设计了历史农业生产展示区，保留现有农田肌理，通过调整仰韶环壕聚落遗址内村民种植作物的种类，尽可能保存遗址现有环境风貌，尽可能种植符合仰韶时期特点的植物类型，从一个侧面展示遗址文化内涵（见图6-20）。

图 6-20 杨官寨考古遗址公园农业生产区展示

---

① 赵文斌：《国家考古遗址公园规划设计模式研究》，北京林业大学博士学位论文，2012。

3. 历史文化信息展示

遗址不仅是物质生活的产物，与遗址相关的历史文化信息也是遗址公园重要的展示内容，场景模拟展示是以考古研究成果或历史文献资料为依据，通过设置特定的场景将传统生产生活方式展示给游客。如良渚国家考古遗址公园模拟展示了五千年前手工业作坊区的繁忙景象，向游客展示了先民生产生活的场景，使人产生强烈的穿越感，仿佛回到了远古时代，体验先民创造灿烂文化的过程（见图6-21）；或采用戏剧性展示等手段，将历史文化信息以舞台表演的形式传递给游客，让游客身临其境。

图6-21 良渚国家考古遗址公园手工作坊区模型复原展示

资料来源：百度百科良渚古城遗址所附图片。

4. 其他展示方法

在实践中，展示者根据现代人的认知特点，近年来在考古遗址公园中又提出了一系列新的展示方法，包括借助虚拟现实技术、考古现场展示及标识解说系统等方法。如北京周口店遗址博物馆推出的多媒体互动项目，即利用虚拟现实技术使游客通过特殊卡片从不同角度看到北京猿人以及相同时期的动物头像，极大增强游客体验感和参观兴趣。而考古现场展示是让公众走近考古工作场地，展示考古挖掘及后续修复研究的全过程，满足游客对考古工作的好奇心，向游客普及考古相关知识，加深公众对考古学的理解。此外，考古遗址公园中的标识及解说设施在遗址文化内涵的展示中也扮演着重要的角色。

三 考古遗址展示利用实践的启示

建设国家考古遗址公园可以看作遗址展示与阐释的一种整体性策略[①]，

---

① 童明康：《以国家考古遗址公园积极保护大遗址》，《世界遗产》2014年第10期。

但是，在当前全国各地建设考古遗址公园的热潮中，遗址展示的实际效果往往并不如人所愿，作为一种联结公众与遗址之间情感的重要方式，其同质化的展示方式并不能让公众真正了解遗产的价值，也不能激发游客主动探查遗产背后的故事，无法增进公众对遗产的理解和热爱，更不用说发挥遗产在国民教育等方面的功能，实现文化遗产保护惠及民生的目的①。此外，部分考古遗址公园为了满足游客需求，对于考古遗址的展示阐释还存在用力过度的问题②。通过对当前考古遗址公园展示利用方法的梳理，可以得出以下实践启示及问题总结（见表6-4）。

表6-4 考古遗址公园展示利用方式

类型		展示方法	图示语言	实践启示	问题总结
遗址本体保护展示	原状展示	针对有一定体量、本体保存较好、遗址本身展示性强的地上遗址，实施一定保护措施后进行原状展示		有些遗址原状展示可观赏性差，无专业知识背景的参观者很难仅凭直观感受理解遗址丰富的内涵与价值	信息传达有效性问题
	覆罩展示	在遗址上方加盖封闭或者半封闭的建筑物或构筑物，进行保护展示		在遗址上建造完全覆盖的展示厅，将造成遗址本体与其他遗址及其周围环境的分割，遗址的完整性受到了破坏	完整性问题
	模拟复原与模型展示	在对遗址本体实施保护的基础上，依照考古研究资料按照一定比例制作与遗址相同的模型，展示遗址的整体面貌或历史形态		此类展示方式对遗址的相关研究水平要求较高，研究应有充分的依据，否则有违遗址展示的真实性原则	真实性问题
	标识展示	在对遗址采取回填的保护方式后，在地面对遗址的出土原状、历史形制等信息使用恰当的材料进行示意或抽象展示		标识展示须与周边环境在材质、色彩等方面有所区分，否则会导致遗址信息传达不足；采用抽象展示方法要有充分的研究依据，否则违背遗址展示真实性原则	信息传达有效性问题、真实性问题

① 黄琼、周剑虹：《大遗址阐释系统构建初步研究》，《江汉考古》2014年第2期。
② 杭侃：《从年度报告看国家考古遗址公园的展示问题》，《中国文物报》2015年5月22日，第5版。

续表

类型		展示方法	图示语言	实践启示	问题总结
考古遗址及其周边环境保护展示		遗址历史环境修复、遗址区景观环境营造、地形地貌展示		自然环境设计应贴合遗址区历史环境氛围，否则会导致遗址公园景观城市化或模式化，违背遗址展示真实性与完整性原则	真实性问题
历史文化信息展示		采用场景模拟或舞台戏剧的形式将传统生活及劳作场景等内容展示给游客		应注意对历史信息充分挖掘研究后再进行相关的展示设计，以免违背遗址展示的真实性原则	真实性问题
其他展示方法	考古工作展示	将考古挖掘工作现场展示给游客，或使游客在接受一定的基础训练后参与一些初步的考古工作		游客的参观及参与活动应注意不得影响遗址本体安全，不得干扰考古工作的正常进行	安全性问题
	展示服务设施	以上述展示方式为主，以解说牌或语音解说系统为辅，将遗址内涵及游览信息传达给游客		标识系统外形及色彩设计要与遗址区环境风貌相协调，展示内容图文并茂，确保准确真实地传达遗址信息	真实性问题、信息传达有效性问题

1. 遗址本体安全性问题

一切的展示工作需以遗址本体安全为前提。展示设施的结构、材料以遗址本体安全承载范围为限度，展示方式方法设计必须以对文物的最小影响为前提，尽可能采用对文物本体干预最少，且设施结构可逆可识别的方式方法[①]。因此，在遗址博物馆选址及建设方面，一方面，应尽可能选址于没有地下文物埋藏的位置，尽可能减少对遗址本体及格局的影响；另一方面，确因遗址展示需要在遗址本体上进行展示设施建设，其所运用的建筑构件应是可拆除的，不得进行永久性建设，且在建设过程中，要最大限度地保证遗址不受建设活动的干扰和破坏。

---

① 王璐、刘克成：《中国考古遗址公园中遗址展示的问题与原则》，《建筑学报》2016年第10期。

在对考古工作现场展示时应注意，游客的参观及参与活动不得影响遗址本体安全，不得干扰考古工作的正常进行，如参加考古工作，应提前得到专家许可并接受一定的培训，避免对遗址本体造成破坏。

2. 遗址展示真实性问题

遗址展示需以严谨的历史及考古研究为依据。考古研究工作是一个长期、科学的过程，只能逐步接近历史真相，通常某个阶段的考古研究成果并不能充分反映遗址信息全貌，或者无法说明遗址的本来面目，因此遗址展示工作也应呈现出动态性和适度性。然而在进行遗址本体展示设计时，往往存在着考古发掘、文献资料等研究还不充分的情况下，对遗址信息过度解读而造成违背历史真实性的问题，或因过分注重艺术表达手法而出现过度展示的问题；在遗址区及周围环境整治设计时容易出现缺乏文化性的问题，展示设计策略更多适用于一般城市公园而非遗址公园，忽略了遗址公园的文化属性，严重影响了遗址的真实性；在遗址解说方面存在着为了吸引游客注意而把解说重点放在民间传说、奇闻逸事等没有依据的故事上，使游客不能正确理解遗址的深厚内涵，有违遗址展示的真实性原则。

3. 遗址展示完整性问题

遗址展示需以遗址本体及周围环境为主体。对于遗址的完整性，应充分理解国际古迹遗址理事会《西安宣言》所强调的"周边环境"的概念，即："除了实体和视角方面的含义之外，周边环境还包括与自然环境之间的相互关系。"然而，目前考古遗址公园中通常情况下较为关注"遗址本体"展示，对于与遗址相互依存的"周边环境"却重视不足，周边环境城市化的现象较为普遍。因此，遗址展示应高度重视周边环境完整性的内涵，不仅包含实体意义上的本体与环境，还应结合广泛的文脉背景，包括社会、文化、传统、历史以及自然等发展脉络，展示其中的有形无形价值，从而增强公众对遗址的整体认识。这就需要展示规划从宏观到微观，分层级、分步骤系统选择合适的展示方式，设计饱满的展示内容和主题，将公众带入到遗址整体的环境氛围当中去[1]。

---

[1] 王璐、刘克成：《中国考古遗址公园中遗址展示的问题与原则》，《建筑学报》2016年第10期。

4. 信息传达有效性问题

遗址展示需以遗址价值及内涵为核心。遗址信息传达有效性问题，一是因为古代城市以土木结构为主，难以保存，遗留下来的城址通常只有断续的城垣遗迹以及地下肌理，城址格局常难以完整辨认，遗存本体大多缺失[①]，可观赏性差，遗址本体若采用原状展示的方式传达信息，无专业知识背景的游客很难仅凭直观感受理解遗址丰富的内涵与价值；二是标识展示若与周边环境在材质、色彩等方面区分不明显，也会导致遗址信息传达失效。因此，遗址展示方式设计首先要充分挖掘遗址价值及内涵，确保不同的展示方式能够准确传递价值要点。

总之，遗址展示从本质上来看是一种信息传播行为，不论是遗址展示的真实性要求还是完整性要求，都是为了更好地向当代公众传达遗产所内含的价值，以获得公众的理解与支持，因而，在考古遗址公园建设中，借助遗产本体及其环境场域，构建具有明确叙事线索的遗址展示体系将有助于达成遗产展示的目标。

第四节　考古遗址公园管理运营问题

考古遗址公园建设是我国根据新形势下遗址开放展示的社会需求，对大遗址保护管理的创新实践。考古遗址公园的开放性决定了其管理体制、机制、权责分配等方面与传统大遗址保护管理模式存在较大不同，当前，考古遗址公园运营管理尚未形成可推广借鉴的成熟模式，是目前考古遗址公园研究中的薄弱环节，探索具有强针对性的管理制度和运营机制对考古遗址公园的发展具有重要的意义。

一　中国大遗址保护管理体制现状

作为遗址地保护利用的创新管理模式，考古遗址公园尚未在全国范围内形成统一的管理运营模式，各地在实践中往往沿用原有的大遗址保护管

---

① 唐薇：《城址类考古遗址公园现场展示设计策略研究——以北庭故城遗址为例》，《城市住宅》2020年第9期。

理体制,借助遗址博物馆或文管所等传统遗址保护管理单位实施管理①。基于此,笔者首先对大遗址保护管理制度及其当前管理困境进行梳理分析,然后以考古遗址公园保护管理需求为落脚点来阐述考古遗址公园在公共治理视域下应具备的管理职能,以此作为深入探究考古遗址公园保护管理体制与运营模式的研究基础。

1. 大遗址保护管理体制解读

中国国家治理体系是一种以科层制为组织基础,体现为高度专业分工和严格等级制度的管理体系。在中央与地方关系上形成了一种并行的"条块"关系,在文物保护管理领域,文物部门既接受上级文化部门(文物部门)在业务关系上的垂直管理;又接受所属省(市、区、县)政府在行政上的分级领导,由此构成了文物保护管理中的横向分部门管理与纵向分级管理相交叉的格局②(见图 6-22)。在这样的管理体制下,地方政府部门在遗产资源的控制上拥有较大的权限,行使行政管理职权,但在开展大遗址保护管理方面也存在着责权有限、管理水平欠缺等不足;同时,我国传统的大遗址管理机构,形式以文管所、遗址博物馆等基层管理部门为主,在实践中不乏大遗址规格较高但保护管理层级太低的情况③。

文物管理所是当前我国设立最为普遍的一种大遗址保护管理机构。文物管理所作为地方文物部门派出机构,为我国文物保护事业的发展提供了坚实的基础。其职能主要是对大遗址文物本体进行日常保护管理巡查、"四有"建设、保护工程组织实施等,其经费投入主要来自中央和地方政府的公共支出。在这样的制度体系下,文物管理所等管理机构的管理形式和性质比较单一,主要是围绕遗址本体保护管理而展开,针对大遗址中已探明的遗址本体,同时也涉及遗址环境、出土文物,以及围绕遗产价值内涵和相关信息资源等开展的保护、管理、研究活动,这种传统管理模式在我国文物保护事业发展过程中发挥了极为重要的作用。但是,这种管理模式比较适用于市场经济尚未蓬勃发展的时期或经济结构单一、城镇化用地

---

① 王新文等:《考古遗址公园研究进展与趋势》,《中国园林》2019 年第 7 期。
② 余洁、唐龙:《我国遗址类文化遗产资源管理制度变迁及其特征》,《生态经济》2010 年第 11 期。
③ 张韵:《我国大遗址管理机构现状和管理体制研究初探》,《内蒙古文物考古》2009 年第 2 期。

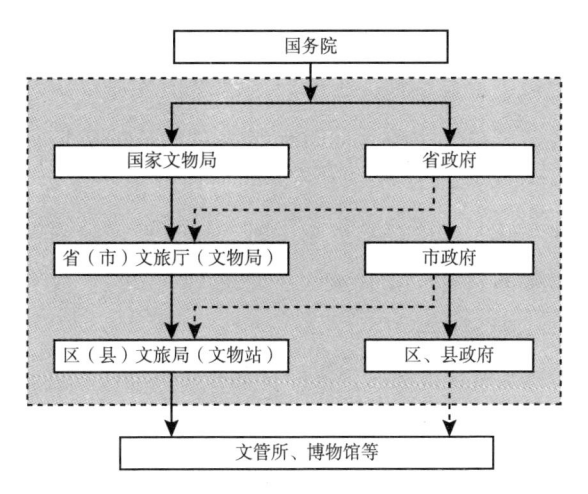

```
            ┌──────────┐
            │  国务院   │
            └────┬─────┘
        ┌────────┴────────┐
        ▼                 ▼
   ┌────────┐        ┌────────┐
   │国家文物局│        │ 省政府 │
   └───┬────┘        └───┬────┘
       ▼                 ▼
┌──────────────┐   ┌────────┐
│省(市)文旅厅(文物局)│  │ 市政府 │
└──────┬───────┘   └───┬────┘
       ▼               ▼
┌──────────────┐   ┌────────┐
│区(县)文旅局(文物站)│  │区、县政府│
└──────┬───────┘   └───┬────┘
       └───────┬───────┘
               ▼
       ┌──────────────┐
       │ 文管所、博物馆等 │
       └──────────────┘
```

图 6-22 我国大遗址传统分级管理模式

矛盾不突出、文化遗产可观赏性强的地区。在目前社会经济快速发展，大遗址尤其是城市型大遗址管理应与区域发展、遗产旅游、生态文明建设等现实需求相适应的背景下，这种传统模式在遗产资源管理上显现出较大的局限性。

2. 大遗址保护管理的现实困境

（1）大遗址保护分头管理体系有待梳理

大遗址的特征是历史遗存依托于空间资源，因而，大遗址是文化遗迹与土地空间的统一，大遗址的保护管理必须基于系统性的特点来进行。现行文管所管理体制的特点是遗址文物安全由文管所统一负责，然而遗存本体所依托的土地空间则由当地各级政府相关部门分头负责管理，彼此之间互不统辖，无法形成管理合力。同时，遗址地自然地形地貌、山水格局、社会文化网络、非物质文化遗产信息等遗址价值重要载体的保护管理并不在文管所职权范围内，遗址价值载体缺乏相应的保护管理约束，未能得到真正有效的保护。这就使得大遗址保护事实上呈现"点状"管理现象以及保护管理权责不清等问题，也使得大遗址日常保护管理工作存在空白点，保护地格局呈破碎化趋势，大遗址的完整性及其价值不能得到有效的保护与利用，保护管理体系亟待梳理。

（2）遗址保护管理权限不足，文物执法能力较弱

大遗址保护管理机构责任重大且任务繁多，需要承担包括文物遗址的

保护、研究、展示利用甚至区域发展协调等多方面工作。但在现实中，其管理及文物执法权限普遍偏低，大多数遗址保护管理机构对大遗址的保护往往只行使行政监督权，主要是劝阻和制止对遗址的破坏行为，并没有行政处罚权限。由于缺乏有力的执法监管能力和灵活的全局综合调控功能，这种管理体制在实际工作中严重影响了对大遗址的保护和管理，使大遗址保护管理机构常常面临着"责任重大，无法完全承担；权力有限，无法完全管理"的责权不对等困境①。

针对我国大遗址所处地区区位条件复杂、社会经济发展阶段不一的现实状况，遗址管理机构应当具备充足的执法管理权限，以协调解决遗址保护管理中出现的种种难题。然而，包括文管所在内的遗址保护管理机构与遗址区内的社区、村落并没有直接的行政隶属关系，对遗址保护范围内违章乱建等破坏行为仅有警告的权力，而无实质的行政监管权限。由此造成在遗址管理方面，文管所通常无法及时制止居民对遗址的破坏行为，也难以对城市层面的违章建设实施有效干预，导致破坏遗址的行为人常常有恃无恐。

（3）遗产地复杂的社会发展问题难以协调

由于遗址保护管理机构的主要职能是保护管理文物遗址，在此体制下，大遗址保护强调严防死守，偏重保护遗产物质层面的真实性、完整性及延续性，多采用静态、保守的保护方式。这虽在一定程度上提高了遗产资源保护和利用的效率，但也导致管理机构难以统筹遗址区文化生态保护与经济社会发展的综合事务。特别是，大遗址地政府严格执行保护管理策略，限制遗址地相关经济活动的行为，极大阻碍了遗址地居民生活水平的提高。因此，在大遗址整体利用新局面下，当遗址地相关治理措施缺乏有效衔接，且相关保护利用工作涉及较大区域的规划建设、农林生产及民生等问题时，当前大遗址保护管理的文管所体制就难以应对如此复杂的管理问题，更难以协调遗产地复杂的社会发展问题②。

（4）缺乏合理有效的遗址保护管理公众参与途径

由于文物遗产的公共属性，政府在遗产地保护中具有至关重要的作

---

① 张韵：《我国大遗址管理机构现状和管理体制研究初探》，《内蒙古文物考古》2009年第2期。
② 林亦府等：《统合治理：地方政府文化旅游项目的运作逻辑》，《中国行政管理》2018年第7期。

用，然而以政府为主导，文物保护专家参与制定的遗址地保护管理措施往往以严格保护遗址真实性为第一要义，一定程度上导致保护管理措施刚性条款多，弹性引导不足。然而，大遗址保护利用问题与遗址地民生问题紧密相连，能否在遗址地保护与利用过程中获得公众的支持，是决定规划能否成功实施的关键问题。当前，遗址地公众普遍缺乏对遗址的知情权、参与权和监督权，这就使得在遗址保护管理工作中，这部分利益相关者往往被忽视，因而，遗址保护利用措施也就难以得到公众的理解与认可，实施效果难以保证。从对遗址的影响方面来说，遗址地居民是大遗址保护的重要参与者，是基础性力量；同时，他们的一些日常生活、生产活动与大遗址保护管理形成了相互影响的关系。这种情况表明，如果给遗址地居民充分参与大遗址保护的权利，并对他们的行为进行积极引导的话，他们将会成为大遗址保护的坚实力量。

综上，当前我国以传统文管所为主体开展的大遗址保护管理工作存在一定不足。这种情况下，大遗址文化价值往往无法得到充分认知，遗产利用难度较大，难以满足公众日益增长的文化消费需求，保护与利用的矛盾尤其突出。正因此，考古遗址公园建设实际上是基于现阶段大遗址保护的实际需要，对我国大遗址保护事业治理结构调整与治理能力提升的积极探索。

二 考古遗址公园管理运营职能分析

近年来，我国封闭式保护的大遗址管理模式日渐不能适应新的发展形势，国家考古遗址公园综合性的功能定位使其成为遗产价值综合实现、利用途径多元拓展的最全面载体[1]，也推动了我国大遗址保护从"补丁式"的局部保护到兼顾本体与环境、规模与格局的全面保护。国家考古遗址公园建设促进了中华优秀传统文化的创造性转化与创新性发展，协调了文物保护与地方经济社会发展、民生改善的关系[2]。

考古遗址公园是在开放和服务方面体现显著公益特征的公共文化空

---

[1] 王京传：《国家考古遗址公园：文物保护创新模式》，中国社会科学网，http://www.cssn.cn/lsx/kgx/201901/t20190110_4809107.shtml。
[2] 国家文物局：《国家考古遗址公园发展报告》，2018。

间，其对文化的呈现、挖掘和展示及产业层面的关联带动，推动了遗址区转化成为富有文化意义的公共场所，进而使其有可能成为区域和城市发展的亮点和地标，推动文化遗产及其周边环境综合性保护、创造性转化和创新性发展①。考古遗址公园以遗产资源衍生出的相关文化产业，如遗址旅游、文化IP、网络影视产品等的蓬勃发展，使考古遗址公园管理机构职能不断得以扩展，目前来看，其主要职能可概括为五个方面：遗址保护、展示利用、考古研究、提供公共文化服务和开展旅游管理。

（1）遗址保护

考古遗址公园的保护功能是指管理机构采取一系列必要的措施，使遗址免于遭受各种自然和人为破坏，得以最大限度地保存下去②。具体来看，考古遗址公园的保护功能包括：①遗址日常保护管理；②遗址预防性保护及应急预案设置；③常态化遗址保护宣传工作及保护制度建设；④遗址监测、科技保护等。

（2）展示利用

展示利用是考古遗址公园开展文物价值传播的最重要途径。考古遗址公园中遗址展示利用的主要形式有：①对文物进行陈列展示；②学术研究和文化普及宣传活动；③文创纪念品开发。

（3）考古研究

研究工作是有效保护和合理利用大遗址的基础，重点是开展出土文物保护与利用等方面的研究工作，主要包括：①开展考古及科研项目；②遗址及文物保护技术研究；③考古研究展示方法等。

（4）提供公共文化服务

各种完善的设施是遗址公园为公众提供高品质文化服务的基础，遗址公园公共服务内容包括遗址公园公共服务配套设施维护、遗址公园公共服务管理等。

（5）开展旅游管理

旅游管理是考古遗址公园管理机构的重要职能，主要包括如下几方面

---

① 王京传：《中国特色文化遗产管理思想的新实践》，《中国社会科学报》2019年12月9日，第7版。
② 张韵：《我国大遗址管理机构现状和管理体制研究初探》，《内蒙古文物考古》2009年第2期。

的管理工作内容：①公园管理机构负责为考古遗址公园日常旅游活动提供服务；②完善考古遗址公园管理设施，提供人性化的服务；③建立考古遗址公园游客意见征集制度。

全国各地大量开展不同层级的考古遗址公园实践，其管理运营体制机制亟待完善。西安大明宫国家考古遗址公园作为考古遗址公园领域的先行者在管理架构搭建方面具有一定的创新性，一方面，遗址区形成了统一的管理体制，统筹开展保护与发展工作。西安市政府以唐大明宫遗址为核心区域兼及周边区域，成立了具有一定行政职能的西安曲江大明宫遗址区保护改造办公室，统一开展遗址区域整体保护利用工作，其下设文物局、大明宫研究院、唐大明宫遗址文物保护基金会等遗产保护部门（原西安市文物局大明宫遗址保管所则逐渐转设为西安隋唐长安城遗址保护管理中心，其管理范围已不包括大明宫遗址）负责开展大明宫遗址的保护和展示利用工作。另一方面，遗址公园的主体职能交给专业的部门来完成，大明宫国家考古遗址公园日常运营活动由公园管理有限公司来完成，相应的文物保护职责则有文物部门来统筹。这样就形成了在统一中有区分，权责较为清晰的管理机制。

相较于西安大明宫国家考古遗址公园的管理模式，隋唐洛阳城国家考古遗址公园管理运营模式在土地、资金获得方式上与前者大同小异，不同的是隋唐洛阳城国家考古遗址公园是由政府支付管理酬金委托专业公司进行经营。文物局在整个公园建设、管理、运营中起核心作用，其领导同时兼任受委托公司的负责人，公园运营资金由政府、文物局与受委托公司共同参与分配，这就在一定程度上缓解了遗址保护与发展建设的矛盾冲突。

在当前大量的遗址保护利用实践中，由于考古遗址公园往往是通过设置专业化管理公司的形式进行相应管理运营，管理公司在发展旅游、提高旅游收益的目标下开展工作，遗址展示利用的真实性问题有可能被放大；另外，考古遗址公园普遍缺乏与区域社会经济发展互动及公众参与的途径，导致遗址价值仍然较难为社会广泛认可，遗址保护及公园管理中公众参与缺失，公众未能成为遗址保护利用成果的受惠者和共享者，各种形式的破坏活动仍然时有发生。

三 考古遗址公园管理运营模式探索

近几年来，我国部分地区在大遗址保护工作中逐渐形成了以"管委会"和"遗址特区"为形式架构的管理机制，一定程度上打破了遗址保护管理体制的层级壁垒，借鉴这些成熟的管理模式，可以为考古遗址公园的管理运营提供新的思路，在此基础上，对统万城国家考古遗址公园管理运营提出可行建议。

1. 社会发展视角下遗址保护管理创新实践

充分发挥大遗址保护利用的社会价值，为文化传承与地方经济社会发展带来生机活力，已经成为进行大遗址保护利用战略设计和宏观规划的关键因素。为了便于对情况复杂的遗址地进行有效的保护管理，我国部分遗址地从管理机构调整与改革的角度进行了大遗址管理模式的创新探索。在某些情形下，大遗址保护管理机构借助各地开发区管理运营成熟经验，通过设置大遗址管理委员会统筹区域文化遗产的保护与开发，在一定意义上为解决大遗址文物本体保护和协调遗址区社会经济事业发展提供了制度保障。

遗址区管委会是一种新型的遗址管理体制，相比文管所和博物馆等传统机构，其兼具多种职能属性以及拥有更大的管理权限[①]。除负责传统的遗址保护管理等基本职能外，还要负责全面开展遗址展示利用以及推动遗址区社会经济发展的工作，通过内部设置文物、规划、土地、城建等业务部门，纵向承接地方政府和上级文物部门工作安排。遗址区管委会的设置在一定程度上打破了纵向分级管理的层级壁垒，在一定程度上解决了遗址区文物保护与社会发展管理权限割裂等问题。杭州良渚遗址管理区管委会是我国最先设立的大遗址管委会，管委会职责包括文物保护、城乡规划、经济开发、社会管理及其他工作协调与监督等[②]，同时还直接负责杭州良渚经济园区的开发建设以及对良渚、瓶窑两镇实施管理。管委会将遗址保护利用和社会公共管理相结合，将遗址保护和城乡发展联系在一起，有效

---

① 张韵：《我国大遗址管理机构现状和管理体制研究初探》，《内蒙古文物考古》2009 年第 2 期。
② 孟青：《良渚大遗址保护规划研究》，复旦大学硕士学位论文，2008。

解决了大遗址保护与当地经济社会发展等难题①。

大遗址保护特区是针对遗址区域条块分割，各自为政，难以形成保护和管理合力，特别是面对土地利用调整、环境整治、人口搬迁和村庄改造等难以顺利解决的问题而提出的②。大遗址特区的管理机制将遗址保护利用有效纳入城市和土地利用规划中，将遗址保护与经济建设相结合，从而可以全面有效地保护文化遗产③。以汉长安大遗址保护特区为例，其发展愿景是：以西汉长安城遗址保护为中心，通过调整遗址区原有的行政区划，结合申报丝绸之路世界文化遗产管理工作，合理规划建设遗址区以外的城市发展空间，推动特区建设范围内的基础设施建设④。西汉长安城未央宫国家考古遗址公园建设在很大程度上改善了当地人文景观风貌和自然生态环境，公园自身发展也带动了遗址周边区域发展，能够为西汉长安城遗址保护带来"正面效益"，一定意义上推动了大遗址保护区与周边区域的协调发展⑤。西汉长安城国家大遗址保护特区制度设计是一项综合性的系统工程，要求有关各方按照合作共建框架，加强组织领导，完善工作机制，加大工作力度，做到保护和利用的有机统一（见图6-23）。

以上实践表明，遗址区管委会或遗址特区在协调区域性遗址保护管理工作中发挥了重要的作用，这种管理模式将遗址管理权与经营权相统一，更有效地协调了遗址保护管理、运营发展与当地经济、民生等的关系；另外，管委会通过民生事业的发展有效组织公众积极参与大遗址保护事业，使大遗址保护管理工作达到更高的层次⑥。

2. 考古遗址公园管理运营新要求

基于大遗址保护及展示利用的要求，考古遗址公园的管理运营并非仅

---

① 骆晓红：《试析良渚遗址的保护与利用》，《杭州文博》2015年第1期。
② 《全国政协委员、国家文物局局长单霁翔出席全国政协十届五次会议并向大会提交15项提案》，《中国文物报》2007年3月7日，第1版。
③ 郑育林、张立：《西安"大遗址保护特区"的构想与建设路径》，《西安交通大学学报》（社会科学版）2010年第4期。
④ 刘晓明、赵文斌：《论中国大遗址保护》，中国风景园林学会2011年会会议论文，南京，2011年10月，第402～407页。
⑤ 《全国政协委员、国家文物局局长单霁翔出席全国政协十届五次会议并向大会提交15项提案》，《中国文物报》2007年3月7日，第1版。
⑥ 张韵：《我国大遗址管理机构现状和管理体制研究初探》，《内蒙古文物考古》2009年第2期。

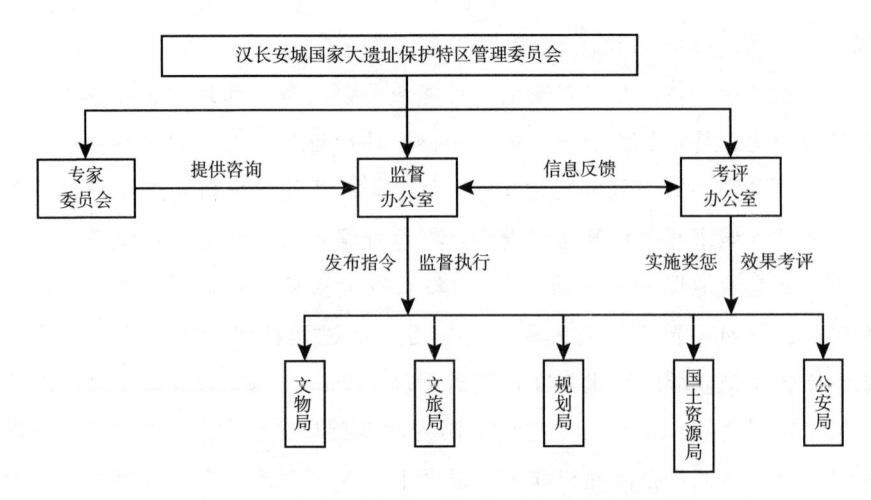

图 6-23　汉长安城国家大遗址保护特区管理体制

是从大遗址所在区域抠出一块区域进行保护管理，事实上，考古遗址公园的可持续发展与遗址地整体发展息息相关、密不可分，特别是对于空间尺度较大的考古遗址公园来说，其发展不仅涉及遗址保护、科学研究、展示利用、遗产旅游等事务，甚至会影响到遗址地社会经济发展，这就使得考古遗址公园的管理不仅不能简单套用传统文管所模式，也不能简单运用景区管理模式。在新的保护理念下，需要审慎考虑管理运营的新要求。

（1）完善考古遗址公园的公众治理机制

遗址地居民作为和遗址保护关系最为密切的群体，理应在考古遗址公园规划过程中得到足够的重视，他们应是遗址保护工作的参与者，是部分规划所依据信息的提供者，也将是考古遗址公园规划得以最终落实的执行者和参与者[1]。从公众共享视角优化考古遗址公园管理是当前文物事业服务社会的重要方向。大遗址保护和利用是公众参与管理社会事务的重要内容，参考公共治理理论[2]，大遗址保护治理能力提升需要利益相关方深度参与大遗址保护管理决策；同样，从公共治理角度优化考古遗址公园自身管理运营机制也需要充分调动公众参与的积极性，形成公众参与的有效制

---

[1] 姚迪：《遗址保护规划编制过程中遗址地居民知情权与参与权问题的研究》，西北大学硕士学位论文，2009。

[2] 〔英〕格里·斯托克：《作为理论的治理：五个论点》，华夏风译，《国际社会科学杂志》（中文版）1999 年第 1 期。

度，是考古遗址公园运营管理目前亟须解决的重要问题。当前，在国家大力推进治理体系和治理能力现代化的背景下，考古遗址公园应依循公共政策要求不断提升自身的科学治理能力。为此，笔者梳理了考古遗址公园公共治理需要深化的两方面内容。

其一，建立社会参与机制。参照城市规划编制中常见的公众参与制度，充分调动公众参与遗址保护管理积极性，鼓励公众参与遗址地保护管理措施的制定，从制度上保障公众参与，有效推动考古遗址公园的管理运营工作。公众参与层面应该主要集中在：①鼓励公众表达对考古遗址公园建设实施的真实想法，激发公众对推动大遗址保护和利用的热情，以实现其乐于和便于参与考古遗址公园及遗址区治理的机制；②进一步拓展和细化考古遗址公园公众参与的范围、内容、机制、平台，鼓励公众表达对考古遗址公园规划等方面的建议；③进一步在加大信息公开的力度和有效性基础上，着手构建公众对考古遗址公园规划、建设和管理运营进行讨论、参与、评价、监督的相关渠道，重视发挥与遗址关联性强的社区或村落的正面作用，健全公众共享机制等。

其二，完善公共管理机制。①加强文物管理部门的综合性治理职能。随着考古遗址公园管理职能的不断丰富和拓展，考古遗址公园管理部门既应充当掌舵者的角色，又应负责对遗址区内各种活动进行协商式管理。②实现考古遗址公园部分区域的社会化管理运营。在考古遗址公园及遗址区的非文化功能区域开展文化经营，既可以缓解政府财政负担，又能积极发挥其他参与主体的作用。③建立社会资本介入的管理运营机制。为保证社会公共力量的有效投入，通过建立以目标为导向，以物质激励、目标激励、参与激励和荣誉激励相结合，合理满足考古遗址公园运营管理现有需要为原则的奖惩机制，形成对考古遗址公园规划建设的参与主体具有约束力和激励作用的奖惩政策。

总之，从长远来看，实施考古遗址公园的公众参与保护管理举措，建立一套基于公众治理理念和以遗址区高效管理为目标的公共治理体系，使得考古遗址公园的管理需求与公众意愿相匹配，是考古遗址公园管理运营模式优化发展之路。

（2）考古遗址公园管理部门统一行使经营权和管理权

考古遗址公园设立的重要目的是充分发挥遗址社会文化价值，使遗址成为区域发展重要的文化资本。因而，考古遗址公园管理部门作为一个既承担遗产地保护管理职能，又兼具一定社会发展职责的管理机构，需要统筹好遗址地的经营与管理工作。

根据遗址区各类文化资源的价值、特点、隶属关系及资源属性等实际情况，可以将文化资源分为保护性资源和发展性资源两类。考古遗址公园作为文化遗产经营管理的主体，结合以往遗产景区"管理权与经营权分离"导致遗产真实性和完整性受损的情况，应将遗产景区经营权和管理权统一于考古遗址公园管理部门。因此，考古遗址公园管理运营模式应坚持发展性资源经营权与保护性资源管理权相统一的原则，区分资源的性质，构建相对规范的分类指导经营管理体系①。如西安大明宫国家考古遗址公园的管理运营体制便属于较为典型的由公共部门监督公有财产和私营部门参与文化遗产运营的体制类型。西安曲江大明宫遗址区保护改造办公室是负责大明宫遗址公园运营管理的专门机构。在管委会架构下整合了来自政府部门及私营部门的多个组织实体，形成包括决策机构、执行机构的体制框架②。

1）考古遗址公园运营管理模式构建

结合目前遗址管委会和遗址特区实践经验，将遗址区划分为保护性遗产资源管理运营和发展性遗产资源管理经营两类，再根据遗址公园的管理运营职能有针对性地进行发展建设，是一种较为理想的模式（见图6-24）。在遗址区内，考古遗址公园管理单位拥有管理权和经营权，可以在遗址保护管理的基础上，对遗产资源进行适度经营，如开展考古研学教育、设计文创产品等活动，相关收益共同用作遗产的保护、维修和科研教育等；而以遗址为依托所建的餐饮、娱乐、购物、住宿、文化旅游服务设施以及与遗址关联度高的村落、社区，可以实行企业化的经营方式，按市场化的方式进行运作。

2）考古遗址公园内实行特许经营制度

考古遗址公园对遗址及其他保护性资源实施非营利性经营，在非遗址

---

① 张国超：《我国文化遗产经营管理模式创新问题——以文化遗产景区为中心》，《江汉大学学报》（人文科学版）2009年第5期。
② 付蓉：《世界文化遗产框架下大明宫国家考古遗址公园保护与运营现状研究》，复旦大学硕士学位论文，2014。

第六章 考古遗址公园诸问题探讨

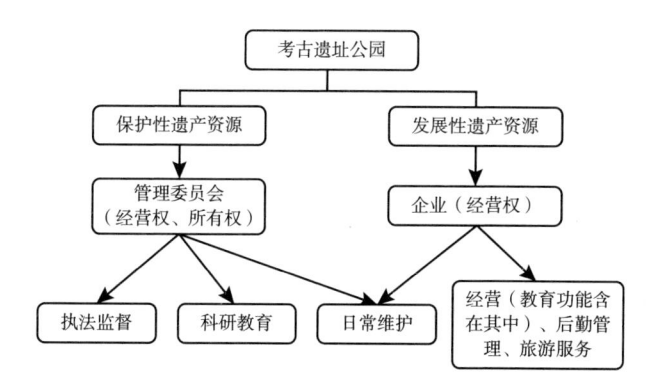

图 6-24 考古遗址公园经营管理模式构建示意

区域实施商业性的营利性经营。这一制度安排既确保了考古遗址公园的公共管理和旅游发展等衍生社会职能的履行，又能使遗址公园从中获益。因此，采取政府出资源，企业出资金的方式，对考古遗址公园发展性遗产资源实行特许权经营，是一种资源和资本有机结合的双赢模式；同时，企业化、市场化的运作模式和先进的管理经验，有助于提高经营管理水平，提高旅游经营效率[①]。值得注意的是，为避免非遗址区经营活动对大遗址造成破坏或阻碍遗址的公益性和社会文化性功能的发挥，企业除对遗址公园非遗址区管理经营外，其经营活动要接受遗产管理部门的执法监督，并配合进行一定程度的遗址保护活动和日常维护工作。

（3）统筹遗址保护与地区发展

在区域协同发展的大方向下，考古遗址公园管理机制若要发挥作用，更需注重通过合理的政策制度管控，协同遗址保护与区域发展之间的关系。一般来说，考古遗址公园建设运营可为遗址周边地区带来正面效益，但也会导致遗址地老百姓在搬迁过程中，使原有社会关系网络趋于解体，带来沉重的社会代价。考古遗址公园管理运营要努力平衡二者的关系。从这个角度来看，考古遗址公园建设是实现大遗址与周边居民、村落及地区"共生共荣"的一个良好契机。一方面，考古遗址公园可以以现有行政区划关系和管理隶属关系为基础，协调文化遗产管理部门的价值取向与地方

---

① 徐嵩龄：《中国遗产旅游业的经营制度选择——兼评"四权分离与制衡"主张》，《旅游学刊》2003 年第 4 期。

政府区域社会经济发展之间存在的矛盾，通过合理协商管理和适度奖惩措施来淡化遗址保护及考古遗址公园建设对遗址周边地区的影响；另一方面，考古遗址公园可以通过公众参与制度建设加强周边居民生产生活与遗址的联系度。例如，通过提供服务性岗位的办法努力解决部分居民就业问题，依托考古遗址公园的文化带动效应集中建设文化设施、服务设施，丰富考古遗址公园职能，凝聚遗址地居民的地方认同意识等。考古遗址公园管理运营部门要承担起地区发展与遗址保护的双重职责，应着重考虑以下几方面内容。

1）协调区域内遗址保护与地区发展间关系

考古遗址公园的管理运营涉及遗址区文物保护、遗产旅游、环境提升、社会经济发展与城市建设等诸多方面的复杂问题，在面对差异化社会诉求和用地矛盾时，管理机制是否可以有效应对遗址保护和区域发展所带来不可预知的负面影响，至关重要。因而，考古遗址公园的管理运营不仅涉及遗址本体，在某些情形下还要适度引入社会服务功能，提升遗产地周边居民生产生活水平，实现考古遗址公园与遗址所在地社会环境协调发展。

2）综合部署区域内涉及考古遗址保护利用的各项工程

考古遗址公园规划与建设往往涉及土地利用、交通路网、社区更新、人口搬迁等复杂的社会问题，公园建设需统筹考虑遗址景观环境提升、基础设施设置、管理运营等专项内容。根据考古遗址公园分期分区建设需求，管理部门应进行合理安排与综合部署，做好相关规划的衔接和工程项目的调整，进而保障各个项目能够得到分期、分区、合理、有序的实施。

3）对遗址周边人口与聚落进行调控与安置

2018年国家文物局发布的《国家考古遗址公园发展报告》指出，保障居民生计，尊重社区情感是考古遗址公园管理运营需要重点考虑的问题。现实中，大遗址与现代聚落叠压黏合的空间关系导致遗址区居民生产生活发展与遗址保护彼此影响，同时，长期生活于此的居民与遗址地产生了极大的历史及文化关联，他们在今天新的遗产价值观下也成为遗址价值的重要组成部分。因此，考古遗址公园管理工作理应充分考虑遗址区人口与聚落的安置与协同发展工作。对此，考古遗址公园管理运营制度设计在进行遗址保护和历史环境维护的同时，也要合理妥善考虑遗址区居民的生计问题。

3. 统万城考古遗址公园管理运营方案建议

2020年，国家文物局在颁布的《大遗址利用导则（试行）》中提出大遗址保护的"价值利用"和"相容使用"概念，并强调以"价值利用"为导向，兼顾"相容使用"。所谓相容使用是指，当遗址保护工作面对差异化的社会诉求和土地利用矛盾时，适度允许不以价值传播为直接目的的兼容性使用方式。其目的是通过低强度开发和适宜性产业发展、社会服务，提升区域生态环境和人居环境质量，从而最大限度地协调保护与利用之间的矛盾，实现大遗址保护与所在地社会环境协调发展。就统万城遗址的地理区位与周边居民发展现状而言，设置与当地社会经济发展水平相适应并具备相应功能的保护管理机构，统筹协调各方利益主体关系，是确保大遗址实现有效保护利用和遗址所在区域发展的关键①。

（1）统万城考古遗址公园管理运营模式构建

根据统万城遗址区位特点及保护利用现状，借助开发区发展经验，建议地方政府设置统万城大遗址保护特区来加强遗址地保护与利用，统筹遗址区内村落与遗址公园的协同发展，促进白城则村及周边村落的乡村振兴，在开发考古遗址公园旅游事业的同时，强化遗址区生态环境的保护工作，为遗址区营造良好的自然及人文环境。在遗址公园边界范围内，建构以遗产保护为基础，以文化旅游为支撑的保护管理制度，在遗产保护管理区内实施非营利性经营，在遗址区外利用发展性资源实施营利性经营，科学确定遗产保护管理部门与旅游开发部门的各自职责与管理范围，并使双方均从考古遗址公园建设管理中获益。同时，对于发展性资源实行特许权经营，采取地方政府出资源，企业出资金的方式，实现资源和资本的有机结合（见图6-25）。

（2）考古遗址公园促进统万城遗址保护与地区发展

在统万城考古遗址公园范围内，对遗址核心区域通过征地（或租用农林用地）、建设保护围栏、树立保护标识、明确管理边界等方式实现对文化遗产的强制性保护；对核心保护范围以外的建设控制范围和环境协调区，通过相关保护管理制度分区管控的形式实现对遗产地发展的控制和引导。通过科学规划选址，建设服务于遗址公园文化与旅游事业的基础设施，

---

① 张韵：《我国大遗址管理机构现状和管理体制研究初探》，《内蒙古文物考古》2009年第2期。

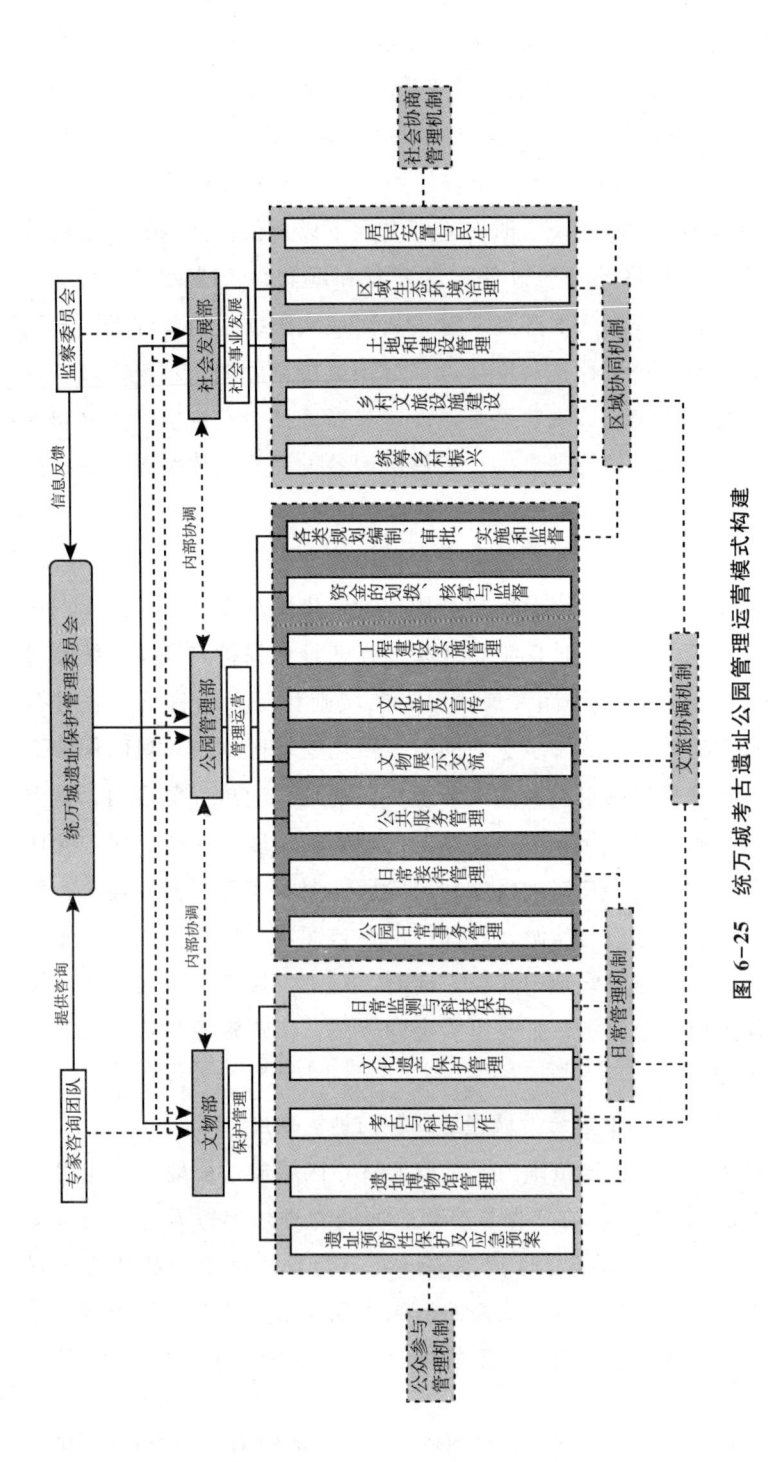

图 6-25 统万城考古遗址公园管理运营模式构建

满足遗址公园基本职能需求。统万城考古遗址公园建设必须与当地群众生产生活以及人居环境改善结合起来，才能获得群众的理解与接受。为此，统万城遗址区管理部门不仅要加强遗址保护与利用工作，更要借助建设考古遗址公园的历史契机，推动遗产旅游开发与当地发展相结合，实现遗产保护促进区域经济社会发展的良性互动机制，其重点是要减轻因遗址公园建设运营给遗址地所带来的生态环境的压力，但是也要看到遗址公园建设为遗址地带来的发展机遇，从统万城遗址区实际状况出发，考古遗址公园的管理运营需要与遗址周边乡村建设发展协同，改善乡村人居环境并引入外部资金，推出乡村特色农林产品，为旅游业提供餐饮住宿条件，同时需要在乡村振兴的过程中采取适当的方式方法，引导遗产地居民以地方传统文化复兴为目标，实现生产方式、生活方式现代化改变。

（3）加强统万城考古遗址公园的社会协商管理

随着社会治理理念的深入人心，考古遗址公园管理中具有社会合作理念的政策及参与式决策将越来越普遍。统万城考古遗址公园的建设实施必然在创造出文化利益的同时，也会创造出巨大的经济利益。因此，增强统万城考古遗址公园管理运营机制的适应性和弹性尤为重要。统万城考古遗址公园管理部门应侧重于协商式的管理过程，打破部门间、层级间和主体间的限制，使各阶层、各团体、各组织之间就考古遗址公园涉及的社会、政治、经济问题或具体利益、具体意见，进行广泛而充分的协商讨论，形成可以适应外部社会、经济、政治环境的灵活的、弹性的管理和运营机制。

本章小结

目前，考古遗址公园呈现良好的发展态势，各地政府建设考古遗址公园的热情高涨，考古遗址公园在文物保护、展示利用、公共服务、文化传承等方面发挥了重要作用[①]，同时，在实践中也存在诸多问题有待深入探讨。本章在对考古遗址公园若干关键问题进行综述的基础上，结合目前国

---

① 高宁：《基于公众享用的国家考古遗址公园游憩功能研究》，长安大学硕士学位论文，2019。

内外诸多创新实践、有益探索进行经验总结和方法归纳，对今天文化遗产保护和考古遗址公园规划建设提供新的启发和建议。

在边界划定方面，思考遗址完整保护、多元管理主体协调、遗址与社区、保护与旅游协同共生等关键问题；在空间布局方面，尝试从空间结构、形态、功能分区等方面深入解析考古遗址公园内部空间功能体系之间的关系及布局要求；在展示利用方面，遗址展示存在可视性差、价值阐释不足、现场展示效果不佳等问题有待解决；在管理运营方面，在分析考古遗址公园当前管理体制的基础上，探索适用于统万城考古遗址公园的管理运营方式。

第七章
统万城国家考古遗址公园规划策略

随着考古遗址公园理论的发展，人们认识到大遗址在注重物质载体展示的同时，更应注重文化内涵的表达，更加鼓励从全局的、多维的、发展的角度对文化遗产的保护与利用进行辩证思考。另外，随着考古遗址公园实践的发展，人们对其概念内涵的理解更加深入，社会各界对考古遗址公园建设发展充满期待。统万城作为生态脆弱带上的荒野型大型古代城市遗址，建设考古遗址公园必须着重处理好脆弱生态环境的保护与周边乡村的协同发展问题，本书就此进行了深入探索，提出了统万城国家考古遗址公园规划相应策略。

第一节 文物影响最小化策略

考古遗址公园是一种兼具公共文化场所属性的大遗址保护展示园区，在其规划建设中可能直接或间接对文物本体及其周围环境的真实性、完整性、延续性产生一定的影响。文物影响评估作为一种建设项目实施前的风险预测手段，通过对拟建设项目的合规性审查、可行性评估、合理性评估、干预度评估及相容度评估，可以有效分析出影响因素并提出相应减缓措施，从而实现建设过程中的文物影响最小化。在考古遗址公园规划编制阶段，有必要将文物影响评估的理念与方法融入规划编制的过程中，从而尽可能实现考古遗址公园中各项建设项目文物影响最小化。

一 考古遗址公园规划建设文物影响最小化思考

古代遗址构成了中国历史演进的主要物质证据，丰富了人们对古代文明成就的认识。然而由于我国土遗址保存状态具有复杂性、不确定性及脆弱性等特点，遗址保护及展示利用难度较大。考古遗址公园在遗址展示及公众服务设施规划设计中要以保护遗址的真实性、完整性及延续性为基本原则，这就要求在考古遗址公园规划编制中增强文物保护理念，尽可能减少建设项目对文物的影响。

在当前考古遗址公园建设实践中，考古遗址公园规划的各种设施项目选址及其形式设计可能与遗址保护要求及环境风貌不协调，此外，遗址展示体系设计不当容易引发游客对遗址价值的误解，以及展示规划只关注考古遗址展示设施美学效果而忽略遗产真实性等问题也较为常见。国家文物局发布的《国家考古遗址公园管理办法（试行）》提出："申报国家考古遗址公园需要提交国家考古遗址公园建设文物影响评估报告。"评估建设项目对文物的直接或间接影响程度，以尽量减少项目对文物的影响。因此，在考古遗址公园规划编制过程中加强文物影响的考虑，将有助于考古遗址公园规划的科学实施。

文物影响评估是指对任何计划、行动和项目对文物产生的潜在影响加以评估的系统性分析过程①。国际影响评估协会（IAIA）将"文物影响评估"定义为"对开发项目进行评估的过程，该项目可能影响社区文化遗产的物理载体"②。国际文物保护与修复研究中心（ICCROM）认为"遗产影响评估是一种用以对遗产变化实施管理并消除负面影响的手段工具，目的在于保存遗产所承载的重要意义，这也是遗产管理的基本任务"③。联合国教科文组织与国际古迹遗址理事会（ICOMOS）编写的《世界文化遗产影响评估导则》提出，遗产影响评估是通过系统的、连续的方法，将世界遗产地看作一个独立实体，并评估相关活动对遗产承载的突出普遍价值（OUV）属性的影响④。此外，英国、澳大利亚、加拿大、德国等国家也开展了文化遗产影响评估的相关研究与规则制定。在中国，2007年国家文物局发布的《关于加强基本建设工程中考古工作的指导意见》，明确提出

---

① 腾磊：《何为文物影响评估（CHIA）》，《中国文物报》2014年5月2日，第6版。
② IAIA, "What is Impact Assessment", 2009.
③ ICOMOS, "Guidance on Heritage Impact Assessments for Culture World Heritage Properties", 2011.
④ ICOMOS, "Guidance on Heritage Impact Assessments for Cultural World Heritage Properties", 2011.

"文物影响评估"的概念，认为"文物影响评估是由文物考古单位依据已掌握的资料，对建设项目涉及和影响区域内文物与建设工程的相互影响做出的分析评估"。结合联合国教科文组织与国际古迹遗址理事会发布的《会安草案》、《西安宣言》和《世界文化遗产影响评估导则》等相关文件可知，凡是涉及文化遗产，包括文物本体及周边环境的各种发展计划、建设活动、土地利用或其他开发活动，均应采取文物影响评估的手段和方法，评估所有直接和间接的潜在影响，并尽量减少负面影响[①]。2008年，时任国家文物局局长单霁翔，在其提交给全国政协的《关于实行建设工程文化遗产保护前期评估制度的提案》中，建议在工程建设的"项目建议书"阶段，应对建设项目涉及和影响区域内的文化遗存状况及其与建设工程的相互影响做出分析评估[②]，并形成《文化遗产保护前期评估报告》，以取代环评报告中文物评估部分的内容。2010年以来，随着城市轨道交通事业的快速发展，郑州市、西安市等城市在地铁建设过程中相继针对项目可能对沿线文物产生的直接或间接影响开展了相应的评估工作，近年来，建设项目文物影响评估工作在中国文化遗产保护事业中逐渐成为重要的内容。

一般来说，文物影响评估工作多本着早期介入、最小干预、科学评估、可持续性和可操作性的原则。《国家考古遗址公园规划编制要求（试行）》明确指出，公园规划方案既需要确定考古遗址公园的发展目标、建设内容、设施选址等建设性内容；还需对公园建设时序、运营管理、旅游服务、游客容量等进行安排。这些规划内容的实施都会对文物产生现实或潜在的影响，特别是建设性项目的选址、建设方案的原则性规定以及旅游项目的策划等对于文物的影响较大，也更为久远，在考古遗址公园规划编制中，就要有意识地对公园中各类型项目的选址、体量、色彩风格等具体要素可能对遗址本体、遗址环境、遗址视觉等不同层面产生的影响做出预评估，目前，对于考古遗址公园建设项目的文物影响评估工作已形成了比较完善的技术路线与方法，有专家指出，考古遗址公园建设项目文物影响

---

① 滕磊：《国际视野下的文物影响评估（CHIA）的理论与方法》，载吴东风主编《文物影响评估》，科学出版社，2016。
② 狄文莉：《西安地铁五号线之文物影响评估初探》，西安建筑科技大学硕士学位论文，2013。

评估主要应做好以下工作：合规性审查、可行性评估、干预度评估、相容度评估、合理性评估等①。常用的评估方法主要涉及定性和定量两种，以资料收集、现场调查、专家咨询、室内整理、专业判断、模拟验算为主，涉及现场探查测绘、Sketch up 建模、采样分析、试验、监测、统计、矩阵、叠图等多种手段（见图 7-1）。

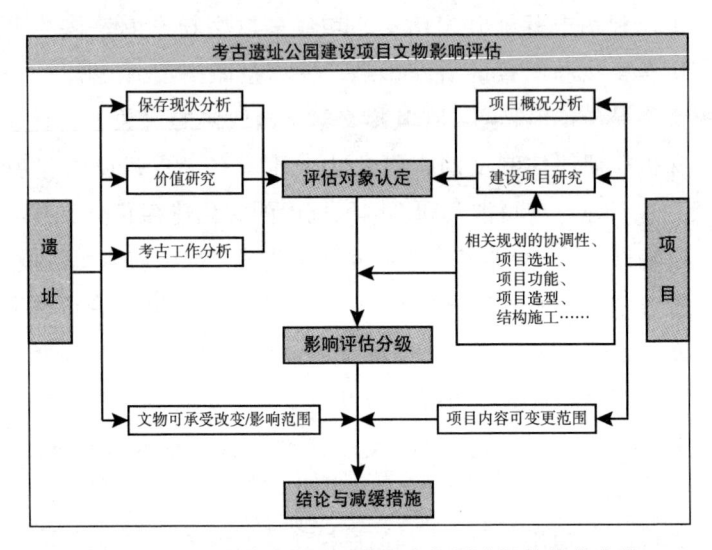

图 7-1　国家考古遗址公园建设文物影响评估技术路线

考古遗址公园后期运营中具有旅游属性的文化产品设计对于遗址文物的影响往往更为久远。因而，考古遗址公园规划有必要明确相关文旅产品开发控制与引导要求。当然，鉴于当前考古遗址公园规划尚不涉及相关文旅产品设计的现状，本书对考古遗址公园中文旅产品不进行文物影响评估的讨论。结合国家考古遗址公园建设项目文物影响评估的技术要求，在考古遗址公园规划编制过程中要求设计者对遗址保护和利用可能面临的主要文物风险进行分析预判，科学预测规划实施可能的结果，从而高质量地完成规划编制任务，尽可能减少规划实施过程中对遗址真实性、完整性和延续性的负面影响。

---

① 张晖：《考古遗址公园建设文物影响评估的几个要点——以城村汉城国家考古遗址公园建设文物影响评估为例》，载吴东风主编《文物影响评估》，科学出版社，2016。

二 统万城国家考古遗址公园规划方案文物影响最小化策略

针对统万城国家考古遗址公园规划方案可能对文物遗存产生影响的问题，在规划编制过程中主要从公园发展定位、空间布局、功能分区、展示方式设计、设施配置、建构筑物外形设计、景观环境整治等方面进行文物影响最小化的研究，针对以上各点在规划中明确提出控制引导的要求，这就要求在规划编制工作过程中要坚持如下策略。

1. 强化文物安全底线控制

考古遗址公园规划是一种具有开发建设性质的规划方式，在编制考古遗址公园规划方案时，所有的规划措施均应强化对文物本体安全的底线要求。

首先，一定要严格遵循文物保护法及遗址保护规划的相关要求，只有守住文物保护底线，才能更好地推动遗址的发展。《中华人民共和国文物保护法》的第十七条、第十八条、第十九条及第二十条提出了"保护范围"及"建设控制地带"的概念；并规定了建设控制要求以及建设工程选址办法。遗址保护规划是大遗址保护的法规性文件，是文物保护法在某个大遗址的具体化[1]。《统万城遗址保护总体规划》（2012~2025年）于2011年由国家文物局批准通过，并于2013年由陕西省人民政府批准公布。保护规划对统万城遗址的保护区划、利用规划、环境规划等内容做出了明确规定，特别是对各类保护范围均提出了较为具体的要求，对各区域内新建建（构）筑物、景观环境营造及工程结构施工方面均有明确的约束，为遗址区内文物保护利用划定了底线。其次，考古遗址公园中各项建设或活动必须加强文物影响评估论证，并严格遵循国际遗产保护相关原则。考古遗址公园各类建设行为、建设方案均应坚持最小干预、可逆、可还原等原则，各种设施的建设方案造型、色彩、材质均应与遗址整体景观环境风貌相协调，以减少对文物遗址安全的影响，所有大规模开展的活动也均应进行相应的文物影响评估工作。

2. 充分尊重遗址历史格局

对于城址、宫殿、墓葬等大型古代遗址来说，遗址的历史格局是其

---

[1] 陈稳亮：《大遗址保护与区域发展的协同——基于〈汉长安城遗址保护总体规划〉的探索》，西北大学博士学位论文，2010。

文化价值与科学价值的直接载体，在考古遗址公园规划方案编制过程中，尊重遗址空间历史格局，在科学研究的基础上，将遗址历史格局特征融入考古遗址公园整体空间布局中，有助于公园建成后将遗址价值充分展示给公众。首先，应当对遗址历史沿革及历史环境进行严谨细致的梳理总结，明晰遗址以及遗址所在区域的历史发展脉络，从而对历史上城市选址及其环境特征有较为深入的了解，尽可能在公园规划中体现出历史环境信息；其次，应当对遗址的历史格局特征进行系统化分析、描述，尽可能明晰其特征与特质，在充分尊重其历史格局的基础上进行遗址公园规划与建设，将公园总平面图设计与遗址历史格局展示相结合，既要强调遗址公园总体格局的展示，也要合理安排公园各项功能。统万城是大型城址类遗址，此类遗址在进行考古遗址公园规划时，应当充分结合地区历史演变特征，分析遗址所在区域整体历史格局演变进程对于遗址所产生的影响，从区域层面到遗址公园层面保持历史格局的一致性是遗址公园规划的重要基础。统万城国家考古遗址公园规划提出构建"朝阳一轴、一带两片、一城三圈"的空间结构，以全面展示统万城整体历史格局特征，并建构了遗址及其环境展示片区与公园公共管理服务片区隔河相望的整体格局，既有效展示了遗址历史格局，又科学明确了遗址公园各项功能。

3. 真实展示遗址历史环境

环境整治是考古遗址公园建设的基本工作，其目的是展示真实的历史环境氛围。对统万城这类处于生态环境相对脆弱地区的遗址而言，应加强遗址景观生态环境的保护。考古遗址公园绿化是为遗址保护和展示服务的，最少干预是遗产生态景观设计所遵守的基本原则之一①，绿化需符合遗址"性""境""景"，过分绿化和景观设计可能会对遗址本体和环境造成破坏，削弱遗址魅力，所以遗址生态景观应遵守减量化设计原则②。生态脆弱地带考古遗址公园规划要尽可能减少绿化对其环境真实性的干扰，尽可能减少大面积人工绿化设施。

---

① 俞孔坚、李迪华：《可持续景观》，《城市环境设计》2007年第1期。
② 王璐艳：《国家考古遗址公园绿化的原则与方法研究》，西安建筑科技大学博士学位论文，2013。

在整体景观空间布局上，首先要考虑的重点是遗址区绿化建设的必要性及原则，应该结合考古资料、文献记载、遗址区的属性特点及相关上位规划要求，综合评估绿化建设的必要性；在进行景观格局及风格设计时，应重视整体性保护，即对原始地形地貌特征及景观环境的保护，避免对遗址真实性及完整性造成影响。依据《统万城遗址保护总体规划》（2012~2025年）对重点保护区、一般保护区、建设控制地带的划分，遗址公园景观空间分区可分为遗址区绿化及非遗址区绿化。遗址区以保持自然景观原貌为基础，尽量减少人工绿化对环境现状的影响，在远离遗址核心区的位置可以逐渐增加人工绿化面积，适当进行环境美化。

一般来说，考古遗址公园中的植物主要有衬托遗址整体格局、突出遗存价值特征、营造历史环境氛围的作用，不同类型的遗址应根据各自性质、时代、规模以及周边环境等方面的特点，以遗址价值为基础，灵活运用各类景观元素，让公众在不觉得突兀的同时，形成其独特的魅力与张力[1]，具体而言可通过以下途径加以体现。

第一，重视乡土植被与历史时期植物品种的研究，一定程度上再现历史时期植被原貌，同时，尽可能保留和利用现有植被，种植乡土植物降低维护管理成本。

第二，坚持绿化宜简不宜繁的原则，绿化设施应尽可能隐于环境、融于环境中，以凸显遗址本体魅力，实现绿化与遗址风貌的协调。

第三，综合考虑遗址区的景观格局，组织绿化层次分区。遗址区的整体、局部、个体绿化的设计要结合遗址高度、地形及游览者的视觉感受，营造远、中、近景丰富的景观层次。对遮挡遗址形象的绿化设施进行弱化处理，强调遗址整体格局，在合适的观景点适当设置观景台，以便于公众整体观赏其景观格局。

第四，根据考古工作成果进行绿化标识展示，植物种植服从和服务于遗址保护展示要求，对严重影响遗址整体格局现状的植物进行调整[2]。

第五，考古遗址公园中以植物配置作为底景，以突出和衬托遗址整体

---

[1] 蔡超、韩禹元：《历史文献中的汉长安城植物品种研究》，载西安市文物局等编著《迈向世遗——西汉帝都未央宫遗址申遗之路》，文物出版社，2014。

[2] 刘卓君、赵文斌：《国家考古遗址公园植物配置及生态修复策略——以汉长安城未央宫国家考古遗址公园环境修复植物专项设计为例》，《城市住宅》2019年第9期。

格局和本体特征[①]，尽量保留遗址地的野生植物，保持野趣，从而营造强烈的历史环境氛围，在有效保护遗址的前提下，进行绿化展示和生态恢复。

第六，在遗址保护范围内，植物配置要服从和服务于遗址的保护与展示，考虑植物根系特点，设定与遗址的安全距离，避免植物对遗址可能造成的破坏。

4. 空间分区发展引导策略

考古遗址公园发展定位决定了公园内各种功能设施建设需求。统万城遗址地处毛乌素沙漠南缘，陕西省榆林市靖边县红墩界镇，其空间尺度较大，景观资源类型丰富、价值突出；另外，遗址距周边城市较远，基础设施及配套服务设施极为缺乏，公园可达性较差。这就使得遗产资源价值与开发利用现状形成了明显的反差。为此，需要在考古遗址公园规划中加强相关"硬件"设施的配置，以提升公园服务承载能力，优化游客文化体验及游览感受，强化公园旅游功能。也就是说，统万城考古遗址公园的发展定位应该更加强调遗产旅游，而非一般意义上作为市民日常的游憩休闲场所，因此需加强相关旅游服务设施的建设，并增加部分能够提升旅游吸引力的文化产品。基于此，统万城国家考古遗址公园应该在规划中实施空间分区引导的发展策略，根据公园的发展定位，在公园规划中明确划分以遗址保护展示为主的区域和相关旅游基础设施集中配置的区域以及服务于考古遗址价值阐释的相关旅游产品布置区域。宏观上划分遗址保护展示与旅游服务不同的发展分区，不同分区采用恰当的保护管理制度及建设控制要求。

空间分区引导发展策略既可以满足考古遗址保护展示的需要，使考古遗址公园内不同性质和类型的遗迹点及其历史环境的属性、价值、特征，能够得到真实、完整、合理的保护和展示，又可以适当增强遗址公园的文化吸引力。当然，考虑到考古遗址公园古今相承的特殊性，规划应根据公园范围内遗迹点的分布及特点，进行相应的功能划分，避免与遗址的历史用途和功能反差过大，如将墓葬等历史遗迹作为休憩娱乐场所。

---

① 王璐艳：《国家考古遗址公园绿化的原则与方法研究》，西安建筑科技大学博士学位论文，2013。

5. 公园设施分类管控策略

考古遗址公园各类功能的发挥依赖于各类设施，而各类设施建设在一定程度上可能会对遗址产生直接或间接的影响，这就需要规划中针对各类设施的布局及建设方案设计进行文物影响预评估，客观分析研究项目可能对遗址真实性及完整性造成影响的方面。

今天的统万城遗址呈现出了文化景观的价值特征，城址废墟与茫茫沙漠形成了一种壮观的大地景观艺术。在统万城考古遗址公园内，各类设施的选址及建设方案设计不仅应尊重保护规划的要求，而且应加强对大遗址文化景观价值的考虑，也就是说，各类设施选址及建设不得分割或侵占统万城遗址景观的完整性。基于以上考虑，统万城考古遗址公园中各类展陈设施应根据遗址保存状况及地形地貌等因素进行选址，以便对遗址及其历史环境、文化内涵、废墟景观与沙漠生态景观等内容进行全方位的展示；公共服务设施与管理设施应选址在建设控制地带范围内。统万城遗址博物馆可与管理中心相结合共同设置，作为公园日常管理运营空间。

考古遗址公园中的标识设施大致可分为四类。第一类是展示标识牌与语音导览解说系统，其主要功能是介绍遗址点名称、位置、功能作用、历史形制特征、相关考古科研工作、出土文物以及与周边遗存的关系等，往往设置于遗址点附近；第二类是微缩展示模型，根据考古研究及复原研究成果，在遗迹展示现场设置可拆卸的微缩模型，直观展示遗址建筑特征；第三类是导向标识牌，标明导引方向、位置以及周边节点空间信息，往往布置在交通节点与路口处；第四类是警示标识，设置在保护范围界线处或存在安全隐患的点位，起到管制和警示的作用。

公园路网是公园建设的必要组成部分，但也容易分割遗址景观完整性。统万城国家考古遗址公园规划路网沿用遗址区人们长期以来自发形成的道路网络，采用砂石等自然材料铺设路面，并配以道路沿线绿化措施，弱化在沙漠环境下的突兀感。公园主出入口、停车场等交通设施选址于无重要遗存的建设控制地带之内，同时应尽可能选择地势较低处。

公园规划要加强对新建建构筑物造型的引导，使构筑物更好地融入遗址公园环境氛围中。统万城考古遗址公园内新增加的建筑在整体风格、用料材质与体量大小的设计上应与周边环境相协调，尽可能将建筑物的设计与遗址地形地貌相协调。

第二节　考古遗址公园边界划定策略

一　统万城考古遗址公园边界现状

1.《统万城遗址保护总体规划》(2012~2025年)确定的各类管控边界

《统万城遗址保护总体规划》(2012~2025年)于2011年由国家文物局批准通过，并于2013年由陕西省人民政府批准公布(见图7-2)。保护规划将统万城遗址区域分为保护范围、建设控制地带两个保护管理层次进行管控。

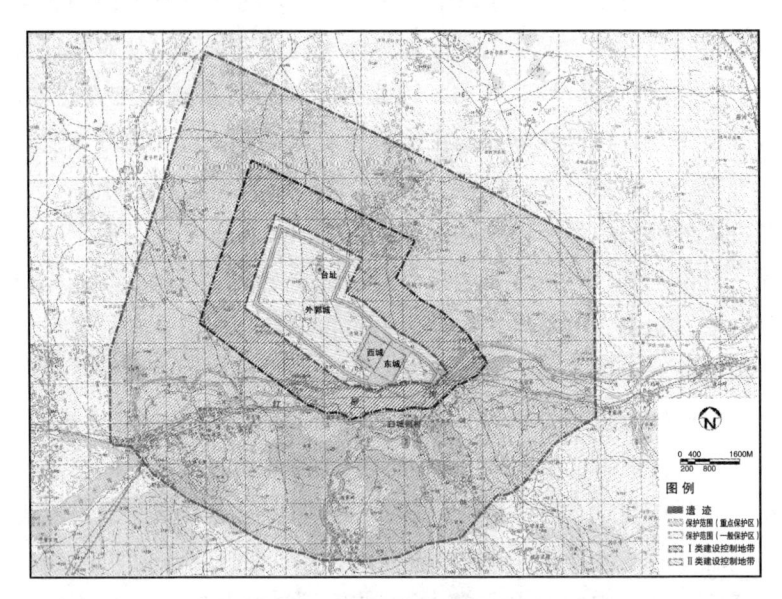

图7-2　统万城遗址保护区划

资料来源：《统万城遗址保护总体规划》(2012~2025年)

(1)保护范围

统万城遗址位于无定河北岸，具有东城、西城、外郭城三重城垣历史空间格局，遗址保护区边界主要依据考古调查所确定的遗存分布密集区及遗址历史格局进行划定，将外郭城以内遗址核心区域全部纳入，并向外拓展一定的范围，提供足够的安全保护距离；与此同时，保护区南侧考虑地形特征，以无定河北岸黄土台塬为天然边界，利于实际范围的确认和管理。根据该规划，统万城遗址保护范围分为重点保护区和一般保护区两个层级。其中，重点保护区总面积约289.59公顷，一般保护区总面积约871.17公顷。

（2）建设控制地带

统万城遗址地处荒野地区，周边乡村聚落发展对遗址本体的破坏相对较小，当前遗址保护所面临的主要问题来自风沙侵蚀、雨水冲刷等自然因素的破坏，尤其是来自遗址北侧毛乌素沙漠延绵不绝的风沙，不断加剧遗址周边环境的沙漠化现象。统万城遗址建控范围划定是为了确保统万城遗址相关历史环境的完整性，并为当地恶劣气候对统万城遗址的影响提供一定的防护距离，通过栽植林带等措施进行防风固沙，降低遗址受到的自然损害程度。依据保护规划，统万城建设控制地带分为Ⅰ类建控地带和Ⅱ类建控地带两个层级。

总体而言，统万城遗址不同保护层次区划的划定综合考虑了遗存类型及分布状况、遗址价值评估、地形地貌特征及保护力度要求等因素，为统万城遗址及其历史环境的保护利用和动态考古预留较为充足的空间。

2.《统万城考古遗址公园详细规划》（2015—2025年）的边界划定

2014年，陕西省古迹遗址保护工程技术研究中心编制了《统万城考古遗址公园详细规划》（2015—2025年），该规划按照《国家考古遗址公园评定细则（试行）》中提出的"遗址公园范围内必须包含集中体现遗址价值的核心部分、区域及相关内容"要求，结合遗址地的自然环境条件、省区界线、遗址展示条件等诸方面因素，综合考虑各种因素之后，划定了统万城考古遗址公园边界。其划定因素主要考虑如下影响。

（1）公园管理有效性。由于统万城遗址位于陕蒙交界地带，为尽可能避免统万城考古遗址公园在行政管理权属上产生纠纷，规划在划定公园边界时主要以陕西省和内蒙古自治区行政边界为参考，将遗址公园范围界定在陕西省省域范围内，从而保证了考古遗址公园管理边界的有效性。

（2）公园展示设计需求。统万城遗址地上文物留存较多，考古工作进展较慢，城址内部格局尚不清晰，考古工作揭示的信息较为有限，而其背景环境具有强烈的地方特色，对于展示统万城历史景观环境风貌较为有利，此外，遗址区人们的生产生活习俗具有多民族交融的特点，因而，将遗址背景环境纳入遗址公园范围之中有利于遗址文化价值的展示。

统万城考古遗址公园规划范围总面积约 42.60 平方公里，东、西、北均至陕蒙省界；南至白城则村村界，范围内完整包含了遗址保护区范围及建控 I 区绝大部分区域（见图 7-3）。总体而言，统万城考古遗址公园规划边界基本保证了遗址核心区域的安全性和完整性。

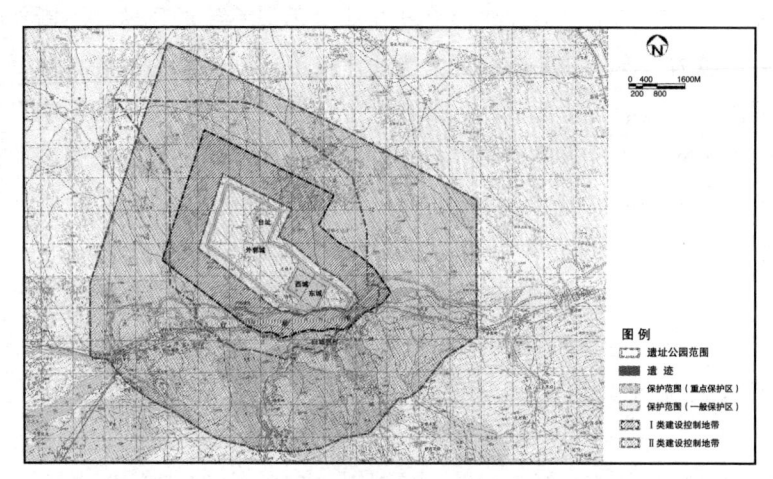

图 7-3 统万城考古遗址公园规划范围与保护规划的关系

资料来源：改绘自《统万城遗址保护总体规划》（2012~2025 年）。

二 统万城考古遗址公园边界划定思考

统万城遗址地理区位较为偏远，但遗址区仍然保存有较为明显的地面建筑遗迹，与周边的大漠风光相呼应，具有极高的观光与文化体验价值，因而，统万城考古遗址公园可以将发展遗产旅游作为重要目标，吸引游客到遗址区来欣赏遗址、了解遗址，体验农牧交界处多元的文化传统，观赏独具特色的大漠风光。鉴于统万城考古遗址公园发展遗产旅游的定位，其边界划定需综合考虑多种影响因素。如前所述，现阶段，我国考古遗址公园边界划定主要应考虑遗址文化资源的完整保护、多元主体的管理协调、周边地区的协同共生等多方面因素，本书从遗址保护视角、公园管理视角、区域协调视角出发，结合统万城遗址及周边地区当前的发展现状，对统万城考古遗址公园边界划定需考虑的问题进行简要探讨（见图7-4），并提出统万城考古遗址公园边界划定建议，为其后续运营管理提供决策参考。

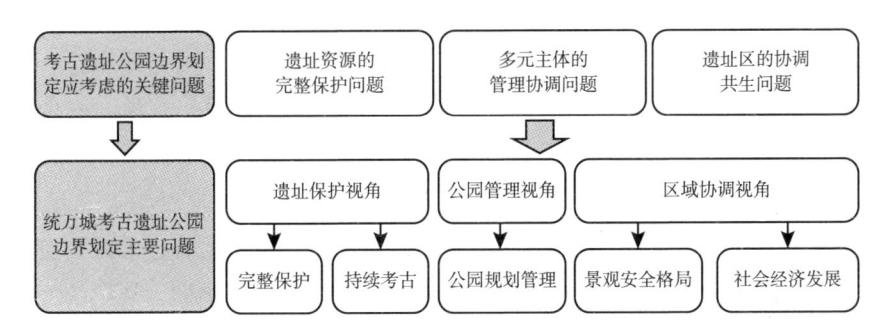

图 7-4　统万城考古遗址公园边界划定视角

1. 遗址保护视角

从遗址保护视角出发，统万城考古遗址公园边界划定需首要考虑遗址的完整性保护与考古动态持续两方面问题。如前文所述，明确的三重城垣整体空间结构是统万城遗址价值的重要体现，保护规划在制定保护区划时，将其东城、西城、外郭城完整纳入保护区范围当中，因而，在划定遗址公园边界时应当尊重已有的《统万城遗址保护总体规划》（2012~2025年）成果，以遗址保护范围作为其边界划定的底线。由于规模巨大，统万城遗址当前针对东城、西城、外郭城以内遗址范围的考古发掘工作尚未完成，对于城垣以外周边环境的探索更是不足。因而，在划定统万城考古遗址公园边界时，需要充分考虑其地下潜在遗存及重要背景环境，合理扩大管理范围，为遗址的持续考古发掘工作预留用地，确保边界的划定能够为统万城遗产价值完整、真实、全面的展示留有充足且合理的空间。在统万城遗址区人地矛盾较小的现状条件下，考古遗址公园应将遗址建设控制地带全部区域也纳入遗址公园边界范围内，尽可能扩大考古遗址公园范围，从而在遗址旅游发展的背景下，尽可能减少遗址本体的旅游压力。

2. 公园管理视角

考古遗址公园边界本质上反映的是遗址公园的管理界域，这一界域的存在不仅是为了保护遗址，同时也是为了便于公园的管理运营。如前文所述，遗址公园规划范围之内可能会涉及用地权属问题，而边界的划定为遗址公园确定了一个明晰可辨的管理范围，划入这一范围的土地经用地权属调整，归于某个独立的行政或事业机构进行统一管理[①]。在遗址公园边界之内，公园管理方能够对在边界内部进行的各类活动进行主动控制，一方面，按照保护规划相关要求严格守护遗址核心区安全，另一方面，对公园内部非遗址用地进行合理利用和适度建设，在保护遗址的前提下，充分发挥其社会经济效益。

统万城考古遗址公园规模宏大且地处荒野地带，对其而言，无论是遗址的日常保护巡查，还是公园的日常管理运营都存在一定的难度，划定统万城考古遗址公园边界时需要充分论证管理工作的可行性。一方面，考古遗址公园需要将遗址保护范围全部纳入，保障遗址本体安全性与完整性。此外，针对统万城遗址所在地人口密度小、社会经济发展水平较低的现状，可以适度考虑扩大考古遗址公园范围，尽可能为考古遗址公园预留较为充分的发展用地。另一方面，也要充分考虑考古遗址公园管理工作实际存在的困难，将考古遗址公园边界设计为内外双重边界，采用不同的管理措施，既保障遗址本体的安全，又可减轻遗址公园管理压力，增强公园整体的灵活性与韧性。统万城考古遗址公园应依据保护规划，明确划定以刚性管控为主的考古遗址公园内层边界，建议将统万城遗址重点保护区划为考古遗址公园内层管理边界，对遗产核心空间进行严格的用途管制，以底线思维保证其遗址本体安全；同时，对遗址区范围内不同遗迹采用分级、分类的管理控制手段，划定相对明确的外层管理边界，以便有效应对旅游活动带来的人为影响。

当前，统万城考古遗址公园依据保护规划对东、西城遗址采取了铁丝网围护的封闭管控手段，其中，西城遗址范围被完全封闭，东城部分城垣遗址被封闭，但内部尚可进入，外郭城城垣遗址当前则尚未采取任何限定措施。总体来看，统万城考古遗址公园保护规划边界当前并未完全落实，存在碎片化、模糊化的问题，这就需要进一步强化边界的刚性。而强化保护规划边界的刚性，就要使其具有清晰且可识别性的特点，边界之内也应将相应的行为管控要求进行具体落实，对各保护目标实现可控、可见的管

[①] 刘宗刚：《唐大明宫遗址公园边界初探》，西安建筑科技大学硕士学位论文，2008。

理。建议统万城考古遗址公园对保护边界内遗址点根据其保存状态采取不同的管控措施，对当前以西城城垣遗址为代表的地上遗存采用铁丝网或栅栏围护的边界管控形式，确定遗产空间安全属性，防止游客随意进入；而对当前已完全掩埋于地下不见踪迹的部分城垣等遗址，应当采用适宜的地面标识手段加以强调，使其在视觉上具有整体感和连续性，在一定程度上也是对遗址公园保护规划边界的一种强化手段。

按照《统万城考古遗址公园详细规划》（2015—2025年）要求，统万城考古遗址公园东、西、北三面均以陕蒙省界为参照依据进行管理界定，这一划定方式保障了考古遗址公园行政管理权属的统一性，使其管理运营具有可实施性，但在一定程度上也造成了现有边界划定较为呆板、对遗址完整性理解机械的问题。为了避免使统万城遗址成为缺乏地方认同的"景观孤岛"，统万城考古遗址公园与周边地区村落之间需要构建共建、共享的良性互动关系，为此，统万城考古遗址公园外层边界划定需要综合考虑周边地区的发展，适当考虑与周边部分村落协同发展，并根据村落发展状况对边界进行调整，灵活应对遗址公园的各类需求。

此外，统万城遗址周边环境是一个敏感而脆弱的地理系统，具有模糊性和动态性，很难明确界定出其边界所在，且生态环境的演变不会随着人为边界的划定而终止，其所带来的不确定性就要求遗址公园预留出一定的生长空间，确保生态安全[1]。考古工作的动态性、遗址公园与周边利益主体空间的关联性、脆弱生境的格局保护，种种不确定因素都会对现有规划边界造成一定的影响。因此，应综合考虑上述影响因素，在保证遗址安全性和完整性的前提下，充分考虑所在地居民生产生活需求，合理划定以弹性管理为主的公园外层边界，增强边界的动态性及适应性。通过设立管理界桩、管理标识、入口标识、旅游环路等设施为游人及周边群众提供明确的边界标志，识别管理界限，形成对公园环境场域的认识。

3. 区域协调视角

遗址公园边界既负有双重责任，也具有双重矛盾。就责任而言，其不仅要承担文化遗产资源保护的重任，同时也要带动周边地区的社会经济发展；就矛盾而言，考古遗址公园边界是遗址保护与遗址区社会经济发展的

---

[1] 陈曦等：《国家公园双层边界划定思路与建议》，《规划师》2019年第17期。

矛盾冲突区域。统万城遗址的宏大规模和重大价值促使其必须要从区域协调角度出发，综合考虑服务设施、生态保护等因素，合理构建遗址公园与周边地区的发展关系，从这个角度来看，需统筹考虑区域景观安全和社会经济发展两方面的关系。

统万城遗址地处北方农牧交错带，文化与自然现象在此地相交融，使得这一地区不仅是生态环境较为敏感脆弱的地区，也是人地关系复杂的地带。统万城的兴废一直伴随着周边地区生态及人文地理环境的变迁，不仅体现了其个体的城市历史发展，更揭示了这一生态环境独特地区内人地关系的变化过程[①]。在这一背景之下，景观安全保护成为统万城国家考古遗址公园规划建设需要考虑的重点问题之一。景观安全格局由景观系统中一些局部、节点和空间的关键联系构成，主要目的是在看似无序的景观中发现并保护潜在的有意义的秩序或规律[②]。统万城遗址周边的历史水系、荒漠景观、植被景观、农牧业生产景观等见证了其历史时期的环境演变，是遗址价值的重要载体，也是其自然及人文景观格局不可或缺的组成部分。统万城国家考古遗址公园在生态脆弱地区进行规划建设，面对遗址保护、生态修复等多重制约，不合理的建设行为很容易导致遗址周边人与环境关系的失衡或遗产体系的受损。遗址公园边界意味着管控力度及管控要求，对公园内部各类建设活动起着直接控制作用，因此，为降低考古遗址公园建设及运营带来的潜在环境风险，在划定边界时需综合考虑自然及人文景观要素，以广阔的空间和社会环境作为支撑，对统万城遗址及周边地区的景观安全格局进行分析，从安全视角出发确定遗址公园整体规划范围及策略，避免在规划建设过程中出现损害遗址价值的原则性问题，实现对统万城遗址及其周边环境更为系统、完整、全面的保护，并为遗址公园内各类设施的建设活动的选址、规模等提供参考。

统万城遗址属于荒野型大遗址，就交通、经济区位而言对于市场及客源的吸引能力有限，另外，统万城宏大的遗址规模进一步加剧了遗址公园保护、建设、管理、运营等工作的难度。遗址的持续维护仅依靠政府资金

---

① 邓辉等：《从统万城的兴废看人类活动对生态环境脆弱地区的影响》，《中国历史地理论丛》2001年第2期。

② 汪洋：《基于景观安全格局的黄帝文化园区规划策略研究》，西安建筑科技大学硕士学位论文，2011。

和人力的投入是远远不够的，只有充分发挥遗址公园的社会效益及经济效益，才能促进遗产保护事业及遗址公园的可持续发展。一方面，统万城考古遗址公园周边村落当前以农业和畜牧业为主要经济来源，保护区划的划定使得遗址区居民的生产生活活动受到了一定的限制，如果不能恰当处理遗址保护与遗址区村落发展之间的关系，遗址公园的长久发展将受到影响。因而，统万城考古遗址公园发展需要与周边乡村的发展振兴相协调，其边界的划定须同时考虑与周边村落发展的共生性，充分认知遗址保护和社会经济发展现状，深入考虑遗址周边的土地利用及乡村建设等内容，鼓励本地公众参与到边界的划定或管理工作当中来，在保证遗址安全的前提下灵活调整边界要求。另一方面，统万城考古遗址公园是一处具有明确旅游属性的景区，应在满足遗址保护基本要求的同时，通过完善公园各种设施，开发更为多样的旅游产品，着力提升游客满意度，因此，在划定公园边界时应将游客容量及旅游功能的需求纳入考虑因素之中，合理调控边界并制定管理规定，与周边地区构建发展关系，依托遗址区村落解决游客的吃、住、行等需求。

综上所述，统万城考古遗址公园边界划定应立足于遗址保护、公园管理、区域协调等多重视角进行现状分析，充分考虑各类影响因素后进行综合划定，确保边界划定的科学性、合理性。

第三节 考古遗址公园弹性规划策略

考古遗址公园建设运营中存在诸多不确定因素，以往蓝图式、确定性的规划方案已经不能适应现实的需要，而具有动态调节特点的弹性规划策略能够在应对不确定性因素的基础上，为考古遗址公园建设提供多种选择的可能性以及长远发展的有益方向。

一 不确定条件下考古遗址公园的弹性应对

近年来，随着我国国家考古遗址公园建设的持续实践和探索创新，其建设运营过程中所面临的不确定性及在未来可能面临的发展风险，成为考古遗址公园规划编制时必须考虑的重要因素。因此，探索考古遗址公园从规划到实施过程中客观存在的不确定性及应对策略具有重要意义。

通过对考古遗址公园相关研究进行深入梳理和分析，笔者发现面对考古遗址保护及公园建设运营过程中逐渐出现的不确定性因素，当前学界已在"动态规划①""弹性空间划定②""规划分期""菜单式保护③"等方向进行了方法研究与初步应用。从本质上来看，以上理论研究与实践工作都是通过动态、协调以及未来导向的弹性规划思想来实现对考古遗址公园建设运营中各种不确定性的缓解和抵消。因此，鉴于弹性规划理念对考古遗址公园发展的适用性，本节从揭示考古遗址公园建设运营中存在的不确定性入手，讨论在诸多不确定性条件下，考古遗址公园规划实施过程中所遇到的问题、矛盾及对应的弹性规划策略（见图7-5）。

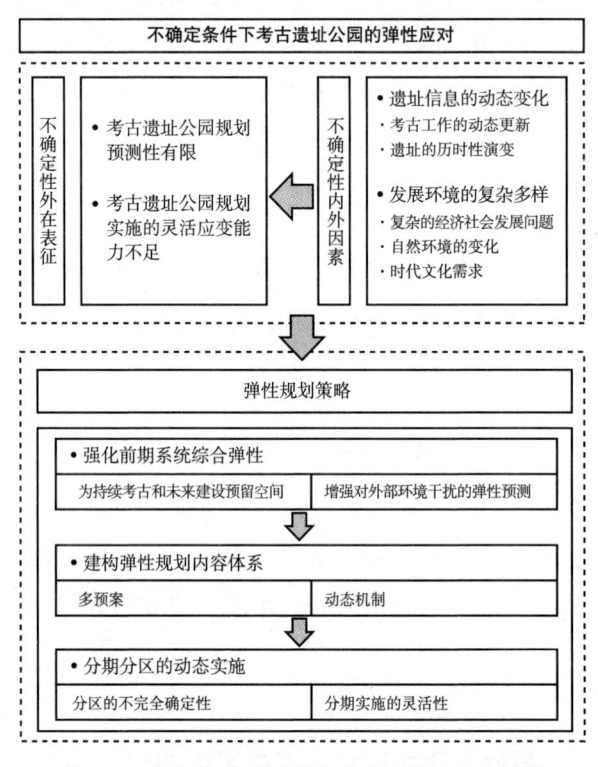

图7-5 考古遗址公园的弹性应对策略技术路线

---

① 赵文斌：《国家考古遗址公园规划设计模式研究》，北京林业大学博士学位论文，2012。
② 陈稳亮：《大遗址保护中的弹性规划策略研究——基于雍城遗址保护的思考》，《城市发展研究》2009年第8期。
③ 张涛：《元中都考古遗址公园规划设计研究》，西安建筑科技大学硕士学位论文，2014。

第七章　统万城国家考古遗址公园规划策略

1. 考古遗址公园建设不确定性分析

考古遗址公园发展的不确定性是由建设运营中内外部环境变化的不可预测性导致的。内部环境的不确定性是指考古遗址公园在"考古"和"遗址"两方面的不确定性。外部不确定性则指考古遗址公园处在不断发展变化着的城乡环境中，其所面临的发展条件具有不确定性。随着考古遗址公园内外不确定因素的动态变化，若规划应变能力不足，就会导致公园规划实施过程产生更大的不确定性（见图7-6）。

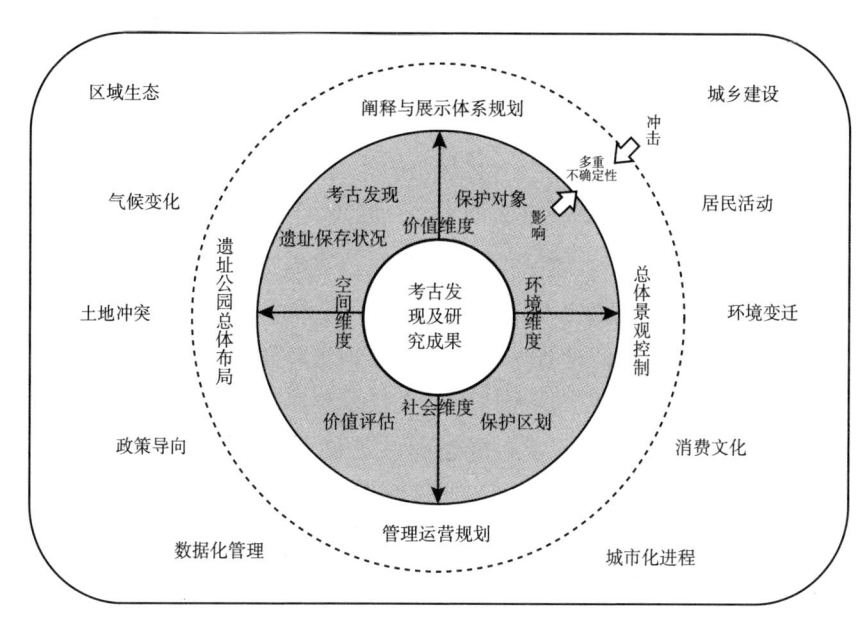

图7-6　考古遗址公园不确定因素分析

（1）考古遗址公园内部不确定性：遗址信息的动态变化

考古工作是贯穿考古遗址公园整个生命周期的重要学术支撑，考古勘探成果的难以预料往往会对考古遗址公园规划和实施带来重要影响。首先，考古勘探及研究成果揭示的渐进性与长期性决定了大遗址保护对象要经常伴随考古工作的新进展而调整[①]，也就是说大遗址保护对象是一个开放的遗产体系，随考古及相关研究的进展而增加新的内容；其次，由于考

---

① 陈稳亮:《大遗址保护中的弹性规划策略研究——基于雍城遗址保护的思考》,《城市发展研究》2009年第8期。

古发掘勘探和研究工作的渐进性,在考古遗址公园规划建设中,当前对遗址分布范围、结构形制、年代与性质等相关信息的认识不足往往会使遗址的内涵、价值评估以及公园规模和范围的划定具有动态性;再次,考古研究工作的持续进行也会使得现有遗址展示方式、方法面临展示不足或诠释过度等问题,需要适时调整展示策略,甚至重新划分展示分区;最后,大遗址考古工作的持续开展,有可能在遗址分布范围、文化内涵等方面有新的认知,这就可能导致现有的遗址保护管理边界,土地利用及周边城乡建设等均需相应进行调整。

(2) 考古遗址公园外部不确定性:发展环境的复杂多样

遗址由其赋存环境累积而成,其保存状况及环境风貌随时间变化而改变。在今天快速城市化以及气候变化加剧的背景条件下,遗址区自身的时空演变与环境变迁会造成考古遗址公园未来发展面临诸多难以预测的挑战。

在城市化进程快速推进的今天,社会经济发展也给考古遗址公园带来了较大的冲击和不确定性。快速进行的城乡建设活动以及遗址地群众生产、生活活动严重威胁着遗址本体安全及其周边环境风貌的真实性与完整性,给考古遗址公园造成了巨大压力,大遗址保护与遗址地社会经济发展之间存在的明显博弈也在一定程度上加剧了保护与利用过程的复杂性①。如汉长安城遗址、唐大明宫遗址、殷墟遗址等分布范围广、占地面积大、处于人类经济活动密集区域且周边用地复杂的大遗址,复杂的外部经济社会环境是其考古遗址公园建设、管理各阶段都要着重考虑的问题。

随着近年来全球性气候变化加剧,高温、暴雨和洪涝等极端自然灾害频发,气候和地貌等因素不断改变着遗址地赋存环境的宏观特征,与遗址产生地缘、地域关联的山形水系、地貌景观以及其他地域特殊性要素不断发生变化,包括考古遗址公园在内的遗产地也处于生态环境变化和历史环境消退的危机中。

(3) 新时代人民群众不断提升的文化需求

社会文化需求很大程度上会影响到考古遗址公园的未来发展,新时代,随着人民群众文化素质的提高,人们对历史文化遗产价值认知有了新

---

① 陈稳亮等:《共生还是绝离?——居民融入汉长安城遗址保护与发展问题探究》,《城市发展研究》2014年第11期。

的发展，对于考古遗址公园提供的公共文化产品有了更高的要求，遗产被赋予的价值内涵、遗址在社会发展中的定位、民众对遗产保护利用的认识等无形的变化会影响甚至改变考古遗址公园的未来发展。随着遗址对区域经济社会发展影响力的不断扩大，考古遗址公园的管理职能也由文物日常管理保护和遗址考古工作、遗址公园内的建设与管理延伸到相关文化产业及旅游产业发展等方面。同时，随着公众新的文化需求的不断提升，考古遗址公园公共文化服务能力和包容性也需随之不断调整丰富，这就对考古遗址公园文化服务能力提出了弹性提升的要求。

2. 考古遗址公园发展不确定性分析

考古遗址公园内外部发展条件处于不断变化的状态中，就目前我国考古遗址公园实践现状来看，考古遗址公园对遗址展示与利用的思路建构，公园功能空间部署等关键问题的规划设计往往"一步到位"，对规划制定时的现状条件具有很强的依赖性。这种情况下，内外部规划条件变化就在相当大程度上降低了规划的针对性、科学性和远期预测能力，导致规划有效期大为缩短。

以往蓝图式的考古遗址公园规划只能适应特定时期和特定社会经济发展条件下的公园发展要求。然而，现实中考古遗址公园建设面对的是多阶段的动态决策问题，如若规划赶不上变化，未能根据实时信息以及社会经济发展情况不间断地进行阶段性的修改和调整，便会导致规划实施过程中对建设环境的复杂变化和未来发展需求应对无策。一方面，我们会发现部分考古遗址公园在规划实施的过程中，举步维艰，很难根据规划确定的建设项目按照实施时序及时进行建设。据笔者考察，汉长安城未央宫国家考古遗址公园近十年来规划实施进展较为缓慢，规划提出的建设项目落实度一般[1]，考古遗址公园规划中提出的项目仅有部分按照规划时点实现。另一方面，部分考古遗址公园在建设运营中逐渐调整公园发展定位与目标，由传统意义上遗址展示园区而逐渐建设成为国家5A景区，注重旅游产品

---

[1] 笔者团队通过对汉长安城未央宫国家考古遗址公园相关规划中的空间数据与现状卫星影像图的对比分析，并结合现场踏勘复核进行综合计算后发现：总体上，汉长安城未央宫国家考古遗址公园环境整治规划、遗址展示体系、道路交通体系、服务设施体系的落实情况相对较好，而价值阐释体系落实情况一般。其中，环境整治规划落实情况较好，为遗址公园建设创造了良好的物质基础。

和旅游服务设施的供给。这就使得考古遗址公园建设实施状况一定程度上背离了规划初衷,也与文物部门和专家学者们的预期产生偏差。

3. 考古遗址公园规划的弹性应对策略

考古遗址公园应对内外部发展条件不确定性的理想办法是借助规划的预见性和建设运营的适应性,因而,考古遗址公园规划应是一种具备弹性应对思想的生长性规划,其建设运营应是一种多目标动态决策实施过程。考古遗址公园弹性规划策略主要分为以下几个方面。

(1) 强化前期系统综合弹性

所谓弹性,可理解为灵活性和适应性。对于考古遗址公园来说,其规划工作应为持续考古和未来新功能设施的选址与建设预留空间。针对大遗址考古工作的长期性、渐进性,以及考古发现和研究成果的不确定性,应在规划中有意识地协调考古工作长期性与考古遗址公园近期发展要求的矛盾,如在考古发掘或考古研究不足的区域为未来的考古工作预留空间①,随考古工作进展和公园逐步发展成熟,将预留用地转化为适宜的公园功能用地;同时在"非遗址区"范围内按惯常的规划理性合理部署,以免制约考古遗址公园及周边区域的发展,由此,以公园自身适应能力为前提,有效应对新的考古发现和研究进展,能最大限度地缓解考古工作的长期性影响并提升考古遗址公园的空间弹性。

另外,应增强考古遗址公园对外部环境干扰的弹性预测。考古遗址公园建设过程中所面对的某些外部干扰和变化是不可避免的,关键是预测并有效应对未来的变化,通过预测多种发展情景,制定多种发展目标,采取多种应对方式,充分应对未来发展变化,以便为考古遗址公园未来发展留有足够的弹性、可操作性余地。例如规划者可以通过对考古遗址公园生态环境变化的情景构建,分析未来发展可能存在的自然环境变化及对考古遗址公园发展的影响,并探索不同环境条件下考古遗址公园的弹性适应能力,构建遗产抗干扰网络并加强公园重要基础设施体系韧性防护,将自然灾害和气候变化带来的风险和影响保持在考古遗址公园可承受、可应对的范围内。

---

① 骆畅等:《国家考古遗址公园规划设计初探——以两城镇考古遗址公园为例》,城市时代、协同规划——2013中国城市规划年会会议论文,青岛,2013年11月,第19~31页。

（2）建构弹性规划内容体系

考古遗址公园规划具有强烈的可实施性，规划内容应相对详细，突出重点，体现连续性；但同时考虑到漫长建设实施周期中，遗址公园自身和内外部环境都处于不断变化的过程中，部分规划内容又应侧重于原则性、战略性、指导性。因此，考古遗址公园规划不应局限于已有的固定模式，也要着重考虑遗址公园规划对象及内外部环境变化，增强刚性约束下规划的编制和实施的灵活度（见表7-1）。

表7-1 考古遗址公园弹性内容归纳

考古遗址公园专项内容	刚性约束性内容	弹性适应性内容
阐释与展示体系规划	文物本体的主要保护措施、利用功能的规定 满足功能的分区（遗址展示区、管理服务区、预留区）	遗址阐释与展示的对象、定位、主题、内容、方法以及展示分区、展示流线、重要节点等分区布局（分区的大小、位置）
遗址公园总体布局	遗址展示区的可达性 遗址公园服务标准	遗址整体布局和展示阐释结构 根据功能需求确定设施数量、质量和规模
总体景观控制	环境治理与保护各项内容实施范围与相关指标	环境景观设计、生态保护内容
管理运营规划	遗址管理规定、游客容量控制指标、管理机构的责权范围	遗址公园运营管理的目标、战略，遗址公园运营模式

据此，考古遗址公园有必要在分析公园发展条件和对未来进行预测的基础上，构建一个既能适应缓慢的社会经济发展、生态环境变化，又能应对考古发现、功能用地调整等突击性干扰的弹性内容体系。考古遗址公园的弹性规划以建议性和方向性构想为主要内容，同时提供一系列与弹性内容相配套的发展方案以供决策。考古遗址公园在规划实施过程中，可根据需要解决的具体问题灵活安排时序或选择规划内容，使考古遗址公园能够积极应对未来发展的各种不确定。以考古遗址公园展示阐释规划为例，可以根据遗址的保存状况和考古研究进展程度制定多个不同的展示方案以满足未来需要，也可以根据遗址信息的可靠、全面程度以及展示阐释的难易选择不同的展示方式。如本书第二章提到的元中都国家考古遗址公园为实现不同保存状态遗址的有效展示，设计了包含不同展示方式的菜单式列表

以供对应选择。

(3) 分期分区的动态实施

考古遗址公园建设是一项长期的、动态实施的工程，公园建设面临的不确定因素在不同的发展阶段有所不同。一方面，考古遗址公园的建设是与考古工作相配套、相结合的长期性建设过程，随着考古发现的新进展，不断确立新的遗址点进行保护展示；另一方面，考古遗址公园建设不能脱离遗址周围的空间环境、基础设施、交通条件等内容。因此，为避免在建设中出现实际发展与规划内容不一致、公园功能结构不合理反向制约考古遗址公园发展的情况，在考古遗址公园的规划建设中，制定多阶段动态调整、可持续性发展的规划方案尤为重要。弹性规划思想应用于考古遗址公园规划实施过程中主要体现在两个方面，即分区的不完全确定性和规划分期实施的灵活性。

分区的不完全确定性反映在两个方面。一方面，要在遗址区内把重要的遗址资源、生态资源等确定下来，并提出管控措施要求。另一方面，要保证公园内部功能的灵活性、包容性。遗址展示区和管理服务区等功能设施具体地块位置和边界不能定得太死，应根据具体情况调整用地功能和数量。可以在不影响考古遗址公园总体布局的前提下，设置预留区，即以应对地区发展中一些突发性因素或不可预见因素设置一些不完全确定功能的预留区，具有较强的兼容性和灵活性（见图7-7）。例如可考虑在考古遗址公园内，对某些未探明遗址具体分布、遗址保护范围模糊的区域进行弹性保护，将该区域设计成景观绿地，将考古科研科普和文化教育等活动渗入其中，既保全了考古未探明区域遗址的安全，又能与遗址展示结合突显考古遗址公园展示的全面性。

考古遗址公园分期实施的灵活性主要体现在考古遗址公园建设的空间时序上，通过控制调整不同阶段的规划来建立考古遗址公园的动态实施系统。由于考古遗址公园规划建设具有复杂性和多变性，规划中的不确定因素在不同的发展阶段也有所不同。例如规划要求遗迹分布区域内所有建筑维持现状，不准扩建、改建和新建，后逐步将该区域转为遗址保护区域。一旦条件允许能够提前对区域内遗址进行保护和利用，就要将这一区域规划建设方案根据公园整体规划目标和建设进度进行及时调整，以便为日后遗址区的整体保护和展示创造良好基础。因此，考古遗址公园规划建设过

第七章　统万城国家考古遗址公园规划策略

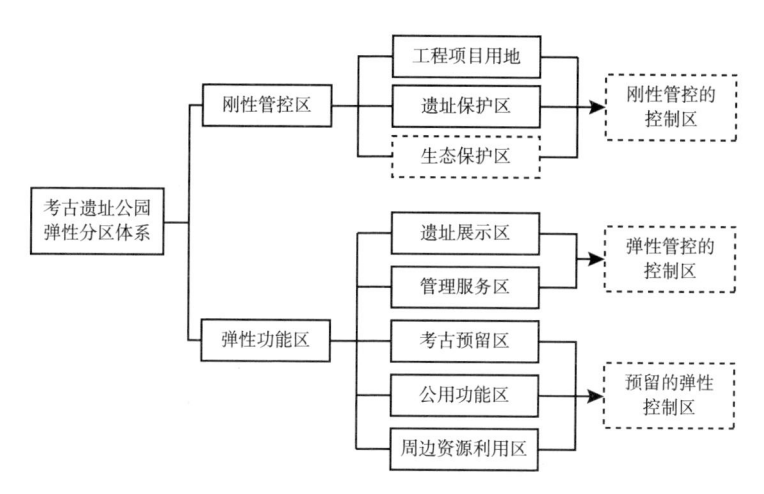

图 7-7　考古遗址公园弹性分区示意

程应是一个动态发展、不断反馈的过程，针对规划实施不同阶段所产生的不确定性和不同类型的不确定性采取不同的处理办法，建立起一种"目标体系—方案选择—项目实施—反馈修改—再实施"的动态系统。

二　统万城考古遗址公园发展不确定性分析

统万城遗址作为已消失的匈奴部族遗存于世的唯一都城，是多民族文化交流融合的伟大见证，也是丝绸之路的重要节点，又因其特殊的地理位置，更是生态环境独特地区人地关系演变的标本，具有极其重要的历史科研价值和社会文化价值。统万城遗址在建设考古遗址公园的过程中面临着诸多的挑战，规划中需采用更具针对性的、适应性更强的弹性规划方法和策略。

1. 考古不确定性产生的规划建设难题

统万城遗址考古工作难度大，进展缓慢，相对于考古遗址公园的建设来说较为滞后。目前，统万城遗址考古工作仍在持续进行中，由于遗址发掘面积较小，对其城外道路、城内街道、建筑布局、城内水源、墓地等还缺乏足够的了解[①]。近年来陕西省考古研究院对统万城的全面考古情况进

---

① 陆航：《走进统万城考古——访统万城遗址考古队队长、陕西省考古研究院研究员邢福来》，《中国社会科学报》2019年3月8日，第5版。

行详细介绍的报告发表较少，有关统万城遗址的深入综合性研究工作也较为薄弱，缺少对一些重要遗迹的形制与结构、历史内涵与意义的准确把握和认知。现有考古工作成果对考古遗址公园建设支撑不足，导致统万城遗址保护和考古遗址公园建设面临诸多制约。

（1）遗址展示

统万城遗址内涵的历史文化信息与价值是遗址展示的重点，与有大量文献可考的中原都城遗址相比，关于统万城空间布局等方面等史料记载较少，同时受制于当前考古工作进展，目前，关于统万城遗址历史演变、空间布局、建筑形制、遗迹性质、具体年代等精确信息难以获取，致使统万城考古遗址公园内目前可展示内容较少，且展示设施类型单一。特别是由于目前统万城东、西城之间的时空关系，城址内部的功能分区，空间结构等内容的不确定，统万城遗址仅对东西城城墙、城门及几处标志性遗址实施了较为简单的标识展示，这就在很大程度上限制了公众对统万城遗址的了解认知，也制约了考古遗址展示工作的科学开展。

（2）公园功能布局

由于统万城遗址范围内考古探明区域较小，遗址区地下文物埋藏状况及考古发现具有不确定性，这就导致统万城考古遗址公园的设施布局、景观环境修复、交通组织等功能布局均受到一定的制约。相应的，遗址公园自身文化旅游产品的开发也受到了考古发现不确定性的影响，短时间内难以适应考古遗址公园的建设运营。而遗址公园周边旅游接待设施的建设及管理运营与周边乡村发展密切相关，一定程度上依赖于周边乡村基础设施的完善程度，巨大的投资规模导致旅游服务设施开发时序也具有了不确定性。

（3）公园管理

考古发现的不确定、遗址公园各类设施建设的不确定以及管理体系的不完善都会导致考古遗址公园管理面临新的挑战，遗址保护管理部门难以对考古遗址公园建设过程中容易破坏遗址的建设行为采取针对性的预防措施，也难以对一些可能损毁遗址的文物破坏行为做出及时的科学判断[①]。

---

① 陈稳亮：《大遗址保护中的弹性规划策略研究——基于雍城遗址保护的思考》，《城市发展研究》2009年第8期。

2. 统万城考古遗址公园景观生态威胁

时间性、生长性、变化性、不确定性都是景观的特点①。统万城考古遗址公园所处区域大环境是荒漠景观，沿红柳河流域局部是草原景观。遗址自然环境、遗址区地形地貌、自然植被和无定河社会环境、当地居民传统生活方式、农牧业生产方式共同构成统万城遗址的外部景观环境。

（1）气候环境变化

与其他类型公园不同的是，国家考古遗址公园是对遗址本体和遗址所依存的环境景观的共同展示，遗址公园景观风貌是除遗址本体外规划设计的主要内容。随着气候变迁及人类开发利用，统万城所处地理环境经历了由"广泽清流"到"茫茫沙坡"的巨大变迁。在气候变化加剧的背景下，应在考古遗址公园建设过程中将遗址本体安全与遗址公园设施建设结合起来考虑，增强遗址公园景观环境与基础设施的韧性。

（2）遗址与环境的脆弱性

统万城是沙漠中的一处都城遗址，遗址区生态环境条件恶劣，特殊的气候条件不仅加剧了风沙对统万城遗址本体的磨蚀作用外，也给统万城遗址景观环境保护展示带来了困难。除此之外，遗址公园的服务设施建设同样对遗址本体及其景观环境产生了压力。因此，在统万城国家考古遗址公园建设过程中，不仅要高度重视遗址的保护，也要在公园建设和更大范围的遗址区遗产旅游开发的同时，高度重视历史景观的保护和生态环境的修复。

三 统万城国家考古遗址公园弹性规划策略

鉴于统万城国家考古遗址公园建设运营过程中可能面对的种种不确定因素，考古遗址公园规划要以灵活性、弹性策略应对各种不确定因素，以具有生长性的空间规划为公园未来发展奠定可持续的基础，同时加强公园管理的弹性应对。为此，一是把规划的重点放在搭建好公园未来发展的整体"骨架"上，强调更具全局性的公园发展目标与设想；二是在"骨架"结构内部功能的部署安排上设置一定留白的空间，分区应有预见性，功能应有适应性，科学应对各种不确定性变量（见图7-8）。

---

① 陈希萌等：《城市公园设计策略——上海桃浦中央公园弹性空间与边界研究》，《住宅科技》2016年第7期。

价值再现：统万城国家考古遗址公园规划研究

不确定条件下考古遗址公园的弹性应对

不确定性内外因素
- 遗址信息的动态变化
- 考古工作的历时性演变
- 发展环境的复杂多样
- 复杂的经济社会发展问题
- 自然环境的变化
- 时代文化需求

不确定性外在表征
- 考古遗址公园规划预测性有限
- 考古遗址公园规划实施的灵活应变能力不足

弹性规划策略

强化前期系统综合弹性	为持续考古和未来建设预留空间
	增强对外部环境干扰的弹性预测
建构弹性规划内容体系	多预案
	动态机制
分期分区的动态实施	分期实施的灵活性
	分区的不完全确定性

统万城国家考古遗址公园弹性规划策略

考古不确定性产生的规划建设难题
- 遗址展示阐释
- 公园功能布局
- 保护管理工作

统万城国家考古遗址公园景观生态威胁
- 气候环境变化
- 遗址环境景观的脆弱性

弹性规划策略

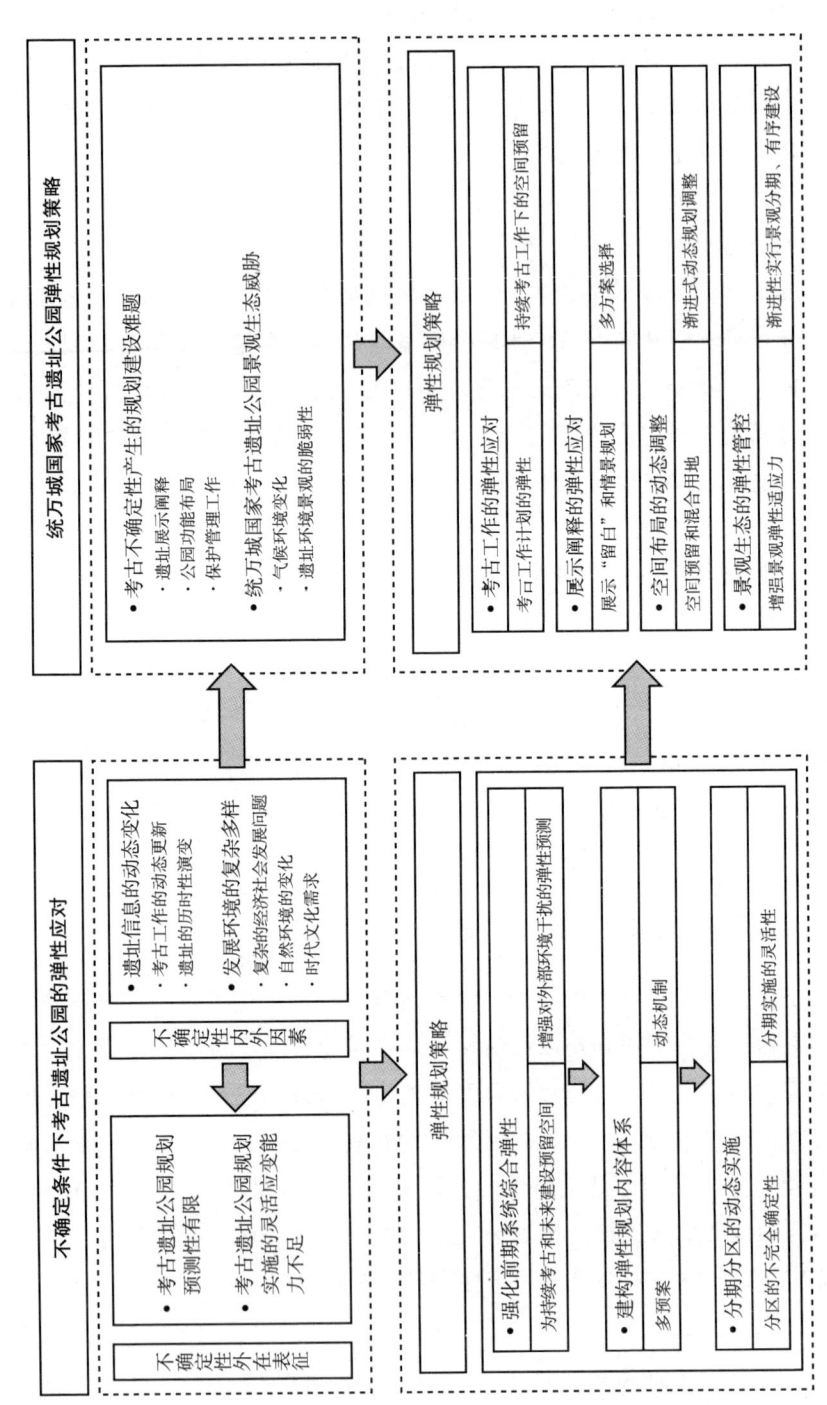

考古工作的弹性应对	持续考古工作下的空间预留
展示阐释的弹性应对	多方案选择
空间布局的动态调整	展示"留白"和情景规划
	空间预留和混合用地
景观生态的弹性管控	渐进式动态规划调整
增强景观弹性适应力	渐进实施保持景观分期、有序建设

图 7-8 统万城国家考古遗址公园弹性规划框架

282

1. 针对持续考古工作的规划弹性应对

考古工作进程在一定程度上影响着遗址保护与利用，统万城国家考古遗址公园规划建设需通过科学有效的考古工作为遗址公园建设与运营管理提供尽量翔实的遗址本底资料。同时要根据规划建设时序，为考古工作持续开展提供充足的用地条件，科学考虑考古遗址公园功能结构布局及展示工作，确定考古工作重点。

（1）考古工作计划的弹性应对

鉴于大遗址考古工作是一项持续性且存在动态变化的工作，考古规划目标应分阶段制定，并具有一定灵活性。针对当下统万城部分遗址具体位置与范围在近期内难于完全确定的现实状况，可以在加强考古工作主动性的前提下，把遗址公园规划中的考古研究工作按照重要性加以分类，从而明确适应规划编制和实施的工作计划与期限。

具体来讲，在制定统万城遗址考古规划目标时，应当结合考古遗址公园规划和建设目标、遗址保护展示的紧迫性、空间功能的布局安排等对各种考古规划目标排定优先顺序，赋予不同的权重，优先满足其中最重要的目标。同时也要针对不同阶段所产生的、不同类型的"考古不确定性"，因时因地对工作计划进行调整，以实现对遗址公园建设运营负面影响最小化。

（2）持续考古工作下的空间预留

统万城遗址建在沙层之上，考古勘探范围广、难度大，为协调遗址保护管理和遗址公园发展空间需求，应以更积极的考古工作计划寻求适宜统万城国家考古遗址公园发展情况的考古工作方法。首先，应根据考古工作现状及已有考古研究成果，准确划定遗址区范围，进而厘定"非遗址"区域（如外郭城范围外北侧为荒漠地带，且各时期墓葬集中分布在统万城遗址东南区域，可据此推测遗址北侧潜在的文物埋藏可能较少），在保障遗址安全的前提下，这一区域内按惯常的理性规划思维进行公园设施及遗址公园衍生产业功能的合理部署。其次，对于近期统万城遗址区难以完全进行考古发掘和考古研究不足的未探明区域，依据以往的考古工作成果与经验，在其中部分区域划定考古预留区（如统万城东、西城与外郭城连接的道路遗迹、古河道等），为后续考古留有余地（见图7-9、表7-2）。

表 7-2　统万城考古遗址公园考古空间分析

考古分区	"非遗址"区域	考古未探明区域	遗址考古区
考古空间弹性方案	考古遗址公园范围内，外郭城北侧荒漠区域	地下埋藏不确定的区域，处于外郭城以内，内城以外及无定河沿岸	公园内进行考古工作和遗址保护的主要区域，包括东、西城城内及内城、外郭城城墙等主要考古对象的区域
考古空间动态转变过程	非遗址区域 ←	考古未探明区域	→ 遗址考古区

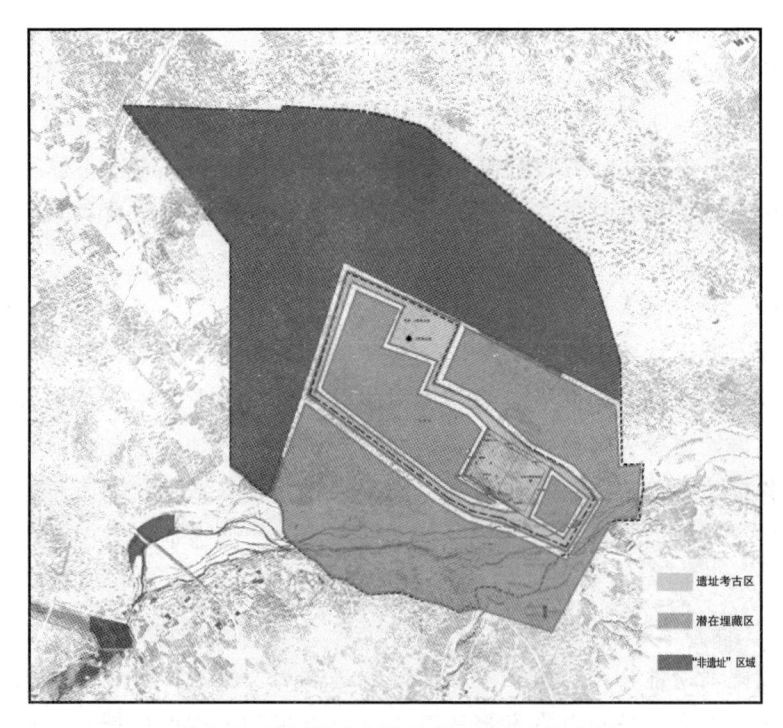

图 7-9　统万城考古遗址公园遗址空间分析

2. 景观生态的弹性管控

统万城遗址区是沙漠历史地理考察的典型例证，它的兴衰反映了当地人地关系的变化和生态环境的变迁，揭示了人类活动对脆弱生态环境的巨大影响①，统万城考古遗址公园的建设重点是对统万城遗址文化景观的修复与展示，应从考古遗址公园景观适应能力、抗干扰能力和生态系统稳定性两方面入手。

（1）增强应对外界冲击的景观弹性适应力

考古遗址公园的弹性景观设计应在准确表达其文化特性的基础上，更多强调景观受到外界冲击时的稳定性、适应性与自我更新能力。对于统万城此类处于生态敏感脆弱区的考古遗址公园，弹性景观建设更具有积极的意义。

针对统万城考古遗址公园景观设计存在的主要问题，应以考古遗址公园未来发展的观点来看待，并在此基础上总结出连接城市与自然、历史与未来的弹性景观设计方案②。统万城考古遗址公园景观适应力规划应着重于以下方面：发挥景观的生态弹性，以情景预测和数据预测作为景观实践的指导，通过绿色基础设施解决方案来应对极端气候环境③，并最大限度减轻灾害影响；发挥景观的社会弹性功能，构建具有包容性的景观结构体系；发挥景观的文化弹性功能，以历史景观再现的方式重建被割裂的文化脉络，以地域景观营造强化地域文化认同（见图7-10）。

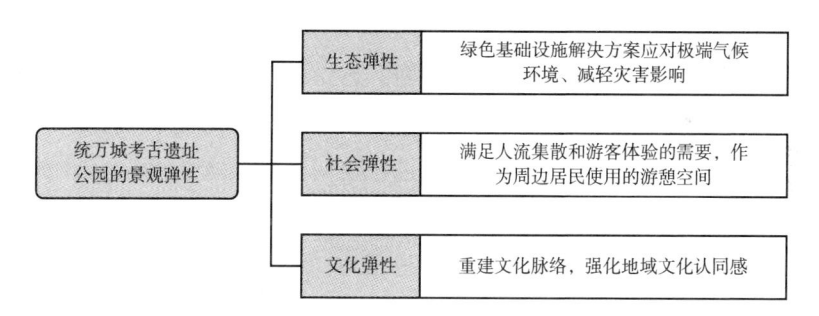

图 7-10 统万城考古遗址公园的景观弹性

（2）渐进性实行景观分期、有序建设

考古遗址公园景观设计的渐进性主要体现在时间对空间的影响上。统万城考古遗址公园景观分期规划设计要充分考虑遗址保护和使用者的需

---

① 《统万城遗址》，百度百科，http://baike.baidu.com/view/55370.html。
② 俞孔坚等：《弹性景观——金华燕尾洲公园设计》，《建筑学报》2015年第4期。
③ 丁金华等：《弹性理念下的水网乡村景观更新规划》，《规划师》2016年第6期。

求。因此，公园在未经考古勘探和发掘、地下遗迹分布不明的区域内，只能栽种草本植物、灌木和浅根系乔木，禁止栽种深根系乔木；而随着考古工作和公园建设的推进，在探明遗址状况后，可依据考古结果按"遗址区域"或"非遗址区域"采取差别化的景观绿化措施，也可以随着公园建设的遗址展示需要和游客游览需求，配合进行景观绿化设计。

3. 空间布局的动态调整

考古遗址公园规划是一种空间规划，研究确定考古遗址公园发展的总体布局，需要为未来的发展预留足够的弹性空间。根据国家考古遗址公园的类型、特点，目前常见的空间布局划分方法有三种。(1) 依据考古遗址空间形态，例如浙江杭州良渚国家考古遗址公园以良渚古城为核心规划的"一轴一核两心三片"的结构形态功能布局。(2) 依据考古工作现状集中布局，例如将规划范围划分为遗址现场展示区、考古工作现场区、边界区、空间联系区、空间过渡区、空间隔离区和入口服务区 7 大功能区的汉长安城考古遗址公园未央宫片区[①]。(3) 依据使用及管理要求划分空间。例如位于城市中心繁华地带的郑州商城考古遗址公园，郑州商城城墙遗址沿线划分为包含保护核心区在内的封闭管理区域和全时面向公众的开放区域。

基于统万城遗址本体总体格局清晰，内部信息不明确的特点，统万城考古遗址公园的空间功能可以依据统万城遗址空间形态进行总体布局，同时依照考古工作现状和空间使用需求进行空间预留（考古预留区和部分功能混合预留区），并提出建设空间控制要求。随着遗址区考古工作进一步开展，结合新的空间使用要求对预留地用地功能进行灵活变更，可实现对公园内部空间资源的有效调控。

以渐进性实现考古遗址公园空间使用功能的有序规划和动态调整，公园的内部空间和功能边界均呈现出不断变化发展的"弹性"。在功能上将遗址公园空间弹性化，公园面向使用者的功能边界也随之"变化"，能够解决传统"一步到位"的考古遗址公园规划设计中，不给未来发展预留设计空间的问题，同时也可以缓解公园建设中遗址保护和利用的矛盾冲突，

---

① 王雯霞：《汉风城市公园种植设计探索研究——以西安开元公园为例》，西安建筑科技大学硕士学位论文，2017。

由此实现统万城考古遗址公园的可持续发展。

4. 展示阐释的弹性应对

统万城遗址是我国境内目前唯一确认的匈奴都城遗址,不仅在都城规划及建筑设计方面具有突出的科学价值,同时也是匈奴部族文化独特性的物质见证。统万城考古遗址公园中的展示设计应充分体现游牧部族在农牧交错地带所建都城的特征。因此,统万城考古遗址公园展示规划既应包括空间形态的展现,也应包括内在精神和价值的表达,以实现其内涵充分展示和价值有效阐释。规划时可以对部分信息准确、研究较为深入的遗存进行全面、充分的揭示和诠释,对那些遗存信息模糊的内容应慎重进行展示诠释,建议对于尚未明确的信息进行展示"留白",尽量避免进行无依据的复原展示。

首先,在为影响建设的考古和遗址敏感区提供充足弹性空间的基础上,根据遗址展示需要确定展示设施的空间位置并提供可选择的和细化的阐释与展示方案,以解决当前公园建设的实际问题;其次,鉴于统万城遗址区范围内全部考古文化层尚未探明,遗址区内重要遗迹形制、文化性质等精确信息难以提取,可考虑推出以文化场景和历史情感营造为主的"轻"展示方式以及 VR 虚拟影像这类空间不受限制的"软性"展示方式。此类展示方式既可系统全面地展示遗址文化信息和统万城特定的游牧少数民族文化面貌,直观有效地增强人们对统万城的认知;亦可随着遗址信息进一步的研究和发现对展示内容及时进行调整,实现考古发现与遗址展示协同的动态机制。例如,统万城遗址东、西城与外郭城之间存在大片考古未探明区域。依据对统万城内部功能及空间格局的研究可以获知,统万城存在一条西北—东南走向的城市轴线(由西城服凉门穿过西城东垣招魏门,向东直指渡口台)。据此,规划在进行遗址展示功能分区时,将东、西城在空间上彼此孤立的内部建筑基址串联成匈奴部族"尚东"的展示轴线,并根据各建筑基址的历史联系在考古未探明区域内设计"游牧文化广场"这类场景再现的展示空间。这一将展示功能分区与考古未探明区域土地利用完美结合的弹性策略不仅保证了考古未探明区域的遗址安全,也突出了遗址展示的整体性[①]。

---

① 陈稳亮:《大遗址保护中的弹性规划策略研究——基于雍城遗址保护的思考》,《城市发展研究》2009 年第 8 期。

第四节　景观文化安全格局约束下的空间规划策略

在生态脆弱地区进行考古遗址公园建设，不仅面临着如何开展遗址保护展示的挑战，而且必须考虑生态环境保护修复的制约。一方面，需要在保证遗址本体安全的基础上进行景观环境整治、生态修复工作；另一方面，需要在遗址公园合理功能分区基础上，进行必要的展示、游服、管理等各类设施规划建设。这就不仅需要对遗址保护范围及周边环境进行全方位的分析，而且需要对拟建设项目布局从景观安全格局的视角来进行分析，并以此合理确定公园的功能区划及各项设施的建设位置与建设强度。

一　考古遗址公园景观安全格局思考

1. 考古遗址公园景观安全格局的内涵

大遗址就其完整性而言属"文化景观遗产"的范畴，即大遗址是指由遗址或遗迹等遗址本体与其相关联的环境载体共同构成的、有明确地域范围的综合性景观场所，既包括自然景观，也包含文化景观的特性[①]。考古遗址公园作为当前大遗址保护利用的重要方式，虽然创新了大遗址保护利用模式，但在某些方面仍有待完备。当前考古遗址公园规划在保护自然生态完整性认识上较为缺乏，忽视生态环境保护之于遗址完整保护展示的重要性，尤其是在生态较为脆弱的地区建设考古遗址公园，面临着遗址保护、生态保护修复与遗址公园建设发展多重制约，因此，构建景观安全格局极为重要。

生态脆弱地带考古遗址公园规划应加强对遗址景观安全格局的考虑，通过对相关设施的科学合理布局最大限度地保证遗址完整性。一方面，考古遗址公园建设要保护遗址本体安全，保障考古工作的科学开展，展示遗址的历史文化价值；另一方面，考古遗址公园还应在遗址地自然地形地貌保护及环境整治基础上，尽可能恢复遗址区历史环境风貌特征，强化遗址地场所归属感。同时进行必要的展示设施、游客服务设施建设，促进遗址、人类与环境和谐共生。

---

① 刘卫红：《中国大遗址保护理论与方法研究》，科学出版社，2020。

考古遗址公园构建的景观安全格局是一个集遗产保护和展示、生态安全和景观展示、社会经济发展于一体的综合性格局。其不仅能确保遗产本体与周边自然生态环境的安全性，保障遗址与社区、人类与自然和谐共生，共同发展。同时也为考古遗址公园的规划建设提供新的技术手段。

2. 考古遗址公园景观安全格局的构建方法

考古遗址公园作为一种人文景观，需考虑生态景观对其的影响及遗址安全问题，笔者认为考古遗址公园景观安全格局是通过控制关键性空间位置和联系而形成的空间格局。关键性空间位置包括遗址、重要生态环境和景观环境，它对保护遗址安全、维护和控制景观建设过程及考古遗址公园的可持续发展具有重要意义。考古遗址公园景观安全格局应基于遗址文化敏感性、遗址生态敏感性以及景观敏感性评估进行建构，这是一种基于景观生态设计思想的地理设计方法，将设计方案的创作与对地理环境的影响紧密结合起来。其方法和技术路线如下（见图7-11、图7-12）：选定限制型要素，进行遗址文化敏感度、生态敏感度与景观敏感度分析，根据不同指标的分级标准设置0、1、3、5、7等分值来表征其敏感程度，分值越小，敏感程度越低且最适宜建设（为了凸显相关要素对不可建设区的影响，相关评价分数远远高于其他分数，设置为1000分）；将以上分析结果进行叠加，建构遗址区的景观安全格局。

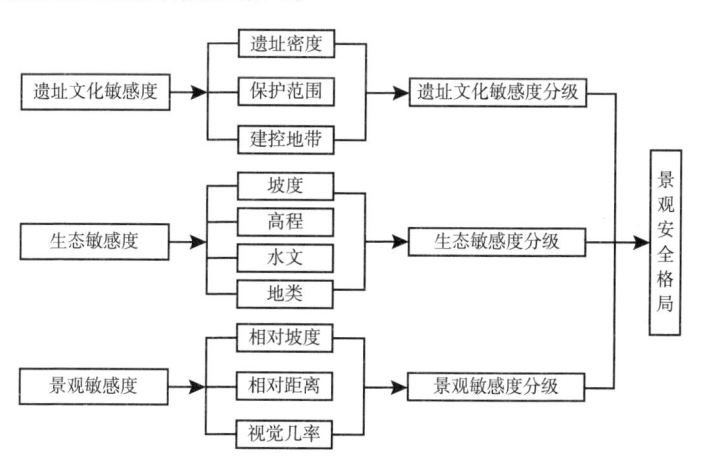

图 7-11 考古遗址公园景观安全格局构建总体框架

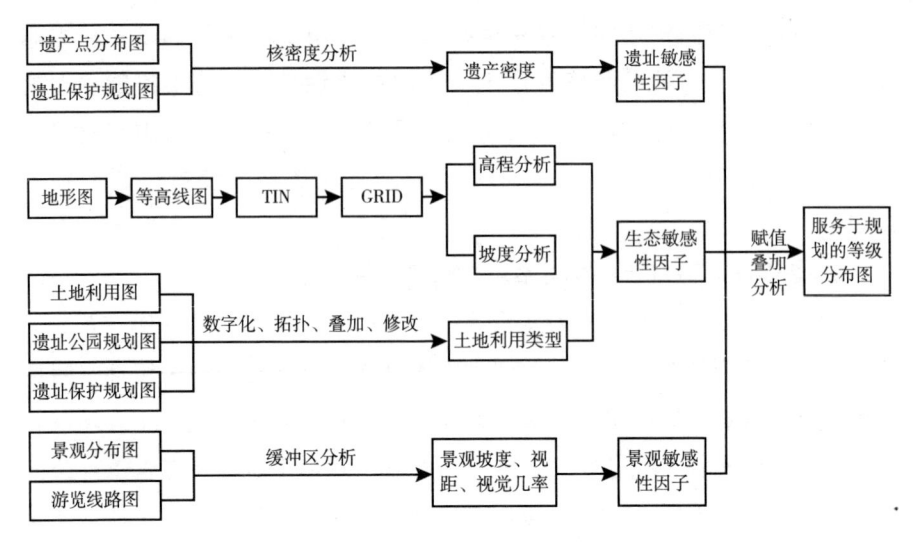

图 7-12 考古遗址公园景观安全格局构建技术路线

(1) 遗址文化敏感度

遗址文化敏感度是遗址中具体文物遗存点在建设中可能被干扰的敏感程度，反映了遗址区建设对于相关文物的影响。遗址文化敏感度受到遗址本体格局、附属文物以及遗址中遗存点空间分布的影响，同时也受到遗址公园展示工程、服务设施等人类活动的影响。

(2) 生态敏感度评价

生态敏感度是指生态系统对各种环境变异和人类活动干扰的敏感程度①。生态敏感度评价主要反映生态环境对人类活动的敏感程度。生态敏感度越高，生态环境受到人类活动影响的可能性越大，则需要重点对这一区域进行保护。生态敏感度评价需要筛选能够反映地方特性并具有典型性和代表性的指标来构建科学合理的评价指标，主要包括：生态系统脆弱性程度、地表水资源稀缺性、林木覆盖率、地质环境稳定性。一般来说，在重力作用过程和重力灾害、土壤侵蚀、风沙盐碱作用频繁发生的地区，景观的敏感度就大。

(3) 景观敏感度评价

景观敏感度是景观被注意到的程度的量度，主要指景观的可视、易视

---

① 刘康等：《甘肃省生态环境敏感性评价及其空间分布》，《生态学报》2003 年第 12 期。

及其辩识度①。景观敏感度与景观本身的空间位置、物理属性等有密切的关系。景观敏感度越高，景观受到人们关注的程度越高，其保护价值也越大，保护等级也越高，但受到人为干扰的冲击也越大②，因此，遗址不仅需要保护景观风貌，也需向游客展示独特景观。

二 统万城考古遗址公园景观安全格局的构建

统万城遗址位于我国陕北高原地区传统时代农牧过渡地带的中心，是古代游牧民族与农耕民族文化交流、融合的重要地区。同时，遗址所在地生态环境极为脆弱，降水少，时空分布不均，水土流失及沙漠化现象比较严重。统万城遗址的保护、利用与生态修复必须寻求新的平衡，弹性应对考古遗址公园建设及运营带来的潜在环境风险。

1. 统万城考古遗址公园构建景观安全格局的必要性

（1）统万城遗址本体安全较为敏感

统万城遗址目前处于露天保存状态，本体保存状况较差，地面建筑遗存较少，三重城构成的城垣体系保存状况较好，其中外郭城仅存部分城垣和东北隅台，部分城垣被河水冲毁，部分城垣被流沙覆盖；东城地面城垣遗址已基本不可见，甚至有周边居民放牧于此；西城城垣大体保持完整，保存状况较好，但也有自然风化及动物破坏的风险（见图7-13）。自然环境的风化侵蚀对遗址本体安全造成的影响颇大，同时周边白城则村村民的建设活动也对遗址安全造成了一定的威胁。自然环境对遗址的破坏是一个长期性的过程，而人为破坏多具有紧迫性和毁灭性。

考古遗址公园建设必须综合考虑各种可能对遗址本体安全造成影响的因素，不仅是各种可能导致遗址本体安全受损的建设行为，也包括可能对遗址产生破坏影响的自然因素及绿化种植活动。

（2）生态环境敏感性突出

根据统万城遗址考古及相关研究可知，十六国时期统万城地区地理环境优越，自然要素丰富，河流水系众多，不仅有今纳林河、无定河，遗址

---

① 聂康才等：《基于景观敏感度和用地适宜性评价的景区分级保护规划》，《规划师》2015年第2期。
② 俞孔坚：《景观敏感度与阈值评价研究》，《地理研究》1991年第2期。

（遗址遭受自然侵蚀破坏） （遗址区被农业生产活动破坏）

图7-13 统万城遗址保存现状

北部的古河道，还分布着大量的湖泊、河滩、湿地、湖沼群等。赫连夏时期的统万城周围分布有草滩地、草甸等，为统万城大量的畜产提供了优质的牧场，满足了以牧业为主的经济生业方式①。随着时间流逝、人类活动的干扰，统万城遗址周边的历史环境发生了很大变化，该区域生态环境较为脆弱，植被覆盖率严重下降，雄阔的草原风光不再，无定河水质下降，生态环境较为恶劣。整体上，统万城遗址所在区域生态环境呈现恶化趋势，生态环境敏感性突出。此外，今天遗址区人们的生产生活过程对生态保护也具有一定的压力，遗址地原住民不仅是遗址历史最重要的见证者，也是对遗址生态环境最直接的作用者，白城则村村民的生产、生活活动均可能对遗址本体及其自然生态环境造成较大程度的破坏；遗址公园各项建设活动对环境的影响也很突出，这些均加剧了遗址区生态环境压力。

（3）遗址景观敏感性强

遗址景观环境是考古遗址公园保护展示的重点内容，加之统万城景观风貌独特，保护展示其遗址景观的可视性是十分必要的。然而由于遗址区处于生态脆弱地区，秉承生态保护的原则，多年来坚持大量种植耐旱的新疆杨、樟子松等树种，这些大型的绿植对统万城遗址造成了一定的视觉遮挡，削弱了遗址的可视性，使遗址的景观敏感度大大降低。因此，考古遗址公园在生态建设和景观规划中要注重遗址生态及景观的敏感度分析，深入研究遗址区的历史环境特征和相关记载，植物的选择和种植要尽可能保留遗址环境的特征和风韵，不遮挡遗址，同时也能加强生态保护。

---

① 袁怡雅：《统万城遗址的空间格局研究》，中国建筑设计研究院硕士学位论文，2017。

2. 统万城考古遗址公园景观安全格局限制性要素分析

（1）统万城遗址文化敏感度分析

遗址文化敏感度是遗址中具体文物遗存点在建设中可能被干扰的敏感程度，反映了在遗址区的建设行为对于相关文物的影响，同时也包含遗址价值被人们所了解的敏感程度等方面，遗址敏感度受到遗址分布情况、遗址格局以及公园建设工程的影响。遗址公园建设最重要的是要保证遗址本体及环境的安全性、真实性不被破坏，同时又要保证遗址的价值通过相关展示设施可以被人们所感知。

在统万城考古遗址公园建设当中，首先必须考虑遗址本体的安全，即对建设活动的敏感程度，必须依据《统万城遗址保护总体规划》（2012~2025年）中划定的保护范围与建设控制地带的范围；其次考虑遗址价值的敏感问题，各遗址点分布的密度直接反映了遗址资源本身的价值，例如，遗址较多的东、西二城，文物遗存分布密度较高，其整体价值较高。因此选取文物遗存密度作为遗址敏感度评价影响因子，并叠加《统万城遗址保护总体规划》（2012~2025年）所划定的保护区划，可以得出统万城遗址敏感度分级（见图7-14），敏感度越高，其遗址价值越高，展示的程度也越高，遗址安全问题也越发突出，必须重点保护。

（2）统万城遗址生态敏感度评价

经笔者对统万城遗址的现场调研发现，该区域处于温带半荒漠化气候区，降水少但季节变化大，气候条件与地势起伏对于统万城遗址保护利用影响较大。因此，本书选择水文、坡度、高程和地类作为生态敏感度分析的主要评价因子。同时考虑到人类生产生活对遗址本体安全性及景观真实性的影响，增加土地覆盖类型因子进行评价（见表7-3）。

将上述各因子进行敏感度分析，并根据其对统万城遗址的影响程度赋予一定权重值，并将其综合叠加得出统万城遗址生态敏感度分级（见图7-15），等级越高，生态环境对人类建设活动越敏感，允许的人为干扰强度就越小，保护等级也就越高。

（3）统万城遗址景观敏感度分析

统万城作为一处大型古代城市遗存，其高大的地面遗迹应该可以在远离城址的位置就可以被游客看到，理应具有良好的景观可视性，一般来说，影响遗址可视性的主要因素为相对坡度、相对距离、视觉几率等，可

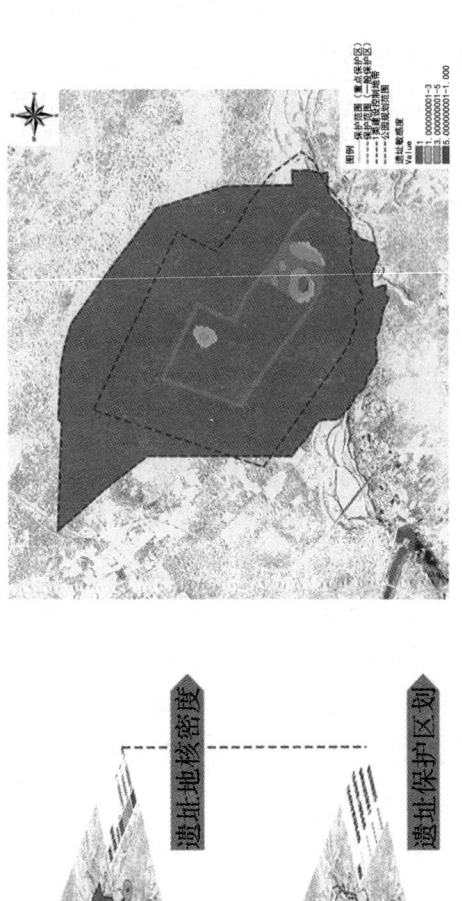

图 7-14 统万城遗址敏感性分级

表 7-3 生态敏感度影响因子赋值及释义

评价指标	生态敏感性赋值					备注	指标权重（%）
	1	3	5	7	100		
水文	其他区域	/	150m缓冲区内	50m缓冲区内	河流水库	河流水库自身为不可建设区，分值设置为1000	17
坡度	<8°	8°~15°	15°~25°	>25°	/	一般人类建设活动工程量随着坡度增加而提升，对生态环境的影响也越来越大	28
高程	<1145m	1145~1170m	1170~1185m	>1185m	/	现状研究区域高程在海拔1107~1210m范围内	23
地类	建设用地	沙地和草地	耕地和林地	/	基本农田	/	32

称为遗址景观敏感度。笔者在多次实地考察的基础上，将遗址景观敏感度进行定量化分析，将各评价指标按遗址景观敏感度由高到低进行赋值，形成景观敏感度分级，数值越高，景观可视性越强，游客量越多，对景观的冲击也越大（见表7-4、图7-16）。

表 7-4 景观敏感度因子赋值及释义

评价指标	景观敏感度赋值				备注	指标权重（%）
	1	3	5	7		
相对坡度	<1/4	1/4~1/2	1/2~3/4	≥3/4	相对坡度越大，景观被注意到的可能性也越大，在这样的区域内进行人为活动给景观带来的冲击也越大	30
相对距离	游览线路100m缓冲带内为近景带	100~200m为中景带	200~300m为远景带	大于300m为鲜景带	景观相对于观景者的距离越近，人们观察到的景观的清晰度就越高，人为活动可能带来的冲击也越大	35
视觉几率	38~82	15~37	5~14	≤4	景观在可视域中被看到的次数越多，则景观的敏感度越高，将现有观景线以50m等分为观察点代替观察折线进行视觉分析	35

价值再现：统万城国家考古遗址公园规划研究

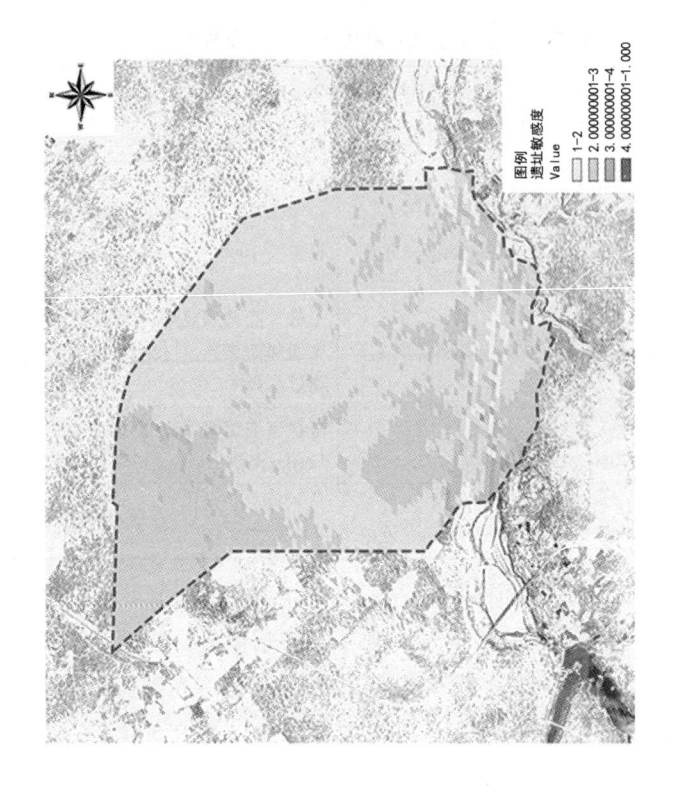

图 7-15 统万城生态敏感度分级

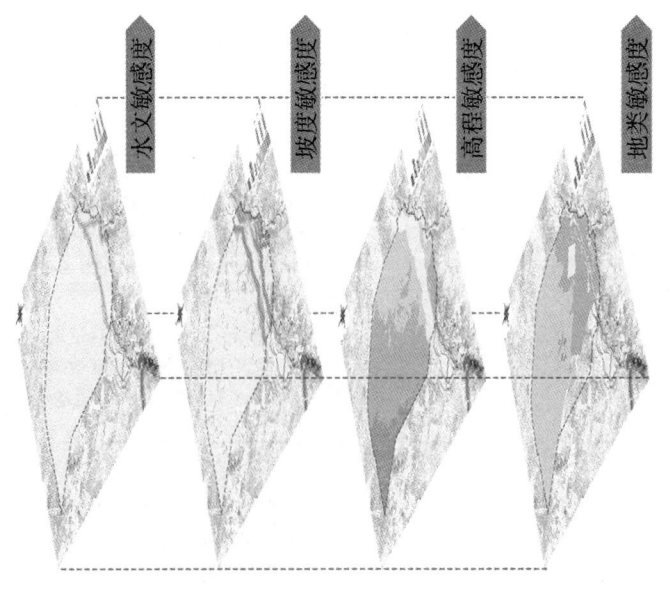

296

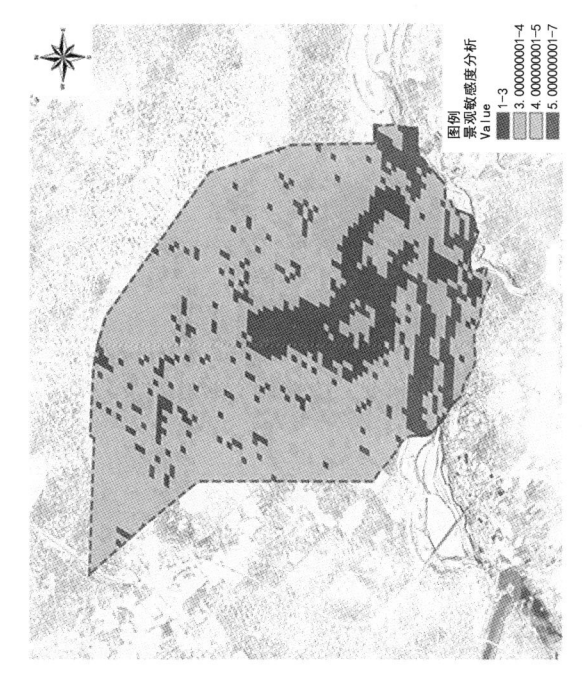

第七章 统万城国家考古遗址公园规划策略

图 7-16 统万城景观敏感度分级

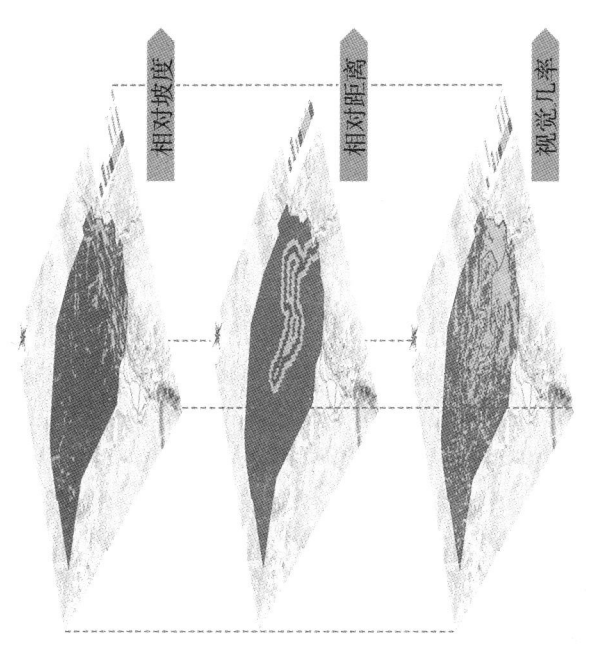

3. 统万城考古遗址公园的景观文化安全格局

通过对统万城遗址影响景观文化安全格局的相关因子进行分析，得出相应的分布数据，并将遗址密度与遗址保护区划叠加的遗址文化敏感度，与根据遗址坡度、高程、水文与地类几个因子叠加的生态敏感度以及根据相对坡度、相对距离、视觉几率叠加的景观敏感度的分析结果进行综合叠加分析，最终确定了统万城遗址区景观文化安全格局（见表7-5、图7-17）。

表 7-5 统万城考古遗址公园景观文化安全格局影响因子

影响因子	释义	因子权重(%)
遗址文化敏感度	遗址的安全性对建设活动的敏感度、文化价值的感知敏感度	35
生态敏感度	遗址安全对生态环境变化的敏感度	28
景观敏感度	遗址景观可视性敏感度	37

三 基于景观安全格局的统万城考古遗址公园功能布局

基于上述分析，统万城考古遗址公园建设运营必须以遗址及生态环境状况的持续性改善作为基本前提，通过合理划定公园功能分区，提出考古遗址公园功能布局与建设管控要求，科学确定各类设施的布局，协调保护、游憩和展示之间的关系，确保考古遗址公园的可持续发展。

1. 统万城考古遗址公园功能区划分

基于景观安全考虑的不同水平空间格局作为遗址及周边区域生态保护与遗产旅游开发分区的依据，从考古遗址公园遗址和生态保护的双重视角，可以将遗址区划分为生态与遗址保护区、生态控制区、建设控制区、可建设区四种功能区划类型。

基于对统万城遗址区景观安全格局的分析可以看出，遗址保护范围内主导功能是生态保护与遗址保护，其中重点保护区范围内除了必要的遗址保护性设施及少量游步道设施，不得进行任何建设活动，严格保护遗址与现有景观环境的安全性及真实性；遗址公园边界内北部与中部生态环境较为脆弱，其主导功能为生态控制区，应当以防风固沙、植树种草为主，如需布置必要的游览设施，需遵循生态减量原则，严格保护自然生态环境；公

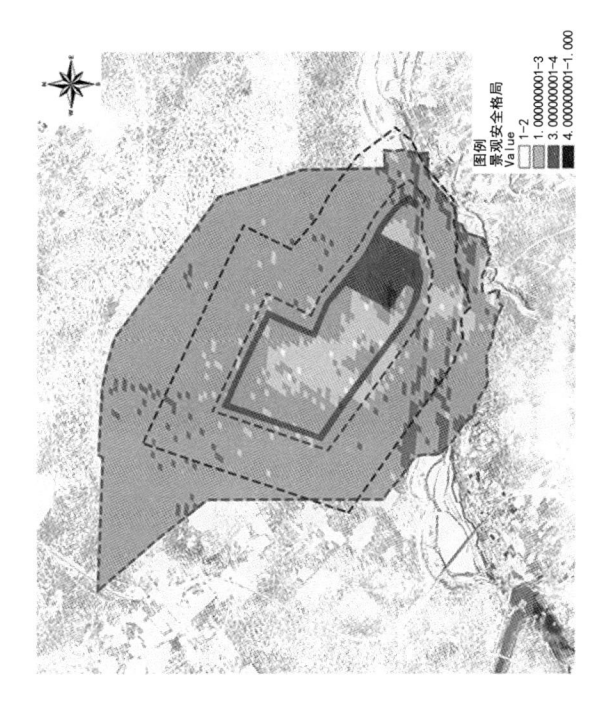

第七章 统万城国家考古遗址公园规划策略

图 7-17 统万城遗址区的景观文化安全格局

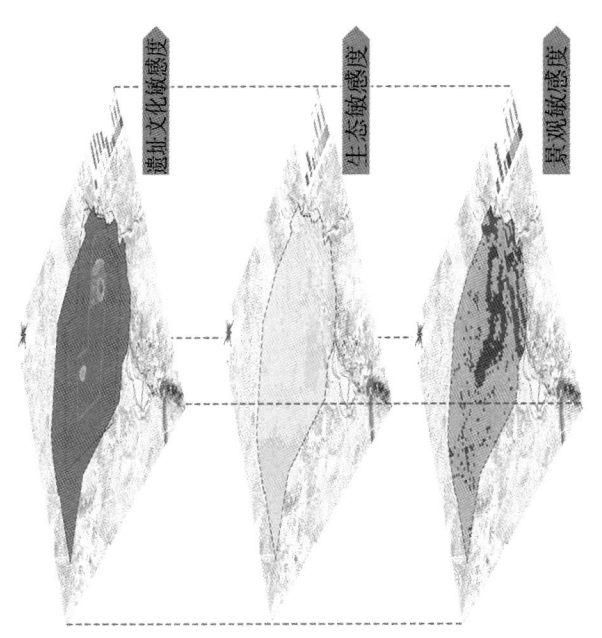

园范围内南部生态环境敏感区域为建设控制区，其余区域为可建设区，可适当进行旅游服务设施及基础设施的建设，建筑形式与材料应保持地域特色，可建设规模适度的农林景观。在公园边界外鼓励植树造林，整体改善遗址区生态环境（见图7-18）。

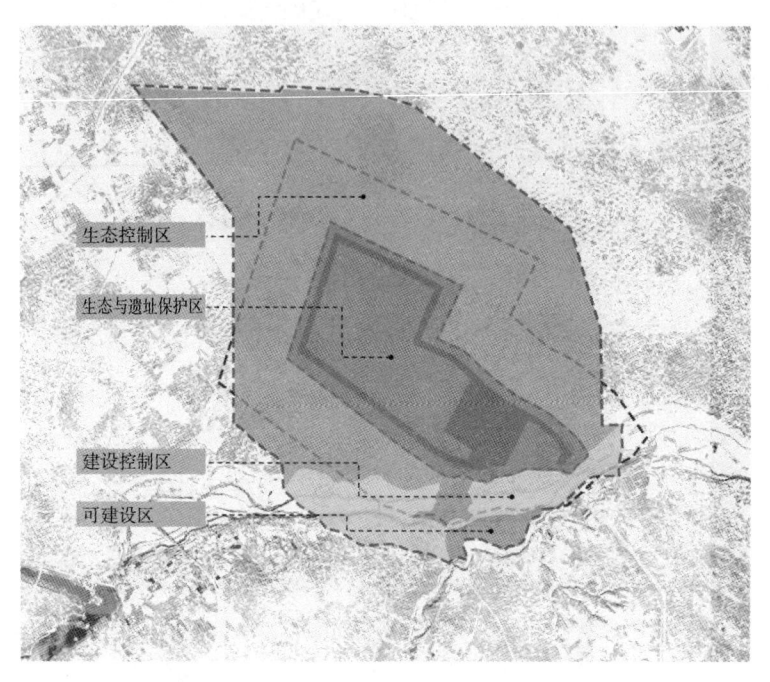

图7-18 景观安全格局下的主导功能区划

对统万城遗址区进行上述分区，旨在分区管控的基础上，通过遗址安全保护、生态环境修复、遗址地村落建设管控、旅游发展引导、景观风貌塑造等公共政策保障，强化遗址地景观环境体系建设，通过建立生态隔离带及其他防护设施强化遗址本体保护与展示利用，促进遗址与周边社区融合发展。此外，对于考古遗址公园而言，简单的保护、控制、建设区划并不能满足公园功能需求，应在此区划的基础上，结合历史时期统万城总体空间布局研究、大遗址价值研究、考古遗址公园空间布局研究的成果细化各功能区布局。

生态与遗址保护区：该区域为统万城考古遗址公园的核心区域，为遗址保护展示区，该展示分区可根据统万城历史格局特征进一步细分。

笔者通过梳理总结当前学界有关统万城总体平面空间布局的相关研究成果，明确了统万城"外郭城—东城—西城"的三重城垣空间形制以及沿缓坡自西北向东南呈阶梯式布局的空间结构。因此，该保护展示分区划分为"东城遗址保护展示区""西城遗址保护展示区""外郭城遗址保护展示区"；空间结构为"西北—东南"的历史轴向（见图7-19）。此外，该区域内遗存潜在埋藏区需进行持续考古工作，划定为考古预留区，以原貌展示为主。

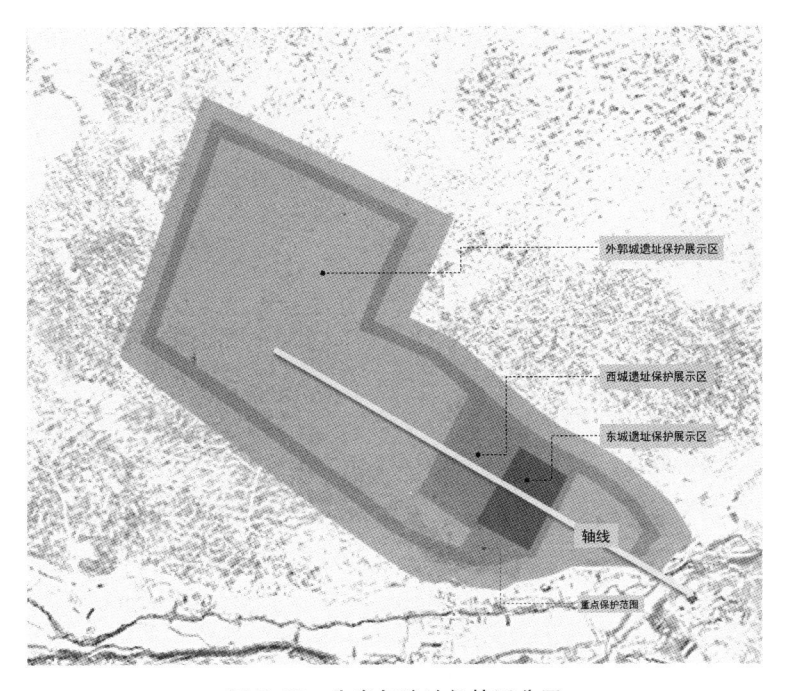

图 7-19 生态与遗址保护区分区

生态控制区：生态控制区生态环境较为脆弱，作为考古遗址公园背景环境，荒漠草原景观环境有助于营造统万城遗址沧桑、萧瑟的氛围感以及区域独特的历史环境风貌（见图7-20），可依托其开展具有传统文化特色的沙漠文化旅游活动，感受牧民传统的生产、生活活动，从而有效提高考古遗址公园的旅游吸引力，扩大游客容量。

建设控制区：建设控制区位于遗址公园南部无定河谷附近，目前生态环境较好，其景观特色与台塬上的遗址形成了鲜明的对比，从而见证了统

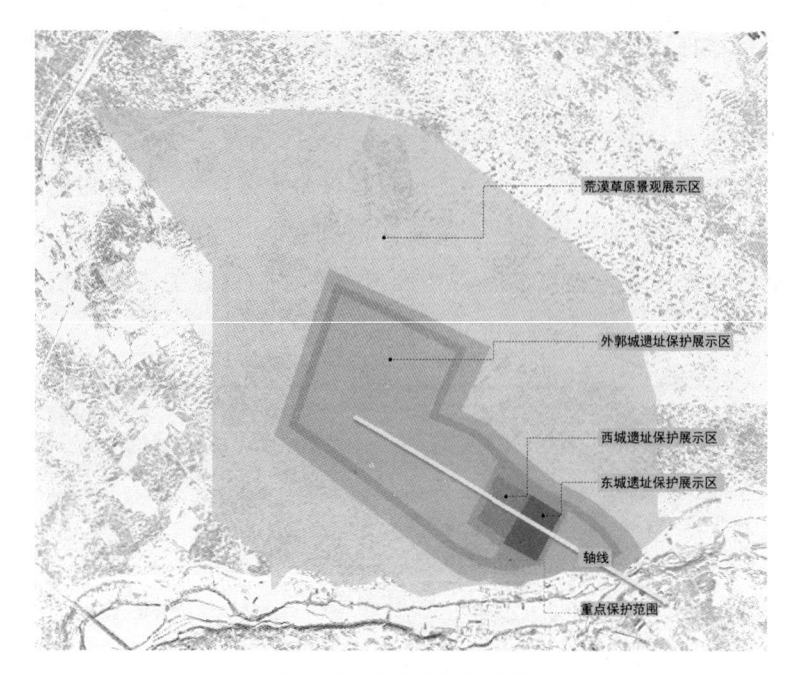

图 7-20 生态控制区分区

万城遗址历史上的环境原状，主要是结合现有环境展现统万城历史上"水源充沛、草木繁盛、气候宜人"的自然环境优越性，无定河沿岸的耕作农业风貌可展现河谷绿洲景观风貌，无定河南岸山丘地带地表为稀疏的乔灌木和草地，可以展示黄土台塬地貌，无定河东南下切形成颇为壮观的红砂岩地貌（见图 7-21），该区域内植物品种尽可能选用环境考古发现的历史植被品种或当地特色植物品种[①]。

可建设区：可建设区位于公园南部敏感度最低处，可以进行建设活动，主要位于白城则村内，结合村庄规划建设统万城考古遗址公园的管理服务区（见图 7-22）。该区域主要布局遗址博物馆、游客服务中心、考古研究中心、遗址管理中心以及旅游相关服务配套设施等建构筑物，并尽可能将建筑的形式、风貌与自然地形、环境及村庄风貌相结合。

至此，得到统万城考古遗址公园较为合理的主导功能分区及结构图，

---

① 王璐艳：《国家考古遗址公园绿化的原则与方法研究》，西安建筑科技大学硕士学位论文，2013。

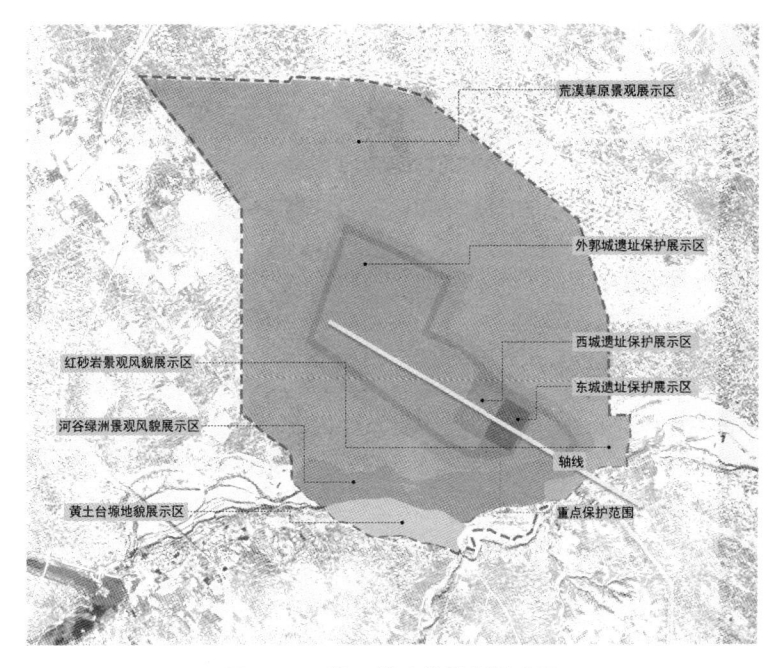

图 7-21 统万城建设控制区分区

不仅反映了大遗址及考古遗址公园的价值内涵，体现了对统万城历史格局及典型风貌的传承，也融入了当代社会发展需求，真正实现了遗址保护、文化传承、社会发展的融合。

2. 统万城考古遗址公园设施布局环境适应性策略

基于对统万城遗址区景观安全格局的分析可以看出，公园各类活动及设施建设布局应坚持环境适应性考虑。生态敏感度较高的北部地区，不适宜做游览观光用地，应以生态环境保护为主要建设内容，可考虑少量布置体现大漠特色的旅游活动，如驼铃远足等旅游产品，适当布置少量小型游客服务设施，提供必要的服务；在生态敏感度相对较小的南部区域，可以建设景区服务中心、游客服务中心和博物馆等基础设施与服务设施，切实提升旅游服务水平，但也需考虑原生植被的保护，尽量减少对原生植被的干扰破坏；设施建设要增强环境保护意识，不宜大量建设土方工程，建议结合南部白城则村已有建筑进行改造。

不同层次的游线是保障考古遗址公园科学运营的关键设施。外部游线是引导游客进入遗址公园的主要设施，规划应当在现有道路基础上避开生

价值再现：统万城国家考古遗址公园规划研究

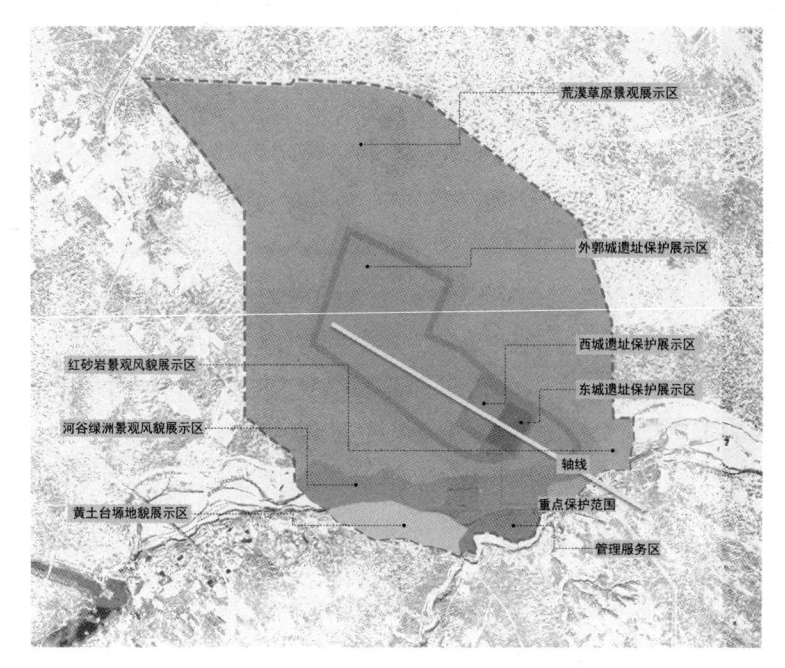

图7-22 统万城可建设区分区

态敏感度较高的区域，尽量减轻环境压力，同时设置远景观景台增强旅游服务功能，与遗址区其他旅游点形成整体开发效应；内部游线应当在不破坏遗址安全及生态环境的前提下，通过架设木栈道等影较低的设施服务游客，设置近景观景台，以满足游客观景需求；靠近遗址处设置展示统万城遗址历史信息及文化内涵的可逆性展陈设施。此外，在城墙、墩台等重要遗址及东、西城遗存分布密集区设置视频监控系统，对遗址实施24小时监控。餐饮住宿与购物可以考虑在南部河谷距沿岸一定距离的可建设区进行集中建设，其中，在靠近遗址的河谷南岸景观与生态敏感度较低的地区可以适当建设高端民宿与酒店，在远离河谷的地区布置中低档酒店与餐饮设施。景区其他地方分散布局小型零售设施即可，并注意设施的可逆性；休憩、观景平台应靠近游步道，并有良好的视野。

如果仅以遗址展示为主要旅游产品，就会使旅游活动集中在遗址本体，会对于遗址保护造成极大的压力。为此，统万城考古遗址公园规划应在景观敏感度适宜、景点差异化发展的前提下适当增加旅游产品，提高遗址主题旅游的趣味性与多元性，例如西北部可以开发沙漠旅游项目，如滑沙、观日出日落、星空摄影等；南部河谷一带可布局观赏农业、生态湿地、特色民宿等项目。

第五节 空间叙事视角下的遗址展示策略

一 遗址展示的空间叙事策略

1. 空间叙事与展示设计的结合

展示作为一种信息传递的途径，在考古遗址公园语境下，遗产展示必须重新定位其解说与阐释的功能，在跨学科的视角下寻求新的工作范式。叙事作为一种文学表现手法，是对时间线、完整故事的呈现，也是一种空间结构，通过文字可以描述出一个完整的空间形态；作为一种特殊的活动过程，叙事可以通过将故事渲染出来的过程，将时间线完整呈现给读者[①]。借助后现代主义哲学、符号学、文化人类学等学科理论的发展，在考古遗址公园中，我们可以从展示设计与叙事理论交叉的视角展开对遗址展示设计的研究。

空间意义的产生与人在空间中的体验密切相关，人们对空间作为叙事媒介的认识产生于对空间的感知与体验中。对于历史空间来说，其本身即是意义的场所，其间的遗存构成了历史叙事的线索和载体。设计者通过对空间结构的组织、符号的运用，使空间场景成为激发人们对故事内涵理解的文本。也就是说，叙述者借助展示设施节点的设计向体验者传达意义，从而实现了体验者置身叙事中的过程。

在考古遗址公园营造的空间场景中，展示是叙事者通过特定叙述结构组织编排关于遗址故事线索的过程，展示设计者为公众提供了一个完整的叙事结构，一个清晰的叙述主题，以完成有目的的文化传播，使人获得相应的文化认知。从这个意义来看，遗址展示是一种空间叙事，是一种以传递遗址价值为目标，将与遗址关联的不同层面的信息转译成为能够被公众感知的空间意象、情境和氛围的设计策略。

空间叙事视角下的遗址展示设计就是基于对遗址历史脉络、空间分布

---

① P. Cobley, *Narrative*, London: Routledge, 2001.

和文化价值的分析研究，梳理遗址的前世今生，确定叙事载体、挖掘叙事线索、提炼叙事主题、构建叙事框架、解读遗址信息、组织空间单元，实现文本场景转译对叙事主题的表达，通过遗址线性展示、节点设计和景观营造等手段进行叙事演绎（见图7-23）。

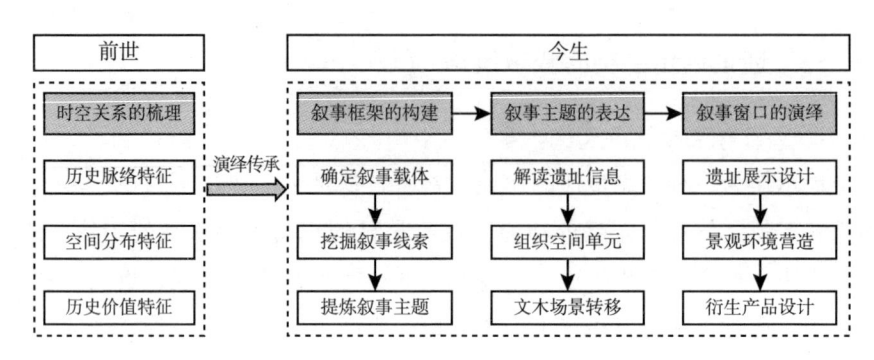

```
前世                          今生
┌─────────────┐    ┌──────────────────────────────────────────────┐
│ 时空关系的梳理 │    │ 叙事框架的构建 → 叙事主题的表达 → 叙事窗口的演绎 │
│ 历史脉络特征  │演绎传承│ 确定叙事载体    解读遗址信息    遗址展示设计   │
│ 空间分布特征  │    │ 挖掘叙事线索    组织空间单元    景观环境营造   │
│ 历史价值特征  │    │ 提炼叙事主题    文本场景转移    衍生产品设计   │
└─────────────┘    └──────────────────────────────────────────────┘
```

图7-23 空间叙事视角下遗址展示策略

总的来说，空间叙事表达是通过采用具有针对性的修辞策略，对叙事要素进行有序组织，强调展示主体之间互相联系的叙事性，优化整合遗产景观环境，赋予遗址时间维度以及情感思维，从而使游览者感受完整历史文化信息所激发的丰富情感，以期实现大遗址展示的故事性、可读性和情感性。基于空间叙事的遗址展示设计策略主要包括如下内容。

（1）遗产价值载体的筛选与组织

价值是遗址保护的基础，其作为空间叙事的主题思想，是影响叙事框架建构的出发点。承载遗址价值的历史遗迹既是展示的主体对象，也是建构有意义遗址空间场所的核心要素。在遗址展示设计中，通过对历史遗迹的转化性设计，遗址价值载体成为可以进行空间表达的叙事语词，再植入故事情节，线性编排关联各个遗迹点，建立完整的故事架构，带给游客遗址价值内涵的形象表达。

（2）"空间设计"和"文本转译"

在叙事主题下，针对文本内容进行叙事单元的空间设计，涉及功能设置、空间结构、尺度控制、材质选取等；另外，将非物质性文本通过设计策略可以转译成为能够被体验者感知的物质性空间的一部分。设计转译是规划师为文化记忆文本撰写空间文本的过程。在这一过程中，通过对叙事单元的功能植入、赋予或加强，可为文化记忆文本营造与之匹配的情境空间，激发人在叙事单元体验中的情绪和记忆，从而增强文化记忆文本的感染力。大遗址的"大"，本身就具有空间的暗示，赋予其具有丰富内容的叙事环境，针对各个遗迹特性通过"空间设计"和"文本转译"形成具有感染力的、丰富内容的空间叙事语言，可大大加强遗迹的可读性。

（3）文本的空间结构化

爱森斯坦认为："真正的艺术不仅在于细节的描写，更在于情节的编排和结构的组织。"[①] 语词是叙事基础，基于遗址展示的叙事结构，对空间结构进行组织，可使空间与文本之间产生同构关系，用空间结构呼应并彰显文本结构。在基于遗产价值的叙事主题下，按照适应遗产特性的讲述逻辑，编排、组织一系列叙事单元，构建完整的故事，这样才能使得遗址的丰富文化底蕴得到真实表达。

2. 遗址展示的空间叙事组织

（1）确定叙事载体

遗址展示是一种广义的保护行为，显示出遗产价值传播对于公众的积极意义。从信息传播的视角来看，考古遗址公园中遗址展示设施、遗址（信息源）、公众以及遗址展示设计设施（符号及媒介）构成了一个信息传播系统[②]。考古遗址公园依托重要遗址而建设，这些遗址文化内涵丰富、考古工作持续时间长，考古发现不确定性特征明显，如何确定考古遗址叙事载体是一个非常重要的问题。

从考古遗址公园建设目的来看，实现对文物遗址的最小干扰、最低影响显然是考古遗址公园建设的重要原则，并非所有在遗址公园中发现的考古遗迹都可被展示、都需要被展示，实践中，仅需甄选其中部分内容进行展示；从展示遗址价值的视角来看，那些承载重要遗产价值的文物遗迹点是应该在遗址公园中被展示的主要信息来源，此外，遗址的历史环境以及经研究证实的历史信息也是展示的重要信息来源，比如与遗址相关的历史

---

① 陆邵明、王伯伟：《情节：空间记忆的一种表达方式》，《建筑学报》2005年第11期。
② 王新文、孔黎明：《信息传播视角下的考古遗址展示初论》，《中国文物科学研究》2015年第4期。

文化活动、研究成果及考古和保护工作等。

传统的遗产展示方式一定程度上存在着"见物不见人"的弊端，人们在考古遗址公园中多强调物质遗存信息的展示，相对缺乏对于遗址中曾经生产、生活过的人及其文化现象的展示。因而，在通过展示活动塑造遗址独有的文化属性的过程中，一定要加强对地方历史文化的梳理、研究，寻找属于地方的独特人文情感。通过对历史上生产生活于此的人们的研究，可将相关研究成果纳入遗产展示的内容之中，从而创造一个系统、完整、真实展示遗产价值的机会。

我们认为遗址地叙事载体的确定应遵循如下原则。首先，遗址展示叙事对象应该是遗址价值的主要载体。公众对遗址信息的理解很大程度上来源于被展示的遗产，因而，被展示的对象，既是公众理解遗址价值的信息源（见表7-6），也是遗址价值的载体。其次，遗址展示对象应该是保存状态较好，相关研究较为深入的遗迹点。最后，展示对象作为叙事单元的核心，其在整个叙事结构中应该具有代表性。

表7-6 考古遗址公园中遗址展示信息

	展示信息源	具体展示信息
1	遗址本体	遗址物质实体、历史建筑物及其附属文物等
2	遗址周边环境	包括与遗址历史文化内涵相关的山形水系、地形地貌、林木植被等自然环境以及过去或现在的社会和精神活动，习俗、传统知识等非物质文化遗产方面的利用或活动，以及其他非物质文化遗产形式
3	遗址在各历史时期演变所形成的信息叠加	在遗址形成的历史进程当中，遗产所经历的改建、损毁、重建或迁移等变迁
4	遗址保护过程及技术	遗址考古过程、技术理念以及遗址保护技术、修复技术和实践过程
5	遗址地相关文化	历史上与遗址地相关的历史传说、生活习俗、艺术活动等多元文化现象，一些考古遗址具有特定的文化象征意义和精神内涵
6	遗址其他相关信息	对遗址中曾经生活的人群的展示

（2）建构空间叙事单元

每一处考古遗址公园都是中华文明发展历程中一个重要节点的物质载

体，考古遗址公园中各种遗址展示设施共同讲述中国故事的精彩片段。考古遗址的价值与信息是通过遗址公园中的博物馆、遗址展示装置、各种标识物、指示牌、绿化景观等展示要素来实现的，每一处遗迹展示装置都是对遗址价值的具体体现，但是，由于遗址展示的片段性特征，如果孤立看待每一处展示设施就无法准确把握遗址文化的价值与内涵。

考古遗址公园展示分区组织与展示主题确定对于讲好遗址故事具有重要的意义。不同的展示分区讲述遗址文化内涵的某个侧面，多个展示分区则串联而成为一个完整的叙事结构（见图7-24）。从叙事角度来看，读者是通过阅读文本内容来体验文学所内涵的故事以及感受作者所要表达的思想，以此完成思想的传达①。遗址展示空间叙事的构建，就是在遗址价值的指导下确定叙事主题，针对遗址内不同遗迹特性进行叙事单元设计，分步演绎，表达主题。在考古遗址公园中，运用文学剧作的情节设计手法，比如运用多线索、蒙太奇等手段来组织系列景观要素与场景空间，规划若干展示空间单元，通过单元化的叙事线索组织，设计展示序列传播其文化信息，多个展示单元相联系共同叙述完整的遗址故事，以便更好地让公众获得清晰的历史文化信息，使之成为有意味的整体场景，这就超越了传统构图组织方式。

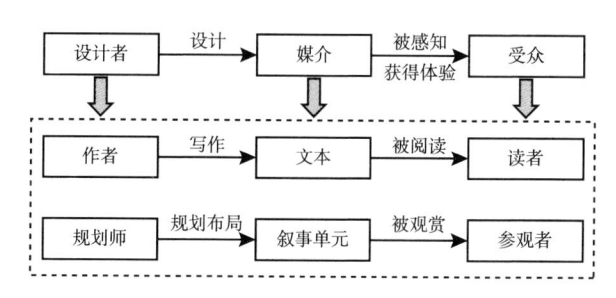

图7-24 遗址展示空间叙事构建原理示意

（3）设计时空关系

空间叙事的逻辑依托于空间的时间结构。让-伊夫·塔迪埃曾经说过

---

① 王任之：《基于空间叙事的工业遗产保护方法研究——以兰州创意文化园为例》，兰州理工大学硕士学位论文，2020。

"小说既是空间结构，也是时间结构"①。张伟英和王欣晨通过设计空间悬念来体验过程中的情感结构②。运用小说的方式来展开空间叙事可以使读者感同身受，思想情感随情节发展而起伏波动，显示人的情绪随游览路线的渐进渐出而产生由弱到强再到弱的变化过程。大遗址往往蕴含着丰富的历史故事和人文事件，选取合适的叙事结构模式，以遗迹为核心要素组织叙事单元，塑造序列空间，构建完整的历史文化叙事框架，让人在依序游览遗址的参观路径中，有序体验不同的历史环境和相应的故事情节，感受遗址历史文化内涵，最终形成深刻的情感共鸣。比如各遗迹点之间故事情节联系薄弱的情况下，可借助顺叙结构的连通性，将遗产与具有地域特色的环境空间耦合，借用文化标识的形式进行串联，故事情节层级递进引人深思；在遗址点空间品质较差且展示设施不足的时候，可在参观路径中设计叙事窗口，增加展示设施，采取新旧并置的叙事结构，借助故事线索重塑或再现场所历史，营造新的叙事节点；跌宕起伏的故事情节更容易引发公众联想，唤醒内心的历史记忆。对于具有完整时间线叙事主题的遗址，可采取倒叙法，通过故事悬念的引入将参观者带入充满期待的发现之旅，从而激发参观者主动思考，沉浸其中去探寻背后的意义；此外，还可通过编排多线叙事的展示结构，将开放性的游览线路贯穿于整个遗址，打破单线游览方式，丰富的线索会赋予参观者更多的自由，从而获得独特的体验（见图7-25）。

值得注意的是，遗址信息与价值的相关性并非表明任意遗存物都与遗产价值直接关联。虽然，许多遗存物自身单独承载了遗产价值的某个方面，但更多的时候，遗产价值是由不同的遗存物之间的组合而体现出来的，如研究者对唐大明宫遗址的价值评估指出：唐大明宫是唐以后中国宫殿建筑之范本，对中国明清故宫及日本和韩国等东亚宫殿建筑产生了重要影响③。显然，该条价值陈述是由大明宫中长达8公里的宫墙、宫门、宫殿及中轴布局等要素共同体现的。此外，遗址信息与遗址价值的相关性并

---

① 转引自王佳楠《基于空间叙事语境下的建筑路径生成研究》，湖南大学硕士学位论文，2019年。
② 张伟英、王欣晨：《当代神圣空间的悬念叙事——以安藤忠雄的"水之教堂"为例》，《设计》2015年第3期。
③ 王新文、孔黎明：《信息传播视角下的考古遗址展示初论》，《中国文物科学研究》2015年第4期。

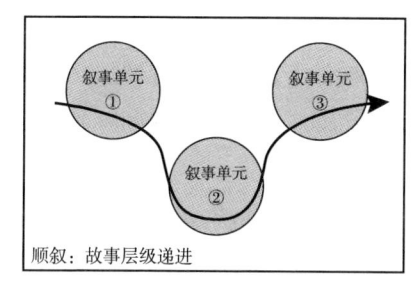

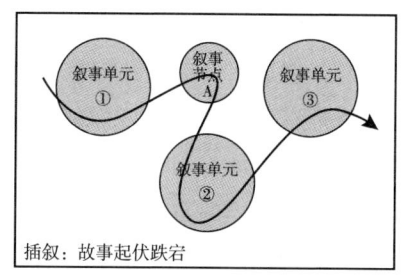

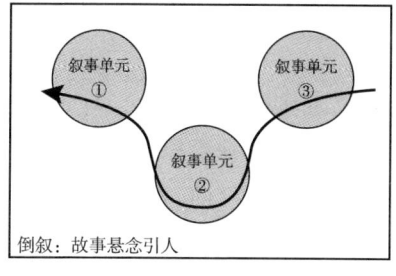

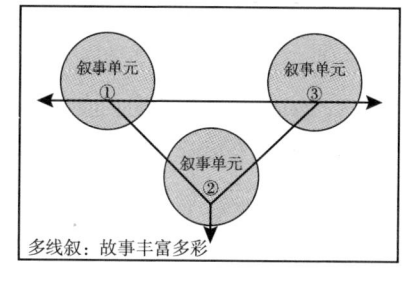

图 7-25　空间叙事结构组织模式

非表明所有遗址信息都应该被展示给公众，如同考古要避免遗址空洞化的现象一样，遗址展示也要为日后的研究留下更多的可能①。因此在构建空间叙事结构组织模式时，其主要目的还是进一步凸显遗产价值内涵，其关键在于叙事单元文化内涵的丰富性、叙事结构的逻辑性和完整性，不必过分追求全面展示所有遗迹点。

二　统万城考古遗址公园展示利用现状

统万城遗址具有独特的人文和自然魅力，地上地下遗迹点数量多、类型丰富，具有很大的展示利用潜力，但目前统万城考古遗址公园在展示利用方面尚未全面开展相关工作，总体来看，其展示利用中存在如下问题。

第一，遗址环境展示的真实性问题。经过自然与人为的破坏，统万城遗址所在地区受到荒漠化的严重威胁，遗址区历史环境格局和地形地貌特征日渐模糊。近年来，随着遗址区大面积的植树造林，区域生态环境发生了明显的变化，与历史上统万城广泽清流的景观风貌相比，现在的景观环

---

① 刘克成：《解说大明宫国家大遗址保护展示示范园区暨遗址公园总体规划》，《中国文化遗产》2009 年第 4 期。

境修复工作已经在一定意义上改变了遗址环境的真实性。

第二,遗迹展示完整性问题。作为一种文化景观,统万城遗址本体与周边环境是有机联系、不可分割的整体,因而,统万城遗址的保护展示工作需特别强调遗址与周边环境的整体保护。《西安宣言》指出,遗址的周边环境既包括实体的自然环境,也包括遗址区内非物质文化遗产等非实体内容。当前,统万城考古遗址公园以遗址本体展示为主,与之相关的周边环境尚未得到充分展示,特别是与统万城历史上人们的生产、生活活动相联系的各种非物质文化遗产仍然有待展示。

第三,信息传达有效性问题。目前,统万城遗址公园中,对于遗址本体的展示方式,主要为露天保护展示,采取设施维护手段,用简易型护栏阻隔游客接近遗址,以达到对遗址本体进行保护展示的目的(见图 7-26、图 7-27)。除此之外,统万城遗址本体暂时没有开展其他保护展示措施,相对单一的遗址展示方法使其历史信息传达相对有限,不能充分揭示遗址的历史文化内涵,遗址价值阐释存在不足。

图 7-26　西城南垣遗址本体露天保护展示

第四,信息传播碎片化问题。统万城考古遗址公园现有展示服务设施不成体系,游客在不了解遗址背景的情况下,仅依靠导游现场讲解很难深入理解遗址的内涵及城址艺术[①],加之,遗址展示缺乏有目的的参观流线

---

① 刘苡辰:《榆林统万城遗址数字化保护与展示设计研究》,陕西科技大学硕士学位论文,2019。

图 7-27　西城西北角隅台遗址本体露天保护展示

指引，游客难以对遗址形成整体的认识和理解，现有遗址展示存在着信息传播碎片化的问题。

综上所述，统万城考古遗址公园现存展示问题主要表现为遗址展示手法单一、遗址展示内容不成体系、展示线路缺乏整体设计等，如何将规模宏大、遗存分布范围广的统万城考古遗址公园展示设计内容进行科学规划，通过空间上的联系，将具有重要价值的遗址点形成系统化的展示，最终有效传达遗址内涵与价值是一个难点。为此，可借鉴空间叙事理念展示遗址文化信息与价值。

三　统万城国家考古遗址公园遗址叙事性展示设计

在过去的 1600 多年里，统万城中曾生活过匈奴、鲜卑、汉人、党项、蒙古等多个民族，拥有丰富而又复杂的叙事要素，为遗址展示提供了丰富的素材。我们建议在统万城考古遗址公园的展示设计中通过选取能体现其突出、普遍价值的叙事要素，在具体的遗迹展示设计中注入经过编排的故事情节，形成叙事节点；通过有目的的空间串联指引，将叙事节点构建为叙事单元，表达统万城遗址叙事性展示主题，保证叙事的连贯性和主题表达的清晰性；基于遗址考古工作的新进展，不断植入新的叙事节点，使可读性、观赏性较差的土遗址表达出更多的情感。总之，在统万城考古遗址公园规划中展示利用设计层面引入空间叙事方法，能够使统万城遗址价值得到更全面、更系统的诠释，实现统万城考古遗址公园的可持续发展。

基于现有资料对于统万城遗址的空间结构特征的了解，以及前文分析，可以将统万城考古遗址公园空间叙事展示设计分为三个步骤。第一，确定展示载体。载体即叙事核心要素，载体是建构考古遗址公园叙事空间结构的关键内容。第二，立题立意。以叙事单元作为遗址展示空间叙事结构的基本构成，确立叙事主线索。第三，丰富故事结构。依靠主题生成主要路径，编排叙事要素，围绕主要线索填充叙事节点，设计多个衍生路径，完成遗址展示叙事模型。

1. 遗址叙事性展示要素

叙事的目的在于有效传播真实、完整的信息，故事作为一种信息生产方式，必须依靠某种具体的媒介载体进行传递，这些载体就是构成空间的各个叙事要素。在统万城考古遗址公园中，作为空间叙事单元的基本要素，对这些叙事载体进行分类是考古遗址公园叙事性展示研究的基础。大遗址构成复杂，其叙事要素在一定程度上也具有复杂性和特殊性。如果分类的依据不同，其结果也会存在较为明显的差异。根据前文探讨和分析，按照展示的原则和统万城遗址的现有情况，从统万城遗址点价值层面和承载信息层面入手，将其叙事要素分为三类：基本要素、衍生要素和其他相关要素。其中基本要素是叙事展示的核心要素，在编排故事情节时要注重传递信息的真实性和准确性，衍生要素和其他相关要素属于节点要素，是填充（丰富）叙事框架的主要内容，为增强叙事性，在编排情节时可在尊重历史的前提下做一定程度的夸张（见表7-7）。

基本要素：指考古及相关学术研究所揭示的，承载遗产价值的文化遗存。

衍生要素：指遗址在形成、演变的各个时期所发生的历史文化现象，如相关的人物和事件，以及遗产地社区的生活习俗、文化活动等内容[①]。

其他相关要素：是指与遗址考古及保护工作密切相关的场景或信息。

---

① 王新文、孔黎明：《信息传播视角下的考古遗址展示初论》，《中国文物科学研究》2015年第4期。

表 7-7　统万城考古遗址公园展示叙事要素

基本要素	遗址本体	—	外郭城部分城垣、东北隅台、东城和西城城垣、5座瓮城、42座马面、道路遗迹、护城壕、永安台基址、建筑基址、夯土台
衍生要素	遗址环境	物质环境	黄土台塬与沙漠过渡地带、红柳河的自然景观、草原景观、沙漠废墟景观特征、无定河
		非物质环境	白城则村传统生活习俗、文化活动、传说故事("蒸土筑城")、相关名人以及农牧业生产方式
其他相关要素	相关文化	考古过程与技术	陕西省考古研究院考古发掘工作现场、设施、技术等
		相关文化现象	古代城池文化、民族文化、民族交流融合、相关历史名人等

2. 遗址叙事性展示结构的构建

规模较大的考古遗址往往蕴含着丰富的历史内涵与人文信息,携带的文化信息也非常复杂。随着时代变迁,遗址不断地被赋予新的含义并与所处时空下的人、事、环境产生新的关联,逐渐形成了复杂交错的变迁脉络和独具地方特色的历史文化空间。当下遗址所呈现的面貌,是在一定时空背景下形成并不断发展着的共时性与历时性的产物,为了更好地让公众获得清晰有效的文化信息,首先,需要梳理其时间线索与空间线索,既要对其社会、文化、经济等进行历时性纵向研究,又要对不同空间范围的遗址要素进行共时性横向研究①。其次,对时间线索与空间线索进行耦合叠加,基于叙事要素设计叙事节点,通过组织同一主旨表达的叙事节点,形成单元化的叙事场所;最后,结合空间联系设计展示叙事单元,建构出完整的历史文化空间叙事结构,对遗址公园展示主题进行表达。

基于笔者前文中对于统万城遗址基础资料的研究分析,从时间维度对统万城遗址的重要历史文化信息进行梳理,概括出大夏国的兴衰历程、北方游牧文化与中原农耕文化的民族交流与融合、丝绸之路的重要节点、毛乌素地区环境演变四条叙事线索(见图7-28)。

---

① 田壮、张梦:《空间叙事理论下的历史文化空间设计策略研究——以郑州荥阳故城西南隅为例》,2019中国城市规划年会会议论文,重庆,2019年10月,第39~54页。

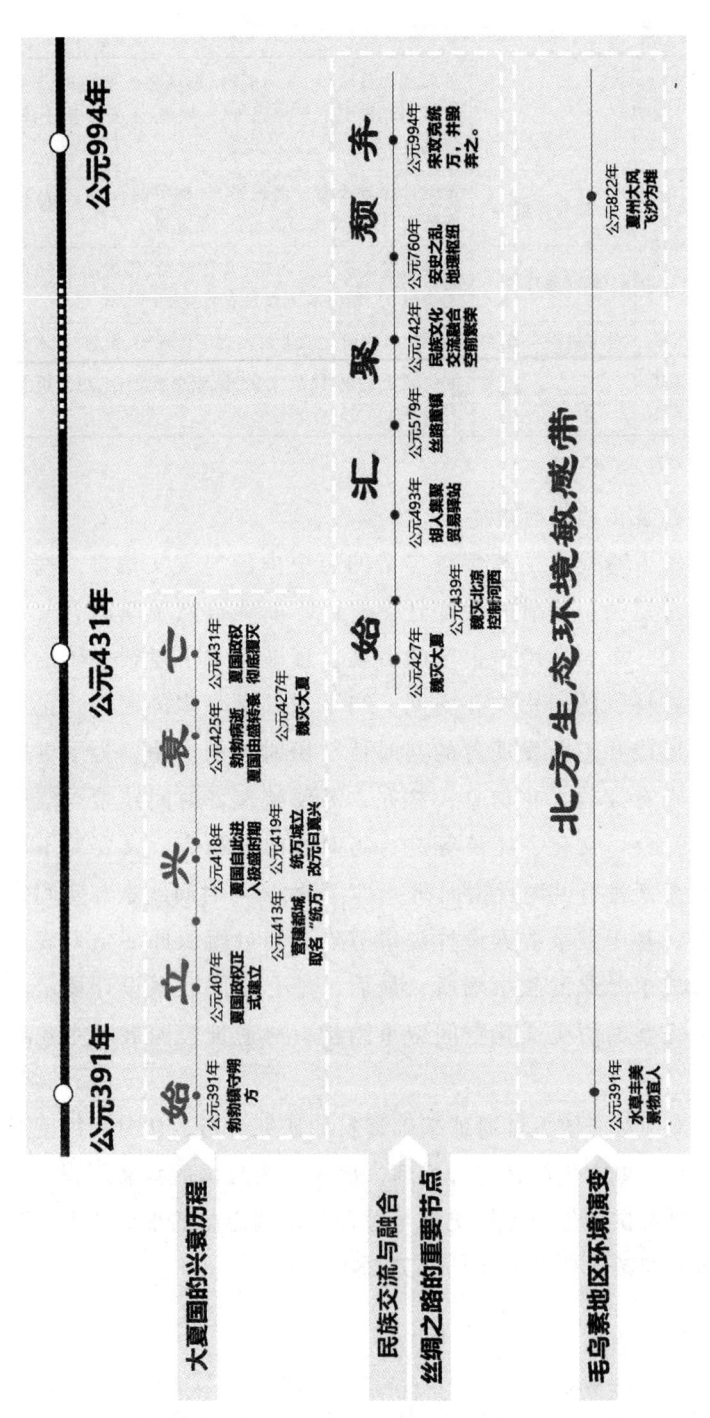

价值再现：统万城国家考古遗址公园规划研究

大夏国的兴衰历程

- 公元391年：勃勃镇守朔方
- 公元407年：夏国政权正式建立
- 公元413年：营建都城，取名"统万"
- 公元418年：夏国自此进入极盛时期
- 公元419年：统万城址改称"大夏"
- 公元425年：勃勃病逝，夏国由盛转衰
- 公元427年：魏灭大夏
- 公元431年：夏国政权彻底覆灭

民族交流与融合 / 丝绸之路的重要节点

- 公元427年：魏灭大夏
- 公元439年：魏灭北凉，控制河西
- 公元493年：胡人集聚，贸易驿站
- 公元579年：丝绸贸易
- 公元742年：民族文化交流融合空前繁荣
- 公元760年：安史之乱，地理枢纽
- 公元994年：宋攻克统万，并累弃之。

毛乌素地区环境演变 / 北方生态环境敏感带

- 公元391年：水源丰美景物宜人
- 公元822年：夏州大风飞沙为堆

起 → 立 → 兴 → 衰 → 亡 → 始 → 汇 → 聚 → 颓 → 弃

公元391年 — 公元431年 — 公元994年

图7-28 统万城遗址主要叙事线索分析

第七章　统万城国家考古遗址公园规划策略

　　同时，在统万城考古遗址公园规划范围内，建构空间与叙事线索关联，梳理出历史记忆片段在空间上的演变，最终形成以统万城遗址区自然环境演替为遗址公园叙事性展示的物质空间背景，以大夏国兴衰历程和丝绸之路文化为主要叙事线索来表达的"统万城兴起到衰亡"的考古遗址公园展示叙事主题（见图7-29）。

图 7-29　统万城遗址叙事线索时空关系

　　叙事单元是承载遗址叙事的主要场所，是遗址叙事框架的主体组成部分。在明确统万遗址叙事主题的基础上，根据统万城遗址现存历史信息及其遗产价值，结合历史叙事情节和物质空间背景，编排设计各个叙事要素形成叙事节点，通过组织同一主旨的叙事节点，形成表达清晰、连续递进、情景交融、更符合新时代社会需求的叙事单元。叙事单元如同文章段落中的"主旨句"，在一些情况下，如果没有其他相关成分的搭配、承启与丰富，便无法转化为完整的意涵表述①。针对部分叙事单元间联系薄弱的现状，再通过补充插入叙事节点，与既有的叙事单元共同形成表达清晰有序、层次分明、主题突出的表述结构。此外，统万城作为连接关中、中原和西域的重要据点，其"沟通东西，贯通南北"，在维系东西方物质文

---

① 肖竞、曹珂：《叙述历史的空间——叙事手法在名城保护空间规划中的应用》，《规划师》2013年第12期。

化交流方面一直发挥着重要作用。由于当下考古资料和历史文献十分有限，同时，充分考虑遗址考古信息发现的不确定性，为保证"丝路重镇"这条线索的丰富度，应适当插入相关丝路文化叙事节点，形成完整的叙事主题表达（见图7-30）。最终建立读者（即游览者）与遗址、历史人物、事件的互动关系，让其情绪随着游览情节发展而起伏波动。

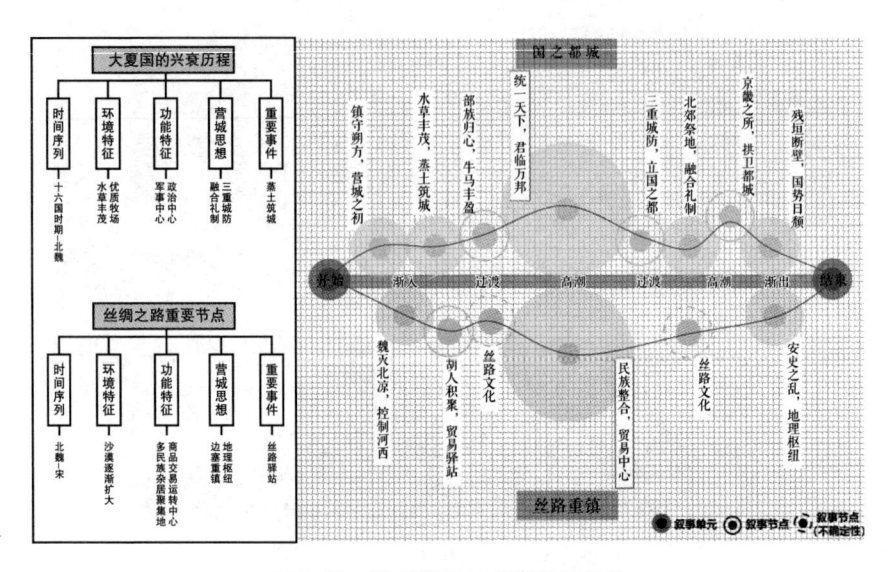

图7-30　统万城遗址叙事展示结构

　　通过叙事方式进行遗址展示设计，一方面整合了统万城遗址在地理空间上呈现的碎片化历史文化遗产，从而增强遗址文化内涵的整体性；另一方面实现了统万城遗址活化展示，使游客能够具有强烈的代入感，体验遗址丰富历史文化内涵，增强了遗址可读性。

3. 遗址叙事性展示路径设计思想

　　采用空间叙事的方式来展示遗址价值，目的是通过完整的剧本让读者置身其中，让其情绪随着跌宕起伏的情节发展而波动，从而引发情感共鸣。在遗址公园叙事性展示设计中，如果说叙事性展示结构的构建是遗址叙事性展示剧本的主线编写，那么遗址叙事性展示路线的组织则是对空间秩序的具体操作。基于前文对于统万城遗址叙事性展示结构的构建，下一步则需要将叙事节点所演绎的情节进行组织和编排，然后落在相应的叙事单元中。对叙事单元中的叙事节点进行编排组织，其实质是对叙事要素进行序列编号,其效果相当于在文学中,用恰当的连词将优美词句前后衔接,构成极具表现力和感染力的叙事段落,表现在统万城国家考古遗址公园之中就是极具情节感染力的展示路线(见表7-8)。

表7-8 统万城遗址叙事展示脚本(部分)设计

序号	布景地点	脚本
1	开始,外廓城东北角	太阳初升,(马蹄声渐入),大夏勇士,领兵凯旋
2	外廓城东北处	入外廓城,牛羊遍地,远远的已经能看到白皙高大的城墙,圣洁雄浑
3	东城入口	守城士兵,并立两旁
4	东城奴隶看守处	入东城,道路两旁人声鼎沸
5	西城宫殿	宫殿内,赫连勃勃高坐龙椅之上
6	西城住所	从皇宫出来,赏赐下属,在家用午膳
7	西城北门(平朔门)	繁华街景
8	西城西北隅台	望向外廓城北,牛羊遍地,战马成群,高大的祭祀建筑矗立
9	西城瓮城(服凉门)	巡视一圈
10	西城西南隅台	眺望远方
11	马面(贮存粮食)	清点粮食储备
12	马面(城防武器)	检查礌石等城防武器
13	永安台示意、朝宋门	回首望向永安台

基于叙事要素的空间节点作为叙事单元中序列组合的基本构成,具有关于体验的事件感和氛围感属性。在游人漫步统万城考古遗址公园过程中随着行动方向的变化,遗产所承载的事件以片段的形式转换为不同的场景铺设开来,多个场景间如何编排,对叙事单元的整体性以及对主题概念传达显得尤为重要[①]。

叙事路径设计是对叙事单元中叙事节点在遗址空间秩序的叙事创作。它既是叙事要素在空间上形成的一系列序列联系,也是统一叙事主题背景

---

① 黄梦娇:《苏州古城传统街区保护性城市设计的叙事策略研究——以古城7,8,9号街坊为例》,苏州科技大学硕士学位论文,2018。

下产生的物质空间演绎过程。不同要素之间、不同次序之间联系所产生的叙事表达情感是不一样的，不同的作者对于同一遗址的叙事主题界定也有可能不一样。随着时间发展，每个人对于遗址也同样会不断产生新的认知。因此，需要注意的是，叙事路径是一个复杂体系，并不具有唯一性。统万城国家考古遗址公园范围大，遗产众多，再加上叙事手法的多样，导致叙事性展示路径本身就具有开放性、复杂性和多样性。笔者以统万城遗址"建国统万"这一重要的叙事单元按照前文所构建的主题进行了具体路径设计（见图7-31）。

图7-31 统万城遗址叙事性展示路径（局部）设计

近年来，随着考古遗址社会文化功能的日益凸显，文化旅游的兴起与发展，使人们越来越强调考古遗址的可读性与可观赏性，但当下，大遗址展示阐释方式方法的同质化却进一步拉大了遗址与公众之间的距离，空间叙事视角下的遗址展示策略探究，恰是在新时代社会发展环境下提升大遗址展示利用效率，增强遗址可读性和体验感，拉近与公众距离的新途径，为大遗址展示利用提供了新的思路。

第六节　考古遗址公园周边村落集聚发展策略

在自然环境和人类活动的长期互动作用下，地处乡村的大遗址和乡村聚落间进行着持续演化，由于根植于特定的自然和人文环境中，乡村遗址与村民有着深厚的历史文化和情感联系①,村落也逐渐成为大遗址整体环境的一部分,这就使得大遗址在一定程度上具有了文化景观的性质。囿于传统保护理念,大遗址区村落往往经济发展滞后,同时生态本底往往因此恶化。在此背景下,考古遗址公园建设将为遗址区村落的发展带来新机遇,使村落成为遗址区服务基地成为可能,但同时也存在出现粗鄙城市化的风险,而丧失其村庄乡土特色。因此,有必要从空间集聚的视角来讨论统万城遗址与周边村落的保护与发展问题。

一 基于空间集聚的遗址区村落发展认识

遗址区村落如何在遗址保护前提下,充分利用考古遗址公园旅游事业的发展契机实现转型和高效发展是其面临的重要挑战,通过空间集聚实现乡村发展的节约化、集约化,承接部分旅游服务将成为遗址区村落的重要发展方向。

1. 遗址区村落空间集聚发展的意义

村落集群式发展是以创造整体效益为目标,避免乡村聚落间的无序竞争和资源浪费,以及竞争过程中可能造成的遗址破坏和文物流失,对零散分布的个体村落进行集中连片群体区划,从而整合分散的村落优势资源,利用村落乡土文化和特色产业,实现村落间的共同发展②。集聚是产业空间分布的重要形态和区域社会发展的重要力量③。产业集聚通过区域生产要素高效配置、基础设施充分利用以及创新环境积极塑造,促进资源增值、信息扩散、知识创新、科技进步、效率提升,激发当地发展潜力,提升区域生产能力④;而空间集聚则是通过空间布局合理化、基础设施集约配置以及管理效率的提升,促进空间高效利用和产业升级,减少空间及人力、物力浪费,提升区域综合发展实力。遗址区村落与大遗址在地理位置和文化价值方面均存在独特的联系,近年来遗址区村落发展相关问题逐渐

---

① 骆晓红:《大遗址保护中推进乡村振兴的路径探讨——以良渚遗址的保护为例》,《南方文物》2018年第1期。
② 常光宇、胡燕:《探索传统村落集群式保护发展》,《城市发展研究》2020年第12期。
③ D. D. Fundeanu, "Innovative Regional Cluster, Model of Tourism Development", *Procedia Economics and Finance* 23 (1), 2015, pp. 744~749.
④ 李涛等:《苏南乡村旅游空间集聚特征与结构研究》,《地理研究》2020年第10期。

出现在文化遗产保护过程中①。伴随着遗址保护与区域开发，遗址区村落的发展面临转型升级，在公服配套、空间布局以及产业升级方面的需求尤其突出，为了更好地满足村落的发展需求，空间集聚已成为其实现转型与高效发展的必然趋势。与此同时，旅游产业开发是遗址区村落产业发展的重要环节。然而，当前粗放式经营与旅游用地使用效率低下等问题在中国旅游业发展中较为常见，与"国土空间优化"战略布局及国务院《关于促进旅游业改革发展的若干意见》中的集聚高效发展理念相悖。乡村旅游寻求集聚发展是其适应时代发展要求、提高发展效率、落实新发展理念的必然要求。通过对区域内乡村旅游资源的优化配置和产业链体系的构建，突出"集聚经济"效应，助推乡村旅游产业结构升级、产业效率增长，提升乡村整体发展水平、效益和竞争力，更好实现乡村旅游发展促进乡村经济振兴②。实现遗址区村落集聚开发具有实践意义③。

2. "集群"理念的引入

集群作为一个生态概念，常用来分析一定区域或环境里各种生物种群有规律地结合在一起的结构单元，这种单元具有整体大于个体之和的优势④。20世纪90年代，随着产业集群（industrial cluster）理论的提出与发展。人们意识到集群发展不仅可以带来资源的互补共享，同时也可以增强区域竞争力和创新性，于是逐渐将集群发展理论运用到城镇化、文化遗产等多个领域⑤。乡村旅游空间集聚以产业集聚理论为基础，同时多以产业集群理论构建空间集聚发展的解释框架，因此，在遗址区村落集聚发展中引入集群理念，应以系统与外界环境之间的能量、物质及信息交流的视角来看待遗址区村落的可持续发展，使遗址与遗址区聚落空间相联系并以人居环境、历史文化、产业经济和公共服务设施配套等为路径来谋求遗址与区域周边村落的互利共生，将传统的二者消极对立转变为遗址区村落与遗址之间积极的对话。

---

① 陈冲：《西汉帝陵遗址区村落保护与更新策略研究——以汉高祖长陵遗址区怡魏村为例》，西安建筑科技大学硕士学位论文，2020。
② 方澜：《中国纺织产业集群的演化理论与实证研究》，东华大学博士学位论文，2006。
③ 李涛等：《苏南乡村旅游空间集聚特征与结构研究》，《地理研究》2020年第10期。
④ 周效东：《云南省芒市傣族村寨集群开发旅游产品定位策略探索》，《经济师》2018年第3期。
⑤ 常光宇、胡燕：《探索传统村落集群式保护发展》，《城市发展研究》2020年第12期。

第七章 统万城国家考古遗址公园规划策略

二 统万城周边村落发展基础与现实困境

统万城遗址自宋夏之际衰落并逐渐被废弃后，遗址区的居民依托统万城遗址或红柳河谷地生存、发展，形成了几个联系紧密的小型自然村落，组成了今天的白城则村，该村距离靖边县城约 60 公里，距离镇驻地 4 公里，张巴公路横贯南北，蒙华铁路穿越而过，据实地调研，白城则村由 8 个村民小组组成，全村总人口 356 户 1243 人，现有常住人口 278 户 786 人（见图 7-32、图 7-33）。

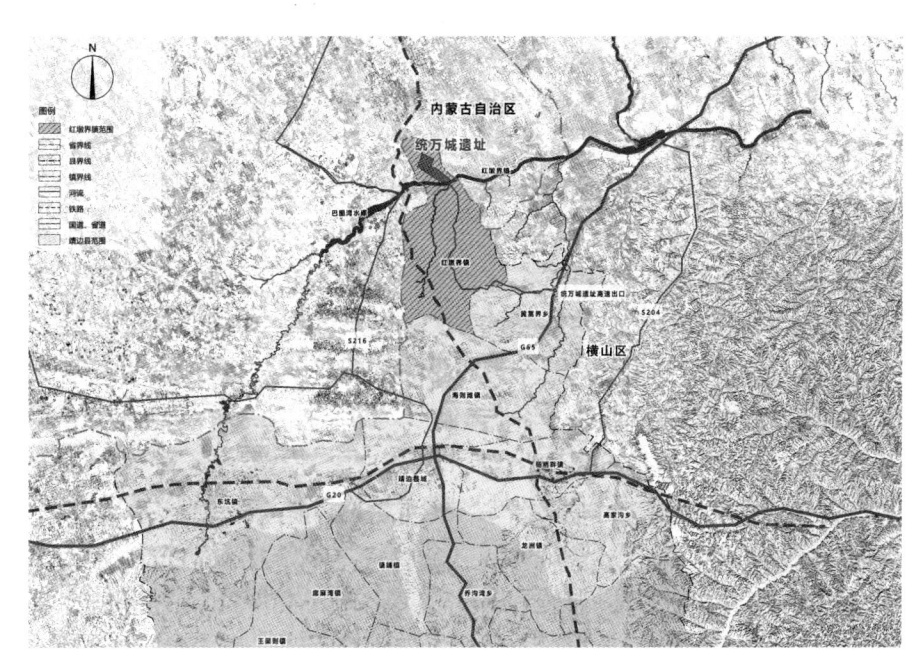

图 7-32　白城则村区位

1. 村落"大分散、小簇居"，空间利用效率较低

空间簇居是指许多个体集中分布的现象，是个体分布趋势的表达①。历史上，白城则村居民主要分为两部分，一部分居于统万城遗址周边，依托遗址建窑洞而居，另一部分沿河谷北岸而居，整体上较为分散，无

---

① 范生姣：《黔东南州传统村落集群式保护发展研究》，《凯里学院学报》2021 年第 2 期。

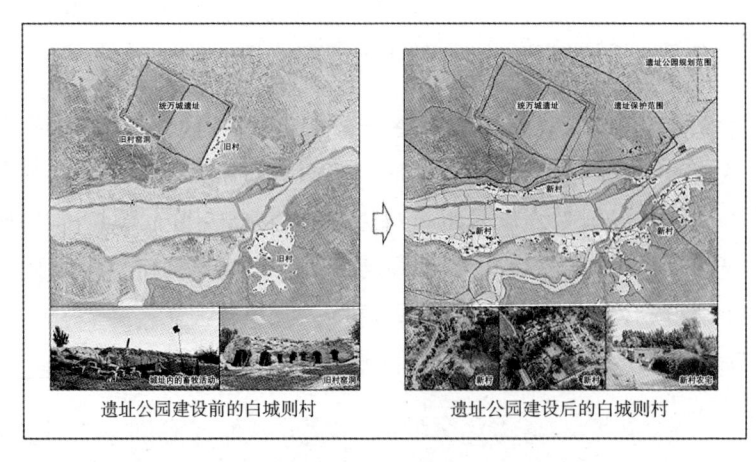

图 7-33　开展遗址保护工作前后白城则村发展变迁对比

明显空间聚集形态①。近年来，随着考古遗址公园建设，村民从城址中迁离，在距城址以南约 1 公里的无定河河谷两岸形成小规模村落，即白城则村。合并后的白城则村由东梁、西梁、新村、葫芦素湾、锁萝堡湾和奶妈地湾六个相对独立的居民组团组成，沿无定河谷自由生长形成今日的带状聚落，呈现"大分散、小簇居"的分布特征。村落整体肌理成行列式分布，以小巷道联系村内各户，各居住组团各自为政，组织性较差，空间利用效率较低（见图 7-34）。

受限于白城则村经济技术条件，村落中房屋新旧形式兼存，且多为一层简易砖房，房屋形式多为三间一进的院落，村中居民在院中饲养家禽、牲口或是堆放日常耕作的农具，农田分布于各户院落周边，自行布置鱼骨状灌溉设施（见图 7-35）。总体上，白城则村现状布局散漫自由，功能结构不明确，基础设施缺失严重，公共活动空间不足，整体呈现无序发展的状态。

白城则村"大分散，小簇居"的空间分布特征，及其配置严重不足的基础设施和公共活动空间，导致其空间利用效率低下，不仅不能满足本地村民进一步发展的生活生产需求，同时也难以形成对统万城考古遗址公园在服务设施方面的有力支撑，严重制约公园遗产旅游业的

---

① 付晓萌等：《考古遗址公园建设背景下大遗址区村落空间营造策略——以统万城遗址白城则村为例》，《住区》2020 年第 Z1 期。

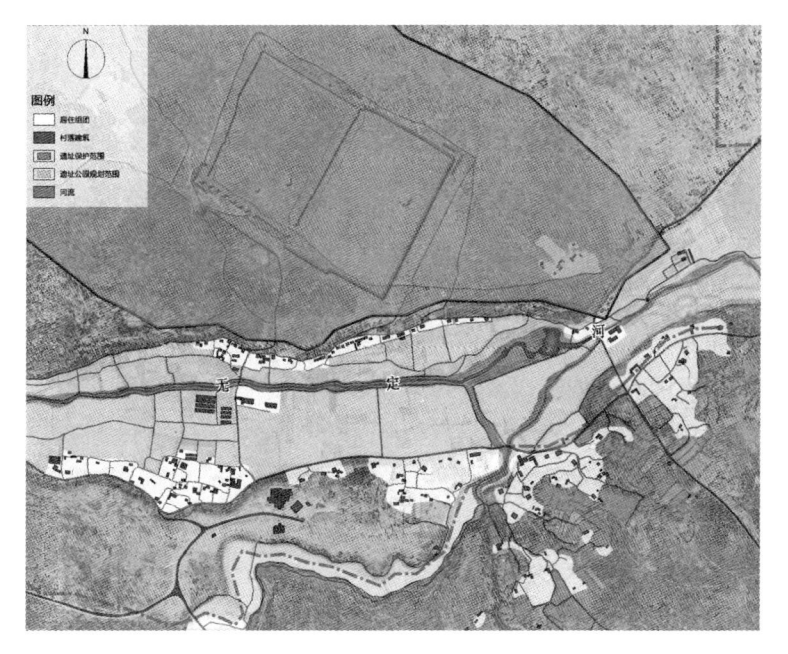

第七章 统万城国家考古遗址公园规划策略

图 7-34 白城则村居住组团分布情况

图 7-35 白城则村典型院落现状

发展。

2. 乡村经济发展滞后，产业发展亟待转型

生态本底是人类在一个区域大规模聚居之前的地形、水文、气候等自然情境，区域生态本底与人类活动相互作用，统万城遗址区脆弱的生态本底很大程度上制约了遗址区产业发展，乡村经济发展水平整体较为滞后。20 世纪 50 年代中期，统万城城址内外居住四十多户人家，大约一半的村

民在城址上挖窑洞居住①，并在城址内从事畜牧生产活动，这些生产生活活动对遗址本体造成了较大程度的破坏，现在西城的西北角仍可发现当时留下的窑洞以及村民的畜牧痕迹。近十多年来，随着遗址保护工作及考古遗址公园建设的推进，村民们逐渐从城址中迁离，在城址以南约1公里的无定河河谷两岸形成小规模自然聚落，后合并组成现在的白城则村。由遗址所在的高地而进入河谷地带生活，这一生活空间迁移一定意义上有利于遗址本体生态安全，然而，简单粗暴的生产方式仍有可能对遗址区生态环境造成一定负面影响，特别是作为遗址区重要的水源——无定河来说，不合理的产业发展有可能造成水质污染，影响区域可持续发展。

合并后的村落更靠近无定河，依托无定河较为丰富的水资源，村民展开玉米等粮食作物的种植，同时兼营畜牧业，其生产活动从畜牧为主转型到农牧兼营。随着考古遗址公园建设，遗址区村落自然而然承载了一部分遗产旅游服务功能，遗产旅游带来的巨大经济效益也在一定程度上惠及当地居民，促进了村落的发展。据2021年5月笔者在现场调研得知，白城则村现在拥有土地总面积25.3平方公里，耕地5800亩，林地12000亩，草地16000亩。全村大牲畜饲养量118头，羊饲养量12300只，生猪存栏6200头，家禽饲养量2600只，村民们的主导产业为玉米、蔬菜、洋芋种植和羊养殖。目前，白城则村乡村经济仍主要依靠种植业和畜牧业，旅游服务业发展严重滞后，并未获得统万城遗址旅游带来的红利。同时，由于大遗址保护管理要求对周边村落在生产、生活方式上作了诸多的限定，导致遗址区内外居民生活水平差距明显，也造成群众对遗址保护的不理解。乡村经济发展滞后，畜牧兼营的乡村产业模式不足以支撑村落经济发展，乡村产业面临转型难题。因此，积极引导遗址区周边村落乡村产业发展，与遗址公园形成良好的协作关系，逐步形成"游在遗址、体验在博物馆、休闲服务在乡村"的空间功能格局②，加快统万城周边村落发展，提升居民经济收益是未来白城则村乡村产业发展的关键。

3. 乡土情结缺失，文物保护意识淡薄

遗产地社区居民参与遗产保护是实现遗产可持续保护利用的关键要

---

① 俞少逸：《统万遗址调查》，《文物参考资料》1957年第10期。
② 付晓萌等：《考古遗址公园建设背景下大遗址区村落空间营造策略——以统万城遗址白城则村为例》，《住区》2020年第Z1期。

素,统万城遗址公园的建设运营一定程度上依赖于周边村民的理解与支持。统万城遗址保护背景下的被动搬迁与合并,使得白城则村居民丧失了场所归属感。同时白城则村作为统万城遗址周边的共生村落,受到遗址文化浸染,成为统万城文化的重要承载地,然而当前多数村民已不知统万城详细的历史演变过程及村落发展史,乡土情结缺失严重,这就使得社区居民与遗址保护之间缺乏共情与互动。基于自身利益的判断,村民们往往视大遗址为沉重的历史包袱和经济发展枷锁,他们通常不自觉地对有关大遗址保护的政策措施具有一定的抵触情绪,这就使得对遗址保护管理的刚性要求很难在基层得到有效执行[1]。

村落人居环境在一定意义上是展示传统时代遗址区居民生产生活方式的重要载体,对于遗址文化传播意义重大,而遗址文化的有效展示,也有助于塑造村落地方性,提升凝聚力。今天白城则村村落布局与建筑营造呈现了粗鄙的现代特征,已不能展示传统时代人们的生产生活场景。

三 遗址公园建设背景下周边村落的发展定位

大遗址周边村落是遗产保护利用的直接利益相关者,其发展与遗址保护及遗址公园旅游服务功能密切相关[2],随着遗址公园的建设推进,大遗址周边村落的发展定位也日益明晰。

1. 遗产保护与文化展示地

遗址地周边村落是遗址保护、利用的直接利益相关者。2013年在对哈尼梯田文化景观遗产的评估报告中,国际古迹遗址理事会指出,遗产面临的主要威胁包括当地居民对遗产的维持,以及旅游对村庄可能产生的潜在负面影响,凸显了社区在文化景观遗产保护中的重要性[3]。可见,遗址区周边居民的参与是促进遗产保护与管理,推动遗产可持续发展的关键。在遗址公园建设的背景下,村落人居环境在一定意义上是展示传统时代遗址

---

[1] 骆晓红:《大遗址保护中推进乡村振兴的路径探讨——以良渚遗址的保护为例》,《南方文物》2018年第1期。
[2] 付晓萌等:《考古遗址公园建设背景下大遗址区村落空间营造策略——以统万城遗址白城则村为例》,《住区》2020年第Z1期。
[3] 华红莲等:《哈尼梯田遗产地居民地方感与梯田保护态度的关系》,《热带地理》2016年第4期。

区居民生产生活方式的重要载体。白城则村与统万城遗址间存在着密切的联系，村民们延续着祖辈留下的生产生活方式，他们是遗址文化的传承者，在遗址公园建设前，部分村民直接依托城墙遗迹建设窑洞而居住，遗址中的每一处建筑废墟都与村民的日常生活相联系，人们在其中居住、生产、休憩、玩耍，遗址是人们日常生活感知体验的重要内容。因此，白城则村作为统万城遗址历史文化的重要延续地更应发挥其在遗址保护与文化展示方面不可或缺的作用。

2. 特色乡村生活体验地

体验式乡村旅游是以乡村农业景观资源或特色农事活动为载体，为游客提供可以满足其情感及体验需求的一种旅游形式①。乡村体验游以游客为主体，从游客亲身体验需求角度出发，让游客在主动体验乡村生产与生活中能够留下美好回忆②。乡村生活体验地与传统的旅游乡村在发展定位及旅游服务方式等方面均有不同，前者更为强调游客主动感知乡村生活和满足游客情感需求，是乡村旅游的高级阶段。遗产旅游作为一种极具文化感染力的旅游方式，不仅仅是单纯的遗址观光，更重要的是公众对遗址文化以及遗址周边共生环境的感知。在此背景下，白城则村作为与统万城遗址密切相关的村落，村民既是统万城遗址文化的传承者，同时，依山傍水而居的村落环境及其生产生活方式也可在一定程度满足游客对乡村生活的向往，具有发展乡村旅游的良好基础，在高品质的规划引导下白城则村一定可以成为遗址区具有发展潜力的乡村生活体验地③。

3. 遗址旅游服务基地

在考古遗址公园建设的背景下，乡村聚落提供的旅游服务支持对遗址区的基础服务设施建设压力起到了极大的缓解作用。特别是统万城遗址距离城市较远，其遗址旅游服务功能需就近配套，在此背景下，白城则村的发展必然要承担遗址旅游的服务功能，建设遗产旅游所需的旅

---

① 张立助：《体验式乡村旅游产品开发研究——以将石村为例》，福建农林大学硕士学位论文，2015。

② 刘诗华：《基于游客体验的乡村旅游规划研究——以金寨县望春谷乡村旅游示范区为例》，安徽农业大学硕士学位论文，2018。

③ 付晓萌等：《考古遗址公园建设背景下大遗址区村落空间营造策略——以统万城遗址白城则村为例》，《住区》2020年第Z1期。

服务设施。基于白城则村的发展定位,其空间营造必须统筹考虑遗址保护、旅游发展、村落人居改善等各项要求,村落各组成元素不仅要形成空间几何形态上的关联,还要从情感、文化等方面形成内在的联系,也就是说要加强村落历史文化的挖掘整理,并通过合适的空间场所展示相关文化价值。

四 统万城考古遗址公园与周边村落集聚发展策略

基于对统万城考古遗址公园周边村落的基础条件和发展需求的梳理,针对白城则村面临的发展问题本书给出相应的发展策略。

1. 划定集聚发展区,提高空间使用效率

大遗址周边村落不仅是遗址公园的重要服务接待基地,同时也可以成为遗址公园核心旅游吸引物。相关研究发现,区位条件的差异将导致旅游区周边村落土地利用集约度和旅游功能完善度的差异,在具体空间形态上往往会呈现"现代城镇"—"半传统村落"—"传统村落"的过渡特征(见图7-36)①,土地利用功能也会做出相应转换。遗址公园周边村落作为遗址公园的辐射地和乡土文化的载体,既可以作为遗址公园旅游服务基地,同时也可以通过具有特色的旅游吸引物,成为整个旅游吸引物系统的重要内容。白城则村作为统万城遗址周边村落,根据其区位及资源特色条件,应采用"综合保护式发展模式",在加强遗址文化内涵展示的同时,做好旅游接待服务设施的建设运营。

白城则村作为统万城国家考古遗址公园周边特色发展型村落,在当前国土空间规划指导下,结合《统万城遗址保护总体规划》(2012~2025年)和统万城国家考古遗址公园规划,从白城则村区位条件、自然地理环境、基础设施布局以及交通线路布置等实际出发,以白城则村土地利用政策为切入点,推动白城则村土地利用功能转换和空间整合,由以村民居住型用地为主的土地利用模式逐步向满足乡村文旅产业发展及旅游者多方面需求的住宿、餐饮、娱乐、文创产品生产等复合型用地模式转变,并以村落为基础划分集中连片的集聚区,将有条件的居住组团

---

① 席建超等:《旅游地乡村聚落演变与土地利用模式——野三坡旅游区三个旅游村落案例研究》,《地理学报》2014年第4期。

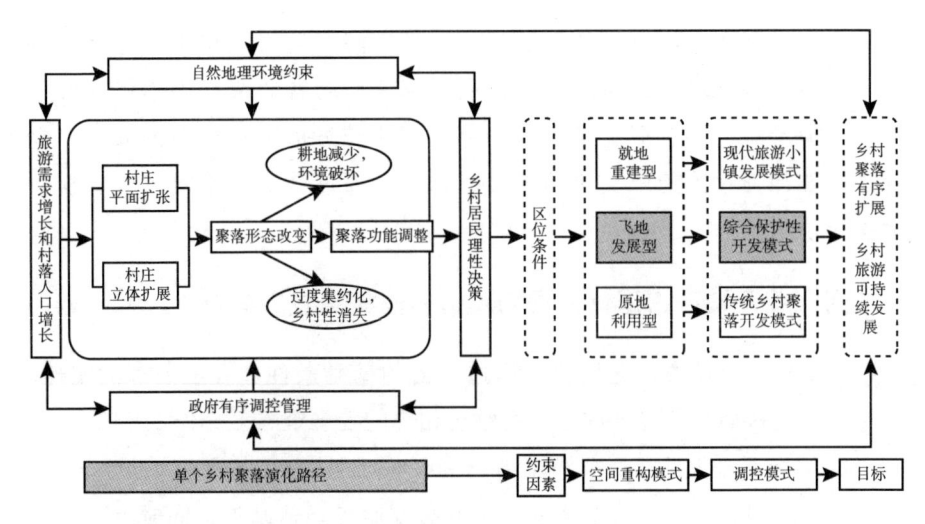

图 7-36　旅游区不同区位村落土地利用演变路径及其发展趋势

资料来源：改绘自席建超等《旅游地乡村聚落演变与土地利用模式——野三坡旅游区三个旅游村落案例》，《地理学报》2014年第4期。

整合在一起，分工协作共同发展，同时提升改造集聚区基础设施网络，加强村落与遗址的沟通联系，最终提高空间综合利用效率，形成集聚发展的村落空间利用模式。

当村落在用地方面采取集群式保护发展模式时，考古遗址公园及周边村落的发展潜力和旅游产业流转效益一定程度上取决于遗址区周边基础设施状况。首先，要构筑周边居民点与遗址区之间畅通的互动通道，完善两者间的道路体系，形成良好的交通网络，搭建旅游发展骨架。在对白城则村功能分区进行再组织的基础上，要对其路网重新进行梳理，完善白城则村与遗址区之间的道路体系，为后续发展提供良好支撑。其次，水资源是农业命脉也是遗址区旅游发展的基础支撑，水环境安全将极大影响旅游发展，白城则村应充分利用现有水库，完善水利设施，探索水资源的可持续利用途径。再次，完善配套设施也是遗址区周边村落集聚发展不可或缺的部分，在进一步规划发展中应配合考古遗址公园建设完善白城则村集聚发展区的教育、医疗、养老等公共服务设施，以满足村民们基本生活需求，提高村民生活质量。最后，应依托考古遗址公园的溢出效应，规划设计与遗址文化互补的旅游活动，并增加文旅服务设施，满足公众对各类公共活动的需求，为地段注入活力，同时实现设施共享，实现与遗址公园的协同发展，提升遗址区村落空间的利用效率。

2. 赋能景村融合，构筑互惠的共生关系

世界万物相互联系而取得和谐共生，生态学认为，共生单元间的物质与信息等共生能量的传递需要媒介或通道，这些媒介和通道构成共生界面，共生界面集中体现了共生单元之间相互作用的机制，是共生模式形成的内在动因。

统万城遗址与白城则村虽毗邻共存，交流互动却不足，统万城遗址公园建设已取得一定成效，但与遗址公园联系紧密的白城则村却仍处于无序发展状态。统万城遗址公园与白城则村之间对称性互惠共生模式是遗址区共生系统进化的方向和理性目标，同时统万城遗址公园与白城则村之间的共生关系又是一个循序渐进的过程，应将共生理念贯穿于遗址保护和乡村振兴的全过程。遗址仍是遗址区的核心价值载体，无论是遗址保护还是旅游发展都需要审慎规划，并充分考虑长期性和分期实施性。在共生关系建立初期，村庄主要承接遗址公园的外溢效应，为此，村庄应重点开展人居环境整治和旅游服务设施提升行动，打造一些农家乐、特色民宿等基础旅游产品。中期，随着遗址公园知名度的进一步提升，对村庄承接的游客量要求也进一步提升，应重点挖掘村庄的乡土文化内涵，通过遗址与乡村文化要素与空间要素的整合凝练，对白城则村历史发展中形成的重要公共空间节点进行有机串联，构建乡村记忆空间系统。同时，白城则村应围绕乡土文化开发乡村文化旅游产品，规划多样的文化活动。后期，在白城则村与遗址公园基本达到互惠平衡的共生模式基础上，相关规划应进一步促进遗址与村庄的互动，塑造地区文化品牌，精简旅游产品，提升核心产品品质，升级运营管理体系，扩大"景村共生体"的旅游影响力。

3. 培育新型产业，助推乡村振兴

由于遗址保护等制约，白城则村乡村经济发展滞后，面临乡村产业转型难题，产业亟待升级。因此，如何积极引导遗址区周边村落乡村产业发展，与遗址公园形成良好的协作关系，加快统万城周边村落发展，提升居民经济收益是未来遗址区周边村落乡村产业发展的关键。

对大遗址的保护并不意味着限制产业发展，而是要在遗址保护的相关要求下通过培育具有适应性的新型产业，以此推动发展动能转换[①]。随着考古遗址公园建设的推进，周边村落乡村产业发展模式已经逐渐向生态化可持续发展转变，旅游产业在一定意义上已成为乡土空间重组发展的主体，将各类经济生产要素注入乡村，推动乡村在经济层面的产业结构多元化和空间多功能化，同时也在促进乡村各层面发展的过程中释放乡村居民的自主性，构建地方和外部力量的互动场域，共同推动乡村实现内生性发展和持续振兴[②]。遗址区村落应选择乡村传统产业与新兴产业借势互动的模式，以"3+1"特色旅游的发展模式带动乡村第三产业发展[③]（见图 7-37、图 7-38）。在路径选择上，关键是要把实施乡村振兴战略与推进乡村旅游发展、解决制约乡村旅游发展的瓶颈问题有机结合起来，构建以产业融合为主导的产业体系、完善以政策创新为核心的支撑体系、优化以利益分享机制为重点的治理体系[④]。

目前白城则村村民自发开展了部分简单的旅游接待活动，初步呈现出"3+1"特色旅游发展趋势，但由于方式方法缺乏引导，发展势头仍然有限。因此，在打造统万城考古遗址公园时，应充分考虑遗址区村落产业发展及转型需求，通过合理的规划与引导，将白城则村打造成与统万城考古遗址公园配套的文化休闲胜地，这可以从根本上改变白城则村的居民结构，提高白城则村居民的收入和生活质量，从而实现遗址区村落乡村产业转型，解决遗址保护与遗址区村落乡村产业发展间的矛盾，增强遗址区村落产业发展后劲。同时，深挖乡村振兴政策，推进白城则村乡村旅游转型发展，解决乡村旅游发展与文物保护之间的矛盾，达成保护与利用两者间的有机平衡，构建"产业发展反哺文物保护，文物保护助推乡村振兴"的互惠体系，共同推动白城则村乡村产业实现内生性发展和持续振兴。

[①] 骆晓红：《大遗址保护中推进乡村振兴的路径探讨——以良渚遗址的保护为例》，《南方文物》2018 年第 1 期。

[②] 孙九霞等：《基于地方实践的旅游发展与乡村振兴：逻辑与案例》，《旅游学刊》2020 年第 3 期。

[③] 余侃华等：《基于生态适应性的乡村产业振兴及空间规划协同路径探新》，《生态经济》2019 年第 3 期。

[④] 银元、李晓琴：《乡村振兴战略背景下乡村旅游的发展逻辑与路径选择》，《国家行政学院学报》2018 年第 5 期。

第七章　统万城国家考古遗址公园规划策略

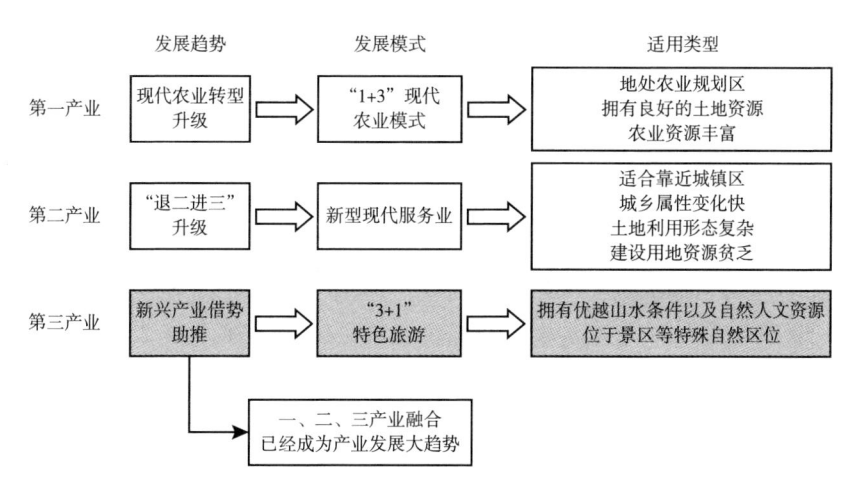

图 7-37　生态化视域下的产业发展转型框架

资料来源：余侃华等《基于生态适应性的乡村产业振兴及空间规划协同路径探新》，《生态经济》2019 年第 3 期。

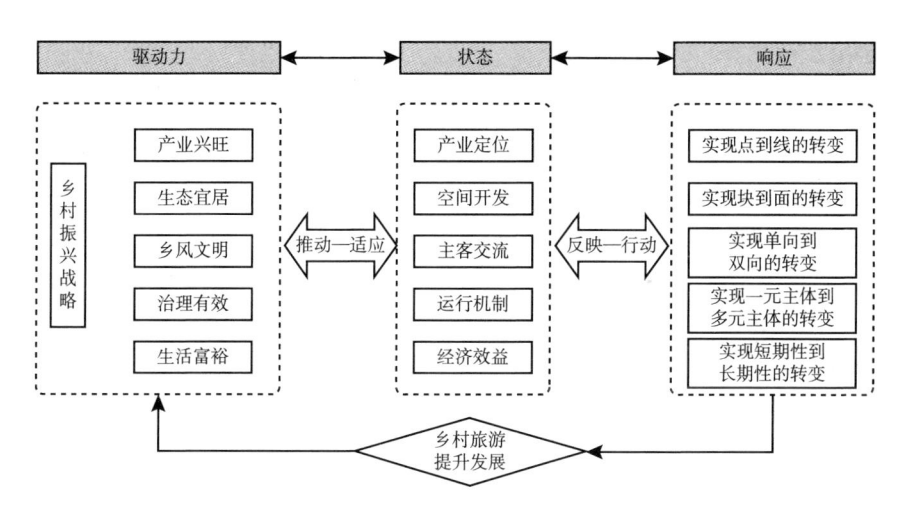

图 7-38　乡村旅游推动乡村振兴战略实施的作用机理

资料来源：余侃华等《基于生态适应性的乡村产业振兴及空间规划协同路径探新》，《生态经济》2019 年第 3 期。

4. 激活乡土情结，推动"共创"发展

本地居民是周边遗址的重要凝视者。在旅游者进入之前，本地居民常常忽视自己身处其中的遗址景观，但随着大众旅游时代的到来，人们忽然发现自己曾熟视无睹的遗址景观被越来越多的游客所顶礼膜拜，这就迫使他们对自身的文化进行重新审视，加之其所处环境与遗址间存在着高度的文化关联性，从而促使本地居民对遗址进行重新认知，激活内心的乡土情结①。在激活周边村落居民乡土情结的同时，要增强居民文物保护意识，在保证文物安全的前提下助推乡村振兴。在时间的推移中，统万城遗址在遗址区村落间已经成为一种文化纽带，形成了较高的文化关联度，而这样的文化关联，有利于提升聚落间的聚合力，从而使遗址公园与周边聚落集群式发展拥有了共同的文化基因。在统万城考古遗址公园的规划建设中，白城则村村民作为统万城遗址的重要凝视者，应充分挖掘其文化记忆，以统万城遗址为中心，白城则村乡土记忆为文化展示基础，统万城的主题化展示为凝视确立具体的视觉焦点，促进统万城考古遗址公园发展的同时激活周边村落居民乡土情结，助推乡村振兴（见图 7-39）。在激活乡土情结的同时，针对白城则村村民文化保护意识薄弱的问题，应加大对村民的文物保护宣传力度，协调文物保护机构与当地村民间的矛盾，让文物保护意识深入人心，达到文物保护、文物利用与乡村发展三者之间的平衡。

　　引入"共创"（Co-production）理念，以村落空间营造为中心，将规划和管理联系起来，营造一个供学者、规划师、社区、游客等利益相关者在地方层面的交流、对话平台，以共同进行遗产的认知、管理与阐释。合作意识是"共创"的核心②。在白城则村与统万城国家考古遗址公园打造"共创"模式过程中，首先，应建立合作管理环境，使白城则村居民切实参与到统万城遗址保护和开发利用以及遗址公园的运营管理中，形成统万城考古遗址公园与白城则村居民参与的多元合作模式；其次，应注重白城则村与统万城国家考古遗址公园共创发展中的社会正义和伦理问题，在保证文化认可和资源公平分配的基础上提升社会公正意识，从而提高本地居民的共创参与度；最后，白城则村居民的共创参与将帮助游客理解和欣赏不同背景下的统万城文化，从而推动统万城遗址区整体发展。

---

① 樊友猛、谢彦君：《记忆、展示与凝视：乡村文化遗产保护与旅游发展协同研究》，《旅游科学》2015 年第 1 期。

② Y. Zhu, *Heritage Tourism: From Problems to Possibilities*, Cambridge: Cambridge University Press, 2021.

第七章 统万城国家考古遗址公园规划策略

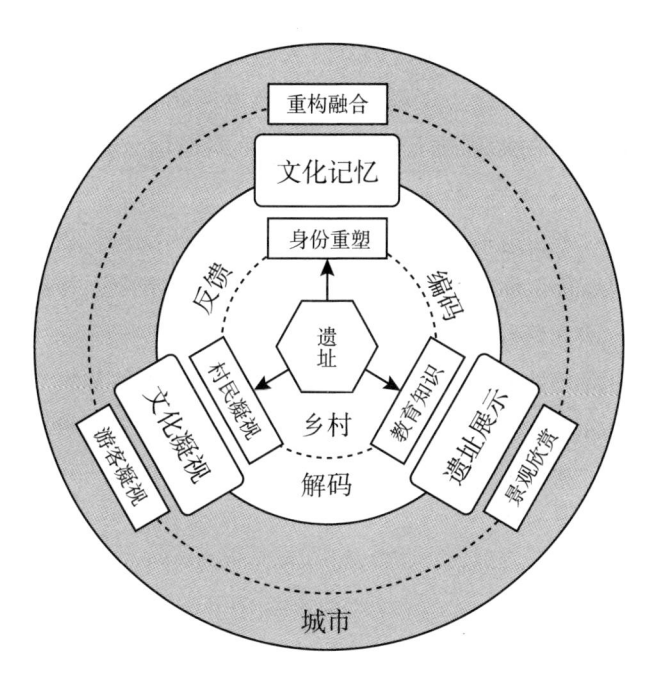

图 7-39 统万城遗址"记忆—展示—凝视"模型

本章小结

本章从遗址保护、公园规划和区域发展多重视角融贯的研究视野，对统万城考古遗址公园规划中的文物影响、边界划定、弹性策略、景观安全格局建构、遗址空间叙事展示、景村协同发展六方面进行了逐一研究。主要分为以下六部分内容。

一、思考统万城考古遗址公园建设项目中文物影响最小化的各项举措，提出文物影响最小化策略。

二、从遗址保护、公园管理、区域协调等多个层面进行现状分析，分析研判统万城考古遗址公园边界划定等关键问题，努力实现遗址资源的完整保护、多元主体的管理协调、遗址区的协调共生。

三、阐述统万城考古遗址公园规划要为遗址及其历史环境的保护利用及动态考古留有余地，为公园未来发展提供选择，提出加强考古遗址公园规划适用性的"弹性规划策略"。

四、创新性探索考古遗址公园景观安全格局的构建方法，通过分析统万城遗址面临的遗址文化、景观、生态敏感度问题，借用 GIS 软件构建其景观安全格局，并在此基础上提出统万城考古遗址公园的空间布局规划策略。

五、通过对考古遗址公园展示利用现状问题的反思，创新提出以空间叙事手法对遗址价值和内涵进行阐释与表达的策略措施，并提出"叙事性展示设计"方法和路径。

六、在对统万城考古遗址公园周边村落的基础条件和发展需求进行梳理的基础上，针对白城则村面临的发展问题，加强公园建设与区域发展的辩证思考，以"集聚发展"的思路进行综合对策研究。

结 论

当前，文化在全球综合国力竞争中的地位和作用日益凸显，文化复兴对整个社会发展的推动作用更加强劲，正如一些学者所认为的那样，我们的时代正在成为一个"文化的时代"。新时代，文物保护事业进入了新阶段，打造考古遗址公园已经成为公众普遍认可的大遗址保护利用模式。然而，前此诸多实践表明，考古遗址公园因其构成的复杂、利益的冲突、运作周期的漫长以及建设中所面临的诸多不确定的动态变化因素，在经过十多年的建设实践之后，当前考古遗址公园仍然存在难以完全适应社会经济发展要求的现实状况，可以说，在考古遗址公园领域，实践已在很大程度上领先于理论发展。基于此，有必要加强考古遗址公园理论研究，特别是不同区位条件下考古遗址公园规划适应性策略研究亟待加强，本书即针对环境脆弱地区荒野型大遗址建设考古遗址公园的规划策略进行了较为系统深入的思考。

统万城遗址价值高、地面遗存丰富、周边景观环境具有多样性，遗址区位虽然较为偏远，但近年来，遗址区交通条件大为改善，建设统万城国家考古遗址公园的条件已经成熟，当前，统万城考古遗址公园建设不断提速，不久的将来，一座设施完善的考古遗址公园将出现在鄂尔多斯高原南缘。在本书中，我们首先回顾了我国考古遗址公园发展的成果与经验，明确了考古遗址公园研究趋势，针对统万城历史研究极为丰富的现状，通过文献的系统整理回顾总结了统万城历史发展演变进程，通过对统万城考古工作及相关城市复原研究成果的总结，提出了夏国时期统万城的空间布局特征，这些构成了统万城遗址价值的研究基础。考古遗址公园作为大遗址保护展示工程，在当前文物活化利用的现实背景下，已大大扩展了其功能，为此，本书在传统遗产价值评估重视定性研究的基础上，创新设计了考古遗址公园视域下大遗址价值评估指标体系，通过对统万城遗址相关历史文化信息的梳理分析总结，多层次、多角度地对统万城遗址进行了科学理性的价值评估，并由此确定公园规划的目标、定位和重点。此外，本书对考古遗址公园规划建设若干关键问题进行了系统研究，在此基础上，针对统万城考古遗址公园建设运营管理提出了若干规划策略，本书的主要结论与创新点包括以下几个方面。

一是促进遗址基本价值与政治、经济、文化等多重衍生价值的协调，尝试以考古遗址公园建设为取向对大遗址价值提出新的价值认知维度，在考古遗址公园规划过程中，既要实现遗址自身价值的表达与阐释，又要推动其衍生价值随时代的发展而不断丰富。

二是在社会经济快速发展的时代背景下，面对考古工作、政策环境、社会环境等各个方面的不确定性，本书提出建立一个具备高弹性和高适应能力的规划体系，来支撑考古遗址公园的建设发展，以应对复杂社会经济环境和脆弱生态环境的挑战。

三是对于处在生态环境敏感地区的遗址，在建设考古遗址公园过程中，既要加强遗址保护，同时也要关注遗址区生态安全，本书运用景观安全格局理论，通过内部功能空间的有机秩序以及设施的合理布局，营造一个遗址环境安全、生态环境安全，适应未来环境变化、符合地域特色、可持续发展的考古遗址公园。

四是随着政府、社会和公众对于考古遗址公园事业的关注，考古遗址公园正在演变成一项全社会共同参与的文化事业和社会工程。为此，考古遗址公园规划必将进一步推动考古遗址公园管理运营模式向公共政策转型和向公众参与转变，激发考古遗址公园建设活力。

五是面对以往考古遗址公园与周边社区割裂的局面，通过与社区协同发展妥善处理好遗址保护与区域发展之间的关系，依托遗址区丰富的地方文化资源，在强化地方文化展示的同时，增强遗址区民众的地方情感，有效建立遗址与周边社区、村庄的正向联系。

参考文献

中文文献

（一）期刊文章

［1］艾冲：《西汉时期上郡诸县治城位置新探》，《陕西历史博物馆馆刊》2015年第00期。

［2］曹兵武：《本体·信息·价值·作用——关于文化遗产保护传承的几个理论问题》，《中国文化遗产》2019年第1期。

［3］曹颖新：《中国古代的重农传统》，《学习时报》2020年11月30日，第3版。

［4］曹勇：《大遗址保护规划区划的划定分析研究——以广东大遗址为例》，《东南文化》2015年第2期。

［5］柴晓明、刘爱河：《大遗址历史文化内涵的展示与阐释》，《中国文物科学研究》2014年第1期。

［6］常光宇、胡燕：《探索传统村落集群式保护发展》，《城市发展研究》2020年第12期。

［7］陈稳亮：《大遗址保护中的弹性规划策略研究——基于雍城遗址保护的思考》，《城市发展研究》2009年第8期。

［8］陈稳亮等：《共生还是绝离？——居民融入汉长安城遗址保护与发展问题探究》，《城市发展研究》2014年第11期。

［9］陈希萌等：《城市公园设计策略——上海桃浦中央公园弹性空间与边界研究》，《住宅科技》2016年第7期。

［10］陈曦等：《国家公园双层边界划定思路与建议》，《规划师》2019年第17期。

［11］陈曦、霍焱：《城址类考古遗址公园价值核心的阐释与展示设计手法》，《中华建设》2012年第12期。

［12］陈喜波：《统万城址中的匈奴文化探析》，《榆林学院学报》2008年

第 5 期。

[13] 陈筱等：《元中都考古调查与复原试探——兼谈中国近古都城发展史的研究》，《中国历史地理论丛》2018 年第 4 期。

[14] 陈筱娇：《中国古代设计中的"胡化"与汉胡融合现象研究》，南京艺术学院博士学位论文，2018。

[15] 陈耀华、刘强：《中国自然文化遗产的价值体系及保护利用》，《地理研究》2012 年第 6 期。

[16] 成一农：《中国古代城市选址研究方法的反思》，《中国历史地理论丛》2012 年第 1 期。

[17] 戴应新：《统万城城址勘测记》，《考古》1981 年第 3 期。

[18] 戴应新：《夏国统万城考古记》，台湾《故宫学术季刊》1999 年第 2 期。

[19] 单霁翔：《大型考古遗址公园的探索与实践》，《中国文物科学研究》2010 年第 1 期。

[20] 单霁翔：《实现考古遗址保护与展示的遗址博物馆》，《博物馆研究》2011 年第 1 期。

[21] 单霁翔：《试论考古遗址公园的科学发展》，《中国国家博物馆馆刊》2011 年第 1 期。

[22] 邓辉等：《从统万城的兴废看人类活动对生态环境脆弱地区的影响》，《中国历史地理论丛》2001 年第 2 期。

[23] 邓辉等：《利用彩红外航空影像对统万城的再研究》，《考古》2003 年第 1 期。

[24] 邓元媛等：《景观视域下城市工业遗产地价值评估研究》，《中国园林》2017 年第 11 期。

[25] 丁金华等：《弹性理念下的水网乡村景观更新规划》，《规划师》2016 年第 6 期。

[26] 董一平、侯斌超：《工业遗存的"遗产化过程"思考》，《新建筑》2014 年第 4 期。

[27] 杜金鹏：《大遗址保护与考古遗址公园建设》，《东南文化》2010 年第 1 期。

[28] 段清波：《论考古学学科目标和文化遗产的核心价值》，《中原文化研

究》2016年第3期。

[29] 樊友猛、谢彦君：《记忆、展示与凝视：乡村文化遗产保护与旅游发展协同研究》，《旅游科学》2015年第1期。

[30] 冯平等：《"复杂现代性"框架下的核心价值建构》，《中国社会科学》2013年第7期。

[31] 冯淑华、沙润：《古村落场理论及景观安全格局探讨》，《地理与地理信息科学》2006年第5期。

[32] 冯铁宏等：《GIS技术在萨拉乌苏考古遗址公园规划设计中的应用》，《文物保护与考古科学》2014年第4期。

[33] 干立超、姚瑶：《城市型考古遗址公园与城市协调发展的规划探讨——以临安吴越国王陵考古遗址公园规划为例》，《建筑与文化》2021年第3期。

[34] 高慧：《浅析国家考古遗址公园社会经济影响——以汉魏洛阳故城国家考古遗址公园为例》，《卷宗》2018年第31期。

[35] 葛承雍：《大明宫：珍贵的记忆遗产——〈唐大明宫史料汇编〉》，《中国文物报》2012年8月3日，第4版。

[36] 葛承雍：《唤醒大遗址废墟中的审美记忆》，《西北民族大学学报》（哲学社会科学版）2015年第2期。

[37] 管彦波：《中国古代史上的民族融合问题（上）》，《历史教学》2001年第8期。

[38] 郭旃：《〈西安宣言〉——文化遗产环境保护新准则》，《中国文化遗产》2005年第6期。

[39] 杭侃：《从年度报告看国家考古遗址公园的展示问题》，《中国文物报》2015年5月22日，第5版。

[40] 侯仁之：《从红柳河上的古城废墟看毛乌素沙漠的变迁》，《文物》1973年第1期。

[41] 侯甬坚等：《北魏（AD386——534）鄂尔多斯高原的自然—人文景观》，《中国沙漠》2001年第2期。

[42] 胡珂：《使用DEM水文分析方法发现的统万城古河道及其环境意义的初步讨论》，《考古与文物》2015年第4期。

[43] 胡玉春：《大夏国铁弗匈奴社会经济状况探析》，《兰州学刊》2010

年第3期。

[44] 胡玉春：《铁弗大夏国国政治制度研究》，《内蒙古大学学报》（哲学社会科学版）2012年第1期。

[45] 胡玉春：《铁弗匈奴迁居朔方考》，《西夏研究》2014年第3期。

[46] 华红莲等：《哈尼梯田遗产地居民地方感与梯田保护态度的关系》，《热带地理》2016年第4期。

[47] 黄琼、周剑虹：《大遗址阐释系统构建初步研究》，《江汉考古》2014年第2期。

[48] 黄小刚等：《陕西靖边统万城建城时期地表物质成因与自然环境》，《自然资源学报》2020年第6期。

[49] 金灿等：《乡土精神与规划弹性的结合》，《规划师》2003年第7期。

[50] 孔黎明、康健：《基于移动增强现实的建筑遗址展示评估》，《中国文化遗产》2017年第1期。

[51] 李百进、徐振江：《兴庆宫文化遗址公园"初阳门"的设计》，《古建园林技术》1988年第2期。

[52] 李长盈：《滨水类古遗址保护区划划定研究——以湖北若干古遗址为例》，《江汉考古》2020年第4期。

[53] 李长盈、付江：《浅谈山地类古遗址保护区划的划定——以唐崖土司城址为例》，《三峡论坛》（三峡文学·理论版）2016年第3期。

[54] 李德顺、龙旭：《关于价值和"人的价值"》，《中国社会科学》1994年第5期。

[55] 李红香：《论民族文化与环境的适应、冲突及其对生态恢复的影响——以统万城周边地带生态变迁为例》，《原生态民族文化学刊》2014年第3期。

[56] 李虹等：《基于GIS和历史地图的清代兰州城市空间格局研究》，《测绘与空间地理信息》2018年第2期。

[57] 李华、沈慷：《"展示中的设计"笔记：作为阐释的空间》，《新建筑》2009年第1期。

[58] 李健超：《统万城、赫连城的军事防御特点》，《碑林集刊》2014年第1期。

[59] 李涛等：《苏南乡村旅游空间集聚特征与结构研究》，《地理研究》

2020年第10期。

[60] 李文才：《赫连氏夏政权职官制度考论》，《河北学刊》2015年第2期。

[61] 李文静：《殷墟国家考古遗址公园建设与运营管理研究》，《殷都学刊》2016年第2期。

[62] 李晓东：《大型古遗址保护的开创阶段》，《中国文物科学研究》2006年第2期。

[63] 李晓峰：《铸牢中华民族文化共同体意识》，《中国社会科学报》2018年5月8日，第6版。

[64] 李治安：《中华文明多元融汇与大一统》，《人民日报》2015年10月22日，第8版。

[65] 林亦府等：《统合治理：地方政府文化旅游项目的运作逻辑》，《中国行政管理》2018年第7期。

[66] 刘斌：《从良渚遗址谈关于遗址公园建设的思考》，《中国文物报》2013年7月19日，第5版。

[67] 刘滨谊：《景观规划设计三元论》，《中国标识》2005年第1期。

[68] 刘传明、曾菊新：《新一轮区域规划若干问题探讨》，《地理与地理信息科学》2006年第4期。

[69] 刘建国：《城市考古学导论》，《南方文物》1995年第4期。

[70] 刘康等：《甘肃省生态环境敏感性评价及其空间分布》，《生态学报》2003年第12期。

[71] 刘科伟、牛栋：《汉长安城遗址保护与开发利用的现状、问题及对策探讨》，《经济地理》1999年第5期。

[72] 刘克成等：《大明宫国家遗址公园：总体规划设计》，《建筑创作》2012年第1期。

[73] 刘克成：《解说大明宫国家大遗址保护展示示范园区暨遗址公园总体规划》，《中国文化遗产》2009年第4期。

[74] 刘卫红：《大遗址保护规划中价值定性评价体系的构建》，《西北大学学报》（自然科学版）2011年第5期。

[75] 刘卫红：《大遗址展示理念方法问题的探讨》，《地域研究与开发》2013年第2期。

[76] 刘以慧、王京传：《国家考古遗址公园功能定位的三重向度》，《中国社会科学报》2021年1月7日，第7版。

[77] 刘卓君、赵文斌：《国家考古遗址公园植物配置及生态修复策略——以汉长安城未央宫国家考古遗址公园环境修复植物专项设计为例》，《城市住宅》2019年第9期。

[78] 刘宗刚、刘波：《城市文脉的延续与彰显——唐大明宫遗址公园的保护与展示》，《风景园林》2012年第2期。

[79] 陆航：《走进统万城考古——访统万城遗址考古队队长、陕西省考古研究院研究员邢福来》，《中国社会科学报》2019年3月8日，第5版。

[80] 陆邵明、王伯伟：《情节：空间记忆的一种表达方式》，《建筑学报》2005年第11期。

[81] 陆邵明：《拯救记忆场所 建构文化认同》，《人民日报》2012年4月12日，第23版。

[82] 吕宁：《文化遗产的价值类型浅探》，《中国文物报》2012年3月23日，第6版。

[83] 骆晓红：《大遗址保护中推进乡村振兴的路径探讨——以良渚遗址的保护为例》，《南方文物》2018年第1期。

[84] 骆晓红：《试析良渚遗址的保护与利用》，《杭州文博》2015年第1期。

[85] 马建昌、张颖：《近年来国内大遗址保护与管理运营问题研究述评》，《江汉考古》2014年第5期。

[86] 马英等：《再现本钢——基于对工业遗产科技价值再认识的阐释与展示利用探析》，《建筑创作》2020年第1期。

[87] 麦克尔·弗莱克斯曼：《地理设计基础》，迟晓毅译，《中国园林》2010年第4期。

[88] 孟宪民：《梦想辉煌：建设我们的大遗址保护展示体系和园区——关于我国大遗址保护思路的探讨》，《东南文化》2001年第1期。

[89] 聂康才等：《基于景观敏感度和用地适宜性评价的景区分级保护规划》，《规划师》2015年第2期。

[90] 宁倩：《探索国家考古遗址公园在元中都大遗址保护方面的应用》，

《人类文化遗产保护》2012年第1期。

[91] 朴汉济、李椿浩：《魏晋南北朝时期墓葬习俗的变化与墓志铭的流行》，《故宫学刊》2010年第1期。

[92] 邱建、张毅：《国家考古遗址公园及其植物景观设计：以金沙遗址为例》，《中国园林》2013年第4期。

[93] 阙维民：《"考古遗址公园"的名称悖论——以"圆明园遗址公园"为案例》，《中国文化遗产》2015年第5期。

[94] 荣新江：《四海为家——粟特首领墓葬所见粟特人的多元文化》，《上海文博论丛》2004年第4期。

[95] 申亮、王葆华：《景观生态格局分析在风景园林规划中的应用》，《安徽农业科学》2011年第29期。

[96] 史念海：《两千三百年来鄂尔多斯高原和河套平原农林牧地区的分布及其变迁》，《北京师范大学学报》1980年第6期。

[97] 苏卉等：《我国文化遗产资源经济价值评估研究——以唐大明宫遗址为例》，《价格理论与实践》2014年第11期。

[98] 孙华：《遗产价值的若干问题——遗产价值的本质、属性、结构、类型和评价》，《中国文化遗产》2019年第1期。

[99] 孙九霞等：《基于地方实践的旅游发展与乡村振兴：逻辑与案例》，《旅游学刊》2020年第3期。

[100] 孙同兴等：《陕北统万城地区历史自然景观及毛乌素沙漠迁移速率》，《古地理学报》2004年第3期。

[101] 孙雅斐：《城市中心区大遗址保护与展示的探索与实践——以郑州商城国家考古遗址公园建设为例》，《长江丛刊》2020年第18期。

[102] 汤倩颖：《考古遗址公园建设项目可行性研究报告的编制》，《中国文物科学研究》2016年第1期。

[103] 汤勤福：《从民族自觉意识看"淝水之战"性质问题》，《南京晓庄学院学报》2001年第1期。

[104] 唐薇：《城址类考古遗址公园现场展示设计策略研究——以北庭故城遗址为例》，《城市住宅》2020年第9期。

[105] 陶宗震：《统万城的兴衰及其重要的历史价值》，《南方建筑》1995年第3期。

[106] 腾磊:《何为文物影响评估（CHIA）》,《中国文物报》2014 年 5 月 2 日,第 6 版。

[107] 滕磊:《关于文物古迹价值评估的几点认识》,《中国文物科学研究》2013 年第 2 期。

[108] 滕磊:《国家考古遗址公园的实践与思考》,《博物院》2018 年第 5 期。

[109] 同衡:《遗产价值的当下思考》,《中外文化交流》2015 年第 6 期。

[110] 童明康:《以国家考古遗址公园积极保护大遗址》,《世界遗产》2014 年第 10 期。

[111] 王北辰:《公元六世纪初期鄂尔多斯沙漠图图说——南北朝、北魏夏州境内沙漠》,《中国沙漠》1986 年第 3 期。

[112] 王北辰:《毛乌素沙地南沿的历史演化》,《中国沙漠》1983 年第 4 期。

[113] 王朝辉等:《世博建设期上海市旅游住宿产业空间格局演化》,《地理学报》2012 年第 10 期。

[114] 王刚等:《"统万城"复原图考》,《文物世界》2004 年第 6 期。

[115] 王根绪等:《生态安全评价研究中的若干问题》,《应用生态学报》2003 年第 9 期。

[116] 王航宇等:《虚拟现实技术在世界文化遗产保护中的应用——以秦始皇陵为例》,《数字技术与应用》2012 年第 6 期。

[117] 王京传:《大遗址旅游:保护与开发的协同实现》,《社会科学家》2009 年第 1 期。

[118] 王京传:《国家考古遗址公园:文物保护创新模式》,《中国社会科学报》2019 年 1 月 10 日,第 8 版。

[119] 王浪、张河清:《统万城旅游资源开发初探》,《榆林学院学报》2007 年第 1 期。

[120] 王璐、刘克成:《中国考古遗址公园中遗址展示的问题与原则》,《建筑学报》2016 年第 10 期。

[121] 王巍、吴葱:《浅析中国文化遗产的价值体系——基于价值的特点、关系和本土语境》,《中国文化遗产》2019 年第 1 期。

[122] 王新文等:《城市型大遗址社会价值研究》,《城市发展研究》2020

年第 9 期。

[123] 王新文等：《基于保护的考古遗址公园旅游产品设计初探》，《西北大学学报》（自然科学版）2012 年第 4 期。

[124] 王新文等：《考古遗址公园研究进展与趋势》，《中国园林》2019 年第 7 期。

[125] 王新文：《基于世界遗产视野的统万城遗址价值认识及保护建议》，《建筑与文化》2015 年第 8 期。

[126] 王新文：《考古遗址公园三论》，《东南文化》2013 年第 3 期。

[127] 王新文、孔黎明：《信息传播视角下的考古遗址展示初论》，《中国文物科学研究》2015 年第 4 期。

[128] 吴次芳、邵霞珍：《土地利用规划的非理性、不确定性和弹性理论研究》，《浙江大学学报》（人文社会科学版）2005 年第 4 期。

[129] 吴宏岐：《关于大夏国都统万城的城市形态与内部布局问题》，《中国历史地理论丛》2004 年第 3 期。

[130] 吴洪琳：《十六国时期铁弗匈奴的民族心态——以赫连勃勃为主》，《陕西师范大学学报》（哲学社会科学版）2006 年第 5 期。

[131] 吴洪琳：《铁弗匈奴的族源、族称及其流散》，《青海民族大学学报》（社会科学版）2011 年第 3 期。

[132] 吴欣：《从"制度"到"生活"：运河研究的新维度》，《光明日报》2016 年 8 月 10 日，第 14 版。

[133] 吴镇烽：《秦晋两省东汉画像石题记集释——兼论汉代圜阳、平周等县的地理位置》，《考古与文物》2006 年第 1 期。

[134] 伍长云：《文化遗产存在价值论》，《社会科学战线》2015 年第 11 期。

[135] 席建超等：《旅游地乡村聚落演变与土地利用模式——野三坡旅游区三个旅游村落案例研究》，《地理学报》2014 年第 4 期。

[136] 肖竞、曹珂：《叙述历史的空间——叙事手法在名城保护空间规划中的应用》，《规划师》2013 年第 12 期。

[137] 邢福来等：《统万城遗址近几年考古工作收获》，《考古与文物》2011 年第 5 期。

[138] 邢福来：《关于统万城东城的几个问题》，《考古与文物》2014 年第

5期。

[139] 熊文、邱凉：《城乡一体化景观生态安全格局研究初探——广州市城乡一体生态安全格局分析》，《水利渔业》2006年第2期。

[140] 徐嵩龄：《中国遗产旅游业的经营制度选择——兼评"四权分离与制衡"主张》，《旅游学刊》2003年第4期。

[141] 徐小玲、延军平：《统万城的现代意义与价值研究》，《中国历史地理论丛》2004年第3期。

[142] 薛正昌：《赫连勃勃与统万城》，《天水师范学院学报》2003年第4期。

[143] 燕连福、申丽娟：《大明宫遗址物质文化资源产业开发探析》，《西安建筑科技大学学报》（社会科学版）2011年第4期。

[144] 杨昌鸣等：《直接展现与间接再现——国家考古遗址公园城墙遗址展示模式的比较》，《中国园林》2013年第5期。

[145] 杨蕤：《河套之都：作为区域中心城市的统万城——兼论河套地区中心城市的形成与转移》，《宁夏社会科学》2015年第5期。

[146] 叶亚乐等：《扬州宋三城平面形态复原研究》，《城市规划学刊》2018年第6期。

[147] 银元、李晓琴：《乡村振兴战略背景下乡村旅游的发展逻辑与路径选择》，《国家行政学院学报》2018年第5期。

[148] 尹奇等：《土地利用的弹性规划研究》，《农业工程学报》2006年第1期。

[149] 〔英〕格里·斯托克：《作为理论的治理：五个论点》，华夏风译，《国际社会科学杂志》（中文版）1999年第1期。

[150] 余洁、唐龙：《我国遗址类文化遗产资源管理制度变迁及其特征》，《生态经济》2010年第11期。

[151] 余侃华等：《基于生态适应性的乡村产业振兴及空间规划协同路径探新》，《生态经济》2019年第3期。

[152] 俞孔坚等：《弹性景观——金华燕尾洲公园设计》，《建筑学报》2015年第4期。

[153] 俞孔坚等：《论城市景观生态过程与格局的连续性——以中山市为例》，《城市规划》1998年第4期。

[154] 俞孔坚等：《论"反规划"》，《城市规划》2005年第9期。

[155] 俞孔坚等：《敏感地段的景观安全格局设计及地理信息系统应用——以北京香山滑雪场为例》，《中国园林》2001年第1期。

[156] 俞孔坚：《景观的含义》，《时代建筑》2002年第1期。

[157] 俞孔坚：《景观敏感度与阈值评价研究》，《地理研究》1991年第2期。

[158] 俞孔坚：《生物保护的景观生态安全格局》，《生态学报》1999年第1期。

[159] 俞少逸：《统万城遗址调查》，《文物参考资料》1957年第10期。

[160] 袁林：《从人口状况看统万城周围环境的历史变迁——统万城考察札记一则》，《中国历史地理论丛》2004年第3期。

[161] 詹秦川、宋小叶：《略谈大明宫文化景观遗产的人文意蕴及突出的普遍价值》，《美术教育研究》2013年第11期。

[162] 张成渝、谢凝高：《世纪之交中国文化和自然遗产保护与利用的关系》，《人文地理》2002年第1期。

[163] 张岱年：《论价值的层次》，《中国社会科学》1990年第3期。

[164] 张国超：《我国文化遗产经营管理模式创新问题——以文化遗产景区为中心》，《江汉大学学报》（人文科学版）2009年第5期。

[165] 张海：《景观考古学——理论、方法与实践》，《南方文物》2010年第4期。

[166] 张剑葳、戎卿文：《读景与循构：金中都历史景观的整体感知与保护》，《建筑学报》2020年第9期。

[167] 张杰等：《基于城市记忆的承德古城数字化复原研究》，《建筑技艺》2018年第7期。

[168] 张丽华、林善浪：《创新集聚与产业集聚的相关性研究》，《科学学研究》2010年第4期。

[169] 张伟英、王欣晨：《当代神圣空间的悬念叙事——以安藤忠雄的"水之教堂"为例》，《设计》2015年第3期。

[170] 张永帅：《关于统万城历史的几个问题》，《中国历史地理论丛》2008年第1期。

[171] 张韵：《我国大遗址管理机构现状和管理体制研究初探》，《内蒙古

文物考古》2009年第2期。

[172] 张志豪等：《良渚古城遗址区民生差异化发展现状与振兴策略研究——基于三个典型边缘聚落的比较与分析》，《小城镇建设》2021年第4期。

[173] 张中华、段瀚：《基于Amos的环境地方性与游客地方感之间的关系机理分析——以西安大明宫国家考古遗址公园为例》，《旅游科学》2014年第4期。

[174] 张忠培：《中国大遗址保护的问题》，《考古》2008年第1期。

[175] 张祖群：《大遗址的文化价值、经济价值分异探讨——汉长安城案例》，《北京理工大学学报》（社会科学版）2006年第1期。

[176] 张祖群：《统万城研究综述：中国北方自然——人文地理环境变迁的标尺》，《西安文理学院学报》（社会科学版）2013年第6期。

[177] 郑文俊：《考古遗址公园旅游开发研究——以广西柳州白莲洞为例》，《沈阳大学学报》（社会科学版）2013年第2期。

[178] 郑育林：《遗址公园：大遗址保护和城市建设的有效结合》，《中国文化遗产》2009年第4期。

[179] 郑育林、张立：《西安"大遗址保护特区"的构想与建设路径》，《西安交通大学学报》（社会科学版）2010年第4期。

[180] 郑宗和、黄延复：《古址新貌清华大学修建近春园遗址公园》，《北京园林》1990年第4期。

[181] 周清澍：《从察罕脑儿看元代的伊克昭盟地区》，《内蒙古大学学报》（哲学社会科学版）1978年第2期。

[182] 周松：《明初察罕脑儿卫置废考》，《中国历史地理论丛》2009年第2期。

[183] 周学鹰等：《考古遗址公园：传统与现代辉映文化与生态相融》，《建筑与文化》2018年第4期。

[184] 周阳阳、刘蓉：《统万城建城及相关问题研究》，《重庆交通大学学报》（社会科学版）2014年第3期。

（二）专著

[1]〔加拿大〕布鲁斯·炊格尔：《时间与传统》，蒋祖棣、刘英译，生活·读书·新知三联书店，1991。

［2］ 蔡靖泉：《文化遗产学》，华中师范大学出版社，2014。
［3］ 戴应新：《大夏国与统万城》，三秦出版社，2015。
［4］ 傅熹年主编《中国古代建筑史》第2卷，中国建筑工业出版社，2001。
［5］ 顾祖禹撰《读史方舆纪要》卷三，贺次君、施和金点校，中华书局，2005。
［6］ 胡汝砺编《嘉靖宁夏新志》，管律重修，宁夏人民出版社，1982。
［7］ 刘卫红：《中国大遗址保护理论与方法研究》，科学出版社，2020。
［8］ 前田正名：《平城历史地理学研究》，李凭等译，上海古籍出版社，2012。
［9］ 陕西师范大学西北环发中心编《统万城遗址综合研究》，三秦出版社，2004。
［10］ 石小龙等编著《广泽清流：匈奴故都统万城文物辑录》，文物出版社，2019。
［11］ 吴东风主编《文物影响评估》，科学出版社，2016。
［12］ 吴良镛：《中国人居史》，中国建筑工业出版社，2014。
［13］ 西安市文物局等编著《迈向世遗：西汉帝都未央宫遗址申遗之路》，文物出版社，2014。
［14］ 杨天宇撰《周礼译注》，上海古籍出版社，2004。
［15］〔芬〕尤嘎·尤基莱托：《建筑保护史》，郭旃译，中华书局，2011。
［16］ 张沛、张中华等：《失落与再生：秦巴山区传统村落地方性知识图谱构建》，社会科学文献出版社，2021。
［17］《中国大百科全书·考古卷》，中国大百科全书出版社，1986。
［18］《中国大百科全书·文物·博物馆卷》，中国大百科全书出版社，1993。
［19］ 中国历史博物馆考古部编《当代国外考古学理论与方法》，三秦出版社，1991。

（三）论文集

（a）会议论文

［1］ 孔黎明：《移动增强现实技术在建筑遗址展示中的应用》，2016年全国建筑院系建筑数字技术教学研讨会会议论文，沈阳，2016年9月。
［2］ 刘丹等：《弹性视角下的可持续城市化与规划创新》，城市时代，协同规划——2013中国城市规划年会会议论文，青岛，2013年11月。
［3］ 骆畅等：《国家考古遗址公园规划设计初探——以两城镇考古遗址公

园为例》，城市时代，协同规划——2013中国城市规划年会会议论文，青岛，2013年11月。

[4] 倪士毅：《浅谈"南宋故宫遗址公园"的建设问题》，中国古都学会第四届年会会议论文，杭州，1986年。

[5] 唐纳德：《景观设计本土化的研究》，第二届中国环境艺术设计国际学术研讨会会议论文，上海，2008年5月。

[6] 田壮、张梦：《空间叙事理论下的历史文化空间设计策略研究——以郑州荥阳故城西南隅为例》，2019中国城市规划年会会议论文，重庆，2019年10月。

[7] 王向荣、林箐：《现代景观的价值取向》，中国科协第五届青年学术年会会议论文，上海，2004年11月。

[8] 吴宏岐、阎希娟：《抗战时期陪都西京筹备计划与西京市区分区方案》，中国古都学会2002年年会暨长江上游城市文明起源学术研讨会会议论文，成都，2002年6月。

[9] 俞孔坚、李迪华：《论反规划与城市生态基础设施建设》，中国科协2002年学术年会会议论文，成都，2002年9月。

[10] 曾新春：《土地利用弹性规划在控制性详细规划中的实践——以南京市浦口中心地区为例》，2007中国城市规划年会会议论文，哈尔滨，2007年9月。

[11] 赵文斌、褚天骄：《大遗址保护与展示规划初探》，2012国际风景园林师联合会（IFLA）亚太区会议暨中国风景园林学会2012年会会议论文，上海，2012年10月。

（b）学位论文

[1] 白茚骏：《陕北榆林地区汉代城址研究》，西北大学硕士学位论文，2010。

[2] 陈冲：《西汉帝陵遗址区村落保护与更新策略研究——以汉高祖长陵遗址区怡魏村为例》，西安建筑科技大学硕士学位论文，2020。

[3] 陈稳亮：《大遗址保护与区域发展的协同——基于〈汉长安城遗址保护总体规划〉的探索》，西北大学博士学位论文，2010。

[4] 丛桂芹：《价值建构与阐释——基于传播理念的文化遗产保护》，清华大学博士学位论文，2013。

[5] 达勇：《大明宫国家遗址公园景观设计研究》，陕西科技大学硕士学位

论文，2013。

［6］方澜：《中国纺织产业集群的演化理论与实证研究》，东华大学博士学位论文，2006。

［7］付蓉：《世界文化遗产框架下大明宫国家考古遗址公园保护与运营现状研究》，复旦大学硕士学位论文，2014。

［8］郭海明：《元中都遗址及其文化资源的保护与利用研究》，内蒙古师范大学硕士学位论文，2015。

［9］何彤慧：《毛乌素沙地历史时期环境变化研究》，兰州大学博士学位论文，2009。

［10］黄梦娇：《苏州古城传统街区保护性城市设计的叙事策略研究——以古城7，8，9号街坊为例》，苏州科技大学硕士学位论文，2018。

［11］黄明玉：《文化遗产的价值评估及记录建档》，复旦大学博士学位论文，2009。

［12］焦鑫：《遗址公园景观空间营造探究——以河姆渡遗址公园景观规划为例》，华东理工大学硕士学位论文，2013。

［13］雷宏霞：《十六国至隋唐统万城变迁》，西北师范大学硕士学位论文，2012。

［14］刘利琴：《隋唐鄂尔多斯高原及其邻近区域城市地理研究》，陕西师范大学硕士学位论文，2016。

［15］刘诗华：《基于游客体验的乡村旅游规划研究——以金寨县望春谷乡村旅游示范区为例》，安徽农业大学硕士学位论文，2018。

［16］刘宗刚：《唐大明宫遗址公园边界初探》，西安建筑科技大学硕士学位论文，2008。

［17］卢方琦：《明清南昌城复原研究》，北京大学硕士学位论文，2013。

［18］骆志平：《铜官窑国家考古遗址公园建设项目可行性研究》，中南大学硕士学位论文，2011。

［19］马建昌：《中国城市区域大遗址管理运营研究》，西北大学博士学位论文，2015。

［20］孟青：《良渚大遗址保护规划研究》，复旦大学硕士学位论文，2008。

［21］闵海霞：《匈奴发展史研究》，兰州大学博士学位论文，2010。

［22］祁睿：《基于功能分区的杜陵考古遗址公园规划设计研究》，西安建

筑科技大学硕士学位论文，2018。

[23] 宋莹：《国家考古遗址公园情境化设计策略研究——以大明宫国家遗址公园为例》，西北大学硕士学位论文，2017。

[24] 孙伊辰：《城市大遗址周边环境保护规划策略研究——以西安唐大明宫遗址为例》，长安大学硕士学位论文，2013。

[25] 田林：《大遗址遗迹保护问题研究》，天津大学博士学位论文，2004。

[26] 汪洋：《基于景观安全格局的黄帝文化园区规划策略研究》，西安建筑科技大学硕士学位论文，2011。

[27] 王佳楠：《基于空间叙事语境下的建筑路径生成研究》，湖南大学硕士学位论文，2019。

[28] 王金都：《十六国时期统万城城市防御体系研究》，西北大学硕士学位论文，2019。

[29] 王璐艳：《国家考古遗址公园绿化的原则与方法研究》，西安建筑科技大学博士学位论文，2013。

[30] 王任之：《基于空间叙事的工业遗产保护方法研究——以兰州创意文化园为例》，兰州理工大学硕士学位论文，2020。

[31] 王雅男：《遗址公园规划设计方法研究》，北京工业大学硕士学位论文，2013。

[32] 王子健：《圆明园遗址公园游憩设施布局研究》，北京交通大学硕士学位论文，2020。

[33] 魏俊杰：《十六国疆域研究》，上海师范大学博士学位论文，2011。

[34] 吴洪琳：《大夏国史》，陕西师范大学博士学位论文，2005。

[35] 吴美萍：《文化遗产的价值评估研究》，东南大学硕士学位论文，2006。

[36] 夏凯：《城市高质量发展背景下杭州南宋皇城遗址公园空间设计研究》，浙江工业大学硕士学位论文，2020。

[37] 姚迪：《遗址保护规划编制过程中遗址地居民知情权与参与权问题的研究》，西北大学硕士学位论文，2009。

[38] 袁怡雅：《统万城遗址的空间格局研究》，中国建筑设计研究院硕士学位论文，2017。

[39] 张立助：《体验式乡村旅游产品开发研究——以将石村为例》，福建

农林大学硕士学位论文，2015。

[40] 张苗苗：《大明宫国家考古遗址公园遗址展示方式类型化研究》，西安建筑科技大学硕士学位论文，2018。

[41] 张涛：《元中都考古遗址公园规划设计研究》，西安建筑科技大学硕士学位论文，2014。

[42] 张毅：《考古遗址景观价值分析及规划设计研究》，西南交通大学博士学位论文，2018。

[43] 张媛：《城市绿地的教育功能及其实现》，北京林业大学博士学位论文，2010。

[44] 赵文斌：《国家考古遗址公园规划设计模式研究》，北京林业大学博士学位论文，2012。

[45] 郑璐琳：《文化生态保护区价值评估与保护格局研究》，东南大学硕士学位论文，2017。

外文文献

[1] P. Coblcy, *Narrative*, London: Routledge, 2001.

[2] C. Folke, "Resilience: The Emergence of a Perspective for Social-Ecological Systems Analyses", *Global Environmental Change* 16, 2006.

[3] A. Duit, V. Galaza, K. Eckerberga et al., "Governance, Complexity, and Resilience", *Global Environmental Change* 20 (3), 2010.

[4] G. Bristow, "Resilient Regions: Re-'Place'ing Regional Competitiveness", *Economy and Society* 3 (1), 2010.

[5] E. Relph, *Place and placelessness*, Lodon: Pion, 1976.

[6] B. Brown, D. Perkins, *Disruptions in Place Attachment*, New York: Plenum, 1992.

[7] D. D. Fundeanu, "Innovative Regional Cluster, Model of Tourism Development", *Procedia Economics and Finance* 23 (1), 2015.

[8] Y. Zhu, *Heritage Tourism: From Problems to Possibilities*, Cambridge: Cambridge University Press, 2021.

附　录

附件 I　考古遗址公园视域下统万城遗址价值评估调查问卷

各位专家，您好！

本问卷旨在从考古遗址公园建设的视角出发系统评估统万城遗址的遗产价值。请您根据以下打分要求对问卷中出现的指标进行赋值。

第一部分　表格打分说明

请您根据考古遗址公园视域下的大遗址价值评估指标体系（见表1），采用1~9等级标度（见表2），判断表中指标 a 相较于 b 的重要性，即 Pab（如果竖向因子 a 比横向因子 b 重要，则数值大于 1，反之，则数值小于 1），权衡次级指标相对于上级指标的重要性程度。

表1　考古遗址公园视域下的大遗址价值评估指标体系

准则层		一级指标	二级指标
基本价值		历史价值	年代久远度、历史重要性、历史丰富度
		艺术价值	艺术质量价值、审美价值
		科学价值	规划科学性、建造技术水平、科学研究价值
衍生价值	直接应用价值	文化价值	文化多样性、文化代表性、文化延续性
		教育价值	意志品质教育、科普益智价值
		游憩价值	游憩适宜度、游憩开发条件、游憩效益性
		景观生态价值	景观质量价值、生态服务价值
	区域整合价值	经济价值	环境支撑条件、相关资源条件、再生的经济性
		社会价值	情感价值、政治价值、社区发展价值

附 录

表2 指标重要程度标度

含 义	标度(Pab)	含 义	标度(Pab)
a和b同样重要	1	—	—
a比b稍微重要	3	b比a稍微重要	1/3
a比b明显重要	5	b比a明显重要	1/5
a比b强烈重要	7	b比a强烈重要	1/7
a比b极端重要	9	b比a极端重要	1/9
上述判断的中间值	2、4、6、8	上述判断的中间值	1/2、1/4、1/6、1/8

注：Pab为a相较于b的重要性。

第二部分 各层指标打分表

表3 一级指标打分情况

a \ b	历史价值	艺术价值	科学价值	文化价值	教育价值	游憩价值	景观生态价值	经济价值	社会价值
历史价值	1								
艺术价值		1							
科学价值			1						
文化价值				1					
教育价值					1				
游憩价值						1			
景观生态价值							1		
经济价值								1	
社会价值									1

注：仅需评价指标a相较于b的重要性，即Pab。
历史价值：年代久远度、历史重要性、历史丰富度。
艺术价值：艺术质量价值、审美价值。
科学价值：规划科学性、建造技术水平、科学研究价值。
文化价值：文化多样性、文化代表性、文化延续性。
教育价值：意志品质教育、科普益智价值。
游憩价值：游憩适宜度、游憩开发条件、游憩效益性。
景观生态价值：景观质量价值、生态服务价值。
经济价值：环境支撑条件、相关资源条件、再生的经济性。
社会价值：情感价值、政治价值、社区发展价值。

表4 历史价值指标打分情况

a \ b	年代久远度	历史重要性	历史丰富度
年代久远度	1		
历史重要性		1	
历史丰富度			1

注：仅需评价指标 a 相较于 b 的重要性，即 Pab。
年代久远度：建造年代、历史功能延续时间。
历史重要性：历史职能、重大历史事件或人物的关联度、人类文明史的特殊见证。
历史丰富度：艺术史、技术史等主题历史的见证、动态的历史层积性。

表5 艺术价值指标打分情况

a \ b	艺术质量价值	审美价值
艺术质量价值	1	
审美价值		1

注：仅需评价指标 a 相较于 b 的重要性，即 Pab。
艺术质量价值：可视性、布局艺术性、造型艺术性、类型丰富度。
审美价值：审美愉悦、历史感悟。

表6 科学价值指标打分情况

a \ b	规划科学性	建造技术水平	科学研究价值
规划科学性	1		
建造技术水平		1	
科学研究价值			1

注：仅需评价指标 a 相较于 b 的重要性，即 Pab。
规划科学性：选址思想、空间布局。
建造技术水平：结构与构造技术代表性、建造材料代表性。
科学研究价值：规划及技术的研究意义。

表7 文化价值指标打分情况

a \ b	文化多样性	文化代表性	文化延续性
文化多样性	1		
文化代表性		1	
文化延续性			1

附 录

续表

注：仅需评价指标 a 相较于 b 的重要性，即 Pab。
文化多样性：文化类型多样性、非物质文化遗产丰富度。
文化代表性：文化地域性、文化典型性。
文化延续性：存续空间保存状况、传承人及传承群体维系状况。

表 8 教育价值指标打分情况

a \ b	意志品质教育	科普益智价值
意志品质教育	1	
科普益智价值		1

注：仅需评价指标 a 相较于 b 的重要性，即 Pab。
意志品质教育：精神激励、爱国教育。
科普益智价值：科普技能教育、启迪智慧。

表 9 游憩价值指标打分情况

a \ b	游憩适宜度	游憩开发条件	游憩效益性
游憩适宜度	1		
游憩开发条件		1	
游憩效益性			1

注：仅需评价指标 a 相较于 b 的重要性，即 Pab。
游憩适宜度：遗址敏感度、生态敏感度。
游憩开发条件：可到达性、游憩资源丰富度、游服设施状况。
游憩效益性：市场吸引力、社会公益性。

表 10 景观生态价值指标打分情况

a \ b	景观质量价值	生态服务价值
景观质量价值	1	
生态服务价值		1

注：仅需评价指标 a 相较于 b 的重要性，即 Pab。
景观质量价值：景观美观性、景观遗址协调性、景观独特性。
生态服务价值：生态改善程度、生态安全性。

表 11　经济价值指标打分情况

a \ b	环境支撑条件	相关资源条件	再生的经济性
环境支撑条件	1		
相关资源条件		1	
再生的经济性			1

注：仅需评价指标 a 相较于 b 的重要性，即 Pab。
环境支撑条件：区位条件、配套设施的完备性。
相关资源条件：相关资源丰富性、相关资源维护状况、相关资源耦合性。
再生的经济性：旅游的产品性、改造后的适用性、相关产业带动作用。

表 12　社会价值指标打分情况

a \ b	情感价值	政治价值	社区发展价值
情感价值	1		
政治价值		1	
社区发展价值			1

注：仅需评价指标 a 相较于 b 的重要性，即 Pab。
情感价值：增进地方认同、增进民族团结。
政治价值：贯彻国家政治战略与目标。
社区发展价值：示范价值、激励公众参与、促进地区和谐。

表 13　考古遗址公园视域下的大遗址价值评估指标体系

准则层	一级指标	二级指标	三级指标
基本价值 A_1	历史价值 B_1	年代久远度 C_1	建造年代 D_1
			历史功能延续时间 D_2
		历史重要性 C_2	历史职能 D_3
			重大历史事件或人物的关联度 D_4
			人类文明史的特殊见证 D_5
		历史丰富度 C_3	艺术史、技术史等主题历史的见证 D_6
			动态的历史层积性 D_7
	科学价值 B_2	规划科学性 C_4	选址思想 D_8
			空间布局 D_9
		建造技术水平 C_5	结构与构造技术代表性 D_{10}
			建造材料代表性 D_{11}

续表

准则层	一级指标	二级指标	三级指标
基本价值 A_1	科学价值 B_2	科学研究价值 C_6	规划及技术的研究意义 D_{12}
	艺术价值 B_3	艺术质量价值 C_7	类型丰富度 D_{13}
			布局艺术性 D_{14}
			造型艺术性 D_{15}
			可视性 D_{16}
		审美价值 C_8	审美愉悦 D_{17}
			历史感悟 D_{18}
直接应用价值 A_2	文化价值 B_4	文化多样性 C_9	文化类型多样性 D_{19}
			非物质文化遗产丰富度 D_{20}
		文化代表性 C_{10}	文化地域性 D_{21}
			文化典型性 D_{22}
		文化延续性 C_{11}	存续空间保存状况 D_{23}
			传承人及传承群体维系状况 D_{24}
	游憩价值 B_5	游憩适宜度 C_{12}	遗址敏感度 D_{25}
			生态敏感度 D_{26}
		游憩开发条件 C_{13}	可到达性 D_{27}
			游憩资源丰富度 D_{28}
			游服设施状况 D_{29}
		游憩效益性 C_{14}	市场吸引力 D_{30}
			社会公益性 D_{31}
	景观生态价值 B_6	景观质量价值 C_{15}	景观美观性 D_{32}
			景观遗址协调性 D_{33}
			景观独特性 D_{34}
		生态服务价值 C_{16}	生态改善程度 D_{35}
			生态安全性 D_{36}
	教育价值 B_7	意志品质教育 C_{17}	精神激励 D_{37}
			爱国教育 D_{38}
		科普益智价值 C_{18}	科普技能教育 D_{39}
			启迪智慧 D_{40}
区域整合价值 A_3	经济价值 B_8	环境支撑条件 C_{19}	区位条件 D_{41}
			配套设施的完备性 D_{42}
		相关资源条件 C_{20}	相关资源丰富性 D_{43}
			相关资源维护状况 D_{44}
			相关资源耦合性 D_{45}

续表

准则层	一级指标	二级指标	三级指标
区域整合价值 A_3	经济价值 B_8	再生的经济性 C_{21}	旅游的产品性 D_{46}
			改造后的适用性 D_{47}
			相关产业带动作用 D_{48}
	社会价值 B_9	政治价值 C_{22}	贯彻国家政治战略与目标 D_{49}
		情感价值 C_{23}	增进地方认同 D_{50}
			增进民族团结 D_{51}
		社区发展价值 C_{24}	示范价值 D_{52}
			激励公众参与 D_{53}
			促进地区和谐 D_{54}

附件 II 统万城遗址价值评估指标因子权重计算过程

本节采用层次分析法确定评估指标权重①，层次分析法是针对多目标综合决策过程而制定的定量与定性分析相结合的方法，具有客观性强、可操作性大的优势。首先，对本书咨询的 11 位专家提供的数据构建判断矩阵，通过和法或积法计算每个比较因子的权重 W（本文用积法计算），通过既定公式计算最大特征值 $\lambda \max$ 以及一致性指标 CI，并对各指标因子进行一致性检验，即对矩阵一致性指标 CI 与平均随机一致性指标 RI 的比值 CR 进行一致性检验。本次发放的 11 份问卷中有 10 份通过一致性检验，通过率高达 91%，因此笔者对通过的 10 组数据进行处理。其次，对各指标因子的 10 组数据求算数平均值并进行归一化处理，得到相对权重值。最后，再按照总评价体系求得各指标因子的最终综合权重。

第一部分：指标权重计算过程释义：

基于已知某问题递阶层次结构（见图 1），运用层次分析法对权重进行计算：

---

① 确定权重的方法还有综合评价法和德尔菲法。其中，综合评价法是通过判定价值评估指标的影响因素，综合评价每个因素的重要程度和权重，该方法带有一定的主观性。德尔菲法为专家意见法，通过单独咨询当地人、专家，对价值评估指标进行重要度排序，最后计算指标权重，德尔菲法具有客观性强、多方参与的优势。

附 录

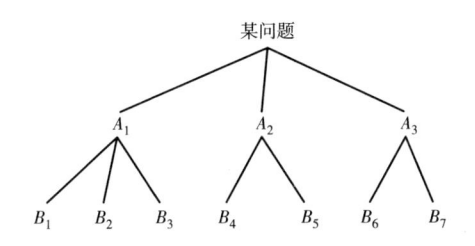

图 1 某问题的递阶层次结构示意

①构造判断矩阵确定各层指标权重

首先需要构造各层元素间的判断矩阵,以同一层元素之间的相对比较值来确定指标权重,元素间的比值借鉴 T. L. Saaty 经典的标度法,进而构建出如下判断矩阵（见表 1）：

表 1 构建判断矩阵示意

A_{ij}	A_1	A_2	A_3	…	A_n
A_1	1	A_1/A_2	A_1/A_3	…	A_1/A_n
A_2	A_2/A_1	1	A_2/A_3	…	A_2/A_n
A_3	A_3/A_1	A_3/A_2	1	…	A_3/A_n
…	…	…	…	…	…
A_n	A_n/A_1	A_n/A_2	A_n/A_3	…	1

②进行一致性检验

对所构建的判断矩阵进行一致性检验,先计算一致性指标 CI：

$$CI = \frac{\lambda_{\max} - n}{n - 1}$$

其中,$\lambda\max$ 为判断矩阵最大特征值,n 为该矩阵的维数。再根据 n 的大小,从表 2 中确定平均随机一致性指标 RI。

表 2 1-15 阶随机一致性指标维数

维数	1	2	3	4	5	6	7	8	9	10	11	12	13	14	15
RI	0	0	0.52	0.89	1.12	1.26	1.36	1.41	1.46	1.49	1.52	1.54	1.56	1.58	1.59

资料来源：许树伯编著《层次分析法原理》,天津大学出版社,1988。

计算一致性比例 CR：

$$CR = \frac{CI}{RI}$$

若 $CR<0.1$，则通过一致性检验进入下一步；否则需要对判断矩阵进行修正。

③计算判断矩阵的权重值

以和积法计算判断矩阵的权重，主要过程有三步：首先，将 A 层元素按行相乘得到新的列向量；然后，将此列向量的每个分量开 n 次方；最后，归一化该列向量得到权重向量。计算过程如下：

$$假设判定矩阵 A = \begin{bmatrix} A_{11} & A_{12} & \cdots & A_{1n} \\ A_{21} & A_{22} & \cdots & A_{2n} \\ \cdots & \cdots & \cdots & \cdots \\ A_{n1} & A_{n2} & \cdots & A_{nn} \end{bmatrix},$$

那么，使用几何平均法求权重向量的公式如下：

$$\omega_i = \frac{(\prod_{j=1}^{n} A_{ij})^{\frac{1}{n}}}{\sum_{k=1}^{n}(\prod_{j=1}^{n} A_{kj})^{\frac{1}{n}}}$$

由此可确定出指标 A_i 在本层的权重值。

④确定最终权重。

将单个指标在该层的权重值乘以其所隶属的上层指标的权重，即可得到单个指标的最终权重。例如：B_1 指标隶属于 A_1 指标，则 B_1 在 B 层的权重值与 A_1 在 A 层的权重值的乘积即为 B_1 的最终权重值。

第二部分：指标权重具体计算结果：

本书以其中一组数据为例（借助 AHP 软件计算）（见图2）：首先将专家打分数据导入软件，构建判断矩阵，以此计算每个因子的权重值及各因子的特征向量、最大特征根及 CI 值，进而进行一致性检验，则得到各因子的权重值。

以此，得到所有专家评估的因子权重值（见表3）（专家10的评估指标未通过一致性检验）：

指标	历史价值	艺术价值	科学价值	文化价值	教育价值	游憩价值	景观生态价值	经济价值	社会价值
历史价值	1.0000	1.0000	3.0000	1.0000	3.0000	5.0000	1.0000	0.3333	0.3333
艺术价值	1.0000	1.0000	5.0000	1.0000	3.0000	5.0000	1.0000	0.3333	0.3333
科学价值	0.3333	0.2000	1.0000	3.0000	1.0000	0.3333	0.5000	0.2000	0.2000
文化价值	1.0000	1.0000	0.3333	1.0000	3.0000	5.0000	1.0000	0.3333	0.3333
教育价值	0.3333	0.3333	1.0000	0.3333	1.0000	2.0000	0.3333	0.1429	0.1429
游憩价值	0.2000	0.2000	3.0000	0.2000	0.5000	1.0000	0.2000	0.2000	0.2000
景观生态价值	1.0000	1.0000	2.0000	1.0000	3.0000	5.0000	1.0000	0.3333	0.3333
经济价值	3.0000	3.0000	5.0000	3.0000	7.0000	5.0000	3.0000	1.0000	1.0000
社会价值	3.0000	3.0000	5.0000	3.0000	7.0000	5.0000	3.0000	1.0000	1.0000

AHP层次分析结果			
项	特征向量	权重值	最大特征根	CI值
历史价值	1.1958	0.1031		
艺术价值	1.2656	0.1092		
科学价值	0.4792	0.0413		
文化价值	0.9368	0.0808	10.1316	0.1414
教育价值	0.4301	0.0371		
游憩价值	0.3578	0.0309		
景观生态价值	1.1431	0.0986		
经济价值	2.8925	0.2495		
社会价值	2.8925	0.2495		

一致性检验结果汇总

最大特征根	CI值	RI值	CR值	一致性检验结果
10.1316	0.1414	1.46	0.0969	通过

图 2 某专家评价指标权重计算过程

表 3　一级评估指标因子权重值（专家）

指标	专家1	专家2	专家3	专家4	专家5	专家6	专家7	专家8	专家9	专家11
历史价值	0.1031	0.187	0.2182	0.2214	0.1765	0.0561	0.2997	0.3255	0.1915	0.332
艺术价值	0.1092	0.0521	0.2182	0.1377	0.0588	0.0313	0.0547	0.1918	0.0699	0.0829
科学价值	0.0413	0.1384	0.1931	0.1114	0.0588	0.2213	0.1349	0.1465	0.0892	0.0546
文化价值	0.0808	0.1564	0.1019	0.2501	0.1765	0.2213	0.1349	0.1419	0.1915	0.0505
教育价值	0.0371	0.1564	0.0902	0.1024	0.0588	0.2213	0.1349	0.0629	0.1915	0.0571
游憩价值	0.0309	0.0521	0.0346	0.0353	0.0588	0.019	0.0547	0.0203	0.0382	0.0752
景观生态价值	0.0986	0.0521	0.0441	0.0261	0.1765	0.0996	0.0258	0.0469	0.0177	0.1285
经济价值	0.2495	0.0492	0.0244	0.0422	0.0588	0.1094	0.0258	0.0262	0.0189	0.1406
社会价值	0.2495	0.1564	0.0754	0.0734	0.1765	0.0209	0.1349	0.0379	0.1915	0.0787

计算各因子权重的平均值，并进行修正（见表4）：

表 4　一级评估指标因子最终权重

指标	相对权重（平均值）	最终权重（修正）
历史价值	0.2111	0.2111
艺术价值	0.10066	0.1007
科学价值	0.11895	0.1189
文化价值	0.15058	0.1506
教育价值	0.11126	0.1113
游憩价值	0.04191	0.0419
景观生态价值	0.07159	0.0716
经济价值	0.0745	0.0745
社会价值	0.11951	0.1195

同理，计算二级评估指标因子的权重值（见表5）：

表5 二级评估指标因子权重（专家）

指标	专家1	专家2	专家3	专家4	专家5	专家6	专家7	专家8	专家9	专家11
年代久远度	0.0909	0.1429	0.0909	0.078	0.1047	0.1782	0.2	0.5278	0.1095	0.2599
历史重要性	0.4545	0.4286	0.4545	0.6348	0.637	0.7514	0.6	0.3325	0.5816	0.4126
历史丰富度	0.4545	0.4286	0.4545	0.2872	0.2583	0.0704	0.2	0.1396	0.309	0.3275
艺术质量价值	0.5	0.75	0.75	0.6667	0.75	0.8333	0.5	0.25	0.5	0.3333
审美价值	0.5	0.25	0.25	0.3333	0.25	0.1667	0.5	0.75	0.5	0.6667
规划科学性	0.4286	0.2	0.3333	0.3108	0.4286	0.1782	0.3333	0.6337	0.3333	0.0974
建造技术水平	0.1429	0.2	0.3333	0.1958	0.1429	0.0704	0.3333	0.1919	0.3333	0.3331
科学研究价值	0.4286	0.6	0.3333	0.4934	0.4286	0.7514	0.3333	0.1744	0.3333	0.5695
文化多样性	0.0909	0.3333	0.2	0.126	0.3333	0.2426	0.2	0.6267	0.1095	0.2
文化代表性	0.4545	0.3333	0.6	0.4579	0.3333	0.0879	0.6	0.2797	0.309	0.4
文化延续性	0.4545	0.3333	0.2	0.4161	0.3333	0.6694	0.2	0.0936	0.5816	0.4
意志品质教育	0.75	0.5	0.75	0.3333	0.25	0.25	0.8333	0.75	0.25	0.3333
科普益智价值	0.25	0.5	0.25	0.6667	0.75	0.75	0.1667	0.25	0.75	0.6667
游憩适宜度	0.2098	0.1429	0.4286	0.4806	0.6	0.1884	0.3333	0.5816	0.6483	0.1958
游憩开发条件	0.2402	0.4286	0.4286	0.4054	0.2	0.081	0.3333	0.309	0.122	0.4934
游憩效益性	0.5499	0.4286	0.1429	0.114	0.2	0.7306	0.3333	0.1095	0.2297	0.3108

续表

指标	专家1	专家2	专家3	专家4	专家5	专家6	专家7	专家8	专家9	专家11
景观质量价值	0.5	0.5	0.75	0.5	0.25	0.75	0.8333	0.2	0.5	0.3333
生态服务价值	0.5	0.5	0.25	0.5	0.75	0.25	0.1667	0.8	0.5	0.6667
环境支撑条件	0.2583	0.3333	0.4286	0.5	0.1429	0.2583	0.3333	0.126	0.6483	0.1634
相关资源条件	0.1047	0.3333	0.4286	0.25	0.4286	0.1047	0.3333	0.4579	0.122	0.297
再生的经济性	0.637	0.3333	0.1429	0.25	0.4286	0.637	0.3333	0.4161	0.2297	0.5396
情感价值	0.2	0.4286	0.4434	0.1429	0.1429	0.0909	0.3333	0.5714	0.25	0.3333
政治价值	0.6	0.4286	0.1692	0.7143	0.4286	0.4545	0.3333	0.2857	0.5	0.3333
社区发展价值	0.2	0.1429	0.3874	0.1429	0.4286	0.4545	0.3333	0.1429	0.25	0.3333

计算各因子的平均值及修正值，并将其与一级指标因子权重值相乘得到因子的最终权重值（见表6）：

表6 二级评估指标因子最终权重

指标	相对权重（平均值）	修正权重	最终权重
年代久远度	0.17828	0.178	0.0376
历史重要性	0.52875	0.529	0.1116
历史丰富度	0.29296	0.293	0.0619
艺术质量价值	0.58333	0.583	0.0587
审美价值	0.41667	0.417	0.0419
规划科学性	0.32772	0.328	0.0390
建造技术水平	0.22769	0.228	0.0271
科学研究价值	0.44458	0.445	0.0529
文化多样性	0.24623	0.246	0.0371
文化代表性	0.38556	0.386	0.0581
文化延续性	0.36818	0.368	0.0554

续表

指标	相对权重（平均值）	修正权重	最终权重
意志品质教育	0.49999	0.500	0.0556
科普益智价值	0.50001	0.500	0.0556
游憩适宜度	0.38093	0.381	0.0160
游憩开发条件	0.30415	0.304	0.0127
游憩效益性	0.31493	0.315	0.0132
景观质量价值	0.51166	0.512	0.0366
生态服务价值	0.48834	0.488	0.0350
环境支撑条件	0.31924	0.319	0.0238
相关资源条件	0.28601	0.286	0.0213
再生的经济性	0.39475	0.395	0.0294
情感价值	0.29367	0.294	0.0351
政治价值	0.42475	0.425	0.0508
社区发展价值	0.28158	0.282	0.0336

最终，得到所有因子的权重值（见表7）：

表7 各指标最终权重

目标层	权重	准则层	权重	因素层	权重
基本价值	0.4307	历史价值	0.2111	年代久远度	0.0376
				历史重要性	0.1116
				历史丰富度	0.0619
		科学价值	0.1190	规划科学性	0.0390
				建造技术水平	0.0271
				科学研究价值	0.0529
		艺术价值	0.1006	艺术质量价值	0.0587
				审美价值	0.0419
直接应用价值	0.3753	文化价值	0.1506	文化多样性	0.0371
				文化代表性	0.0581
				文化延续性	0.0554
		游憩价值		游憩适宜度	0.0160
				游憩开发条件	0.0127
				游憩效益性	0.0132

续表

目标层	权重	准则层	权重	因素层	权重
直接应用价值	0.3753	景观生态价值	0.0716	景观质量价值	0.0366
				生态服务价值	0.0350
		教育价值	0.1112	意志品质教育	0.0556
				科普益智价值	0.0556
区域整合价值	0.1940	经济价值	0.0745	环境支撑条件	0.0238
				相关资源条件	0.0213
				再生的经济性	0.0294
		社会价值	0.1195	政治价值	0.0508
				情感价值	0.0351
				社区发展价值	0.0336

附件Ⅲ 已有研究对统万城遗址价值的认知

60多年来，考古学、历史学及遗产保护工作者对统万城遗址的长期研究认识到统万城遗址具有多方面价值。2012年，由陕西省文化遗产研究院负责编制的《统万城遗址保护总体规划》（2012~2025年）在借鉴相关学者研究成果的基础上，从历史价值、艺术价值、学术价值、社会价值等方面对统万城遗址进行了规划。2015年，由陕西省古迹遗址保护工程技术研究中心编制的《统万城考古遗址公园总体规划》在前述保护规划的基础上，对统万城遗址价值进行了新的研究，并提出了一些新的认识（见表1）。

表1 已有研究及规划对统万城遗址价值的认识

	《统万城遗址保护总体规划》（2012~2025年）	《统万城考古遗址公园总体规划》
历史价值	（1）统万城遗址距今已1600年的历史，是十六国时期匈奴后裔赫连勃勃建立的夏国留下的国内已知的唯一一座国都遗址 （2）统万自建成之后历北魏、西魏、北周、隋、唐、五代，一直是鄂尔多斯高原南	（1）统万城是中国历史上十六国时期夏国政权的都城，统万城遗址是中国境内匈奴部族建设并遗存下来的唯一的都城遗址，遗存至今的统万城西城城垣、城门、马面、城壕、虎落等城防体系及道路遗址、宫殿遗址等，真实而完整地反映了匈奴部族在城址选择、城市规

附　录

续表

	《统万城遗址保护总体规划》(2012~2025年)	《统万城考古遗址公园总体规划》
历史价值	部地区的政治、军事中心。至今留存有大量历史遗迹,它的兴衰,反映了历史的变迁过程,具有重要的历史价值 (3)根据考古研究推测,统万城是西域与北魏都城平城之间交通的必经之地,唐代统万城是以长安为起点通往西域的著名丝绸之路的旁支偏道,它的存在反映了中国历史上东西文明的交流过程,成为丝绸之路研究的重要旁证 (4)统万城的选址、规划设计及建造方式反映出中国古代北方游牧文化与中原农耕文化的交流与融合,是中国古代民族迁徙、融合的重要实例 (5)对统万遗址的研究,可以证实、补全历史文献关于夏国及统万城历史的记载	划、城市建设等方面的杰出智慧,从而成为世界范围内已不存在的匈奴文化的古老的、活的见证 (2)统万城在中国历史上是文化交流与民族融合的见证。匈奴、鲜卑、汉人、党项、蒙古等民族曾长期生活于此,农耕文明和游牧文化交替演进,共同发展。在某些特定的时间里,这里是丝绸之路的干道所在,因此也有中亚、西亚人生活于此,并带来他们的文化。统万城周边遗存至今的、不同时期的墓葬遗址及其出土文物,均见证了统万城在文化交流与民族融合方面的重要作用 (3)统万城自建成之后,历经北魏、西魏、北周、隋唐、五代以至北宋,在长达500多年的时间里,统万城的兴建及其持续使用,使其成为鄂尔多斯高原南部重要的区域中心城市。对统万城遗址进行考察研究,探寻实物遗存中丰富的尚未得知的历史信息,可以证实、纠正和补全文献中的记载。
艺术价值	(1)统万城遗址体现出高度的建筑艺术与技术。其坚固的夯土城墙高大雄伟、气势磅礴 (2)城址内遗存的夯土遗址及其独特的沙漠环境特征,构成独特的沙漠废墟景观,随季节、气候、光影及观赏角度的变化,不断展现出令人震撼的特殊氛围与独特景观,具有较高的艺术价值	
学术价值	(1)统万城的选址布局、材料、独特的建筑构造既体现出其作为城市满足人类的聚居需求,又体现出其独特的军事防御特征,并反映出游牧文化与农耕文化的交流与融合的地域特色 (2)统万城遗址是我国古代夯土筑城的重要实例。它的结构、材料和工艺体现出当时的科技水平,具有重要的科学研究价值 (3)统万城遗址是目前我国遗留的唯一由匈奴这一北方少数民族建立的都城遗	统万城所处的地理位置,正是中国东部季风区向西北干旱区过渡的北方生态环境敏感带,由于中国北方农牧交错带是人与生态环境关系表现非常突出和明显的地带,因此统万城的兴废不仅表现出一座独特城市的历史变迁,更是这种生态环境独特地区人地关系演变的标本

续表

	《统万城遗址保护总体规划》(2012~2025年)	《统万城考古遗址公园总体规划》
学术价值	址。统万城建成时,城内聚集了匈奴、鲜卑、党项、汉等多个民族的数十万人。对其进行综合调查研究,将对民族交流史的研究提供新的资料 (4)统万城遗址是西域与北魏都城平城之间交通的必经之地,对其进行调查研究,将对东西文明交流研究提供新的资料 (5)历史上统万城具有重要的战略地位,它所包含的历史信息对军事史的研究具有重要意义,是研究古代城市军事防御的重要实例 (6)统万城遗址不仅保存了大量的考古文化遗存,具有很高的文化研究价值,同时还保留了生态学和环境考古学上的重要信息,对其进行综合调查研究,将对该地区环境变迁及沙漠化的研究提供新的资料	统万城所处的地理位置,正是中国东部季风区向西北干旱区过渡的北方生态环境敏感带,由于中国北方农牧交错带是人与生态环境关系表现非常突出和明显的地带,因此统万城的兴废不仅表现出一座独特城市的历史变迁,更是这种生态环境独特地区人地关系演变的标本
社会价值	(1)统万城所拥有的文化遗产价值具有突出的教育意义,可充分发挥文物见证历史、弘扬传统的独特功能,是重要的爱国主义教育基地 (2)统万城遗址的研究对当代城市规划、建筑、艺术设计都具有促进和借鉴作用 (3)统万城遗址在历史上的重要地位和它独特的文物遗存,使它成为榆林地区重要的文化和自然景观资源。对统万城遗址及其环境的保护对于地方的可持续发展将产生积极的促进作用	

后 记

2013年，时值统万城建城1600年，陕西师范大学与靖边县政府组织召开了"统万城建城1600年国际学术研讨会"，会议将统万城遗址相关研究推向了新的高度，笔者虽未能到会场参与研讨，但草成一文并被收入文集，开始了对统万城遗址价值的研究。2014年，笔者在导师刘克成教授带领下参与《统万城考古遗址公园规划》编制工作，其间多次赴遗址现场进行调研，作为规划编制团队成员，笔者主要进行统万城遗址历史及价值评估方面的研究，进一步加深了对统万城遗址价值的思考，相关成果纳入了规划方案中。该规划完成之后，笔者在导师刘克成教授的指导下先后参与了多项考古遗址公园规划编制工作，在此过程中，形成了一些关于考古遗址公园规划编制的思考，对于地处生态脆弱地带的统万城遗址，其考古遗址公园规划该如何指导公园的建设与运营，一直是笔者思考的问题。2017年，笔者以"国家考古遗址公园视域下统万城址价值及规划策略"为题申报国家社科基金项目，获批立项，此后五年的时间里，笔者和所带的研究生一起开展相关研究工作，2022年7月，基金成果以良好等级顺利结项。

统万城遗址地处陕西黄土高原生态脆弱的农牧交错带，自20世纪50年代以来即成为考古学、历史学、地理学、建筑学、城乡规划学、文化遗产学、旅游学等领域重要的研究课题，前辈学者关于统万城遗址的相关成果指导了本研究的顺利开展。本项目对相关资料进行了广泛的收集、整理、运用，并多次到遗址区进行实地调研，运用无人机对遗址区进行航拍，整体分析研判遗址区空间特征，并对遗址区居民进行了访谈，以全面掌握遗址区发展现状及遗址保护利用现状。在国家考古遗址公园建设的背景下，本研究基于"基本价值—直接应用价值—区域整合价值"的分析框架创新建构了大遗址价值评估指标体系，并提出了适用于生态脆弱地带建设考古遗址公园的规划策略，成果丰富了我国考古遗址公园规划理论方法，具有较强的学术与应用价值。

项目研究过程也是我与自己的研究生互动成长的过程。五年来，我的研究生高建洁、易雨婕、刘飒、刘晴、陈凤娇、雷恒、魏萌等同学深度参与了课题研究，他们从课题研究中理解文化遗产保护利用的相关知识、探索将城乡规划学科知识与大遗址保护利用相结合的多元路径，掌握了论文写作能力，培养了研究兴趣，课题研究成为我们这个小团队共同成长的重要契机。同学们在课题研究中的相关思考转化成了他们硕士学位论文的选题方向，也转化成了他们在今后学术与实践道路上思考问题、解决问题的能力。丁梦嫒、黄灿、李思琦、杜婷婷、董尧、张斌参与了本书出版阶段的校对工作，感谢同学们的付出与贡献。

付晓萌博士、杨召硕士参与了课题调研与相关资料整理，感谢他们对于本书正式出版的辛勤付出。

笔者导师刘克成教授是国际知名的文化遗产保护专家，在大遗址保护、考古遗址公园规划及博物馆设计等领域为中国的文化遗产保护利用事业做出了杰出的贡献。在追随导师学习工作的十多年时间里，我在各方面均得到了极大的提升，本书如对中国的考古遗址公园规划有些许贡献，当归功于刘老师的教育。刘克成教授创立的陕西省古迹遗址保护工程技术研究中心承担了《统万城考古遗址公园详细规划》的编制工作，他对统万城考古遗址公园的深刻见解使笔者受益匪浅，本书写作借鉴了规划成果，谨此向参与规划编制的邸玮、刘伟、王璐、苏静、段婷等老师致以谢意。

本书编辑高雁老师在书籍出版过程中提出了诸多极具专业性的建议，在疫情肆虐的特殊时期为本书的出版付出了艰辛的劳动，致以诚挚的谢意。

2022年8月，笔者导师刘克成教授主持规划设计的统万城国家考古遗址公园全面建成并向社会开放，谨以本书祝贺统万城国家考古遗址公园的建成。

图书在版编目(CIP)数据

价值再现：统万城国家考古遗址公园规划研究 / 王新文著 . -- 北京：社会科学文献出版社，2022.12
ISBN 978-7-5228-1254-0

Ⅰ.①价… Ⅱ.①王… Ⅲ.①古城遗址（考古）-文物保护-研究-靖边县 Ⅳ.①K878.04

中国版本图书馆CIP数据核字（2022）第243857号

价值再现：统万城国家考古遗址公园规划研究

著　　者 / 王新文

出 版 人 / 王利民
责任编辑 / 高　雁
文稿编辑 / 陈　冲
责任印制 / 王京美

出　　版 / 社会科学文献出版社·经济与管理分社（010）59367226
　　　　　地址：北京市北三环中路甲29号院华龙大厦　邮编：100029
　　　　　网址：www.ssap.com.cn

发　　行 / 社会科学文献出版社（010）59367028
印　　装 / 三河市龙林印务有限公司

规　　格 / 开　本：787mm×1092mm　1/16
　　　　　印　张：25.25　插　页：0.75　字　数：402千字
版　　次 / 2022年12月第1版　2022年12月第1次印刷
书　　号 / ISBN 978-7-5228-1254-0
定　　价 / 158.00元

读者服务电话：4008918866

版权所有 翻印必究